Schach,
das königliche Spiel

Schach-Bibliothek

Theo Schuster

Schach,
das königliche Spiel

**Von den Grundzügen
zum strategischen Spiel**

Im FALKEN Verlag sind zahlreiche Schachbücher erschienen.
Fragen Sie Ihren Buchhändler!

ISBN 3806811059

© 1990/1991 by Falken-Verlag GmbH, 6272 Niedernhausen/Ts.
Die Verwertung der Texte und Bilder, auch auszugsweise, ist ohne Zustimmung des Verlags urheberrechtswidrig und strafbar. Dies gilt auch für Vervielfältigungen, Übersetzungen, Mikroverfilmung und für die Verarbeitung mit elektronischen Systemen.
Titelbild: Michael Zorn, Wiesbaden
Diagramme: Annette Borik, Bassum, mit ChessConvert von tps Thöle GbR, Bremen
Satz: Annette Borik, Bassum
Druck: Konkordia Druck GmbH, 7580 Bühl

817 2635 4453 62

Inhaltsverzeichnis

Vorwort 7

Die Legende vom Reiskorn 8

Elementares und Grundbegriffe 9

Was zu einer Schachpartie benötigt wird 10

    Das Schachbrett 10
    Wie die Steine ziehen 11
    Weitere Lektionen 22
    Wie sieht Matt aus 29

Einführung in Taktik und Strategie des Schachspiels 35

    Übungspartien, Eröffnungen, Kombinationen 35
    Die klassischen Übungspartien 41
    Kombinationen – das Herz des Schachspiels 51

Das Endspiel im Schach 60

    Die elementaren Mattführungen 60
    Endspiele für den Fortgeschrittenen 66
    König und Bauer gegen König 75
    Turmendspiele aus der Turnierpraxis 80
    Kniffe und Regeln im Bauernendspiel 82
    Endspielraritäten 84
    Kombinationen im Endspiel 85

Wie die Schachpartie eröffnet wird 87

    Bauernformationen 88
    Eröffnungs-Tricks 90

Verschiedene Schacheröffnungen 93

    Offene Spiele 93
    Halboffene Spiele 105

Geschlossene Spiele _____ 112
Goldene Eröffnungsregeln _____ 123

Ein Abriß zur Schachgeschichte _____ **124**

Reform des Schachspiels im 15. Jahrhundert _____ 125
Die Entwicklung des Schachs bis zur Blüte _____ 128
Im Kurzportrait _____ 140

Schachweltmeister _____ **144**

Von Steinitz bis Kasparow (1866-1987) _____ 144

Anhang _____ **175**

Kleines Schachlexikon _____ 175
Stichwortverzeichnis _____ 180
Partienverzeichnis _____ 181
Namensverzeichnis _____ 183

Vorwort

Schach, das Spiel der Zukunft

Ist das Schachspiel nicht ein Spiel der Vergangenheit, Jahrtausende alt, ehemals der Unterhaltung und Zerstreuung von Herrschern und Höflingen dienend? Das auch, aber Schach ist das Spiel, dessen große Verbreitung und Bedeutung erst noch kommen wird. Mit dem großen Weltspektakel 1972 im Weltmeisterschaftskampf zwischen dem Amerikaner Robert Fischer und dem sowjetischen Weltmeister Boris Spasski wurde es endgültig dem Dunst von Caféhäusern und Bierstuben entrissen. Was Psychologen, Wissenschaftler und Sportpädagogen schon länger wußten, daß Schach nämlich ein mörderisches Kampfspiel und Duell ist, trat plötzlich ins Bewußtsein der Masse. Es seien nur einige Stimmen aus der Neuzeit zitiert:

„Schach ist eine der wenigen Schöpfungen des Menschen, mit der die Richtigkeit von Gedanken schlüssig bewiesen werden kann. Gedanken werden durch Züge ausgedrückt – über ihren Wert entscheidet der Ausgang der Partie. Ein Urteil mit unerbittlichem Wahrheitsgehalt." („Basler Nachrichten" 1976)

„Es gibt Leute, die den Spitzenspielern Professialismus vorwerfen. Sie schätzen das Schachspiel nicht richtig ein. Wenn heute jemand Meistern wie Paganini, Beethoven oder Prokofieff und Oistrach vorhalten würde, daß ihre Kunst auch ihr *Beruf* war und ist, so würden die Musikfreunde einen derartigen Vorwurf abwegig finden. Heute dürfen nur Schachignoranten es den Großmeistern verübeln, wenn sie ihr Leben dem Schach widmen. Die große Menge der Schachfreunde wünscht schöne Partien zu sehen und interessiert sich nicht dafür, ob der Großmeister vor dem Turnier täglich ins Büro geht oder ob er sich auf das Spiel vorbereitet." (Weltmeister Dr. M. Botwinnik im „Hamburger Abendblatt" 1960).

„Die Meinung, der man hin und wieder begegnet, das Schachspiel sei kein Sport, muß als glatte Fehleinschätzung gelten. Jedem sollte klar sein, daß Körper und Geist eine homogene Einheit bilden. Jeder Turnierspieler ist aufgrund seiner psychischen und physischen Leistung ein Leistungssportler. Für mich gehört Schach eindeutig unter den Begriff des Sports, und daher ist der Deutsche Schachbund auch in den Deutschen Sportbund integriert worden." (Willi Weyer, Präsident des Deutschen Sportbundes, 1976 beim DSB-Kongreß in Hagen).

„Wie das Singen aus dem Sprechen, das Tanzen aus dem Gehen oder das Zeichnen aus dem Schreiben, so ist auch das Schachspiel aus einer menschlichen Tätigkeit, dem Denken, entstanden. Im Schachspiel denken wir, weil es uns Freude macht, unsere Denkfähigkeit zu üben und nicht, um durch das Denken einen außerhalb des Spiels liegenden Zweck zu erreichen. Hier wurde das Denken zum Selbstzweck, weil es einen lustbetonten Charakter angenommen hat. Wenn man uns also fragt: ‚Warum spielt ihr Schach?', dann antworten wir: ‚Weil es uns Spaß macht, genau so wie der Tänzer tanzt oder wie der Sänger singt.'" (Dr. L. Neymeyer)

Tarrasch, der deutsche Schachmeister, Arzt und Schriftsteller, genannt der praeceptor germaniae, lebte von 1862 bis 1934 in Breslau, Nürnberg und München. Er schrieb: „Der eigentliche, feinste Reiz des Schachspiels liegt darin, daß man dabei *geistig produktiv* tätig ist. Und das geistige Produzieren gehört zu den größten Genüssen des menschlichen Lebens, wenn es nicht der größte ist. Nun kann nicht jeder ein Drama schreiben oder eine Brücke bauen, ja es kann nicht einmal jeder einen guten Witz machen. Aber im Schachspiel, da muß jeder geistig produzieren und dieses erlesenen Genusses teilhaftig werden. Ich habe ein leises Bedauern für jeden, der das Schachspiel nicht kennt, ungefähr so, wie ich jeden bedaure, der die Liebe nicht kennengelernt hat. Das Schach hat wie die Liebe, wie die Musik die Fähigkeit, den Menschen glücklich zu machen."

Die Legende vom Reiskorn

Wenn die Rede auf die unbegrenzten Möglichkeiten im Schachspiel kommt, wird zur Illustration gerne auf die Legende vom Reiskorn zurückgegriffen:

Als sagenhafter Erfinder des Schachspiels vor 1500 Jahren gilt der brahmanische Weise Sessa in Indien. Er erfand für seinen König ein Spiel, das diesem zur Belehrung dienen sollte: in seinem Reich soll der König mit seinem Volk eine Einheit bilden mit Adel und Bauern. König Sheram war von dem Spiel begeistert, das als ein Sinnbild von Lebensweisheit und Unterhaltung dienen konnte. Der König versprach dem Brahmanen eine Belohnung, die dieser selbst bestimmen durfte. Sessa wollte eine Lehre in Bescheidenheit geben – so jedenfalls faßten es die Beamten auf.

Der Wunsch des Brahmanen war: Auf das 1. Feld des Schachbretts 1 Reiskorn, auf das 2. Feld zwei, das 3. vier, das 4. acht Körner und so weiter – also auf jedes Feld immer die doppelte Anzahl Körner des vorherigen Feldes.

Dabei ist zu beachten, daß die Körner (die Belohnung des Brahmanen) addiert werden. So liegen zum Beispiel auf dem 4. Feld acht Körner, dazu kommen die vier Körner auf dem Feld Nr. 3, die zwei auf dem zweiten und das eine auf dem Ausgangsfeld. Die Summe ergibt 15, das sind 2 hoch 4 minus 1. Überhaupt gilt für diese Art von Berechnungen die mathematische Formel 2 hoch n minus 1, wobei „n" der Anzahl der Felder entspricht.

Über den bescheiden anmutenden Wunsch zeigte sich der König etwas ungehalten, war er doch als ein reicher Herrscher bekannt; aber er ließ den Weisen gewähren. Als die Hofbeamten und Ratgeber nach vielen Stunden die Summe der Reiskörner auf allen 64 Feldern errechnet hatten, mußten sie erschreckt erkennen, daß im ganzen Reich nicht so viel Reis aufzutreiben war. Die Summe errechnet sich nach der Formel 2^{64} –1 und beginnt mit achtzehn Trillionen:
18 446 744 073 709 551 615.
Die Reisernte der ganzen Erde würde nicht ausreichen, um diese Summe zu erreichen.

Elementares und Grundbegriffe

Jedes Alter
ist der Liebe zum Schach ergeben

In welchem Alter sollen unsere Kinder das Schachspiel erlernen, fragen sich manche Eltern. Nun, viele Kinder lernen das Spiel vom Zusehen beim Vater, seltener auch bei der Mutter (das Schachgenie Robert Fischer zum Beispiel im Alter von 6 Jahren von seiner Schwester Joane!). Der russische Dichter Alexander Puschkin schreibt in seinem Versroman „Eugen Onegin", daß „jedes Alter der Liebe ergeben ist". Diese Feststellung kann man erweitern: Jedes Alter ist der Liebe zum Schach ergeben.

Am günstigsten ist zum Erlernen des Schachspiels das Alter von 12 Jahren, dann also, wenn einfache Brettspiele wie Mühle oder Wolf und Schafe dem heranwachsenden Geist nicht mehr genügen. Auch mit 15 bis 16 Jahren kann man das Spiel noch leicht erlernen, um in wenigen Jahren bereits Meisterstärke zu erlangen.

Gibt es ein Schachtalent? Ist Schach Kunst, Wissenschaft oder Sport? „Schach ist weder das eine noch das andere getrennt. Es ist Spiel und Kampf zugleich: Schach ist eben Schach!"sagt Exweltmeister Tigran Petrosjan. Das spezielle Schachtalent kreuzt sich mit der Begabung für Musik und Mathematik. Wer im Schach eine gewisse Meisterschaft erreichen will, muß das mit dem 21. Lebensjahr erreicht haben. Darüber hinaus sind Fortschritte zur Meisterschaft kaum mehr möglich. Die großen Schachspieler haben im Alter von 21 bis 25 Jahren die ersten Meisterschaften erreicht. Im Alter von 35 Jahren ist der Höhepunkt erreicht, der noch bis zum 40. Lebensjahr anhalten kann. Danach geht es nur noch darum, wie lange Routine und Erfahrung im Wettbewerb mit jüngeren Meistern standhalten können. Weltmeister Dr. Emanuel Lasker, ein Deutscher und als Mensch und Schachspieler eine Ausnahmeerscheinung, errang 1935 in Moskau im Alter von 67 Jahren hinter Botwinnik und Flohr, aber vor Exweltmeister Capablanca, noch den 3. Preis unter 18 Teilnehmern! Das amerikanische Schachgenie Paul Morphy aus dem vorigen Jahrhundert trat nach unsterblichen Erfolgen mit 23 Jahren endgültig von der Bühne ab. Sein Nachfahre aus Amerika, Weltmeister (von 1972 bis 1975) Robert Fischer, wurde schon im Alter von 15 Jahren mit dem Großmeistertitel des Weltschachbundes ausgezeichnet, errang 1972 im Alter von 29 Jahren den Weltmeistertitel – und spielte danach keine einzige Turnierpartie mehr!

Das Ziel im Schach

Ziel und Zweck des Schachspiels decken sich mit der praktischen Partie oder dem Problemschach, denn immer geht es um die Gefangennahme des Königs. Ist der feindliche König gefangen, hat er kein freies Feld mehr zur Verfügung, so ist er matt = gestorben (aus dem Arabischen). (Es gibt beim Kunstschach auch das Mattsetzen des eigenen Königs, das sogenannte Selbstmatt.)

Das Mattsetzen des feindlichen Königs ist das Ziel der Schachpartie. Daher stehen die beiden Könige von Weiß und Schwarz im Mittelpunkt des Geschehens. Wer den gegnerischen König matt setzt, hat gewonnen; wessen König mattgesetzt wird, hat verloren. Man sagt dann „Weiß hat gewonnen" oder „Schwarz hat verloren", beziehungsweise umgekehrt, wenn Schwarz gewonnen hat und der weiße König mattgesetzt wurde. Dieses Ziel der Gefangennahme des feindlichen Königs kann auf zwei grundsätzliche Weisen erreicht werden: entweder durch materielle Schwächung der Gegenpartei oder durch eine Mattkombination – die zum Beispiel durch aktives Spiel oder (seitens des Gegners) durch passives oder fehlerhaftes Spiel ausgelöst wird. Der Verlauf einer Schachpartie gleicht der Heerführung im Kriege, denn Schach ist ein *strategisches Spiel*. Ausdrücke und Begriffe der Schachsprache sind daher an strategisch-militärische Sinnbilder angeglichen. Man spricht zum Beispiel vom Angriff des Weißen auf dem Damenflügel, oder von der Verteidigungsstellung des Weißen auf dem Königsflügel. Diese speziellen Beschreibungen des Partieverlaufs gleichen Beschreibungen von Kriegsberichterstattern: es gibt im feindlichen Lager schwache Punkte, die unter Druck gesetzt werden, die gegnerische Stellung wird belagert, auf den Partner wird psychologischer Druck ausgeübt, auf den freien Linien werden die schweren

Figuren aufgefahren – und vieles andere mehr, was der Leser dann im Kapitel über das Mittelspiel oder bei der Kommentierung der Meisterpartien erfährt.

Ein Spieler kann in einer Partie aber drei Ergebnisse erzielen: Gewinn, Verlust oder Unentschieden. Bei Unentschieden oder Remis konnte keine Seite den Sieg an ihre Fahnen heften, es bleibt beim unentschiedenen Ausgang des Kampfes. Charakteristisch für das Schachspiel bleibt, daß der gegnerische König nicht geschlagen wird, sondern nur der Gefangennahme verfällt. Der gefangengenommene König kann nicht mehr ziehen, er ist matt; der Gegner hat gewonnen, die Figuren werden in die Grundstellung gebracht, ein neues Spiel beginnt.

Was zu einer Schachpartie benötigt wird

Wir unterscheiden im Schach das praktische Partieschach, das zwei Spieler miteinander spielen, und das Kunstschach, zu dem Schachaufgaben oder Endspielstudien gehören. In der Regel meint man aber das Partieschach, wenn vom Schach gesprochen wird. Es darf aber schon zu Beginn angemerkt werden, daß, wer das Problemschach ganz links liegen läßt, sich freiwillig um einen großen Kunstgenuß begibt.

Bei einer Partie Schach bekämpfen sich auf dem 64feldrigen Schachbrett zwei Gegner, die zwei gleich starke Heere führen, nämlich Weiß und Schwarz. Um eine Partie spielen zu können, müssen wir also eine(n) Partner(in), eine(n) Gegner(in) haben, auch wenn wir diesen Gegner unter Umständen nie zu sehen bekommen werden wie beim Fernschach. Auch kann jedermann eine Schachpartie nachspielen zum Zwecke der Unterhaltung oder Information; er zieht dann nach einer vorliegenden Aufzeichnung die weißen und die schwarzen Steine.

Die zwei Parteien beim Schach werden als „Weiß" und „Schwarz" bezeichnet, auch wenn die betreffenden Figurensätze einmal ganz andere Farben aufweisen sollten, etwa Rot und Weiß. Außer dem Schachbrett benötigen wir zweimal 16 Schachsteine in Weiß und Schwarz und zum Spielen einer Partie auch einen Gegner.

Das Schachbrett

Die 64 Felder des Schachbrettes sind in helle und dunkle Flächen eingeteilt. Es hat nichts mit „Weiß" oder „Schwarz" zu tun; die Unterteilung der Felder in weiß und braun dient zur besseren Unterschei-

dung der einzelnen Züge und Wahrnehmung des Stellungsbildes.

Das Schachbrett wird so zwischen die beiden Spieler aufgelegt, daß links unten ein dunkles Eckfeld erscheint. Das Brett ist falsch aufgelegt, wenn das linke Eckfeld weiß ist. Es muß – vor allem bei Turnierspielen – nicht unbedingt die Ziffer „1" und die Reihe „a" vor Weiß liegen, das Brett kann auch um 180° gedreht richtig aufgestellt sein; wichtig ist allein, daß links unten ein dunkles Eckfeld erscheint. Ungeübtere Spieler sollten aber darauf achten, daß die Zahlenreihe bei Weiß mit 1 beginnt und auf der gegenüberliegenden Reihe bei Schwarz die 8 erscheint. Auf die Notation der 64 Felder kommen wir noch zurück. Die Zahlen und Ziffern dienen der Bezeichnung der einzelnen Felder und der gespielten Züge.

Die zweimal 16 Steine

Symbole für Weiß   *Symbole für Schwarz*

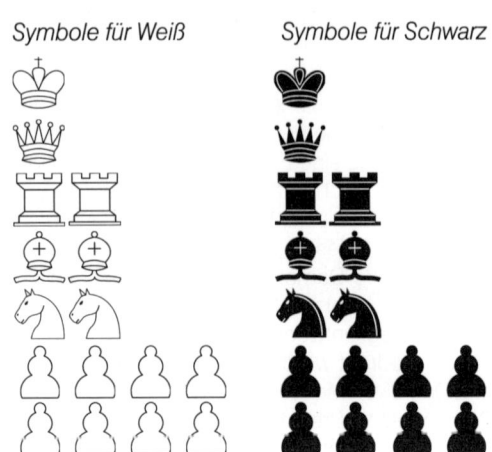

Jede Seite verfügt über 16 Steine, davon acht Figuren und acht Bauern. Die Unterscheidung der 16 Steine erfolgt in Figuren (in der Grundstellung auf der 1. und 8. Reihe) und Bauern (2. und 7. Reihe).

Die Grundstellung

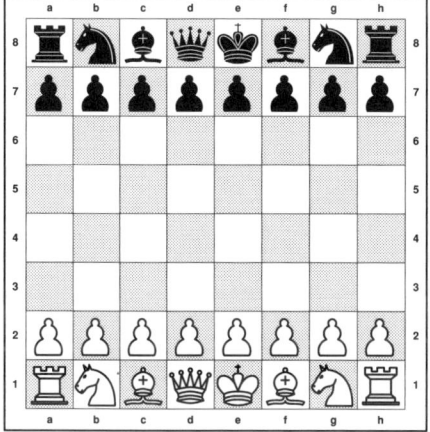

Vor dem ersten Zug

Wie im Bild (Schachbild = Diagramm) sind auch in der Praxis die Figuren höher und die Bauern kleiner. Am größten sind König und Dame, meist 8,5 bis 9 cm, die anderen Offiziere wie Läufer, Türme und Springer um 2 bis 3 cm niedriger, die Bauern noch etwas kleiner. Weiß führt immer den ersten Zug aus; dann zieht Schwarz. Ein weißer und ein schwarzer Zug werden als ein Zug angesehen. Man sagt auch, Weiß hat den „Anzug", Schwarz den „Nachzug", oder man spricht vom Anziehenden und vom Nachziehenden. Auf der 1. und 8. Reihe stehen immer die Figuren, auf der 2. und 7. Reihe werden die Bauern aufgestellt. Ebenso wie es eine Faustregel über die richtige Lage des Schachbretts gibt, existiert auch eine Hilfsregel über die richtige Aufstellung von König und Dame. Diese Hilfsregel beim Aufstellen besagt: weiße Dame = weißes Feld; schwarze Dame = schwarzes Feld. Geht die Gleichung nicht auf, liegt entweder das Brett falsch und muß um 90° gedreht werden, oder es wurden König und Dame verwechselt.

Bei korrekter Brettstellung (das linke untere Eckfeld ist dunkel und trägt die Ziffer 1 sowie den Buchstaben a) stehen die Damen immer in der „d"-Linie, das ist die Linie von d1 bis d8; die weiße Dame steht auf d1, die schwarze gegenüber auf d8. Die Könige stehen in der Grundstellung stets in der „e"-Linie, der weiße auf e1, der schwarze auf e8.

Die Bezeichnung der 64 Felder

Durch die Kombination von Buchstaben und Zahlen kann jedes der 64 Felder genau bezeichnet werden. Diese Notation oder Schreibweise ist wichtig für den Fall, daß eine Partie aufgezeichnet oder eine bestimmte Stellung, ein Zug oder eine Zugreihe festgehalten werden soll, um Züge oder eine ganze Partie nachspielen zu können. Wir befassen uns mit ihr genauer, wenn das Nachspielen der ersten Partie beginnt.

Wie die Steine ziehen

Der König

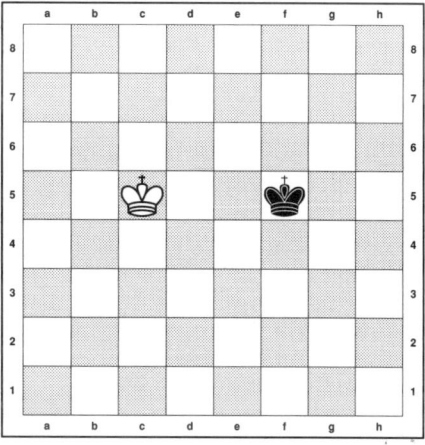

Der König kann auf jedes benachbarte Feld ziehen; das sind auf dem leeren Brett (und nicht durch eine Randstellung eingeschränkt) acht Felder. Jeder König kann also eines dieser freien Felder bei seinem nächsten Zug betreten. Oder man sagt auch: der König beherrscht diese benachbarten Felder.

Wie der König zieht, so kann er auch schlagen, das heißt: einen feindlichen Stein wegnehmen. *Der König darf aber nie ein Feld betreten, das von einem feindlichen Stein beherrscht wird!* Er würde sich ja damit in den Wirkungsbereich eines feindlichen Steines begeben und stünde dadurch im „Schach". Bevor wir den Begriff des Schachgebots kennenlernen, sehen wir uns die Bewegungen der Dame an.

Die Dame

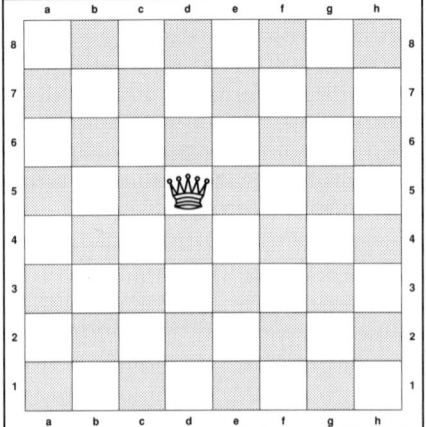

Die Dame ist nach dem König die zweitgrößte Figur, und sie trägt als Symbol und im Figurensatz die feine Krone einer Königin.

Die Dame zieht (und schlägt) in gerader und schräger Richtung auf ein beliebiges Feld. Die weiße Dame im abgebildeten Diagramm kann zwischen 27 verschiedenen Zügen wählen. Sie kann aber den Zug nur in der einmal eingeschlagenen Richtung ausführen, entweder gerade oder diagonal. Je zentraler eine Figur auf dem Schachbrett steht, desto größer ist ihre Bewegungsfreiheit; dem Brettrand nahe sind alle Steine in ihrer Bewegungsfreiheit eingeschränkt.

Damit ist bereits ein wichtiges positionelles Gesetz angeschnitten: Jeder Spieler sollte bestrebt sein, im Laufe der Partie seine Figuren möglichst zentral aufzustellen.

Im folgenden Diagramm besitzt Schwarz mehrere Möglichkeiten; er kann mit der Dame oder dem König ziehen. Die Dame kann schräg oder gerade ziehen, oder die weiße Dame auf b7 schlagen.

Das Schlagen eines feindlichen Steines wird so ausgeführt, bezogen auf das nächste Diagramm: Die schwarze Dame wird vom Spieler unter Wegnehmen der weißen Dame auf das Feld b7 gesetzt; die geschlagene Dame wird vom Brett

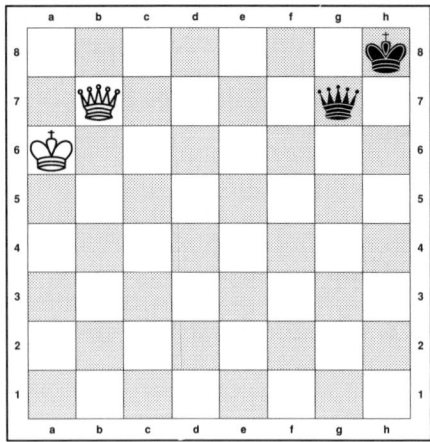

Schwarz am Zug

genommen, sie ist geschlagen und spielt nicht mehr mit.

Das Schlagen ist aber nicht Pflicht! Schwarz könnte mit seiner Dame auch andere Züge ausführen oder mit dem König ziehen, zum Beispiel nach g8 oder h7. Nur nach g7 kann der König nicht ziehen, weil dort die eigene Dame steht. Auf einem Feld kann immer nur ein Stein stehen.

Betritt ein Stein ein Feld, auf dem ein feindlicher Stein bereits steht, so ist dies ein Schlagfall. Der feindliche Stein wird vom Brett genommen, und der neue Stein nimmt dieses Feld ein.

Im Diagramm oben könnte mit Schwarz am Zug folgende Zugfolge ablaufen: Die Dame zieht von

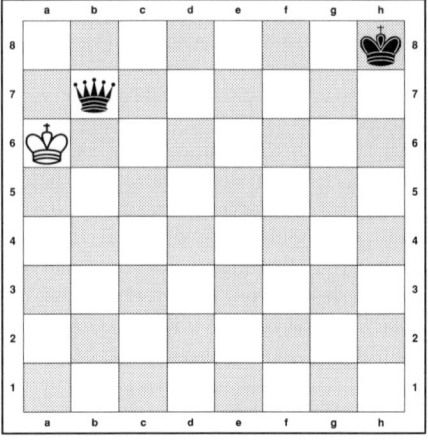

Der weiße König steht im „Schach"

g7 nach b7, schlägt dort die weiße Dame mit „Schach". Der schwarze Zug ist beendet und Weiß zieht. Natürlich nimmt der weiße König vom Feld a6 aus die schwarze Dame auf b7 weg – er schlägt sie ebenfalls. Mit diesen beiden Zügen wurde ein Abtausch getätigt, die Damen wurden getauscht.

Im Diagramm vorige Seite unten schlägt Weiß am Zug die schwarze Dame mit dem König. Der König zieht und schlägt nach jeder Seite um ein Feld – also kann er die ungeschützte Dame schlagen. Zurück bleiben nur noch die beiden Könige, die sich gegenseitig nichts mehr anhaben können. Wir haben einen Fall von Unentschieden vor uns, ein Remis.

Schach dem König

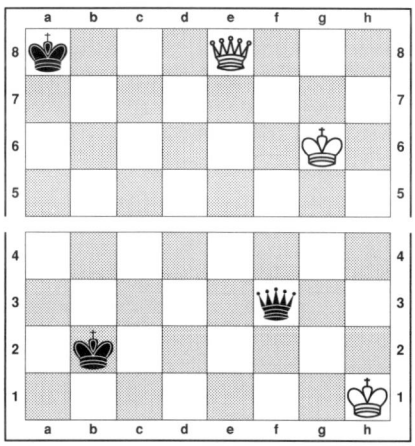

Wir sehen ein geteiltes Diagramm – Ansichten von Schachstellungen –, die es in der Praxis nicht geben kann und hier nur zu Lehrzwecken verwendet werden.

In der unteren Diagrammhälfte bedroht die schwarze Dame den weißen König, sie bietet ihm „Schach". Ein bedrohter König muß darauf reagieren, das Schachgebot muß abgewehrt werden. Im vorliegenden Fall zieht der weiße König auf ein freies Feld, entweder nach g1 oder h2; der König ist aus dem Schach heraus.

In der oberen Diagrammhälfte muß Schwarz am Zug sein, denn der König auf a8 ist bedroht: Die Dame bietet Schach von e8 aus. Mit zwei verschiedenen Zügen kann das Schachgebot erwidert werden; der König zieht entweder nach a7 oder nach b7.

Was ist Matt?

Ein König ist matt, wenn ihm Schach geboten wird und er kein freies Feld mehr betreten oder das Schachgebot auch nicht mehr auf andere Weise abwehren kann. Man sagt dann: Weiß (oder Schwarz) ist matt. Das bezieht sich nicht bloß auf den König, sondern im Sprachgebrauch gemeinhin auf die betreffende Partei, auf den Spieler, dessen König mattgesetzt worden ist.

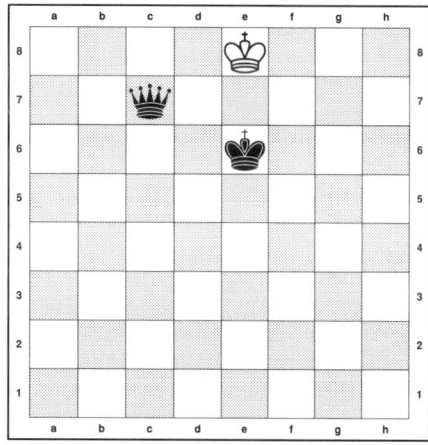

Schwarz kann matt setzen

Dame und König gegen den alleinstehenden König können das Matt leicht erzwingen; zuvor muß der König an den Rand oder in eine Ecke gedrängt werden. Eine solche Situation haben wir vor uns: Die schwarze Dame kann im nächsten Zug matt setzen, entweder auf dem Feld e7 oder auf den Feldern b8 und c8.

In allen drei Fällen kann der weiße König auf kein freies Feld mehr fliehen, König und Dame von Schwarz beherrschen die fünf umliegenden Felder, die der weiße König normalerweise betreten könnte.

Schwarz ist matt

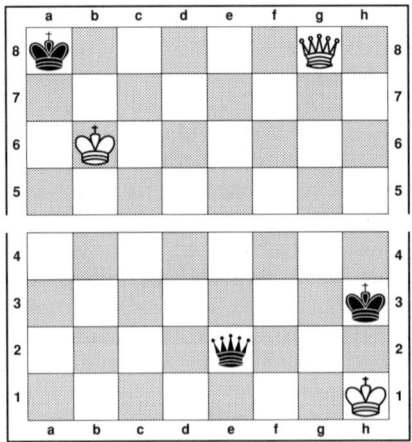

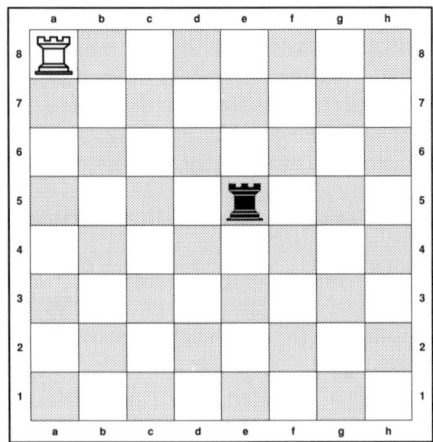

Schwarz am Zug setzt matt

In der oberen Diagrammhälfte hat soeben die weiße Dame auf g8 mattgesetzt. Die Dame beherrscht alle Felder der 8. Reihe von a8 bis h8, und der weiße König beherrscht die Felder a7 und b7.

Könige dürfen sich niemals unmittelbar gegenüberstehen! Sie können sich nur bis auf ein Feld Abstand nähern, sie können sich also gegenseitig nicht Schach bieten. Dagegen darf der König einen feindlichen Stein angreifen und ihn auch schlagen, immer vorausgesetzt, er betritt dabei kein vom Feind beherrschtes Feld.

In der unteren Diagrammhälfte kann Schwarz am Zug auf fünf verschiedene Arten mit der Dame matt geben. Zieht die Dame nach g2 oder h2 direkt vor den weißen König, so ist das jedesmal matt. Der König kann die Dame nicht schlagen, weil sie ihrerseits vom eigenen König geschützt wird. Der Schachausdruck dafür heißt „gedeckt". Ein geschützter oder gedeckter Stein kann vom König nie geschlagen werden, weil der König sich dann selbst einem Schachgebot aussetzen würde.

Der Turm

In der Grundstellung stehen die vier Türme in den vier Ecken des Schachbretts; sie sehen aus wie die Türme einer Burg. Die Gangart des Turmes ist einprägsam, denn er zieht nur geradeaus auf den Waagerechten und Senkrechten. Auf den freien Geraden kann der Turm so weit ziehen, wie er will; er kann ein Feld oder auch mehrere Felder weit ziehen. Steht ein feindlicher Stein im Wege, so kann der Turm auf dem Feld vor diesem Stein Halt machen, oder den feindlichen Stein schlagen und dessen Platz (Feld) einnehmen. Einige Beispiele über das Schlagen von Turm und Dame:

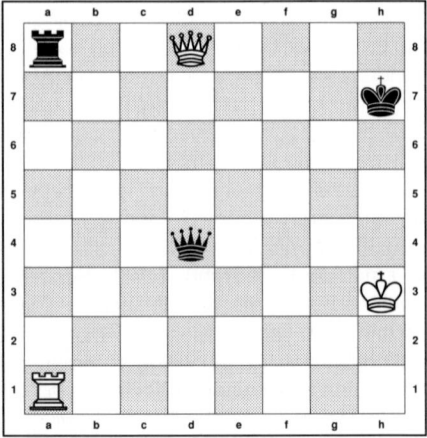

Die weiße Dame besitzt zwei Schlagmöglichkeiten; sie kann in gerader Richtung entweder die schwarze Dame oder den Turm schlagen; in beiden Fällen wird der geschlagene Stein vom Brett gestellt und die Dame setzt sich auf dieses Feld.

Der weiße Turm kann den schwarzen Turm auf a8 schlagen; er könnte aber ebenso auf dieses Recht verzichten und sich zum Beispiel ein Feld

vor den Turm setzen, also auf a7 mit Schachgebot auf den schwarzen König, der auf dem Feld
h7 steht.

Die schwarze Dame kann unter zwei Schlagmöglichkeiten wählen; sie kann die Dame auf d8 oder
den Turm auf a1 schlagen. Und auch der schwarze Turm hat zwei Möglichkeiten: Er kann die weiße
Dame auf d8 oder den Turm auf a1 schlagen.

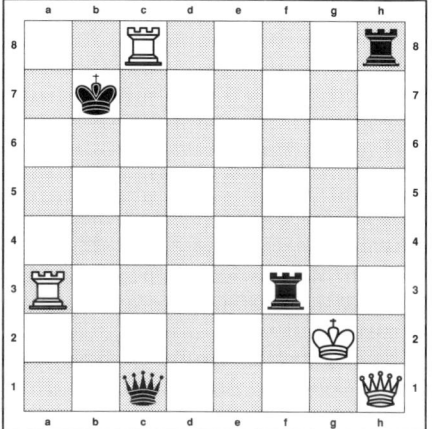

Dieses Diagramm bietet folgende Schlagmöglichkeiten: Der weiße König kann den neben ihm
stehenden Turm schlagen (Kxf3), die weiße Dame
kann entweder die schwarze Dame schlagen
(Dxc1) oder den schwarzen Turm auf dem Eckfeld
(Dxh8); der weiße Turm am linken Brettrand kann
den schwarzen Turm schlagen (Txf3); der weiße
Turm am oberen Brettrand kann entweder die
schwarze Dame nehmen (Txc1) oder den schwarzen Turm in der Ecke (Txh8). Für die Schlagfälle
der weißen Türme mit den schwarzen Türmen
kann man auch sagen: es ist ein *Abtausch.* Ein
Abtausch ist das gegenseitige Nehmen oder
Schlagen von gleichwertigen Steinen wie Dame
gegen Dame, Turm gegen Turm, Bauer gegen
Bauer und so fort. Schlagen oder Nehmen haben
im Schach dieselbe Bedeutung.

Nun zu den Schlagmöglichkeiten von Schwarz:
Der König kann den weißen Turm schlagen
(Kxc8); die Dame kann die Rivalin auf h1 schlagen (Dxh1), den Turm auf c8 nehmen (Dxc8) oder
den Turm auf a3 (Dxa3). Der schwarze Tf3 besitzt
nur eine Schlagmöglichkeit (Txa3), der andere
Turm auf h8 besitzt die Auswahl: entweder Txc8
oder Txh1.

Was beim Ziehen und Schlagen beachtet werden muß

Für das Ziehen und Schlagen aller Steine gelten
folgende Regeln:

1. Das Schlagen geschieht freiwillig und ist keine
Pflicht! (Solange noch Auswahl an Zügen
besteht.)

2. Der Stein, der schlägt, setzt sich auf das Feld
des geschlagenen Steines, wobei dieser Stein
vom Brett genommen wird; er spielt in dieser
Partie nicht mehr mit.

3. Eigene Steine dürfen nicht geschlagen werden.
Das wäre auch sinnlos, denn der Gegner soll doch
materiell geschwächt werden. Also ist man logi-
scherweise bestrebt, soviel feindliche Steine wie
möglich zu schlagen.

4. Weder König, Dame, Turm, Läufer oder Bauer
dürfen eigene oder feindliche Steine überspringen. Das darf nur der Springer.

Der Läufer

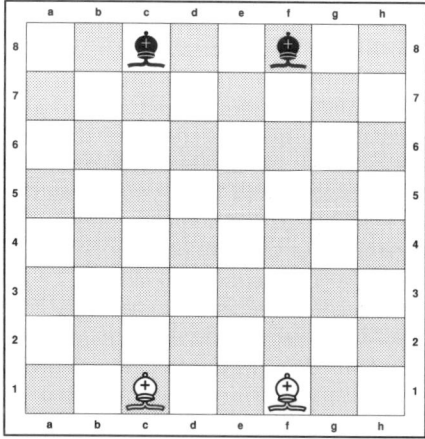

Die Läufer bewegen sich auf den Schrägen oder
Diagonalen. Jede Partei besitzt zwei Läufer, und
zwar einen auf den dunklen und einen auf den
hellen Feldern. Auch die Läufer führen ihre Bewegungen nach der Grundregel aus, daß sie auf
ihren Diagonalen jedes freie Feld besetzen
können, also so weit ziehen dürfen, wie sie freie
Bahnen haben. Schlägt der Läufer einen feindlichen Stein, setzt er sich auf dessen Feld; eigene
oder feindliche Steine dürfen nicht übersprungen
werden. Das Symbol des Läufers wird oft mit der
Mitra, der Bischofsmütze, dargestellt.

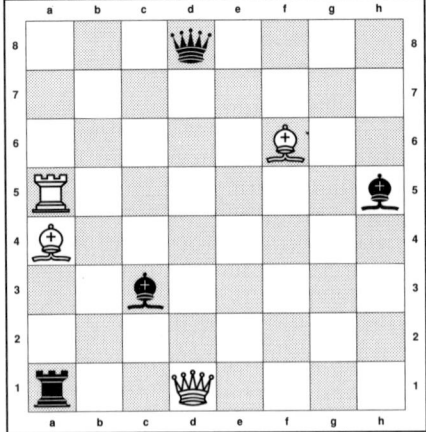

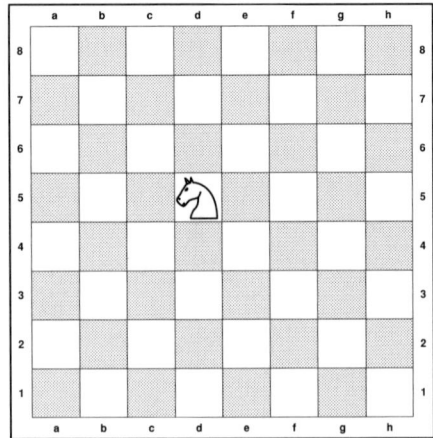

Einige Beispiele, wie Dame, Turm und Läufer schlagen:

Die Schlagfälle der weißen Dame sind: Dxd8, Dxa1 oder Dxh5.

Nun der weiße Turm: Txh5. Eine andere Figur kann der Turm nicht schlagen; zum Beispiel nicht den feindlichen Turm auf a1, weil auf dem Weg zwischen a5 und a1 der eigene Läufer a4 den Weg verstellt.

Von den beiden weißen Läufern kann nur der auf den dunklen Feldern (auch schwarzfeldriger Läufer genannt) schlagen: Lf6xd8 oder Lf6xc3. Im Wirkungsbereich des weißfeldrigen Läufers a4 (der Läufer kann sich nur auf den weißen Feldern bewegen) befindet sich keine feindliche Figur.

Schwarz hat folgende Schlagmöglichkeiten: Dame: Dxd1, Dxa5 oder Dxf6; Turm: Txa4, Txd1; Läufer: Lc3xa5, Lc3xf6, Lh5xd1.

Eine Zugnummerierung wird nur angewandt, wenn wir eine Reihe von Zügen beschreiben. Nun probieren wir eine fortlaufende Zugfolge und lassen dazu Schwarz anziehen:

1. ...Dxd1 2. Lxd1 Txa5 3. Lxc3 Lxd1 4. Lxa5

Einen Sinn hatten die abstrakten Züge nicht; es fehlen ja auch die Könige, so daß die Züge lediglich zur Darstellung der möglichen Schlagfälle und wie diese geschrieben, „notiert" werden, dienten.

Der Springer

Der Springer ist im Schach die farbigste Figur, denn er darf eigene und fremde Steine übersprin-

gen. Es ist aber dabei zu unterscheiden, daß der Springer die *übersprungenen* Felder *nicht beherrscht*, sondern eben nur sein Standfeld oder die von dort aus anvisierten Zielfelder.

Von der Brettmitte aus kann der Springer acht Felder erreichen – wie er dahin kommt, ist einerlei. Entweder zieht der Springer von seinem Standpunkt d5 aus ein Feld schräg (e6, c6, c4, e4) und dann eines gerade (f6, e7, c7, b6, b4, c3, e3, f4) in die gewünschte Richtung oder ein Feld gerade und eines schräg; oder – anders ausgedrückt mit demselben Ergebnis – zwei Felder gerade und eins im rechten Winkel dazu. Er kann wie alle anderen Figuren vorwärts, rückwärts oder seitwärts ziehen. Er muß sich dabei aber immer von seinem Standfeld aus um zwei Felder wegbewegen.

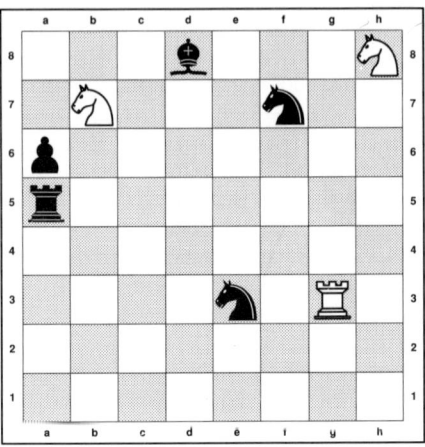

Auf einem der 16 Zentralfelder beherrscht ein Springer acht Felder des freien Brettes, er schlägt ein „Springerrad". Ein Springer am Rande oder in der Ecke beherrscht nur wenige Felder. (Der wSh8 kann nur die zwei Felder g6 und f7 betreten.) Die vier Schlagfälle der drei Springer am Brettrand sind durch Pfeile markiert. Wenn der Sb7 den Ta5 schlagen will, überspringt er die Felder b6 oder a6 – je nachdem, wie der Spieler den Springer führt –, aber auf den schwarzen Ba6 folgt dabei keine Einwirkung. Auch der weiße Turm befindet sich nicht im Zug- oder Schlagbereich des schwarzen Springers.

Die Springer eignen sich vorzüglich dazu, Verwirrung in den feindlichen Reihen auszulösen. Besonders ungeübte Spieler sehen selten voraus, wo sie eine Springergabel (der Springer greift gleichzeitig zwei feindliche Figuren an) vernichtend treffen kann. Keine Figur ist so geeignet wie der Springer, Doppelangriffe auszuführen. Besonders der Lernende operiert gern mit der überraschenden Wirkung eines Springerangriffs auf die feindliche Stellung.

Merkregel: Zieht ein Springer von einem dunklen Feld aus, wird er auf einem hellen Zielfeld landen! Startet der Springer von einem hellen Feld, wird er auf einem dunklen Feld landen.

Der Bauer

Die Bauern haben im Schach wertmäßig die geringste Bedeutung – sehr zu Unrecht. Sie sind das Fußvolk unter den Figuren, doch nach dem Wort Napoleons trägt jeder Bauer den Marschallstab im Tornister. Erreicht er die letzte Reihe, kann und muß er in eine Figur derselben Partei umgewandelt werden! Viele Partien, vor allem bei guten Spielern, werden entschieden durch materielle Überlegenheit eines einzigen Bauern. Wird die letzte Reihe erreicht, erfolgt die Umwandlung zumeist in eine Dame, die mächtigste Figur auf dem Brett.

Aus der Grundstellung darf ein Bauer einen oder zwei Schritte ziehen, frei nach Wahl des Spielers; von da ab aber nur noch je um ein Feld weiter. *Nicht erlaubt ist es, mit zwei Bauern gleichzeitig zu ziehen*, auch nicht in der Eröffnung. Die Bauern ziehen nur um ein Feld geradeaus; und zwar so weit, wie sie freie Bahn haben. Sie schlagen nur schräg in das nächste Feld hinein.

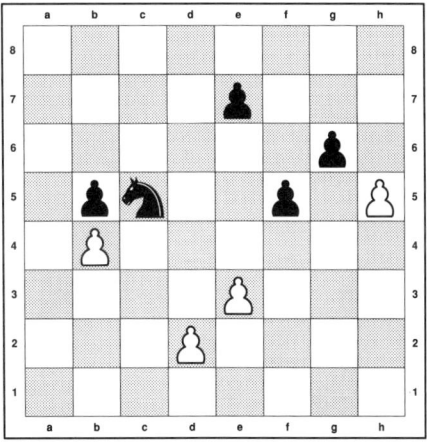

Das Diagramm zeigt die möglichen Züge und Schlagfälle der Bauern. Der schwarze Bauer auf b5 kann nicht weiterziehen, weil ihm der gegnerische Bauer auf b4 im Wege steht; er ist blockiert. Der wBb4 wiederum kann auch nicht geradeaus weiter, er kann jedoch schräg den Springer auf c5 schlagen. Was die Bauern von den anderen Steinen unterscheidet:

1. Der Bauer bewegt sich nur vorwärts, er darf nicht rückwärts gehen.
2. Der Bauer schlägt anders, als er zieht. Er zieht geradeaus, schlägt aber schräg.
3. Erreicht ein Bauer die letzte Reihe (das ist die Reihe, auf der die feindlichen Figuren in der Grundstellung stehen), so darf und muß er sofort in eine Figur der eigenen Farbe umgewandelt werden; ausgenommen in einen König natürlich.
4. Der Bauer kann „en passant" (französisch: im Vorübergehen) schlagen. (Wie das genau funktioniert, werden wir noch in einem besonderen Abschnitt erfahren.)

Die Bauern geben jeder Partie, vor allem in der Eröffnung, die Struktur, das Gepräge. In der Regel genügen auf jeder Seite (bei Weiß und Schwarz) zwei Bauernzüge im Zentrum, um die Entwicklung der übrigen Streitkräfte zu ermöglichen.

Welchen Wert haben die einzelnen Figuren?

Der Wertvergleich der einzelnen Steine ist sehr wichtig. Ein Spieler muß wissen, ob sich für ihn ein Austausch mit gegnerischen Steinen lohnt. Dabei betrachten wir zunächst nur die materielle

Seite, nicht die positionelle. Die Position, die Stellung kann so sein, daß zum Beispiel die gewaltige Dame gegen nur einen einzigen Bauern hergegeben, „geopfert" wird, um dadurch vielleicht den feindlichen König mattzusetzen.

Wir unterscheiden zwischen schweren und leichten Figuren:

Dame und Türme zählen zu den schweren Figuren. Ihr Einsatz erfolgt am wirkungsvollsten auf offenen Linien aus dem Hintergrund, ähnlich wie schwere Waffen in einem Krieg aus der Ferne eingesetzt werden.

Läufer und Springer werden als leichte Figuren bezeichnet oder auch „Offiziere" genannt. Der Läufer als Langschrittler zielt ebenfalls aus einer gewissen Distanz in die feindliche Stellung. Der Springer dagegen mit seiner kurzschrittigen Gangart ist die geeignete Figur, eine Bresche in die feindliche Königsstellung zu schlagen. Nicht selten entscheidet ein „Springeropfer" den Königsangriff, wobei sich der Springer entweder für einen Bauern oder gratis aufopfert.

Vergleich der Werte

Wert und Wirkung der Figuren hängen von deren Zugmöglichkeiten ab, welchen Raum auf dem Schachbrett sie beherrschen können. Mächtigste Figur ist die Dame, die von der Mitte aus 27 Felder erreichen kann, in geraden oder diagonalen Zügen. Der Turm, der nur auf den Geraden ziehen kann, beherrscht nur noch 15 Felder, der Läufer 14, der Springer 8, der Bauer nur noch zwei Felder. Die Wertskala der Steine, auf eine verkürzte Formel gebracht:

Dame 9, Turm 5, Läufer und Springer je 3 und Bauer 1. Der König, dessen Stärke erst im Endspiel zur Geltung kommt, darf in der Wirkung einem Turm gleichgestellt werden.

Ein Offizier (oder eine Leichtfigur) wird also drei gegnerischen Bauern gleichgestellt. Im Mittelspiel ist jedoch die Figur meist stärker, während die drei Bauern in einem Endspiel, möglichst nebeneinanderstehend, also „verbunden", die besseren Chancen bieten können.

Wer mit einem Läufer oder Springer einen feindlichen Turm herausschlagen kann, hat die „Qualität" erobert. Als „Qualität" wird der Wertunterschied zwischen einer Leichtfigur und einem Turm bezeichnet. Wer einen Turm gegen den feindlichen Läufer oder Springer einbüßt, hat die Qualität verloren. In einer Meisterpartie genügt in der Regel bei sonst gleicher Stellung dieser Materialgewinn dem Gegner zum Sieg!

Was beim Schlagen beachtet werden muß

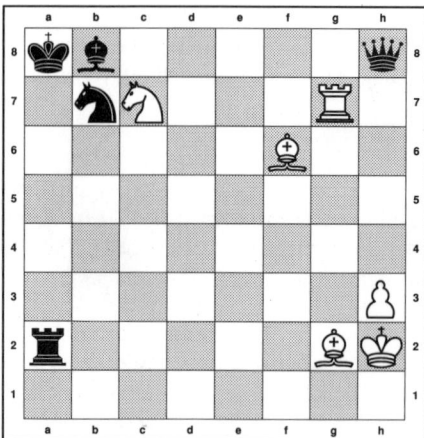

Wie die Steine gegenseitig wirken und schlagen können, beziehungsweise nicht können, das ist im vorliegenden Diagramm schon fast eine Lektion für den fortgeschrittenen Anfänger.

Der weiße Läufer auf g2 wirkt nur bis nach b7 zum schwarzen Springer, er bedroht aber indirekt den in der Ecke stehenden schwarzen König. Durch das Dazwischenstehen des Springers wird die Wirkung des Lg2 auf den Ka8 unterbrochen. Schwarz am Zug könnte aber keinesfalls den Springer von b7 wegziehen, weil dann sein König im Schach durch den Lg2 stünde; der Springer ist „gefesselt". Weiß am Zug könnte seinerseits keinesfalls den Springer b7 mit dem Läufer schlagen, weil der durch den schwarzen Turm auf a2 aus „gefesselt" ist. Würde der Läufer ziehen,

stünde der weiße König im Schach des Ta2 – dies wäre ein irregulärer oder unmöglicher Zug.

Kann Weiß am Zug mit seinem Läufer von f6 aus die schwarze Dame in der Ecke schlagen? Nein, denn außer dem Springer darf keine Figur eine andere überspringen, eigene und feindliche Steine nicht. Dagegen wirkt der weiße Springer c7 auch auf das Feld a8 ein, auf dem der schwarze König steht: Der Springer bietet Schach, der schwarze König steht im Schach.

Welche Möglichkeiten stehen Schwarz zur Abwehr des Schachgebots zur Verfügung? Zwei: Entweder weicht der König aus (das kann nur mit dem Königszug nach a7 geschehen), oder der schachbietende Springer wird vom Läufer b8 (Lxc7) geschlagen.

Mit einer kleinen Veränderung können wir eine Mattstellung aufbauen:

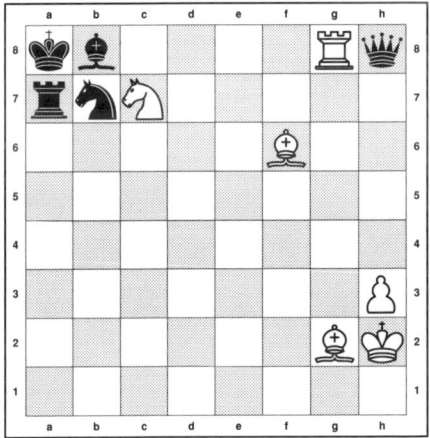

Schwarz ist matt

Jetzt ist der Läufer b8 vom weißen Turm g8 gefesselt, gefesselt an seinen König; würde er den Springer schlagen, stünde der König im Schach des Turmes – also ist der Zug unmöglich. Das Feld a7, vorher ein Fluchtfeld für den König, ist jetzt vom eigenen Turm blockiert (verstellt). Die zwei weißen Läufer tragen zum Mattbild nichts bei, sie könnten ebensogut fehlen.

Man beachte aber einen wichtigen Umstand: Obwohl der weiße Springer vom schwarzen Läufer gefesselt ist (im weiteren Verlauf der Diagonale b8-h2, die der Läufer b8 indirekt bestreicht, steht ja der weiße König!), bietet er

Schach auf a8. Es ist *nicht* so, daß Schwarz so argumentieren darf: Schlägt der Springer meinen König, so könnte ich ja seinen König auf h2 schlagen.

Abgesehen davon, daß im Schach der König nicht geschlagen wird – vorher ist die Partie durch Matt beendet –, handelt es sich bei der obigen Argumentation um einen Denkfehler; Schwarz könnte doch erst dann, wenn sein eigener König „geschlagen" ist, den feindlichen König „schlagen" – gerade den einen Zug zu spät, der den entscheidenden Unterschied ausmacht. Er ist schon „matt" = arabisch „tot", und das Spiel ist aus.

Auf die verschiedenen Mattbilder, Fesselungen und andere schachliche Elemente kommen wir beim Mittelspiel und bei den Kombinationen ausführlich zurück.

Die Notation
oder das Aufschreiben der Züge

Die erste Bekanntschaft mit der Bezeichnung der Felder des Schachbretts haben wir bereits früher gemacht. Mit der Kombination von Zahl und Ziffer kann jedes der 64 Felder bezeichnet werden und somit auch die Züge notiert und benannt werden. Es ist wichtig, die Züge im Schach aufschreiben zu können, denn so werden Partien aus Vergangenheit und Gegenwart in die Zukunft überliefert. Die heute gebräuchliche Notation geht auf das 18. Jahrhundert zurück. Man unterscheidet die algebraische und die beschreibende Notation. Die „beschreibende" Notation in den angelsächsischen und einigen lateinamerikanischen Ländern (auch Spanien) wird immer mehr zurückgedrängt zugunsten der einfacheren (sagen wir, nicht aber die Engländer!) algebraischen. Diese algebraische Notation wird auch in der Sowjetunion angewandt, dem Land mit 4,5 Millionen Schachspielern und fast allen Weltmeistertiteln.

Wenn Weiß mit seinem Königsspringer (der Springer, der sich in der Ausgangsstellung auf der Hälfte des Schachbretts befindet, auf der auch der König steht) die Partie eröffnet, herausgeht auf das „natürliche" Feld f3, dann wird das so notiert:

1. Sf3

Zerlegen wir diese Notation:

Die Ordnungszahl 1. sagt, es ist der 1. Zug der

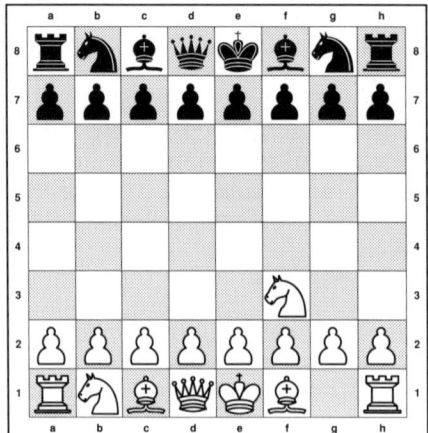

x	= schlägt
+	= Schach
#	= Matt
0-0	= kurze Rochade (kleine Rochade)
0-0-0	= lange Rochade (große Rochade)
!	= guter Zug
?	= schlechter Zug
!?	= beachtlicher Zug
?!	= fragwürdiger Zug
e. p.	= en passant (schlagen im Vorübergehen)

Einige andere Zeichen finden sich in Schachbüchern:

=	= ausgeglichene Stellung
+/–	= Weiß steht besser
+–	= Weiß steht auf Gewinn
–/+	= Schwarz steht besser
–+	= Schwarz steht auf Gewinn
1/2	= die Partie endete unentschieden
1:0	= Weiß hat gewonnen
0:1	= Schwarz hat gewonnen

Partie, und zwar von Weiß. Beim schwarzen Gegenzug würde es so heißen: 1. ...Sf6.

Das S bedeutet, es zieht ein Springer; f3 gibt das Zielfeld dieses Springers an.

Die Waagerechten von a bis h nennt man „Reihen", so daß man von der 1. Reihe (oder auch Grundreihe) spricht, wo in der Grundstellung die Figuren stehen, oder bei der Reihe von a2 bis h2 von der 2. Reihe. Die Bauern von Weiß ziehen von der 2. zur 8. Reihe (die 8. Reihe gilt auch als „Grundreihe" der schwarzen Figuren), die schwarzen Bauern ziehen von der 7. zur 1. Reihe. Die Senkrechten von 1 bis 8 nennt man „Linien". Der Schachspieler spricht von der a-Linie oder der b-Linie. So stehen zum Beispiel in der Anfangsstellung die Damen in der „d"-Linie, die Könige in der „e"-Linie. Im Gegensatz zu den Waagerechten (Reihen) und Senkrechten (Linien) werden die Diagonalen (auch Schrägen) nicht immer besonders gekennzeichnet.

Figuren werden mit dem Anfangsbuchstaben bezeichnet (K, D, T, L, S), Bauern nicht. Es wird etwa 1. d4 geschrieben, das bedeutet, Weiß zieht im 1. Zug mit seinem d-Bauern zwei Schritte vor von d2 nach d4.

Lesen wir 1. e4 e5, so sehen wir einen ganzen Zug; die Zughälften von Weiß und Schwarz also im ersten Zug. Weiß hat seinen e-Bauern von e2 nach e4 geführt, Schwarz hat mit dem Gegenzug seines Bauern von e7 nach e5 erwidert, der 1. Zug ist komplett.

Weitere Notationszeichen kommen jetzt zu denen, die wir bereits kennen:

Die erste Kurzpartie

Weiß – Schwarz

1. e4 e5

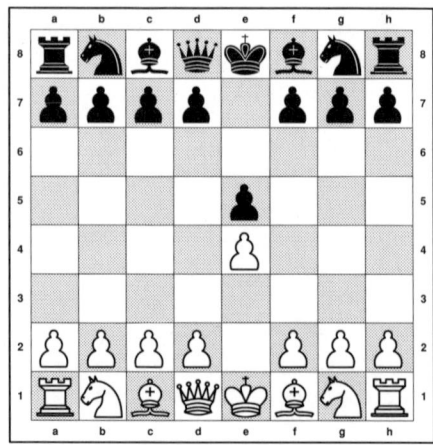

Sehr viele Partien werden so eröffnet, nämlich mit dem Doppelschritt der Königsbauern. Soviele Eröffnungen es auch gibt, in der Regel werden nur dreißig davon bevorzugt. Der Lernende wird sich in der ersten Zeit am besten der sogenannten „Offenen Spiele" oder Offenen Eröffnungen bedienen, Spielanfänge, die mit dem Aufzug der e-Bauern beginnen und in der Regel eine schnel-

le Entwicklung aller Figuren einleiten. Die geschlossenen Spielanfänge mit anderen ersten Zügen (1. Sf3, 1. d4, 1. c4 usw.) verlangen mehr Kenntnis der positionellen Zusammenhänge.

2. Dh5

Der zweite Zug von Weiß greift den schwarzen Bauern e5 an. Schwarz hätte viele gute Züge, diesen Angriff zu parieren. Weil aber das Schachspiel auch mit Fehlern gespielt wird, oft mit großen, so machen wir hier für Schwarz einen solchen groben Fehler (auch „Patzer" genannt):

2. ...Ke7??

Die Notation sagt aus, daß es sich um den zweiten schwarzen Zug handelt, denn die … Punkte markieren den vorhergehenden weißen Zug. Die zwei Fragezeichen hinter dem schwarzen Königszug merken an, daß es sich um einen sehr schlechten Zug handelt. Zeichen und Anmerkungen setzt der Kommentator in Büchern oder Schachzeitungen als Information für den nachspielenden Leser.

3. Dxe5#

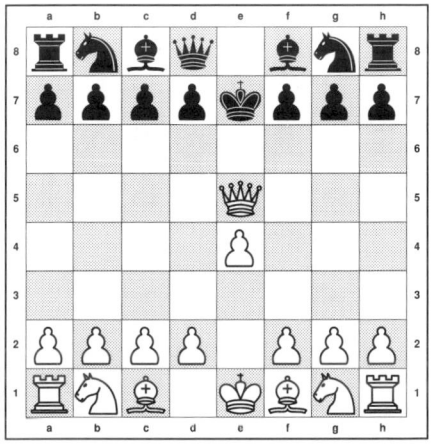

Erst drei Züge sind geschehen, und schon ist der schwarze König matt. (Er hat weder ein Feld, auf dem er sich dem Schachgebot der Dame entziehen kann, noch kann er eine seiner Figuren schützend vor sich stellen.) Matt durch Mithilfe, in diesem Fall nur als Lehrbeispiel gedacht.

Mehrere frühe Mattmöglichkeiten sind im Schach bekannt, die alle nur durch grobe Fehler oder durch Nichtbeachtung einer Drohung zustande kommen. Am bekanntesten sind das „Narrenmatt" und das „Schäfermatt".

Das Narrenmatt

Weiß – Schwarz

1. g4 e5

Der Bauernzug des Weißen (g2-g4) allein ist noch kein Fehler, denn alle 16 möglichen Bauernzüge kann Weiß im 1. Zug ohne Nachteil ziehen, wenn es da auch deutliche Qualitätsunterschiede gibt (bei Zügen wie zum Beispiel 1. f3 oder 1. h4 oder 1. a4).

2. f3??

Wieder die zwei Fragezeichen, die uns den schlechten Zug kommentieren. Es muß der Zug eines Narren sein, denn Schwarz kann im zweiten Zug matt setzen – eben mit dem „Narrenmatt":

2. ...Dh4#

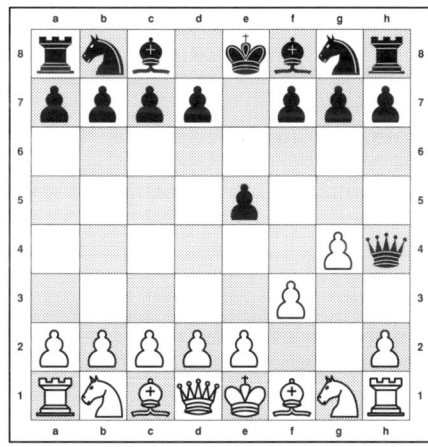

Weiß ist im 2. Zug matt

Auf der durch die beiden Bauernzüge entblößten Diagonale e1-h4 kann die feindliche Dame eindringen und den Mattzug anbringen.

Wir sehen an dem einfachen Beispiel des Narrenmatts, daß sich eine Seite Schwächen in der Stellung zugefügt hat in Unkenntnis der Gefahr, und daß der aufmerksame Gegner die Gelegenheit ergriffen hat.

Das Schäfermatt

Weiß – Schwarz

1. e4 e5 2. Df3 Sc6 3. Lc4 d6??

In der Zeit des Barock wurden Schäferspiele an den Höfen gepflegt. Das „Schäfermatt" stellt eine naive Kombination dar. Weiß stellt frühzeitig im 3. Zug eine Mattdrohung auf, und der Gegner

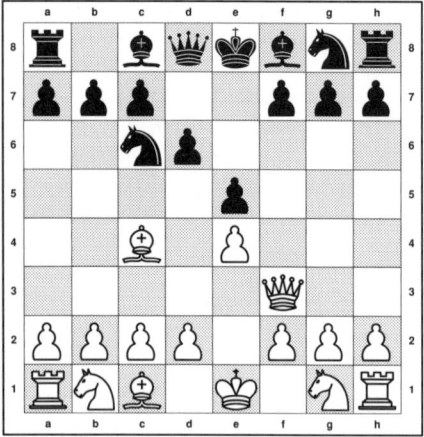

Weiß vor dem 4. Zug

übersieht die Drohung – er stört nicht das Schäferspiel.

4. Dxf7#

Von den drei Feldern, die der schwarze König betreten könnte, also d7, e7 und f7, sind alle drei von Dame und Läufer des Weißen beherrscht: Die Df7 ist vom Läufer auf c4 geschützt (gedeckt); die Felder d7 und e7 beherrscht die weiße Dame, ebenso das Standfeld des schwarzen Königs, das Feld e8. Der schwarze König kann nicht mehr auf ein freies Feld ausweichen, er ist matt.

Jetzt können Sie prüfen, welche Verteidigungszüge Schwarz anstelle des groben Fehlers 3. ...d6 hätte wählen können. Folgende vier guten Züge kämen als Abwehr der Mattdrohung Dxf7 in Frage (3. ...Sce7?? und 3. ...Sge7?? scheiden aus, weil Weiß trotzdem mit seiner Dame auf f7 matt setzen kann.):

a) 3. ...Sf6 (verstellt der Dame den Zugang zu f7 und entwickelt gleichzeitig eine Figur auf ein natürliches Feld)
b) 3. ...Df6 (verstellt ebenfalls den Zugang, bietet aber gleichzeitig den Abtausch der Damen an)
c) 3. ...De7 (überdeckt, schützt den angegriffenen Punkt f7)
d) 3. ...Sh6 (schützt auch den bedrohten Bauern)
Es gibt noch eine Reihe anderer Züge, die das auf f7 drohende Matt verhüten, die aber minderwertig sind aus positionellen Gründen. Positionell – das heißt, im Hinblick auf die Gesamtlage beurteilt. So würde der Zug 3. ...f6 zwar das Matt

verhindern, dem Springer g8 aber sein natürliches Entwicklungsfeld f6 vorläufig unzugänglich machen.

Eine andere Spielart des Schäfermatts muß sich der Lernende ebenso einprägen. Ist der Gegner ein- oder mehrere Male auf diese Weise hereingefallen, muß man den Trick anders aufziehen:

1. e4 e5 2. Lc4 Sc6 3. Dh5?!

Plump, und doch sind gegen ungeübte Partner auch so direkte Drohungen wirksam. Dem Ungeübten fehlt noch die Übersicht, die Aufmerksamkeit, er sieht in der Lernzeit oft nicht einen einzigen Zug voraus. Das Frage- und Rufzeichen hinter dem weißen Zug soll das Gesagte ausdrücken – nicht gut, aber spekulativ.

3. ...Sf6??

Gegenangriff auf die Dame; die Bedrohung des eigenen Königs wird übersehen:

4. Dxf7#

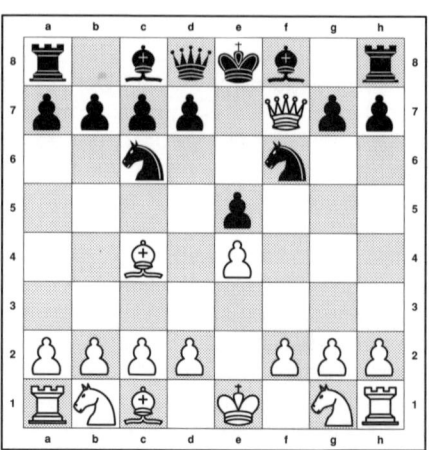

Variante zum Schäfermatt 4. Dh5xf7#

Diesmal ist die weiße Dame von der Diagonalen h5-f7 eingedrungen. Wir haben damit eine Variante, eine zweite Möglichkeit des Schäfermatts, kennengelernt.

Weitere Lektionen

Mit dem vorhergehenden Abschnitt sind wir einen Schritt vorausgeeilt. Einige Begriffe und Züge wie Patt, Rochade, en-passant-Schlagen müssen noch erlernt werden.

Das Schlagen „en passant"

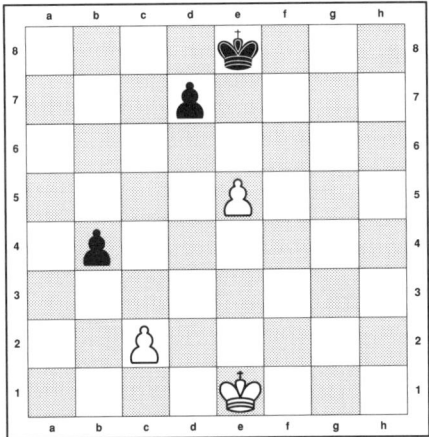

Nehmen wir an, Schwarz würde in der Diagramm-stellung 1. …d6 ziehen, so könnte Weiß mit 2. exd6 den Bauern schlagen. Macht der Bauer jedoch zwei Schritte aus der Grundstellung heraus mit 1. …d5, wie ist dann die Lage?

In solchen Fällen kann die Regel vom Schlagen en passant angewandt werden. Der schwarze Bauer, der sich aus der Grundstellung heraus auf die gleiche Reihe begibt, auf der dann neben ihm ein weißer Bauer steht, kann „im Vorübergehen" geschlagen werden, hier mit 2. exd6 e. p.

Wenn Weiß am Zug 1. c3 zieht, besteht der normale Schlag für Schwarz in 1. …bxc3. Macht Weiß jedoch den Doppelschritt mit 1. c4, stellt sich also neben den schwarzen Bauern b4, so kann wieder die Regel vom Schlagen en passant in Funktion treten: Schwarz darf – er muß nicht! – mit 1. …bxc3 e. p. schlagen.

Die Grundregeln für das Schlagen e. p.:

1. Nur ein Bauer kann en passant schlagen; und nur ein Bauer kann en passant geschlagen werden.

2. Der Bauer, der en passant geschlagen werden soll, muß von der Grundstellung aus zwei Felder vorgerückt sein. (Ein Doppelschritt muß also erfolgt sein.)

3. Der Bauer, der so schlagen darf, muß sich auf derselben Höhe (Reihe) befinden wie der Bauer, der geschlagen werden soll. Die beiden Bauern müssen also nebeneinander stehen.

4. Der um zwei Felder vorgerückte Bauer wird so geschlagen, als sei er nur ein Feld vorgerückt.

5. Das Schlagen en passant muß sofort erfolgen; einen Zug später erlischt dieses Recht.

Das Schlagen „en passant" in der Eröffnung

Das Schlagen en passant kommt auch in der Er-öffnung der Schachpartie vor, denn bis etwa zum 12. Zug geschehen die wichtigsten Bauernzüge.

1. e4 e6

Diese Anfangszüge charakterisieren die „Französische Verteidigung".

2. e5

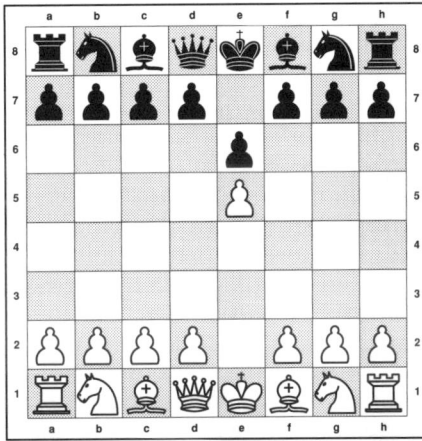

Nach diesem zweitklassigen Zug könnte Schwarz folgende beiden Bauernzüge machen (ebenfalls nur zweitklassig): 2. …d5 oder 2. …f5.

In beiden Fällen könnte Weiß en passant schlagen: mit 3. exd6 e. p. oder 3. exf6 e. p.

Das „Königsgambit", beantwortet mit dem „Falk-beer-Gegengambit", gibt nach zwei Zügen dieses Bild:

1. e4 e5 2. f4 d5

Weiß am Zug verfügt über zwei Schlagfälle:

a) 3. exd5 (gut) oder

b) 3. fxe5? (gefährdet die Partie schon in der Er-öffnung wegen der möglichen Folge 3. …Dh4+! 4. g3 Dxe4+ und der Turm h1 geht verloren).

Dagegen ist trotz des vierfachen Bauernaufmar-sches in der Eröffnung kein Schlagen en passant möglich; die Bauern, die sich schlagen können, befinden sich nicht auf gleicher Höhe, sie stehen nicht in derselben Reihe.

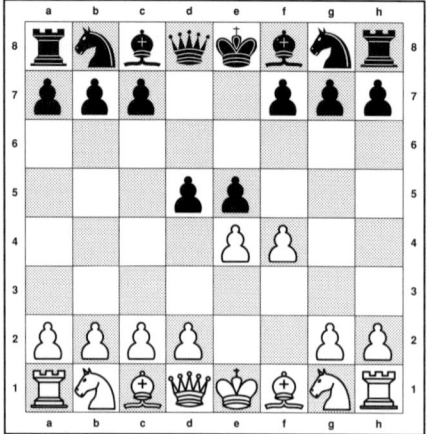

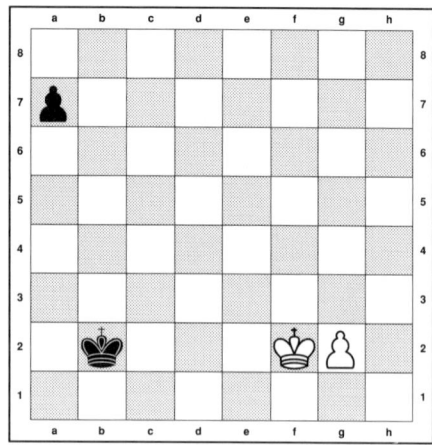

Das Wettrennen der Freibauern

Der erste En-passant-Schlag entsteht nach der Folge

3. exd5 e4! 4. d4

Ein typischer Fall für ein mögliches Nehmen en passant, das Schwarz mit 4. …exd3 e. p. vollziehen könnte. Schwarz spielt jedoch besser 4. …Sf6! mit Behauptung seines zentralen Bauern.

Die Umwandlung der Bauern

Ein Bauer, der die letzte Reihe erreicht, muß sofort in eine Figur derselben Farbe umgewandelt werden. Das bedeutet also, daß der unscheinbare Bauer in eine mächtige Dame umgewandelt werden kann. Viele Schachpartien werden auf diese Weise entschieden. Wenn im Verlauf eines Spiels keine Seite das Matt erzwingen konnte, das Mittelspiel also keine unmittelbare Entscheidung erbrachte, gilt die Hoffnung der Spieler dem Endspiel. Nun zeigt sich, welche Seite am schnellsten in der Lage sein wird, einen der übrigen Bauern – oft den letzten! – zur Umwandlung auf die gegnerische Grundreihe zu bringen. Meist wird die Partie siegen, die zuerst mit der materiellen Übermacht einer neuen Dame auftrumpfen kann.

Im folgenden Diagramm verfügt jede Seite nur noch über König und einen Freibauern. Man spricht von einem „Freibauern" dann, wenn dem Bauern auf seinem Weg zur letzten Reihe kein feindlicher Bauer im Weg steht. So wäre der schwarze Bauer a7 kein Freibauer mehr, stünde ein weißer Bauer auf dem Feld b5; der Bauer a7 ist nicht „frei" auf dem Weg zur Umwandlung nach a1, denn nach dem Zug a7-a5 könnte Weiß mit

bxa6 e. p. schlagen. Gerade dieser Fall beweist die Notwendigkeit der Regel des Schlagens en passant! Der weiße Bauer b5 darf nicht seines natürlichen Rechts beraubt werden, die seitlich von ihm postierten schwarzen Bauern (a und c) schlagen zu können.

In der Diagrammstellung erhält jede Seite eine neue Dame; wer am Zug ist, zieht zuerst auf der letzten Reihe ein:

1. g4 a5 2. g5 a4 3. g6 a3 4. g7 a2 5. g8D

Weiß stellt eine Dame auf das Feld g8 und nimmt den Bauern vom Brett. Im gleichen Zug aber erhält auch Schwarz eine neue Dame:

5. …a1D

Mit König und Dame auf jeder Seite bleibt das Spiel unentschieden; die Dame ist so wirkungsstark, daß der gegnerische König leicht „in Schach" gehalten wird; sie kann auf dem leeren Brett dem König dauernd Schach bieten oder beim Dazwischensetzen der feindlichen Dame diese abtauschen. Die klassische Remisstellung mit den zwei „nackten" Königen auf dem Brett wäre dann erreicht.

(siehe nächstes Diagramm)

Weiß am Zug spielt **1. c8D matt.**

Der weiße Bauer betritt das Feld c8, der Spieler sagt „Dame!", und er kann in diesem Fall gleich hinzufügen: „Matt!"

Schwarz am Zug könnte 1. …f1D spielen. Es gibt hier aber einen weiteren Zug, nämlich **1. …f1S+.** Der Spieler sagt also nicht „Dame",

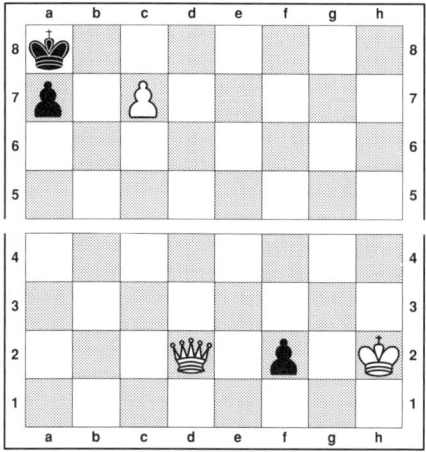

Zwei Umwandlungsfälle:
c7-c8D matt und ...f2-f1S+ mit Damengewinn

wenn er mit dem Bauern das Umwandlungsfeld betritt, sondern: „Springer!" Der Springer gibt Schach und bedroht zugleich die weiße Dame – wir sehen eine Springergabel, hier den Doppelangriff auf König und Dame, auch als „Familienschach" bezeichnet, weil die ganze königliche Familie angegriffen ist.

Bei der Umwandlung setzt der Spieler an die Stelle des Bauern die von ihm gewünschte Figur. Anstelle einer etwa nicht vorhandenen zweiten Dame wird ein Turm auf den Kopf gestellt und gilt als Notbehelf.

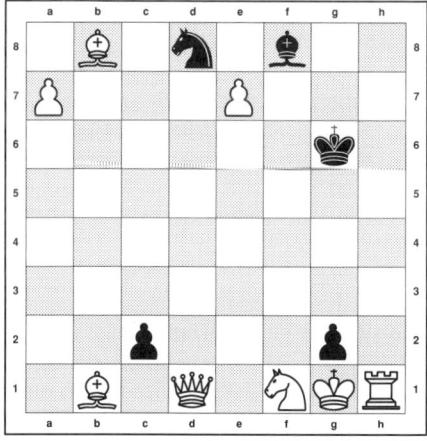

Viele Umwandlungsmöglichkeiten

Weiß kann auf vier verschiedenen Feldern der 8. Reihe mit seinen Bauern einziehen: er kann a7-a8 spielen, e7-e8, e7xd8 und e7xf8. Auf diesen vier Feldern kann sich Weiß eine beliebige andere Figur „machen", also entweder Dame, Turm, Läufer oder Springer, obwohl alle diese Figuren von Weiß noch auf dem Brett sein können. Weiß könnte also auf a8 anstatt einer Dame auch einen dritten Läufer wählen, und hätte dann zwei „gleichfarbige" Läufer im Spiel (zwei Läufer, die auf der gleichen Felderfarbe ziehen). Weiß kann auch mit e7xf8 einen Springer wählen, wonach der schwarze König im Schachgebot des neuen Springers stünde. Geschrieben wird der Zug so: 1. exf8S+.

Schwarz verfügt in der Diagrammstellung über folgende Umwandlungen:
Er kann g2xh1 oder g2xf1 spielen, sich auf jenen Feldern eine beliebige Figur wünschend. Mit dem c-Bauern aber bleibt dem Schwarzen nur ein einziger Zug: c2xb1 und dort Dame, Turm, Läufer oder Springer wählend.

Weshalb aber darf Schwarz nicht auch die weiße Dame nehmen oder sogar c2-c1D spielen? Das ist nach den Regeln nicht erlaubt, weil danach der schwarze König im Schach des weißen Läufers b1 stehen würde!

Berührt – geführt

Schach ist auch Sport, weil das Spiel nach genau formulierten Regeln und Bestimmungen durchgeführt wird. Danach muß ein Spieler, hat er einen Stein angefaßt, mit diesem auch ziehen. Das Zurücknehmen eines Zuges ist *nicht* erlaubt. Die Verführung zur Rücknahme beabsichtigter oder ausgeführter Züge ist natürlich groß, wenn der Spieler plötzlich erkennt, daß er einen schlechten Zug gemacht hat oder machen wollte. Schon das Berühren eines Steines ist ein *zwingendes* Gebot, mit diesem Stein zu ziehen (wenn es technisch möglich ist) oder ihn zu schlagen, wenn ein feindlicher Stein berührt wurde.

Nach den Spielregeln des Weltschachbundes gilt:
1. Mit einem berührten Stein muß gezogen werden.
2. Wurden mit einem berührten Stein mehrere Felder berührt, hat dies noch keine unmittelbaren Folgen; der Zug gilt erst als ausgeführt, wenn der

betreffende Stein auf dem neuen Feld losgelassen wurde.

3. Wurde ein gegnerischer Stein berührt, muß dieser geschlagen werden.

Eine Absolution von der Regel „Berührt – geführt" gibt es in zwei Fällen: Wenn die berührte Figur nicht gezogen oder geschlagen werden kann, oder wenn der Spieler vorher „J'adoube!" sagte. („Ich stelle zurecht".)

Im Turnier sind genaue Regeln vorgeschrieben, was bei versehentlichem Berühren eigener oder feindlicher Steine zu geschehen hat, welche Strafen in Kraft treten. Auf einen weitverbreiteten Irrtum in Laienkreisen sei gleich hingewiesen: Niemals gibt es einen „Strafzug" mit dem König!

Die Rochade

Die Rochade ist ein Doppelzug von König und Turm. Jede Seite darf diesen Doppelzug aus der Grundstellung von König und Turm nur einmal ausführen. Die Rochade (das ch wird hart ausgesprochen wie in „kochen", also nicht „Roschade") dient der Sicherstellung des Königs vom Zentrum auf einen Flügel, aber auch der flotten Mobilisierung des in der Ecke stehenden Turmes. Die heute übliche Rochade setzte sich erst in der zweiten Hälfte des 19. Jahrhunderts in Europa durch.

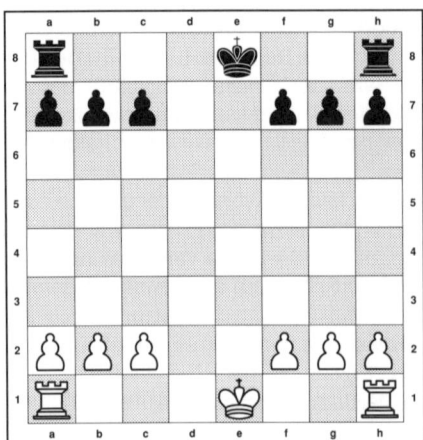

Wie wird rochiert?

Es gibt die lange und die kurze Rochade, auch vereinzelt große oder kleine Rochade genannt. Bei der langen Rochade wechselt der König auf die Seite mit dem größeren Turmabstand (Damenflügel), bei der kurzen Rochade auf die Seite mit dem kleineren Zwischenraum zwischen König und Turm (Königsflügel). Die Bewegung von König und Turm bei der Rochade gilt als ein Zug; das Zeichen für die lange Rochade ist 0-0-0, für die kurze Rochade 0-0.

Die Rochade wird ausgeführt, indem der König von seinem Ursprungsfeld aus zwei Felder nach rechts oder links rückt, und dann der Turm, auf den sich der König zubewegt hat, diesen überspringt und sich direkt neben ihn stellt.

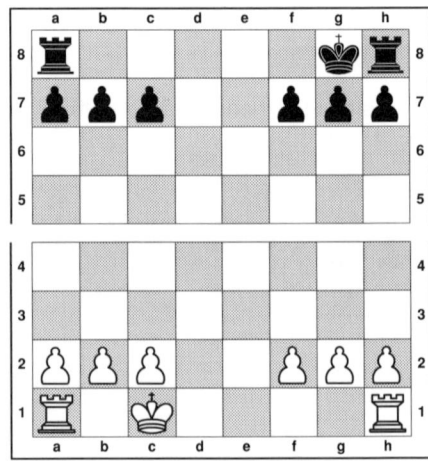

Schwarz rochiert kurz:
sKe8 nach g8, dann sTh8 nach f8

Weiß rochiert lang:
wKe1 nach c1, dann wTa1 nach d1

Wann ist die Rochade erlaubt?

Bestimmte Voraussetzungen sind erforderlich und zu beachten:

1. Weder der König noch der Turm, mit dem rochiert werden soll, dürfen zuvor gezogen worden sein.

2. Die Felder zwischen dem König und dem betreffenden Turm dürfen nicht von einem Stein besetzt sein, weder von einem eigenen noch von feindlichen.

3. Die Felder, die der *König* bei der Rochade überschreitet, dürfen nicht von feindlichen Steinen beherrscht sein. Dagegen darf der Turm Felder überqueron, die von feindlichen Steinen beherrscht werden!

Die Gegenprobe: Wann darf nicht rochiert werden?

Die Rochade ist nicht gestattet:

1. Wenn zwischen König und dem rochierenden Turm eine Figur steht.

2. Wenn der König ein Feld überschreiten müßte, das von einem gegnerischen Stein beherrscht wird.

3. Wenn dem König „Schach" geboten wird; er darf auf ein Schachgebot nicht mit einer Rochade antworten. (Wenn es ihm möglich ist, die schachbietende Figur mit einem seiner Steine – außer dem König – zu schlagen oder einen schützenden Stein zwischen sich und die schachbietende Figur zu stellen, kann der König ab dem nächsten Zug rochieren.)

4. Mit der Rochade darf nicht gleichzeitig ein Stein geschlagen werden.

Welche Rochaden sind erlaubt?

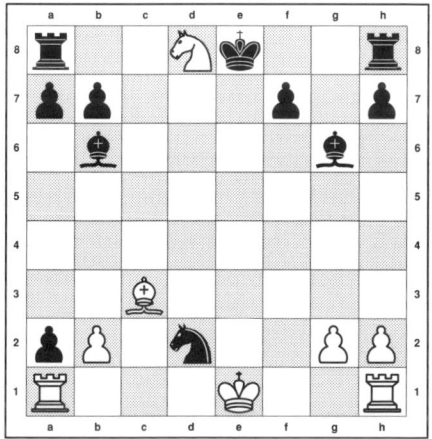

Es locken vier Rochaden. Welche ist erlaubt, welche nicht?

1. Darf Weiß lang rochieren, also nach links zum Damenflügel?
2. Darf Weiß kurz rochieren?
3. Kann Schwarz die kleine Rochade machen?
4. Kann Schwarz lang rochieren?

Antwort (Wir gehen dabei grundsätzlich davon aus, daß zuvor weder die Könige noch die Türme gezogen haben.):

1. Diese Frage würde die Hälfte der Schachspieler, die keinem Schachklub angehören, falsch beantworten. Weiß darf die lange Rochade machen und das, obwohl drei feindliche Steine auf ein Feld zwischen König e1 und Turm a1 einwirken! Aber es wird eben nur das Feld b1 von den feindlichen Steinen beherrscht, und dieses Feld überschreitet nur der Turm, nicht aber der König.

2. Weiß darf nicht kurz rochieren. Zwei schwarze Figuren wirken auf Felder ein, die der König auf seinem Rochadeweg überschreiten oder betreten müßte; das Feld f1 wird vom Springer d2, das Feld g1 vom Läufer b6 beherrscht (der wK stünde nach der Rochade sogar im Schach).

3. Schwarz darf kurz rochieren, auch wenn der Th8 vom Lc3 angegriffen ist.

4. Die lange Rochade scheitert an der Stellung des weißen Springers auf d8. Mit der Rochade darf nicht gleichzeitig eine Figur geschlagen werden, außerdem steht diese feindliche Figur auf dem Weg zwischen König und Turm.

Eine Zusatzfrage zur langen Rochade von Weiß: Wie würde Schwarz danach am stärksten fortsetzen? Zufällig ist danach ein Matt in einem Zug möglich durch Sb3. (Zur Notation: 1. 0-0-0 Sb3#)

Das Patt und das Remis

Eine Partie kann gewonnen und verloren werden, sie kann aber auch ohne Entscheidung für Sieg oder Niederlage enden, also Unentschieden ausgehen oder „remis" enden. Remis oder Unentschieden bedeuten dasselbe. Während Gewinn dem Sieger die begehrte 1 in der Turniertabelle bringt, erhält der Verlierer eine Null (0), bei unentschiedenem Ausgang aber wird der Punkt geteilt und es erhält jeder Spieler einen halben Punkt (1/2).

Ein Remis kann auf verschiedene Weise zustande kommen, entweder durch zwangsläufigen Partieverlauf oder durch Vereinbarung – selbst wenn jede Seite noch alle Steine auf dem Brett hat.

Das klassische Remis tritt ein, wenn nur noch die beiden Könige auf dem Brett sind. Das kommt unter Meistern ganz selten oder nie vor, denn gute Spieler sehen diese Stellung schon einige Züge vorher voraus und verzichten auf das Ausspielen bis zum Ende; man einigt sich vorher auf das Unentschieden.

Eine weitere Möglichkeit von Remisschluß bietet das Dauerschach, auch „Ewiges Schach" genannt.

Die dritte und letzte Möglichkeit von Unentschieden ist das Patt. Patt ist eingetreten, wenn eine Partei keinen Zug mehr machen kann, und zwar *ohne* daß sein König im Schach steht.

Schwarz am Zug ist patt

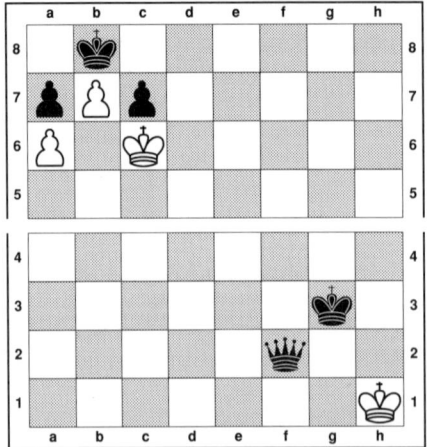

Weiß am Zug ist patt

Schwarz am Zug kann mit keinem der drei Steine ziehen, sein König ist keinem Schachgebot ausgesetzt; daher ist Schwarz patt.

Weiß am Zug verfügt mit seinem blanken König über keinen Zug mehr. Man sagt, der König steht patt.

In beiden Fällen ist das Ergebnis der Stellung somit Remis (Unentschieden).

Der Unterschied zwischen Matt und Patt besteht darin: Beim Matt wird dem König Schach geboten, und er hat weder ein Feld zum Ausweichen, noch kann er einen eigenen Stein dazwischenziehen, noch kann er die schachbietende Figur schlagen. Beim Patt steht der König nicht im Schach, doch weder er noch irgendein anderer seiner Steine können einen Zug machen. Das Patt dient oft als letzte Rettung aus verzweifelter Lage. In der Regel ergeben sich Pattschlüsse zwangsläufig in verschiedenen Endspielarten.

Das typische Beispiel im Bauernendspiel:

Der weiße b-Bauer steht bereits auf der 7. Reihe, weil aber Weiß am Zug ist, wird dieser Bauer die 8. Reihe mit Umwandlung zur Dame nicht erreichen können. Weiß steht vor dem Dilemma: Zieht sein König nach b6, um den Bauern gedeckt zu

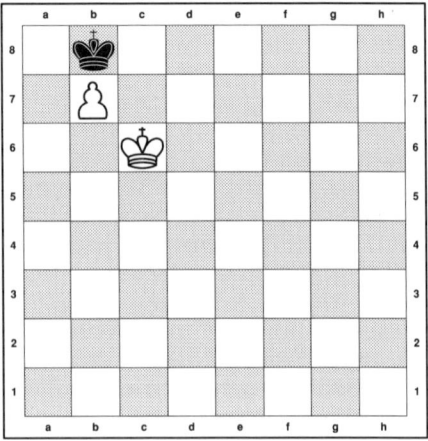

Weiß am Zug kann nicht gewinnen

halten, so steht der schwarze König patt (Schwarz ist patt), oder der weiße König macht einen beliebigen anderen Zug, dann schlägt der schwarze König den Bb7, und es bleiben nur noch die nackten Könige auf dem Brett. Beidesmal ist das Ergebnis Remis. Wäre in der Diagrammstellung dagegen Schwarz am Zug, würde sich die Situation völlig ändern. Der König müßte nach a7 weichen, wonach der weiße König mit Kc6-c7 die Umwandlung seines Bauern erzwingen könnte.

Die Pattfalle

Das unten gezeigte Pattmotiv kann an allen vier Ecken des Schachbretts auftauchen. Wenn Schwarz unüberlegt zieht, verpatzt er den Gewinn und setzt patt.

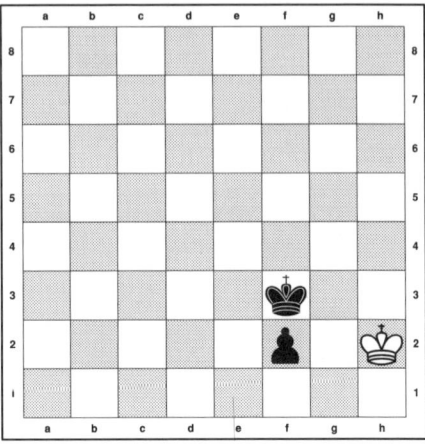

1. ...f1D?
Nun, Weiß ist am Zug, doch wohin mit dem König? Die Felder g2 und g3 werden vom sK beherrscht, die neue Dame auf f1 nimmt dem wK die Felder g1, g2, h1 und h3. Der wK kann nicht mehr ziehen; Weiß ist pattgesetzt.
Anstelle des übereilten Zuges und Remisausgang kann Schwarz mit der Unterverwandlung…
1. ...f1T! 2. Kh3 Th1 matt
…das Matt in zwei Zügen erzwingen.

Ein sympathisches Detail des Schachspiels tritt zutage: Der brutale Zugriff erweist sich als Fehler, die bescheidene Umwandlung in bloß einen Turm führt zum Sieg. Man spricht von Unterverwandlung, wenn ein Bauer in eine andere Figur als in die mächtige Dame verwandelt wird – „unter" dem Wert der Dame. (Wir werden noch Fälle von Unterverwandlung in den noch schwächeren Springer erleben.)

Wie sieht Matt aus

Die elementaren Mattstellungen im Schach
In den meisten Fällen gelingt das Matt erst im Endstadium der Partie, also im Endspiel. Das Matt wird dann oft mit Dame oder Turm gegen den König erzwungen. Einige dieser elementaren Mattstellungen:

Schwarz am Zug setzt matt

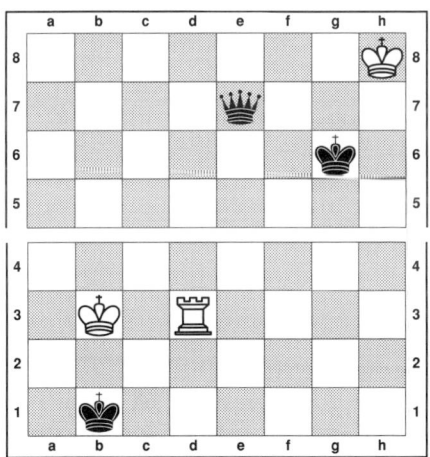

Weiß am Zug setzt matt

Die schwarze Dame hat fünf verschiedene Mattzüge: Dd8, De8, Df8, oder auf der 7. Reihe mit Dg7 und Dh7. Bei den zwei letzten Mattbildern stützt sich die Dame auf den starken Arm ihres Königs – die Dame ist von ihm „gedeckt" oder geschützt; der weiße König kann sie auf g7 oder h7 nicht schlagen, weil er dann im Schlagbereich des Königs g6 stünde.
Der Turm kann nur mittels eines Zuges matt setzen: Td1#. Die Felder der 1. Reihe bestreicht der Turm, die der 2. Reihe von a2 bis c2 beherrscht der König auf b3.

Das Matt muß erst vorbereitet werden.

Schwarz setzt in 2 Zügen matt

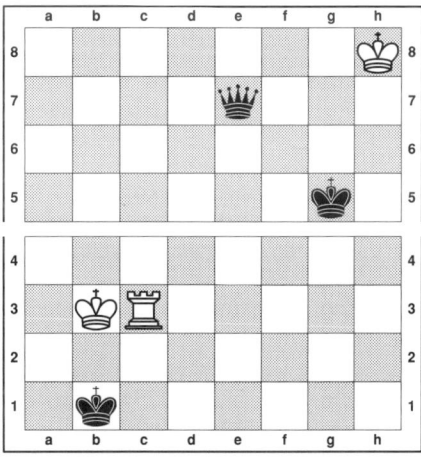

Weiß setzt in 2 Zügen matt

Zum Mattsetzen ist es nicht immer richtig, mit Schachgeboten zu arbeiten; oft sind absperrende Manöver, auch stille Züge genannt, angebracht, wie in den beiden Stellungen des letzten Diagramms. In der oberen Diagrammhälfte kann Schwarz weder mit Df8 matt setzen (der König flieht nach h7), noch mit Dg7?? oder Dh7?? (die Dame wird vom König geschlagen). Richtig ist
1. ...Kg6
Den selben Effekt erzielen …Kf6 oder …Kh6.
2. Kg8
Der weiße König hat keine Alternative. Die schwarze Dame verfügt nun über fünf Mattzüge – wie lauten diese?

In der unteren Diagrammhälfte könnte der Turm nach dem fehlerhaften Schachgebot 1. Tc1+?? vom König genommen werden. Mit zwei gleich wirksamen Vorbereitungsmanövern ist das Matt in zwei Zügen möglich:

A) 1. Ka3 Ka1 2. Tc1#

B) 1. Tc4

Oder ein Turmzug auf ein beliebig anderes Feld auf der c-Linie von c4 bis c8.

1. ...Ka1 2. Tc1#

Ebenso wie sein weißer Kollege auf h8, der nur das Feld g8 zur Verfügung hatte, hatte auch der sKb1 keine Wahl – beide befanden sich in Zugzwang. Zugzwang ist ein schachtaktischer Begriff, der in alle Kultursprachen aus dem Deutschen übernommen worden ist. Nur weil gezogen werden muß, nach den Spielregeln eine Zugpflicht besteht – die Ausführung eines Zugs nicht verweigert werden kann –, nur deswegen kann in vielen Endspielsituationen eine Partei den Gewinn oder das Remis erreichen. In dem Kapitel über Bauernendspiele wird mehr darüber zu hören sein.

Matt in einem Zug

In den folgenden Stellungen kann die am Zug befindliche Partei Matt in einem Zug geben:

Weiß am Zug

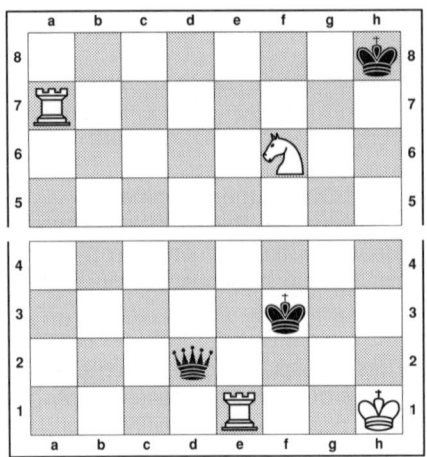

Schwarz am Zug

Weiß setzt mit Ta7-h7 matt. Schwarz gibt Matt durch Dd2-g2. (Das Schlagen des Turmes mit

Dxe1+ ist überflüssig, nur eine „Zeitverschwendung".)

Weiß setzt matt: Dh7-a7

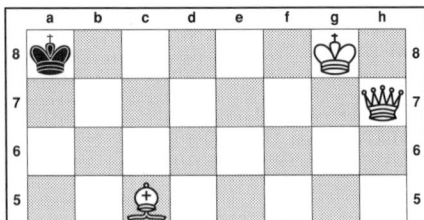

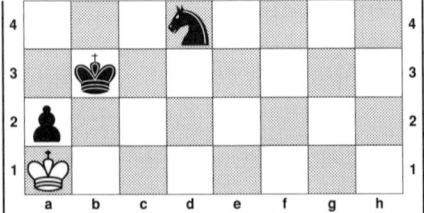

Schwarz setzt matt: Sd4-c2

Das „erstickte Matt" durch den Springer

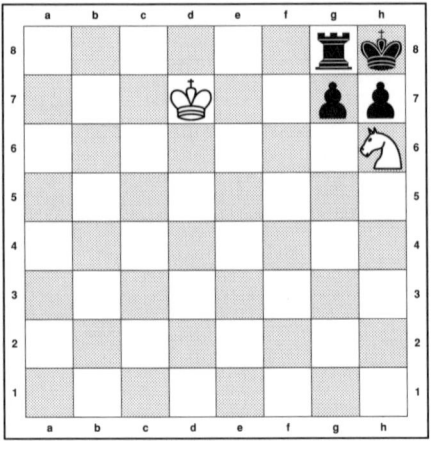

Weiß setzt matt mit Sh6-f7

Nur der Springer kann ein ersticktes Matt geben. „Erstickt", weil der König von Steinen umgeben keine Luft mehr hat, er ist erstickt. Das erstickte Matt wird in der Regel durch ein vorausgehendes Damenopfer eingeleitet, hier zum Beispiel könnte zuvor De6-g8+ Taxg8 geschehen sein.

Matt auf der Diagonale

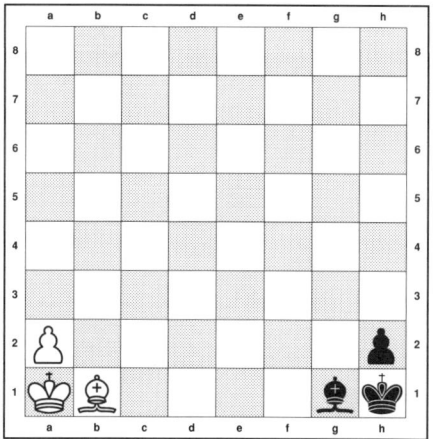

Schwarz am Zug oder Weiß am Zug

Diese Mattstellung kommt äußerst selten vor. Läufer und König können nur matt setzen, wenn der gegnerische König zusätzlich durch eigene Steine behindert wird, hier zum Beispiel durch die Randbauern.

Weiß setzt mit Le4 matt. Schwarz setzt mit Ld4 matt.

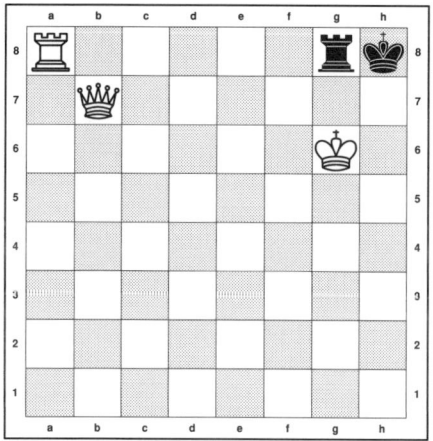

Weiß am Zug

Ist Matt in einem Zug möglich? Die Sinne müssen schon mehr geschult werden, will der Neuling auf Anhieb dieses und das folgende nicht mehr so ganz elementare Mattbild sehen:

Der weiße König ist dem Schachgebot des gegnerischen Turmes ausgesetzt. Trotzdem kann Weiß matt geben mit dem furchtlosen Zug Dg7. Der schwarze Turm kann nämlich die Dame nicht schlagen, weil er vom weißen Turm gefesselt ist. (Ist diese Stellung überhaupt möglich? Ja, Schwarz könnte gerade mit einem Turm von f8 eine weiße Figur auf g8 geschlagen haben.)

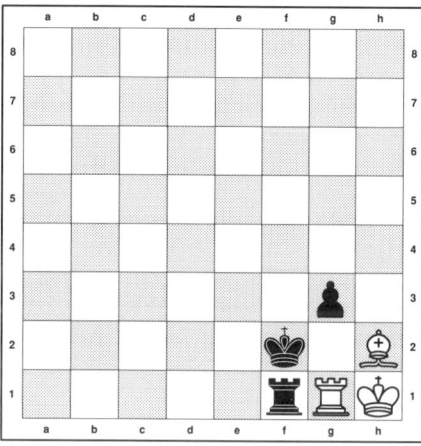

Schwarz am Zug

Verfehlt wäre 1. ...Txg1+, weil Weiß mit dem Läufer zurücknehmen könnte (2. Lxg1+), und das verbleibende Endspiel König und Läufer gegen König und Bauer endet remis. Richtig ist
1. ...g2 matt
Das kleine Bäuerlein gibt matt; der weiße Turm kann es nicht schlagen, denn er ist vom feindlichen Turm an seinen König gefesselt.

Das Grundreihenmatt

Ist in der Partie die Rochade geschehen, was meist im Verlauf der Eröffnung erfolgt, so treten später oft Stellungen auf, wie die im nächsten Diagramm:

Die Bauern in der Grundstellung sichern die Position des Königs; sie sollen möglichst nicht gezogen werden, um dem Gegner keine Angriffsmarken zu bieten – um die Königsstellung nicht zu schwächen.

Oft ist es aber angebracht, einen der Bauern, die die Rochadestellung sichern, um einen Schritt zu ziehen, damit der König das notwendige Luftloch gewinnt, ein Feld, auf das er sich im Falle eines

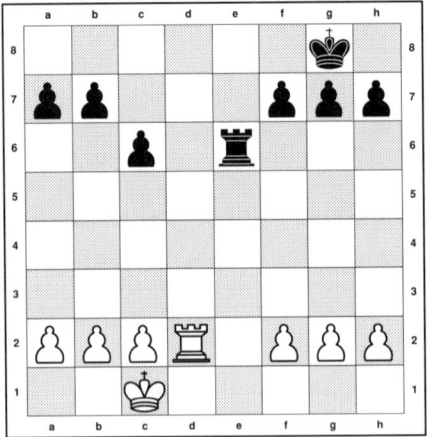

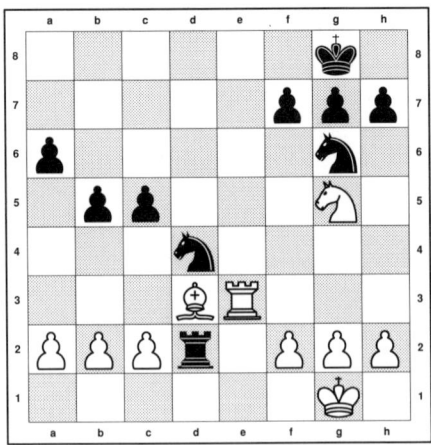

Weiß kann in drei Zügen matt setzen

Matt oder nicht matt

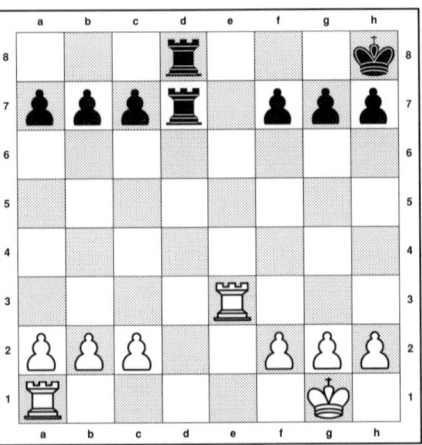

Schachgebotes auf der Grundreihe zurückziehen kann. Im obigen Diagramm fehlt Schwarz dieses Luftloch, so daß Weiß am Zug mit seinem Turm auf der Grundreihe matt setzen kann:

1. Td8+ Te8

Der ungeschützte Turm e8 kann das Matt nicht verhindern:

2. Txe8 matt

Schwarz am Zug kann Weiß nicht auf der Grundreihe matt setzen:

1. ...Te1+ 2. Td1

Im Gegensatz zum obigen Beispiel ist hier der zwischen den schachbietenden Turm e1 und den bedrohten König c1 ziehende Turm von seinem König gedeckt. Schwarz muß jetzt zwischen zwei Möglichkeiten wählen: entweder er tauscht den Turm (2. ...Txd1+ 3. Kxd1) oder der Turm zieht sich auf die 8. Reihe zurück (2. ...Te8), damit die Mattgefahr auf der Grundreihe gebannt ist.

Das Dazwischensetzen bei Schachgeboten auf der Grundreihe

(siehe Diagramm nächste Spalte oben)

1. Te8+ Sf8

Die unmittelbare Bedrohung ist durch das Dazwischenziehen des Springers gebannt, doch kann eine zweizügige Mattkombination Schwarz den Garaus machen:

2. Lxh7+ Kh8 3. Txf8 matt

Kann Schwarz am Zug auch matt setzen mit seinem drohend auf der 2. Reihe stehenden Turm? Nein, denn auf 1. ...Td1+ wehrt Weiß den Angriff durch das Dazwischensetzen 2. Lf1 ab.

Schwarz am Zug spielt

1. ...Td1+

ruft triumphierend „Schach!" und glaubt den Gegner matt setzen zu können. Das wäre in der Tat der Fall, wenn Weiß in falscher Reaktion den Turm mit 2. Txd1?? tauschen würde; der zweite Turm von Schwarz zieht nach (2. ...Txd1), und es wäre Matt auf der Grundreihe.

Richtig ist jedoch das besonnene

2. Tee1!

und niemand ist matt. Schwarz kann einen der Türme tauschen (...Txa1 oder ...Txe1) oder muß zum Rückzug blasen (etwa ...T1d2).

Das war eine der vielen kleinen Kombinationen,

die sich im Schach fast dauernd ereignen. Kombination = eine voraussehbare Zugfolge, die ein bestimmtes Ergebnis bringen soll.

Oft sind solche Kombinationen aber auch falsch (sie haben ein „Loch", der Kombinierende hat eine oder mehrere Entgegnungen übersehen), wie hier mit dem erhofften Matt auf der Grundreihe, das der Gegner widerlegen konnte.

Kleiner Kombinationstest

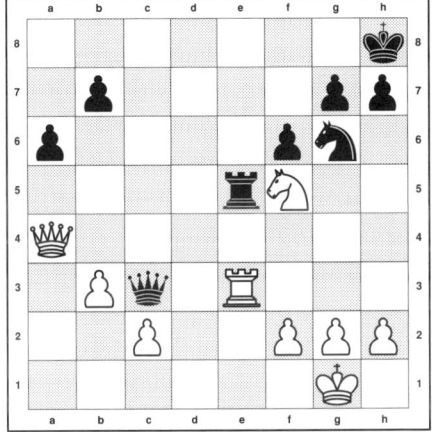

Wie spielt Weiß am Zug?
Wie spielt Schwarz am Zug?

Antwort:
Weiß setzt in spätestens drei Zügen matt mit
1. De8+ ! Txe8 2. Txe8+ Sf8 3. Txf8 matt
Eine dreizügige Mattkombination mit einem Damenopfer als Einleitung. Falsch wäre erst Turmtausch 1. Txe5, weil Schwarz mit 1. ...Dxe5 zurückschlägt, und das Matt auf e8 ist verhindert. Ganz schlimm für Weiß wäre der „Damengewinn" mit 1. Txc3??, denn dann hat der schwarze Turm freie Fahrt in der e-Linie zum Matt 1. ...Te1.

Schwarz am Zug erzwingt mit der analogen Kombination ein Matt in zwei Zügen:
1. ...De1+ ! 2. Txe1 Txe1 matt
Auch hier wäre der Zwischentausch mit erst 1. ...Txe3 ein Fehler, weil Weiß mit dem Springer zurücknimmt und diesen anschließend auf f1 dazwischensetzen kann (2. Sxe3 De1+ 3. Sf1).

Die alltäglichen Mattabsichten

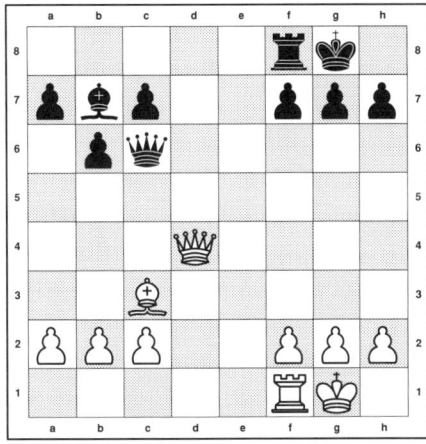

Wer am Zug ist, setzt matt

Weiß: 1. Dxg7 matt
Schwarz: 1. ...Dxg2 matt

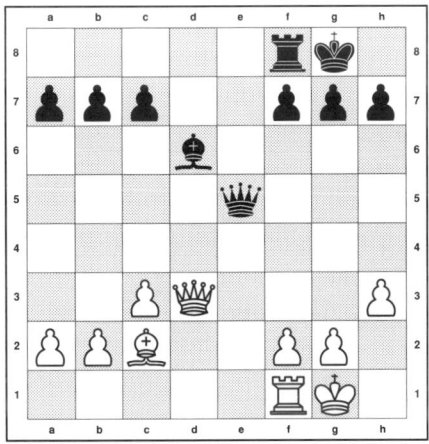

Wer am Zug ist, setzt matt

Weiß: 1. Dxh7 matt
Schwarz: 1. ...Dh2 matt

Mattwendungen

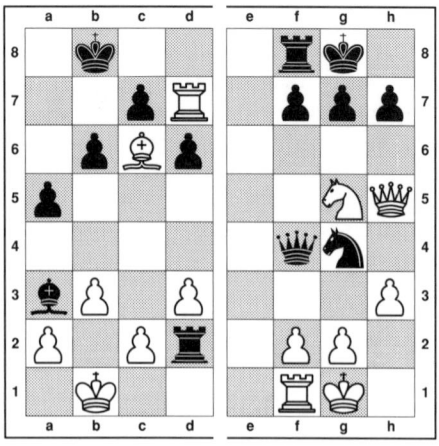

Wer am Zug ist, erzwingt Matt.

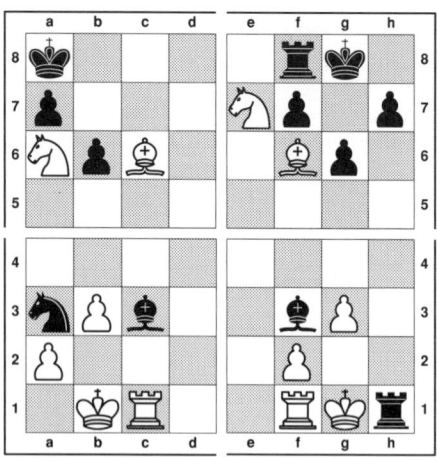

Abzugsschach und Matt

Weiß setzt in einem Zug matt – wie?

In der linken Diagrammhälfte erzielt Weiß das Matt in 2 Zügen mit
1. Td8+ Ka7 2. Ta8 matt
Schwarz setzt matt mit
1. ...Td1 matt

In der rechten Diagrammhälfte spielt Weiß
1. Dxh7 matt
Schwarz zieht
1. ...Dh2 matt
Die Mattwendungen auf den Feldern h2 und h7, g2 und g7 sowie auf der Grundreihe sind das tägliche Brot des Schachspielers. Oft werden die entsprechenden Stellungen erzwungen, noch öfter aber übersieht der Gegner eine entsprechende Drohung und wird dann überraschend mattgesetzt.

In den folgenden Schemastellungen wirken immer zwei Figuren am Mattbild zusammen. Diese Möglichkeiten tauchen oft auf, entweder als Drohung, die der Angegriffene häufig unter materiellen oder positionellen Verlusten abwehren kann, oder das Matt ist nicht mehr zu verhindern. (Freilich wird im letzten Fall der Gegner vorher die Partie aufgeben – wenn die Sache klar und der Verlust nicht mehr aufzuhalten ist.)

Vielen dieser „Bekannten" werden wir in den folgenden Kapiteln wieder begegnen.

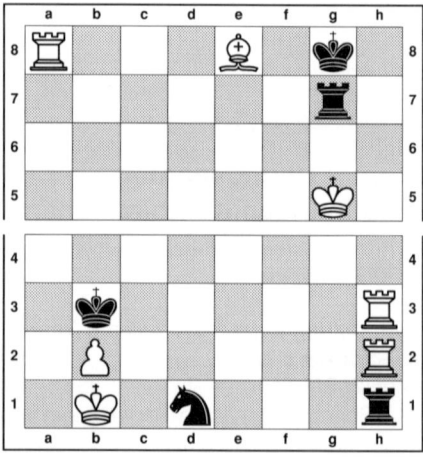

Schwarz setzt in einem Zug matt – wie?

Weiß gibt mit 1. Lg6+ ein Abzugsschach, und das setzt zugleich den König matt.
Der schwarze König steht im Schach durch den wTh3. Durch das Dazwischensetzen seines Springers d1 (1. ...Sc3++) bietet er dem wK mit seinem Turm h1 und dem Springer c3 gleichzeitig Schach, auch Doppelschach genannt, das dieser nicht abwehren kann; Weiß ist matt.

J'adoube
Die Regel „Berührt – geführt" ist bereits bekannt. Das heißt, ein berührter Stein muß gezogen oder

geschlagen werden, und ein ausgeführter Zug darf nicht zurückgenommen werden. Nun kann es aber vorkommen, daß man einen seiner Steine auf dem Brett zurechtrücken möchte, daß er im Eifer des Gefechtes nicht eindeutig auf ein Feld plaziert wurde, etwas verrutscht ist oder daß man einen falsch stehenden Stein auf das richtige Feld stellen will. In diesen Fällen sagt der Spieler zuvor: „J'adoube!". Es ist der allgemein übliche Ausdruck aus dem Französischen für „Ich stelle zurecht", der international gültig ist. Doch darf

auch der deutsche Ausdruck verwendet werden. Der Gegner weiß nach dem Warnruf, daß der berührte Stein nicht gezogen werden soll. Es ist natürlich nicht gestattet, erst einen Stein anzufassen und dann – weil man den geplanten Zug plötzlich als Fehler erkennt – loszulassen und „J'adoube!" zu rufen. Die Zurechtstellung muß dem Gegner immer *vorher* angekündigt werden. Steine des Gegners zurechtstellen zu wollen, gehört nicht zum guten Ton; zumindest möchte dieser dazu gefragt werden.

Einführung in Taktik und Strategie des Schachspiels

Das bisher Gelernte ermöglicht es, mit einem Partner eine Partie riskieren zu können. Einige taktische Begriffe wie Abzugsschach, Doppelschach, Dauerschach treten in den Übungspartien „en passant" auf. Ein wichtiges Kapitel kommt später hinzu: das Endspiel.

Übungspartien
Eröffnungen, Kombinationen

Die ersten Schritte und Begriffe für Taktik und Strategie der Schachpartie.

Ein Abzugsschach erobert die Dame
Weiß – Schwarz
1. e4 e5 2. Sf3 Sf6
Mit dem Springerzug hat Weiß den Bauern auf e5 bedroht. Schwarz erwidert mit dem Gegenangriff auf den Bauern e4. Diese vielgespielte Verteidigung heißt „Russische Verteidigung". Da Weiß mit seinem 1. Zug eher die Linie des Spiels bestimmen kann, spricht man bei den schwarzen Anfangszügen von Verteidigung. Psychologisch gesehen ist diese Rollenverteilung schädlich für das Schach, denn bei geschicktem Spiel kann auch Weiß in die Verteidigung gedrängt werden.
3. Sxe5 Sxe4
Richtig wäre es für Schwarz, den Zug 3. …d6, der den weißen Springer angreift, einzuschalten und erst dann auf e4 zu schlagen.
4. De2 Sf6??
Spielbar ist die ganze Variante nur, wenn Schwarz

mit 4. …De7 fortsetzt; nach der weiteren Folge 5. Dxe4 d6 erobert Schwarz für den Verlust seines Springers auch den gegnerischen Springer. Der weiße Springer ist „gefesselt" – zieht er weg, könnte Schwarz die auf e4 ungedeckt stehende Dame gratis herausschlagen.

Es ist für Übungszwecke wichtig, diese Wendung nachzuspielen; man spricht von Varianten, die Alternativen bedeuten, entweder für Weiß oder für Schwarz.

Diese Eventualzüge müssen jetzt auf dem Brett zurückgenommen werden, damit die Stellung

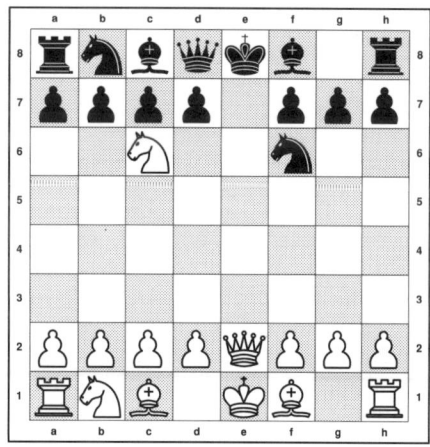

Stellung nach 5. Sc6+!

nach dem 4. Zug (…Sf6) wieder auf dem Schachbrett erreicht wird. Man kann auch einfach die Grundstellung wieder aufbauen und die Züge von vorne nachspielen.

5. Sc6+ !

Ein Abzugsschach. Der Springer zieht ab aus der Gegenüberstellung von weißer Dame gegen den schwarzen König und die Dame bietet Schach. Bei seinem Abzug mit Demaskierung der e-Linie von e2 bis e8 wählt der Springer den lukrativsten Zug: er fischt sich die schwarze Dame als Objekt. Einerlei, wie Schwarz das Schachgebot abwehrt, ob mit dem Dazwischenziehen von Läufer oder Dame – so oder so wird der Springer die Dame schlagen:

5. …Le7 6. Sxd8

Es ist logisch, daß Weiß die Dame schlägt und nicht den Läufer, weil die Dame den Wert von drei Offizieren oder von zwei Türmen verkörpert. In der Praxis würde der Nachziehende nach dem Verlust der Dame die Partie aufgeben.

Warum die Dame gewinnen?

Mancher Leser wird sich fragen: Ist nicht Matt das Ziel der Schachpartie? Wieso strebt man dann danach, die Dame des Gegners zu erobern?

Schach ist ein strategisches Spiel und ein logisches Spiel. Folgende Maxime muß sich der Spieler vor Augen halten:

1. Das Endziel im Schach ist das Mattsetzen des feindlichen Königs. Wenn dieses Ziel nicht auf direktem Weg im Lauf der Eröffnung oder während des Mittelspiels zu erreichen ist, wird man versuchen,

2. Materialüberlegenheit zu gewinnen, oder eine Stellungsüberlegenheit zu erhalten, die zwangsläufig zu Materialgewinn führt.

Ist die Gegenpartei materialmäßig entscheidend geschwächt, wird das strategische Ergebnis das Matt des feindlichen Königs sein.

Die stellungsmäßige Überlegenheit einer Seite – man spricht dabei von positioneller Überlegenheit – bedeutet ebensoviel wie eine materielle Überlegenheit. Die positionelle Übermacht, also Beherrschung von wichtigen Linien im Zentrum oder gegen die Königsflanke, Schwächen im gegnerischen Lager (zerrissene, leicht angreifbare Bauern etwa, eingeklemmte Figuren, vernachlässigte Entwicklung der Streitkräfte), wird sich stets in materiellen Vorteil ummünzen lassen. Als zwingende Folge der positionellen Überlegenheit bei materiellem Gleichstand oder sogar materieller Unterlegenheit tritt nicht selten gar ein Matt ein.

Man merke sich: Wichtig ist immer die *positionell* bessere Lage, nicht ein *materieller* Vorteil. Es kommt oft vor, daß ein Spieler die Dame gewinnt und anschließend dem Gegenangriff erliegt – der Gegner hatte für das materielle Opfer größere positionelle Vorteile erlangt, die zum Sieg genügten. Das Schöne im Schachspiel ist gerade, daß nicht das materielle Streben im Vordergrund steht, sondern daß in der Regel die Idee den Sieg davonträgt. Trotzdem wird jeder, der eine Stellung beurteilen muß, zuerst die numerische Abzählung der Steine vornehmen: Sind gleichviel Offiziere auf dem Brett, oder sind die vorhandenen ausgetauschten Figuren gleichwertig? Zum Beispiel: Besitzt eine Seite Läufer (oder Springer) plus zwei Bauern gegen den feindlichen Turm, dann herrscht materielles Gleichgewicht.

In vielen Fällen genügt aber die Abzählung der Steine allein nicht, um zur richtigen Stellungsbeurteilung zu gelangen. Erst eine längere Praxis erlaubt es dem Spieler, auch positionelle Aspekte in Betracht zu ziehen. So kann ein zentralisierter weißer Springer auf e5 oder ein schwarzer auf e4 mehr Wirkung haben als ein gegnerischer Turm, der untätig in einer Ecke steht.

Im allgemeinen ist der ungeschulte Schachspieler nur bestrebt, nach numerischen Gesichtspunkten zu spielen und zu beurteilen. Das ist falsch. Nur wenn es sich um eine positionell ebenbürtig ausgeglichene Stellung handelt, dann sind selbstverständlich materielle Vorteile ausschlaggebend! Es ist ja der Sinn des Positionsspiels, den Gegner einzuschränken, in die Defensive zu drängen, ihn materiell zu schwächen, um das Matt des feindlichen Königs zu erzielen.

Deshalb wird sich der Lernende zu Beginn von zwei Leitgedanken führen lassen:

1. das stellungsmäßige Gleichgewicht zu wahren;

2. das materielle Gleichgewicht zu wahren.

Soviel zunächst zu der Frage: „Weshalb die Dame gewinnen?"

Das Seekadettenmatt

Der 1702 geborene Schachmeister Sir de Legal zählte im Frankreich des 18. Jahrhunderts zu den stärksten Spielern. Er gewährte dem jungen Phi-

lidor drei Jahre lang Vorgaben (um große Unterschiede in der Spielstärke auszugleichen, nimmt der stärkere Spieler eine seiner Figuren oder Bauern in der Grundstellung vom Brett – das kommt natürlich nur in freien Partien vor, nicht in Turnierpartien), zuerst vom Turm bis später herab zum Bauern.

In der vorliegenden Stammpartie des Seekadettenmatts gab Weiß dem Gegner den Turm auf a1 vor, was aber auf den Verlauf des Spiels ohne Einfluß bleibt.

Sir de Legal – Chev. de St. Brie
1. e4 e5 2. Lc4 d6 3. Sf3 Sc6 4. Sc3 Lg4

Die Züge 2 und 3 sind oft auch in umgekehrter Reihenfolge anzutreffen (= Zugumstellung).

5. Sxe5!?

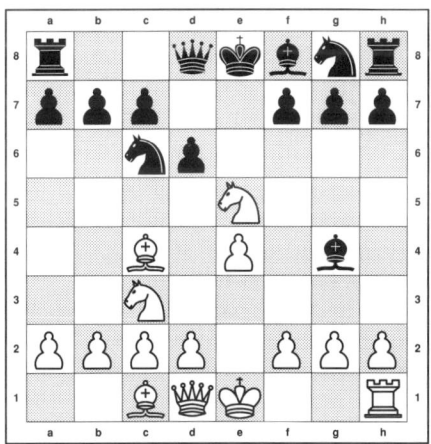

Das Fragezeichen steht für „Fehler", das vorangehende Rufzeichen für „guter Zug". Das reimt sich nur, wenn unterstellt wird, daß der Spieler mit Weiß seine Pappenheimer gut kennt. Analytisch gesehen ist der Zug ein Fehler, weil ihn Schwarz widerlegen kann. Vom spekulativen Moment her betrachtet ist der Zug zu akzeptieren, weil er auf einer großen Schwäche der menschlichen Natur basiert: der materiellen Habgier. Würde Schwarz sich einen Moment besinnen, weshalb der Gegner ihm die Dame offeriert, käme er auf die Widerlegung der Kombination mit 5. ...Sxe5!. Weiß hätte für nichts eine Figur geopfert. Aber geblendet von der Möglichkeit, die Dame für nur einen Läufer zu kassieren, frißt Schwarz:

5. ...Lxd1?? 6. Lxf7+ Ke7 7. Sd5 matt

Eine Variation der obigen Partie könnte folgendermaßen verlaufen:

1. e4 e5 2. Sf3 d6 3. Lc4 Sc6

Wie schon erwähnt, können sich diese Züge in der verschiedensten Reihenfolge ergeben. Eine Zugumstellung wäre 2. Sc3 oder 2. Lc4; ebenso kann Schwarz die Züge ...Sc6 und ...d6 vertauschen.

4. Sc3 h6 5. d4 Lg4 6. dxe5 Sxe5?

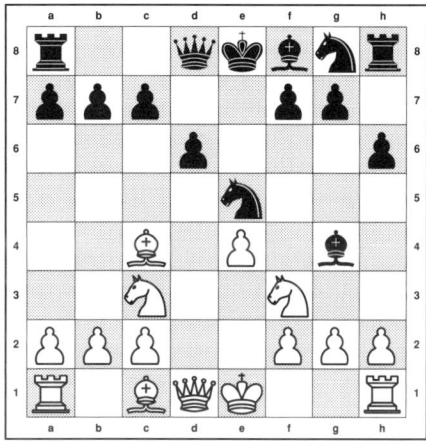

Schwarz ergreift die Gelegenheit, den Druck auf die Fesselung des weißen Springers zu verstärken. Aber gerade darauf zielt die weiße Kombination:

7. Sxe5! Lxd1??

Wieder stürzt sich Schwarz auf die vermeintlich fette Beute und wird dafür in zwei Zügen mattgesetzt:

8. Lxf7+ Ke7 9. Sd5 matt

Schwarz mußte anstelle 6. ...Sxe5 zunächst seinen Lg4 gegen den Sf3 tauschen (6. ...Lxf3) und erst danach mit ...Sxe5 fortfahren.

Nach dem fehlerhaften 6. ...Sxe5? kann Schwarz das Matt nur durch die Hergabe einer Figur verhindern. Aus der Stellung des letzten Diagramms würde dann folgen: 7. Sxe5! dxe5 8. Dxg4, und Weiß hat eine ganze Figur mehr.

Die zentrale Aufstellung von Bauern und Figuren

Beim Aufbau einer Partie kommt der Aufstellung der Zentrumsbauern d und e eine besondere Bedeutung zu. Das rührt daher, daß Bauern und Figuren, die in der Mitte, im Zentrum plaziert werden, von dort aus die größte Wirkung nach allen Seiten hin ausüben.

Einige typische Bauernformationen aus der Grundstellung:

Spanische Partie
1. e4 e5 2. Sf3 Sc6 3. Lb5 d6

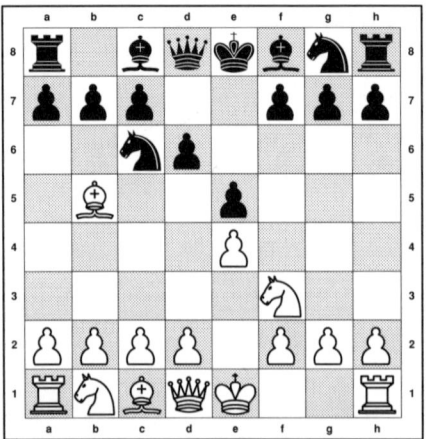

Untersuchen wir die bisher gespielten Züge. Mit 2. Sf3 greift Weiß den schwarzen Mittelbauern e5 an. Es gibt mehrere Gegenmittel wie in vielen derartigen Fällen: Schwarz kann den Be5 schützen (decken) oder mit dem Gegenangriff 2. ...Sf6 aufwarten, der Russischen Verteidigung. Es gibt außer dem Entwicklungszug 2. ...Sc6 auch andere Möglichkeiten, den bedrohten Bauern e5 zu decken. Das sind

2. ...d6 – ein solider Deckungs- und Entwicklungszug, der zur Philidor-Verteidigung führt,

2. ...De7 – hält die Stellung geschlossen, sollte aber nur vom geübten Spieler als ausgefallene Spezialität angewandt werden,

2. ...Df6? – beraubt den Springer f6 seines natürlichen Entwicklungsfeldes; außerdem ist die mächtige Dame nur in Ausnahmefällen als Deckungsfigur für einen kleinen Bauern zu gebrauchen,

2. ...Ld6? – verstellt den Bauern d7 und behindert damit die freie Entwicklung der eigenen Figuren,

2. ...f6? – führt zum Spiel des Damiano, das später noch ausführlich untersucht wird.

In unserem Beispiel setzt Weiß nach 2. ...Sc6 mit

3. Lb5 fort. Damit ist der Bauer e5 wiederum angegriffen (Weiß droht 4. Lxc6 und 5. Sxe5 mit Bauerngewinn) und Schwarz reagiert mit dem Deckungs- und Entwicklungszug 3. ...d6.

Philidor-Verteidigung
1. e4 e5 2. Sf3 d6 3. d4 Sf6

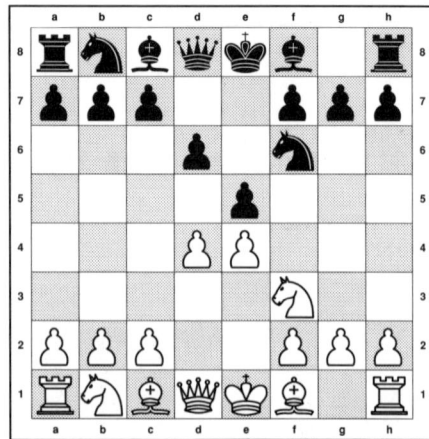

Beide Parteien verfügen über zwei Bauern im Zentrum. Nun kann der Abtausch eines Bauernpaares erfolgen:

4. Sc3 exd4 5. Dxd4 Le7

oder zunächst die weitere Entwicklung der Figuren mit Behauptung der Mitte: 4. Sc3 Sbd7 und so weiter.

Wichtige Merkregel zur Eröffnung:
Der Schachspieler trachte danach, in der Eröffnung nicht mehr als zwei Bauernzüge im Zentrum zu tun. (Nicht nur der Lernende, auch der Fortgeschrittene sündigt oft gegen diese Faustregel der Eröffnung.)

Schottisches Gambit
Auf Schritt und Tritt stürmen auf den Neuling Namen und Begriffe aus der Schachsprache ein. Ein Gambit stellt in der Regel ein Bauernopfer in der Eröffnung dar. Es wird zu dem Zweck gebracht, um positionelle Vorteile für den kleinen materiellen Verlust zu erhalten. Der Ausdruck stammt aus dem Italienischen und heißt „dare il gambetto" = jemandem ein Bein stellen. Wer beim Gambitspiel schließlich der Hereingefallene bleibt, der Gambitspieler oder der, der es

annimmt und verteidigt, das kommt immer auf die Gegner an.

1. e4 e5 2. Sf3 Sc6 3. Lc4 Sf6 4. d4

Diesen Bauern kann und muß Schwarz annehmen, also den Bauern auf d4 herausschlagen. Der Vorstoß 5. e5 – nach 4. …exd4 – ist für Schwarz wegen des Gegenschlags 5. …d5! nicht zu fürchten.

4. …Sxe4 5. dxe5

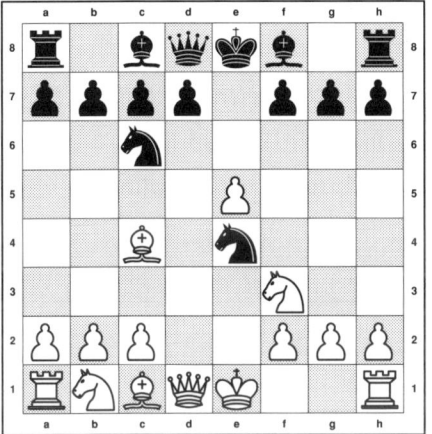

Die Stellung ist nach fünf Zügen schon voller Fallstricke für Schwarz. Der auf e4 stehende ungeschützte Springer kann das Motiv für verschiedene Kombinationswendungen bieten.

Nehmen wir an, Schwarz macht nun einen Zug mit seinem Randbauern 5. …h6 (um zum Beispiel das Feld g5 unter Kontrolle zu nehmen), dann könnte Weiß mit dem Doppelangriff 6. Dd5! eine Figur erobern. Die Dame droht ein Matt auf f7 und greift gleichzeitig den Springer e4 an. Zieht Schwarz den Springer zurück, 6. …Sg5 – wodurch im Moment der Punkt f7 geschützt wird –, so kann Weiß ihn mit 7. Lxg5 oder 7. Sxg5 herausschlagen; Schwarz kann die Figur nicht mit 7. …hxg5?? zurücknehmen, weil dann 8. Dxf7 matt folgen würde.

Häufig wird in der Diagrammstellung der Fehler 5. …Le7? gemacht, in dem verständlichen Wunsch, nach der Entwicklung des Läufers f8 die kurze Rochade auszuführen und damit seinen König in Sicherheit zu bringen. Doch auch hier schlägt der Angriff von Weiß mit 6. Dd5! durch. Richtig ist allein der Rückzug **5. …Sc5!**.

Was aber geschieht auf 5. …d6? Auch dann könnte Weiß die Kombination mit 6. Dd5 versuchen, doch Schwarz verfügt nun über eine ausreichende Parade mit 6. …Le6! 7. Dxe4 d5!. Schwarz kann sich hier mit einer Bauerngabel (= Angriff eines Bauern auf zwei Figuren) verteidigen. Es könnte weiter folgen: 8. Lxd5 Lxd5 9. De2 De7 10. 0-0 0-0-0 und Weiß besitzt zwar einen Bauern mehr (Mehrbauer im Gegensatz zum Minusbauern – ein Bauer weniger), aber Schwarz hat die besseren Angriffsmöglichkeiten.

Kehren wir zurück zum letzten Diagramm. Nach **5. …d6**
verfügt Weiß über eine andere Kombination, die ihn eindeutig in Vorteil bringt:

6. Lxf7+ Kxf7 7. Dd5+

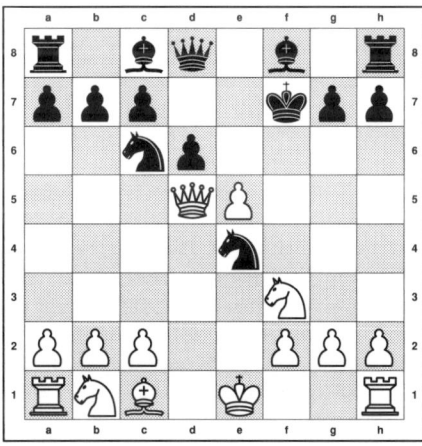

Man sieht die brettweite Wirkung der weißen Dame. Sie zieht erst gerade von d1 bis d5, bietet dem auf f7 stehenden schwarzen König Schach und bedroht den schräg unter ihr stehenden Springer e4.

7. …Le6 8. Dxe4 d5 9. Df4+

Beurteilt man abschließend diese Stellung, so sind die Vorteile für Weiß unter guten Spielern beachtlich. Schwarz hat nicht nur das Recht der Rochade eingebüßt, er hat auch einen Bauern verloren.

Die Italienische Partie
1. e4 e5 2. Sf3 Sc6 3. Lc4 Lc5 4. Sc3 Sf6 5. d3 d6

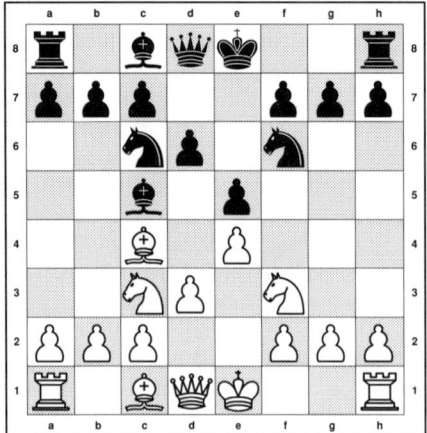

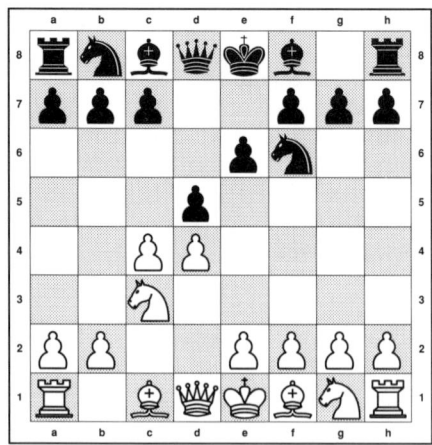

Eine wohlbekannte Position, die auf die großen Meister der sogenannten Italienischen Schule in der Zeit vom 16. bis zum 18. Jahrhundert zurückgeht. Diese Aufstellung nennt man „giuoco pianissimo", das bedeutet: ruhiges Spiel.

Die beiderseitigen Bauernketten im Zentrum sind typisch für den Halt in der Mitte. Schwarz verfügt über die sich gegenseitig schützende Bauernkette von c7-d6-e5, Weiß über die Bauernkette von c2-d3-e4.

Es werden die wichtigen Zentrumsfelder fixiert, das sind die Felder e4/d5 für Weiß, e5/d4 für Schwarz. Die Konstellation dieser Bauernformation ist das Merkmal der „offenen Spiele". Offene Spiele werden Eröffnungen genannt, in denen Weiß im ersten Zug e2-e4 spielt und Schwarz mit e7-e5 antwortet. Dabei entstehen in der Regel frühzeitig Spielzüge auf den Mittellinien, die d-Linie oder e-Linie wird für Dame und Türme geöffnet.

Eine „geschlossene Eröffnung" zeigt

Das Damengambit
1. d2 d5 2. c4 e6 3. Sc3 Sf6
Schwarz könnte den auf c4 angebotenen Bauern auch schlagen, wonach das „angenommene Damengambit" entstehen würde. Überwiegend wird jedoch das „abgelehnte Damengambit" bevorzugt. Schwarz verzichtet auf den – nur vorübergehenden – Bauerngewinn und befestigt konsequent den Zentrumspunkt d5. Von diesem Zentralpunkt d5 aus wird Schwarz später sein Gegenspiel entfalten, beziehungsweise wird ein aktiveres Spiel von Weiß in der Mitte unterbunden.

Die relativen Fesselungen
Wird eine Figur an den König gefesselt (das heißt, schützt sie den eigenen König vor Angriffen gegnerischer Figuren), handelt es sich um eine absolute Fesselung (solange die indirekte Bedrohung des Königs besteht, kann die gefesselte Figur ihren Platz nicht verlassen) – anders bei Fesselungen an die Dame, dort ist es nur eine relative Fesselung. Die gefesselte Figur darf die Fesselung sprengen, sie ist nur eine bedingte.

Die geläufigen Fesselungszüge in der Eröffnung werden von den vier Läufern ausgeführt und sind: Weiß Lf1-b5, Lc1-g5; Schwarz Lf8-b4, Lc8-g4.

Die mißachtete Fesselung
1. d4 d5 2. c4 e6 3. Sc3 Sf6 4. Lg5
Der weiße Lg5 fesselt den schwarzen Sf6.
4. …Sbd7 5. cxd5 exd5 6. Sxd5?

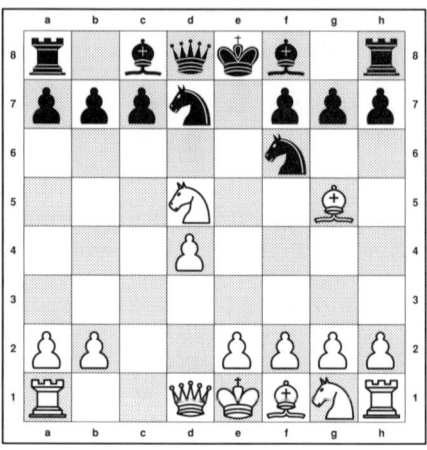

Im Vertrauen auf die Fesselung haben schon Tausende von Schachspielern, auch Klubspieler, diesen Fehlzug begangen. Die Überlegung heißt einfach: Da der Springer f6 ja von dem Läufer g5 gefesselt ist, kann er seinen Platz nicht verlassen, weil sonst seine Dame dem Angriff des Läufers ausgesetzt ist – Weiß könnte mit dem Läufer die gegnerische Dame gewinnen. Folglich glaubt Weiß, sich den Bauerngewinn auf d5 (6. Sxd5) leisten zu können. Doch was passiert?

6. ...Sxd5! 7. Lxd8 Lb4+ !

Der Schuß aus dem Hinterhalt. Ein schönes Beispiel für eine einfache Kombination. Schwarz hat seine Lektion gelernt und kennt die Falle, der Gegner aber ist damit hereingefallen. Der Abschluß bringt Schwarz am Ende eine Figur für nur einen Bauern, den er dabei investiert hat:

8. Dd2 Kxd8

Die gefesselte Dame kann nicht davonlaufen.

9. e4 Lxd2+ 10. Kxd2 S5f6

Die Abzählung der Steine ergibt, daß Weiß eine Figur fehlt. Unter einigermaßen gleichstarken Spielern ist die Partie für Schwarz gewonnen.

Nimzowitsch-Indische Verteidigung
1. d4 Sf6 2. c4 e6 3. Sc3

Weiß beabsichtigt eventuell den Doppelschritt e2-e4 mit Vollbesetzung des Zentrums, was zum Beispiel auf 3. ...b6 folgen könnte. Doch Schwarz durchkreuzt die Absicht durch den Fesselungszug ...Lb4 und hält die Zentralpunkte d5/e4 weiterhin unter Kontrolle.

3. ...Lb4

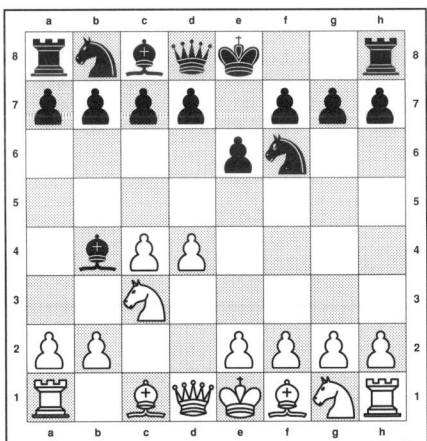

Diese moderne Verteidigung wurde in den zwanziger Jahren von dem Schachdenker und Großmeister Aaron Nimzowitsch in die Praxis eingeführt. Freilich kann Schwarz ebensogut 3. ...d5 ziehen mit direkter Besetzung des Zentralpunktes d5 bei gleichzeitiger Kontrolle des Feldes e4. Der Schachfreund beachte immer wieder: Das Geschehen einer Schachpartie entwickelt sich immer vom *Zentrum* aus. Wer dort die Herrschaft hat (mit seinen Bauern und Figuren mehr Felder beherrscht), verfügt über mehr Raum für seine Kräfte und deren Entfaltung. Die Zentrumskontrolle kann auf direkte oder wie hier auf indirekte Weise ausgeübt werden (direkt: der Bauer d4 kontrolliert direkt das Feld e5; indirekt: der Läufer b4 trägt indirekt zur Beherrschung des Feldes e4 bei; er fesselt den Springer c3, so daß dieser eine auf e4 auftauchende gegnerische Figur nicht schlagen darf). Der Zug 4. e4 wäre jetzt ein Fehler, weil der Sc3 gefesselt ist, also nicht ziehen darf. Schwarz könnte also durch ...Sxe4 den Bauern einfach herausschlagen.

Eine neue Situation entsteht, wenn Weiß seinerseits auch einen Fesselungszug ausführt:

4. Lg5

Diese Fesselung des Springers f6 an die Dame d8 ist nicht absolut wie die, die der schwarze Läufer b4 auf den weißen Springer ausübt. Der Sc3 kann nach den Regeln nicht ziehen, solange er vom Läufer auf b4 gefesselt ist. Dagegen ist die Fesselung des Sf6 durch den weißen Läufer nur eine bedingte. Der Springer f6 kann ziehen, allerdings um den Preis des Damenverlusts. Und es wird jemand die Dame für den Läufer nur dann hergeben, wenn es sinnvoll ist, das heißt, wenn ein entsprechender anderer Gegenwert eingehandelt wird – wenn er dafür ausreichende Kompensation erhält. Das könnte im Idealfall das Matt des gegnerischen Königs sein, aber auch ein Patt, mehrere gegnerische Figuren oder ein überwältigender positioneller Vorteil.

Die klassischen Übungspartien

Der Schachneuling ist gut beraten, wenn er in der ersten Zeit nur Spiele mit offenem Charakter wählt, also mit Weiß 1. e4, und mit Schwarz – falls der Gegner 1. e4 gezogen hat – 1. ...e5 erwidert. In den Fährnissen der offenen Spiele wird der Blick für das Figurenspiel und für die taktischen Scharmützel besser geschult als in den geschlossenen Spielen. Diese Spielanfänge wie 1. d4, 1. c4 oder 1. Sf3 erfordern schon gute Kenntnis für die Behandlung der geschlossenen Positionen. Es kommt in diesen Spielen nicht so schnell zum „Schlagabtausch", weil sich die zentralen Linien nicht so rasch öffnen.

Die „halboffenen Spiele" ergeben sich, wenn Weiß zwar 1. e4 zieht, Schwarz aber anders als 1. ...e5 antwortet. Im Eröffnungsteil werden diese Eröffnungen alle vorgestellt.

Spiel des Damiano
1. e4 e5 2. Sf3 f6?
Ein Zug, der in Laienkreisen noch immer häufig anzufinden ist. Nur – können ihn die meisten Schachspieler auch widerlegen?
3. Sxe5
Viele theoretisch nicht geschulte Spieler glauben, mit diesem Springeropfer bereits die Partie gewinnen zu können. Das ist eine falsche Annahme. Das Springeropfer wird schon in der Göttinger Handschrift erwähnt (siehe Seite 126), die im Jahre 1490 die neuen Regeln zusammenfaßte und in Europa verbreitet hat.

Wegen der guten Antwort 3. ...De7! gilt bei starken Spielern der Zug 3. Lc4! mit der möglichen Folge 3. ...Sc6 4. a3 mit Sicherung des beherrschend postierten Läufers (4. ...Sa5 5. La2) als nachhaltiger.

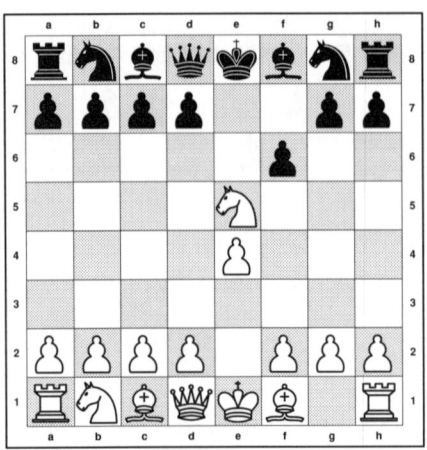

Das Springeropfer 3. Sxe5

Das Hauptziel dieser Variante demonstriert die Gefahr, die mit Zügen wie f7- f6 für die schwarze Königsstellung verbunden ist. In der Grundstellung sind f7 und f2 die *schwächsten* Punkte in beiden Lagern (sie sind nur vom König geschützt). Diesen schwachen Stellen gelten viele Angriffe in Eröffnung und Mittelspiel.

Das Springeropfer von Weiß garantiert nach der Annahme durch Schwarz materiellen Gewinn, Rückgewinn des geopferten Materials also (mit Zinsen), oder durchschlagenden Mattangriff.
3. ...fxe5 4. Dh5+ Ke7
Die andere Möglichkeit, 4. ...g6, wird im Anschluß behandelt.
5. Dxe5+ Kf7 6. Lc4+ d5!
Nur dieser Bauernzug verhindert das unmittelbare Matt, weil durch den Aufzug des Damenbauern der Läufer c8 das wichtige Feld f5 unter Kontrolle nimmt. Unterläßt Schwarz dieses Bauernopfer, geht es rapide zu Ende mit 6. ...Kg6 7. Df5+ Kh6 8. d4+. Der Lc1 gibt Schach, ein aufgedecktes Schach des Damenbauern also. 8. ...g5 9. h4 d5

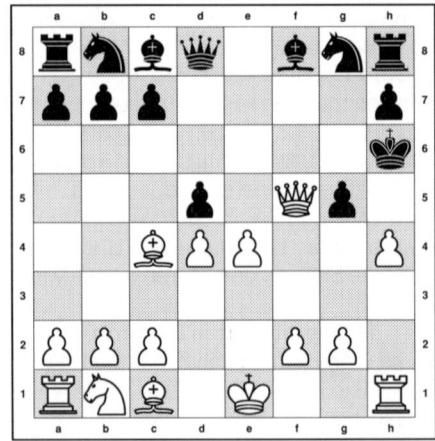

Analysediagramm

Weiß erzwingt jetzt das Matt in wenigen Zügen; Schwarz kann das Ende durch einige „Zwischenzüge" noch hinausschieben. **10. Df7!** Ein stiller Zug von vernichtender Kraft, der hxg5# droht – ein Doppelschach des h-Bauern auf g5 und des Turmes h1. Die Niederlage des schwarzen Königs erfolgt spätestens nach 10. ...Lb4+ 11. Kf1 Ld2 12. Lxd2 Lh3 13. Txh3 Dd7 14. hxg5# .

Das Spiel in der Hauptvariante wird mit dem 7. Zug fortgesetzt:

7. Lxd5+ Kg6 8. h4 h6 9. Lxb7!

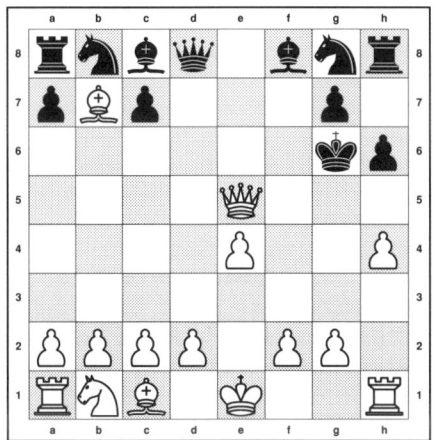

Der Witz der ganzen Kombination! Der Läufer ist tabu, denn schlägt ihn Schwarz, folgt 10. Df5 matt.

9. ...Ld6 10. Da5

Weiß behauptet die Qualität, denn der Turm a8 wird fallen.

Die Fortsetzung könnte sein:

10. ...Sf6 11. Lxa8 Sa6

Weiß darf nun nicht den d-Bauern vorziehen, denn das würde nach 12. d4 Lb4+ die Dame kosten. Angebracht ist daher 12. a3 Te8 13. Sc3 Sc5 14. d3 Te5 (Stellt die Falle ...Sd3+ nebst ...Txa5 und Damenfang.) 15. Dxa7 und Weiß ist den Gefahren entronnen; sein materielles Übergewicht und die gute Stellung garantieren den Gewinn.

Weiß erobert den Eckturm

Wir kehren zurück, um nach den Zügen 1. e4 e5 2. Sf3 f6 3. Sxe5 fxe5 4. Dh5+ das andere Abspiel zu untersuchen.

4. ...g6 5. Dxe5+

Der Zug g7-g6 entblößte die Diagonale a1-h8, wo die Dame nun über e5 durch Doppelangriff auf König und Turm eindringen und den Turm erobern kann.

Wir merken uns: Ist ein direkter Mattangriff nicht möglich, muß man sich andere Ziele setzen, nämlich materielle oder positionelle Vorteile erstreben. Dieses Übergewicht führt später ebenso zum Matt.

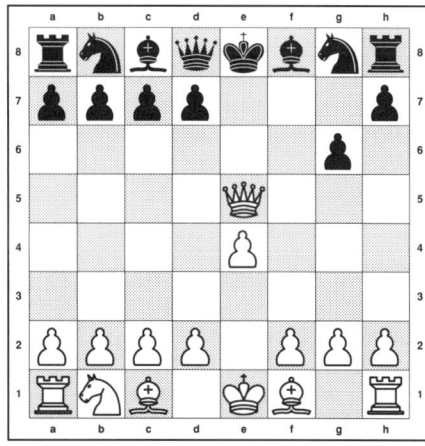

5. ...De7 6. Dxh8 Sf6 7. d3 d5! 8. Lg5

Zwecklos wäre 8. Lh6 Sbd7.

8. ...Sbd7 9. Sc3 c6

Weiß muß jetzt wachsam sein, um nicht die auf h8 eingesperrte Dame einzubüßen. Schwarz beabsichtigt nach 10. 0-0-0 Kf7! die Dame durch ...Lg7 zu fangen.

10. h4! Kf7 11. h5 Lg7 12. Dxh7!

Möglich ist auch 12. hxg6+ Ke6, und nun 13. Dxh.

Die letzten drei Hauptzüge sind sehr wichtig zur Befreiung der Dame.

Die Befreiung der gefangenen Dame

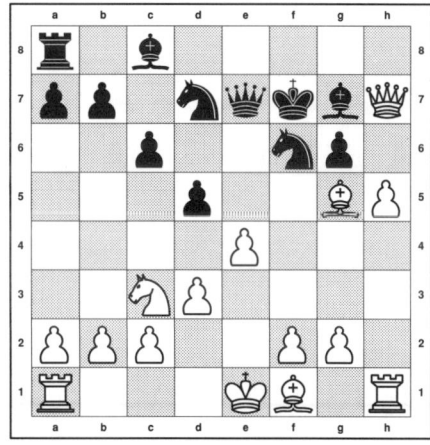

Nach 12. ...Sxh7 13. hxg6+ Kxg6 14. Lxe7 besitzt Weiß nicht nur die Qualität, sondern auch noch drei Bauern mehr; also eine materiell wie

auch positionell hoffnungslose Situation für Schwarz.

Wenn auch diese Eröffnung des Damiano nur selten angewandt wird, so ist es doch notwendig, diese Abspiele zu kennen. Hier noch ein weiteres Beispiel:

1. e4 e5 2. Sf3 f6 3. Sxe5 De7!

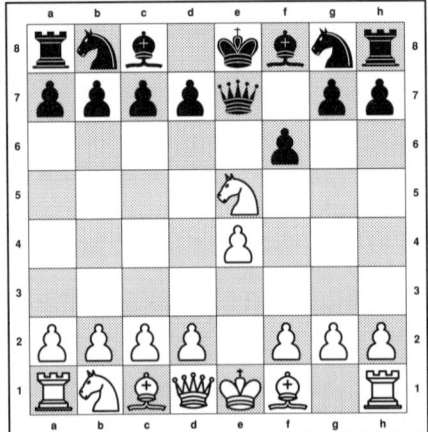

Die Falle des Damiano

3. ...De7 ist die richtige Entgegnung, die zugleich eine Falle stellt, in die schon mancher Ahnungslose gestolpert ist.

4. Dh5+ ? g6 Sxg6

Figurenverlust war schon unvermeidlich, denn Dame und Springer sind angegriffen.

5. ...Dxe4+ 6. Le2 Dxg6

Und die Figur bei Weiß ist weg! Weiß hatte nur mit 5. ...hxg6 6. Dxh8 gerechnet. Das Zwischenschach mit der Dame auf e4 zerstörte diesen Plan. Zahllos sind die Opfer in dieser Wendung unter den unerfahrenen Schachspielern.

Als auch Tschigorin f7-f6 spielte

Michael Tschigorin gilt als Vater der russischen Schachbewegung in der Zarenzeit. Er zählt wie Steinitz – wenn auch sehr im Gegensatz zu dessen Schachauffassungen – zu den großen Schachdenkern um die Jahrhundertwende.

Schiffers – Tschigorin

Wettkampf Petersburg 1897

1. e4 e5 2. Sf3 f6 3. Sxe5 De7! 4. Sf3 d5 5. d3 dxe4 6. dxe4 Dxe4+ 7. Le2 Sc6 8. 0-0 Ld7 9. Sc3 Dg6

So spielt Tschigorin, der dann nach

10. Se5! Sxe5 11. Lxh5 0-0-0 12. Lxg6 hxg6

die Dame für zwei Figuren geben mußte. Die Partie endete remis, wobei Tschigorin sogar noch einen glänzenden Gewinnweg übersehen hatte! Normalerweise muß Schwarz aber diese Stellung verlieren.

In einer Partie der Studenten-Weltmeisterschaft 1964 folgte (bis zum 9. Zug von Schwarz sind die Züge identisch mit der vorausgegangenen Partie):

Westmann – Havanski

Krakau, Studenten-WM 1964

1. e4 e5 2. Sf3 f6 3. Sxe5 De7! 4. Sf3 d5 5. d3 dxe4 6. dxe4 Dxe4+ 7. Le2 Sc6 8. 0-0 Ld7 9. Sc3 De6 10. Lf4 0-0-0 11. Sb5 Le8 12. Ld3 Ld6 13. Te1 Dg4 14. Lxd6 cxd6 15. Txe8!

Überall tauchen im Schach Kombinationsmotive auf, man muß sie nur erkennen. Hier treffen wir auf einen guten Bekannten: die Springergabel!

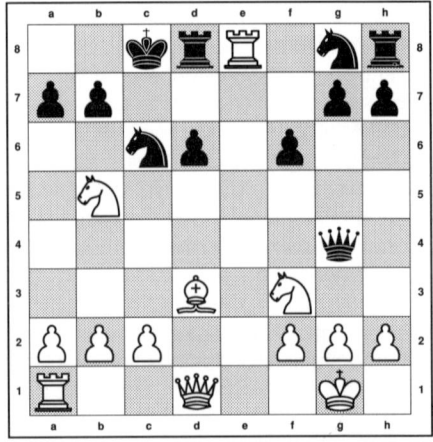

Kombination mit Springergabel

15. ...Txe8 16. Lf5+

Nicht das profane Sxd6+ war das Ziel von Weiß, als er die Kombination mit dem Qualitätsopfer auf e8 ansetzte; Damengewinn durch die Springergabel auf d6 ist das hohe Ziel! Schwarz gab daher auf. Er verliert nach 16. ...Dxf5 17. Sxd6+ die Dame (gegen nur einen Turm).

Hier war also eine elegante Spielführung am Werk, um die gewagte Eröffnung von Schwarz schließlich zu widerlegen.

Schwarze Musterpartie

1. e4 e5 2. d4 exd4 3. Dxd4 Sc6

Kenner von Schacheröffnungen wenden diesen aus dem romantischen Zeitalter der Schachkunst um die Jahrhundertwende und früher stammenden Spielanfang nicht an. Für Freunde einer lebhaften Spielführung kann sie aber empfohlen werden. Selbstverständlich kann der etwas frühe Vorstoß von Weiß nicht widerlegt werden – der Vorteil des Anzuges wiegt den Tempoverlust des 3. Zuges wieder auf.

4. De3

Ein grober Fehler wäre der Rückzug 4. Dc3?? wegen der Fesselung durch 4. …Lb4!.

4. …Sf6 5. h3?

Randbauernzüge sind ein Grundübel in der Eröffnungsphase. Die damit vergeudete Zeit geht auf Kosten der vernachlässigten Entwicklung der Bauern und Figuren im Zentrum. Die besonderen Leitlinien der Schacheröffnung fassen wir am Ende dieses Abschnitts zusammmen. In dieser Partie läßt sich Weiß noch mehr solcher Verstöße gegen den gesunden Aufbau in der Schachpartie zuschulden kommen. Aber aus Fehlern lernen wir am meisten. Richtig wäre der Zug 5. Le2.

5. …Le7 6. a3? 0-0

Die Tempoverluste von Weiß beantwortet Schwarz mit normalen Entwicklungszügen. Einer schwachen Partieanlage des Gegners mit wertlosen Bauernzügen wird am wirksamsten mit Entwicklungszügen begegnet.

7. Lc4

Endlich ein Entwicklungszug – ist es nicht bald zu spät? Schwarz erlangt das positionelle Übergewicht, weil er drei Figuren im Spiel und bereits rochiert hat.

7. …Te8 8. Db3?

Zu einem Angriffszug bei dem Entwicklungsrückstand ist es zu spät. Doch viele Spieler können so verführerischen Zügen wie hier dem Angriff auf den Bf7 nicht widerstehen. Es fehlen Weiß aber alle Voraussetzungen zu einem erfolgreichen Angriff; vor allem ist Schwarz glänzend entwickelt und hat mit seinem Turm versteckt-drohend in der e-Linie Aufstellung genommen.

8. …d5

Mit dem überraschenden und starken Zentrumsvorstoß d7-d5 wird die weiße Stellung „aus den

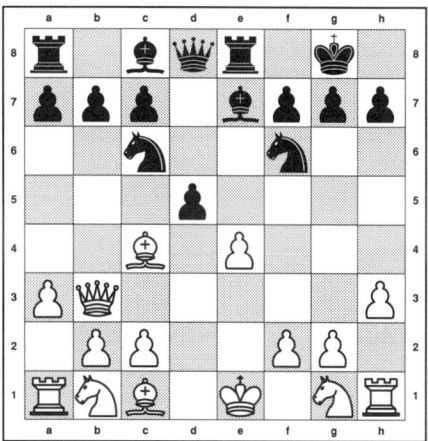

Die Demaskierung in der e-Linie

Angeln gehoben". Obwohl Weiß den Punkt d5 dreimal kontrolliert (mit Db3, Lc4 und Be4) und Schwarz nur zweimal (Dd8 und Sf6), ist der Vorstoß möglich. Am Ende der Schlagserie oder des Abtausches auf dem Feld d5 öffnet sich die e-Linie – und dort gelangt der schwarze Turm von e8 aus zu verheerender Wirkung.

9. Lxd5 Dxd5!

Auch 9. …Sxd5 wäre möglich, das Damenopfer wirkt eleganter und vor allem deprimierender auf den Gegner!

10. exd5 Lb4+ +!

Doppelschach! Wieder ein Begriff zur Schachtechnik. Der Läufer zieht und gibt mit seinem Abzug ein Abzugsschach des Turmes, aber der Läufer zieht so, daß auch er Schach gibt. So entsteht ein Doppelschach. Dagegen gibt es als Abwehr immer nur einen Königszug.

11. Kf1 (oder Kd1) Te1#

Auf dasselbe herausgekommen wäre es, hätte Weiß im 10. Zug mit der Dame auf d5 geschlagen: 10. Dxd5 Sxd5 11. exd5 Lb4+ + und wieder Matt im nächsten Zug. Nimmt Weiß im 10. Zug nicht auf d5, so behält er in jedem Fall eine Figur weniger.

Weiß bleibt natürlich noch die Möglichkeit, auf den Zug 8. …d5! den Läufer wegzuziehen, aber dann erhält Schwarz unter Wegnahme des Be4 eine überwältigende Position (9. …Sxe4 oder auch …Lc5!).

Das raffinierte System von Tartakower
Gefahr in der offenen e-Linie
Schottische Eröffnung

1. e4 e5 2. Sf3 Sc6 3. d4 exd4 4. Sxd4 Dh4

Eine Spezialvariante anstelle des Normalzuges 4. ...Sf6. Das Ziel dieses Damenausflugs ist der Bauer e4. Dagegen hat Großmeister Dr. Tartakower ein raffiniertes System entwickelt und es einmal in einer Schnellpartie gegen Richard Réti anbringen können.

5. Sf3! Dxe4+ 6. Le2 d5 7. 0-0

Das ist noch besser als der Entwicklungszug Sc3 mit Angriff auf die Dame. Die e-Linie wird rasch zur Operationsbasis gegen Dame und König von Schwarz.

7. ...Sb4?!

Schwarz verstößt damit gegen bekannte Prinzipien des Schachs. Die Fehler sind hier:
1. das zu frühe Herausbringen der Dame,
2. das mehrfache Ziehen mit derselben Figur in der Eröffnung, also Zeitverlust.

Diese Verstöße müssen aber nicht unbedingt zum Verlust führen – notwendig ist die entschlossene und taktisch richtige Ausnutzung der Fehler.

8. Te1!!

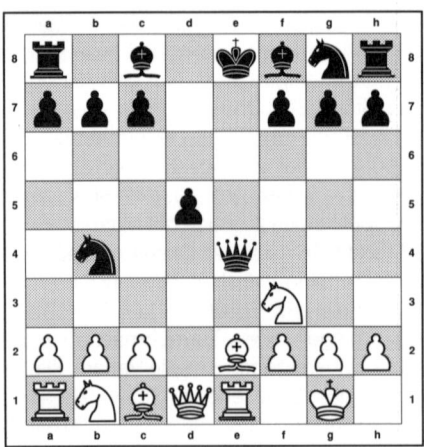

Die Parallele zum Zug 7. ...Te8 in der vorherigen Partie. Wieder lauert Demaskierung in der e-Linie, wo König und Dame in einer Linie stehen. Die Strafe für die Eröffnungssünden folgt sogleich.

8. ...Sxc2? 9. Dxc2!

Weiß gibt seine Dame für den Springer – und Schwarz greift zu, weil er die Gefahren in der e-Linie nicht erkennt.

9. ...Dxc2 10. Lb5+ + Kd8 11. Te8 matt

Im 10. Zug haben wir wieder das gefürchtete Doppelschach gesehen, auf das Schwarz nur der Königszug nach d8 geblieben ist. Schwarz hat zwar die Dame gewonnen, den König aber verspielt...

Ein Angriff gegen f7 wird widerlegt

In der Grundstellung ist – wie schon erwähnt – der schwächste Punkt im weißen Lager der Punkt f2, bei Schwarz f7. Spekulative Angriffe konzentrieren sich oft aus der Eröffnung heraus auf diese Punkte. Das sind kombinierte Aktionen von Läufer c4 und Springer g5; aber auch Dame f3 und Läufer c4, wie wir es beim Schäfermatt gesehen haben, zielen nach f7, oder für Schwarz Dame f6 und Läufer c5. Beispiele finden sich im Abschnitt „Kombinationen".

Eine verfehlte Kombination gegen den empfindlichen Punkt f7 vermittelt die folgende bekannte Eröffnungsfalle:

1. e4 e5 2. Sf3 Sc6 3. Lc4 Sd4?!

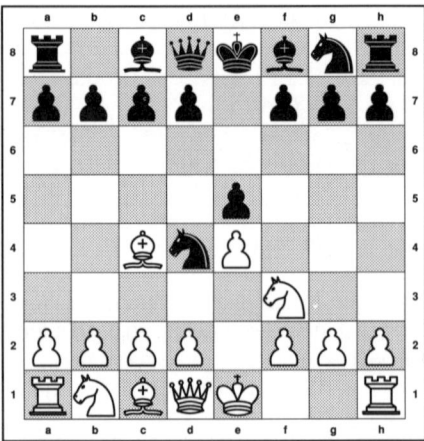

Ein spekulatives Bauernopfer, das auf die „Gefräßigkeit" des Gegners baut. Der ungarische Großmeister Geza Maroczy (1870-1951) hat einmal festgehalten, daß Bauernopfer von Schachspielern fast immer angenommen werden. „Bei Opferangeboten von Figuren, da prüfen sie mißtrauisch vorher genau die Stellung; aber Bauern, die fressen sie immer!"

4. Sxe5

Mit 4. Sxd4 exd4 würde Weiß nicht viel ausrichten. Gut wäre aber einfach die Rochade. Die kommenden Möglichkeiten nach der Annahme des

schönen Zentrumsbauern soll der Lernende genau studieren und mehrfach nachspielen. Dieser Eröffnungstrick ist weit verbreitet, und jeder Schachfreund wird mit diesem Wissen Anklang finden. Wenn er selbst einmal darauf hereingefallen ist, wird er diese Falle selbst bei anderen anwenden wollen.

4. ...Dg5!

Eine der Ausnahmen, in denen der kombinierte Angriff von Läufer und Springer auf den Punkt f7 ignoriert werden kann. Und welcher unerfahrene Spieler wird sich nicht mit Vergnügen auf die Beute e5 und f7 stürzen!

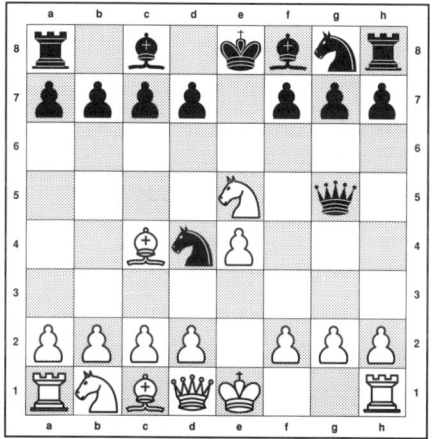

Den Köder angebissen

Die weiteren Möglichkeiten, nachdem Weiß im 3. Zug auf den Köder angebissen hat, lauten der Reihe nach:
A) 5. Lxf7+, B) 5. Sxf7, C) 5. Sf3, D) 5. Sg4

A) 5. Lxf7+ Ke7 6. Lxg8 (oder 6. d3 Dxe5 7. Lxg8 Txg8) 6. ...Dxg2 (mit der Drohung ...Dxh1#) 7. Tf1 Dxe4+ und matt im nächsten Zug mit Dxe2. Die Abzählung ergibt, daß Schwarz bei dieser Aktion eine Figur gewonnen hat.

B) 5. Sxf7 (Die zweite Möglichkeit für Weiß von der Diagrammstellung aus. Der Springer darf den Wunschzug mit Einschlag auf f7 tun, dabei Dame und Turm angreifend – muß Schwarz nicht eines der wertvollen Stücke verlieren?) 5. ...Dxg2! (Der schwarze Angriff auf die weiße Königsstellung ist weit gefährlicher.) 6. Tf1 Dxe4+ 7. Le2 Sf3#

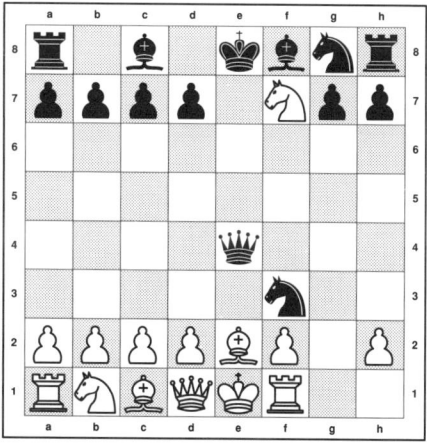

Das überraschende Springermatt

Der überraschende Mattzug, der auch schon übersehen wurde. Es gibt Fälle, in denen sich ein schwächerer Spieler mit 7. ...Sxc2+ und Damengewinn begnügte, weil er das einzügige Matt nicht sah.

C) 5. Sf3 Dxg2 – und hier verzweigen sich wieder die Möglichkeiten:

C1) 6. Tg1? Sxf3+ 7. Ke2 Sxg1+ Ke1 (Die anderen Züge wie 8. Ke3 oder 8. Kd3 kann der Leser selbst ausprobieren. Nur eine Andeutung: 8. Kd3 Sf6 9. Sc3 Dh3+ 10. Kd4 c5+ 11. Ke5 d6+ 12. Kf4 g5+ 13. Kxg5 – Weiß macht seit dem zehnten Zug nur Zwangszüge – 13. ...Dh6#) 8. ...Dxe4+ 9. Le2 Dh1 10. d4? Sf3#. Wieder ein Doppelschach zugleich mit Matt.

C2) 6. Sxd4 Dxh1+ 7. Lf1 Dxe4+ 8. De2 Dxe2+ 9. Lxe2 Die Bilanz weist für Schwarz diese materiellen Vorteile aus: Er hat die Qualität erobert (für einen Springer einen Turm erhalten), und er besitzt 7 Bauern gegen 6 weiße Bauern. Die Stellung ist positionell gesehen für Schwarz gesichert. Weiß also ohne Kompensation für seine materiellen Nachteile.

C3) 6. Tf1 Sxf3+ 7. Ke2 Sd4+ Ebenso könnte Schwarz andere gute Züge machen wie 7. ...d5 (um Lg4 vorzubereiten), oder auch 7. ...Sxh2 mit der Mattdrohung ...Dxe4#. Aber Weiß könnte nach dem 7. Zug ...Sd4+ auch anders ziehen, wie 8. Kd3, wonach ...Sf3 geschähe. Die ganze Lage von Weiß ist bereits jenseits von Gut und Böse.

D) 5. Sg4 d5!

Dieser starke Zug stellt Weiß vor ein unlösbares Dilemma. Kehrt der angegriffene Läufer nach e2 zurück, wird er dort getauscht (...Sxe2), wonach durch Lxg4 der Springer fällt.

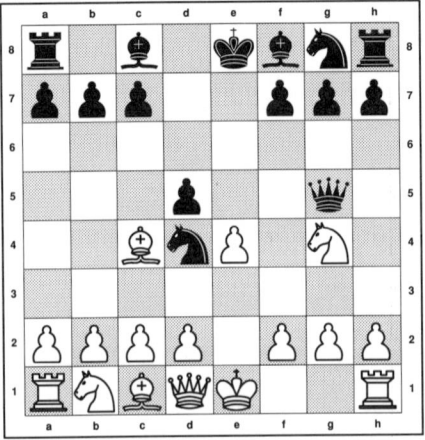

7. Lxd5 Lxg4 8. f3 Lxf3!
Eine ausanalysierte Variante: Das Läuferopfer führt in wenigen Zügen zum Matt.
9. gxf3 Dg2 10. Tf1 Le7!
Das Damoklesschwert für den weißen König!
11. Tf2 Dg1+ (oder ...Dh1+) **12. Tf1 Lh4#**

Das Dauerschach oder „Ewiges Schach"

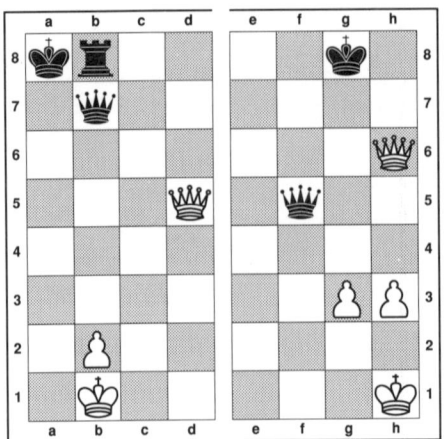

In der linken Diagrammhälfte gibt die weiße Dame Dauerschach im Quadrat mit 1. Da5+ Da7

2. Dd5+ Tb7 3. Dd8+ Db8 4. Da5+. Und wenn sie nicht gestorben sind...
In der rechten Diagrammhälfte gibt die schwarze Dame Dauerschach oder „Ewiges Schach", wie man ebenso richtig sagen kann, durch 1. ...Df1+ 2. Kh2 Df2+ 3. Kh1 Df1+ und so weiter.

Wie „weiter" eigentlich? Wie lange kann eine Seite Schach geben, bis ein Ende eintritt?
Ein weiteres Beispiel:

Die Remisschaukel h5-f3-d1
(Opfer erzwingt Dauerschach)

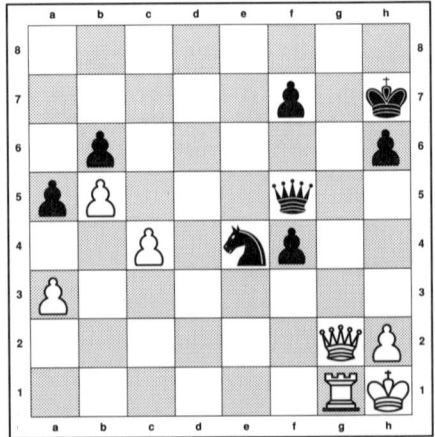

Bellon (Spanien) **– Christiansen** (USA)
Großmeisterturnier Wijk aan Zee, 1977
Schwarz vor dem 36. Zug

Der US-Meister hat die Qualität geopfert und muß im Augenblick ums Remis kämpfen. Mit einem Springeropfer kann er das Dauerschach erzwingen:
36. ...Sg3+ !
Weiß muß mit dem Bauern schlagen, will er nicht die Dame und Partie verlieren.
37. hxg3 Dh5+ 38. Dh2 Df3+ 39. Tg2 Dd1+ !
Nicht 39. ...Df1+? wegen 40. Dg1 und Weiß wäre der Remisschaukel entkommen. Die Spieler einigten sich auf Remis. Würde sich einmal in der Praxis beim Dauerschach einer der Remisforderung oder dem Remisvorschlag widersetzen, wird der Turnierleiter das Remis zwangsläufig deklarieren.

Dreimalige Stellungswiederholung ist remis.
Das Unentschieden ist in den Spielregeln des Weltschachbundes geregelt. Für die mehrfache Wiederholung derselben Züge und Stellung gilt: Die Partie ist unentschieden auf Verlangen eines Spielers, wenn die gleiche Stellung dreimal vorkommt, jeweils mit demselben Spieler am Zug.

Dieselbe Stellung muß sich nicht gerade dreimal hintereinander ergeben, es geht auch, wenn eine gleiche Stellung etwa im 32., 36. und 56. Zug vorkommt. Meistens kommt es aber zum Remis durch Zugwiederholung, weil beide Spieler dreimal nacheinander dieselben Züge ausführen. Nach der Regel kann im Turnier der Spieler dann das Remis beanspruchen, der am Zug ist und die dritte Stellungswiederholung *im nächsten Zug herstellen könnte*. Er braucht und darf diesen Zug *vorher gar nicht ausführen*!
Das „Ewige Schach" dauert also drei Züge! Freilich von beiden Seiten dreimal dieselben Züge. Ein Spieler kann nicht hergehen und dreimal oder öfter nacheinander mit der Dame Schach bieten, um dann zu fordern: Remis durch dreimalige Zugwiederholung – es gibt keine Zugwiederholung, sondern nur Stellungswiederholung!
Wieso heißt es dann „Ewiges Schach"? Weil der Gegner den dauernden Schachgeboten nicht ausweichen kann, also sich gezwungen den Schachgeboten aussetzen muß.

Patt – das Paradoxon des Schachspiels

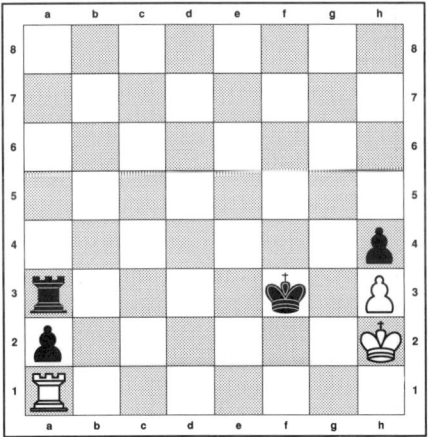

Ein hoffnungsloser Fall?

Das Patt ist das Paradoxon des Schachspiels. In oft hoffnungslosen Situationen gelingt einem Spieler noch die Rettung ins Patt – und das gerechte Ergebnis einer Partie wird in ein „ungerechtes" abgewandelt.
Aus Tausenden von Partien, die sich täglich ergeben – versehentlich und unerwünscht von dem einen Spieler, oder übersehen von dem anderen Spieler – zwei Beispiele.

Jackson – Bassin
New York 1967
(siehe letztes Diagramm)
In dem Buch „Turmendspiele in der Schachpartie" berichtet A. Földeak, wie der Spieler mit Weiß schilderte: „Ich sah, daß ich total verloren bin. Ich schloß die Augen und zog 65. Te1."
Es folgte 65. ...a1D, und Schwarz mag sich gewundert haben, weshalb der Gegner, jetzt mit einer Dame weniger, nicht aufgibt?
Aber es folgte trocken 66. Txa1 und Remis, denn wenn Schwarz den Turm nimmt (...Txa1), ist Weiß patt, er kann seiner Zugpflicht nicht nachkommen, keine seiner Figuren kann sich rühren.

Undeckbar matt?

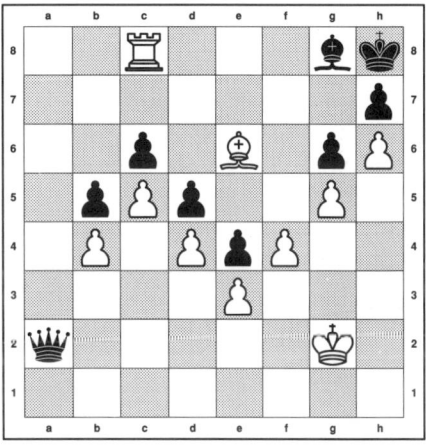

Rheinheimer – Reidenbach
Ludwigshafen 1963
Weiß ist am Zug, sein König steht im Schach der Da2. Wie aber soll Schwarz anschließend das drohende Matt Txg8 abwehren? Der Punkt g8 kann auf keine Weise von Schwarz gedeckt werden, und der König kann nicht aus dem Gefängnis in

der Ecke auf h8 entfliehen; der Bauer h6 ist der „Pfahl im Fleisch" des Schwarzen. Aber die Sache ist verblüffend einfach:

1. Kg3 Dh2+! 2. Kxh2 patt!

Keiner der acht Steine des Schwarzen kann ziehen – und da der König nicht im Schach steht, ist das uns bekannte Patt eingetreten. (Auch 2. Kg4 Dh3+ hätte nichts an der Lage geändert.)

Der Vorzug der Rochade

Grundsätzlich verzichtet ein Spieler nicht freiwillig auf das Recht zur Rochade. In den allermeisten Fällen stellt die Möglichkeit des Rochierens einen Vorzug dar, dessen sich keine Seite ohne zwingende Not begibt. Mit der Rochade wird ein doppeltes Ziel erreicht: der König rückt aus der Mitte auf ein sicheres Feld in Ecknähe, während der Turm aus der Ecke auf eine der Mittellinien geführt wird. Erfahrene Spieler vermeiden den Verlust der Rochade. Ein Beispiel aus der Spanischen Eröffnung:

1. e4 e5 2. Sf3 Sc6 3. Lb5 a6 4. Lxc6 dxc6

Zur Eröffnung soviel in Kürze: Die Abtauschvariante hat zwar viele Freunde, ist in ihrem Wert jedoch umstritten. Zu 90 % wird der Läufer nach a4 zurückgezogen (4. La4), und wenn überhaupt, dann erst im nächsten oder übernächsten Zug gegen den Sc6 abgetauscht.

5. Sxe5 Dd4!

Wegen diesem Doppelangriff wird auf das Schlagen des Be5 verzichtet. Schwarz gewinnt nicht nur den Bauern zurück, sondern Weiß wird auch zur Aufgabe der Rochade gezwungen.

6. Sf3 Dxe4+

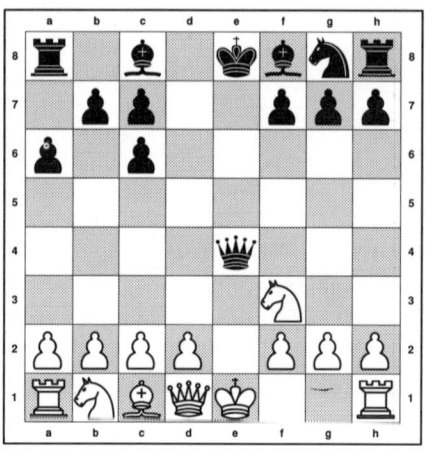

Weiß bleiben nur zwei Möglichkeiten, das Schach zu parieren: entweder er spielt Kf1 oder – besser – er setzt die Dame vor:

7. De2 Dxe2+ 8. Kxe2

In dem vorliegenden Fall ist der Verlust der Rochade weniger nachteilig für Weiß, weil rasch Te1 nebst Rückzug des Königs mit Kf1 folgen kann. Man spricht in dem Fall von „künstlicher Rochade".

Die moderne Schachauffassung kennt mehrere Beispiele, in denen der Verlust der Rochade ohne Nachteile in Kauf genommen werden kann. Vor allem in der Königsindischen Verteidigung treten Varianten wie diese häufig auf: 1. d4 Sf6 2. c4 d6 3. Sc3 e5 4. dxe5 dxe5 5. Dxd8+ Kxd8, die Stellung bleibt vorläufig geschlossen; Schwarz wird c7-c6 nebst Kc7 spielen oder auch mit dem König wieder bei Bedarf nach e8 zurückkehren.

Weniger empfehlenswert ist die folgende Spielweise, die häufig bei ungeübten Spielern anzutreffen ist:

1. e4 e5 2. Sf3 Sc6 3. d4 d6

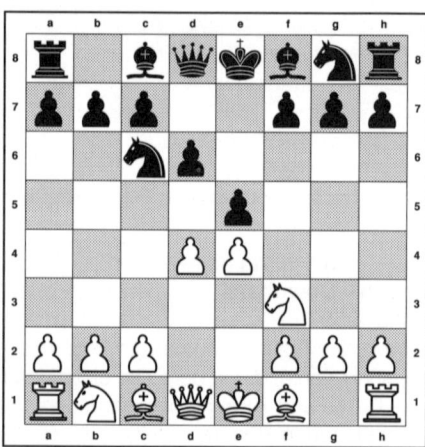

Der Zentrumsbauer d4 wird am besten gleich geschlagen (3. ...exd4), sofern Schwarz nicht den Gegenangriff 3. ...Sf6 wählt. Nach dem voreilig ausgeführten Bauernzug d7-d6 wird Weiß jetzt dem Gegner die Rochade verderben.

4. dxe5 dxe5 5. Dxd8+ Kxd8

Verfehlt ist es natürlich, den Be5 herzugeben, um nicht die Rochade einzubüßen. Nach 6. Sxe5 ist der Nachteil des Bauernverlustes gravierender

als der des Rochadeverlustes. Schwarz muß sich auf die künstliche Rochade verlegen, etwa mit diesen Zügen:

6. Sc3 Sf6 7. Sg5? Ke8 8. Lc4 Sd8 9. 0-0 h6 10. Sf3 Ld6 11. Tfd1 Le6 12. Lxe6 Sxe6 13. Sb5 Ke7 14. Le3 a6

und das Spiel steht völlig ausgeglichen.

Man beachte: Wenn die Damen erst einmal getauscht sind, ist der Verlust der Rochade nicht mehr von so großer Bedeutung.

Kombinationen – das Herz des Schachspiels

Allerlei Fesselkunststücke

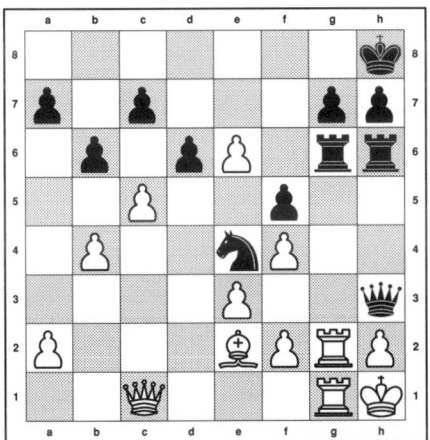

Wie setzte Schwarz fort?

Ovenden – Downham

England 1959

Alle schwarzen Figuren nehmen am Angriff gegen den weißen König, der in der Ecke eingeklemmt ist, teil. Dame und Turm h6 bedrohen den einzigen schützenden Bauern vor dem König, den Bauern h2, der seinerseits vom Turm g2 und dem König gedeckt ist. Der schwarze Turm g6 überdeckt die g-Linie, und der Springer steht bereit, über das Feld f2, das nur vom weißen Turm g2 geschützt ist, dem König den Garaus zu machen.

1. ...Dxh2+ ! 2. Txh2

Was wurde durch das Damenopfer geleistet? Viel, denn der Turm g2, der noch eben das Feld f2 überdeckt hat, hat nun diese Kontrolle verloren; er ist vom Th6 gefesselt. Schwarz hat die Über-

lastung des Turmes g2, der ja gleich zwei Punkte (h2 und f2) zu schützen hatte, mit einem Damenopfer ausgenutzt.

2. ...Sxf2 matt

Gefesselte Mächte

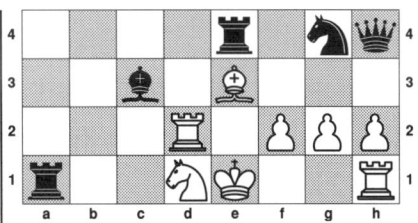

Schwarz am Zug kann matt setzen

Ein Paradebeispiel von Fesselungen. Gefesselt sind folgende weiße Steine:

– der Turm d2 vom Läufer auf c3
– der Läufer e3 vom Turm auf e4
– der Springer d1 vom Turm auf a1
– der Bauer f2 von der Dame auf h4.

Hat der Leser das festgestellt, so bleibt es für den ungeübten Schachspieler noch immer eine erstaunliche Feststellung, daß Schwarz sofort, einzügig, matt setzen kann:

1. ...Dxf2 matt

Der vierfach geschützte Punkt f2 kann von der Dame erobert werden, denn auch der König kann nicht schlagen – die Dame ist ja vom Sg4 geschützt.

Fesselungen auf der langen Diagonale

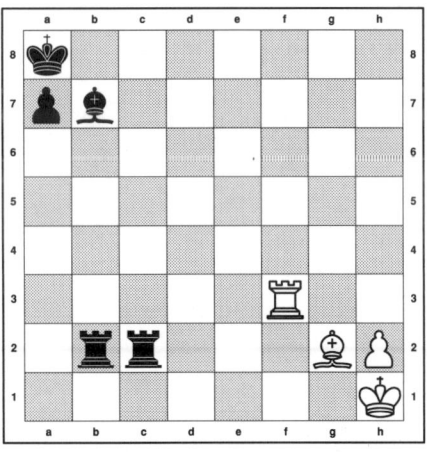

Wer am Zug ist, setzt matt

Die lehrreichen Zusammenhänge der gegenseitigen Fesselungen auf der langen Diagonale (das sind die Schrägen von den vier Eckpunkten a1-h8 und h1-a8) zeigen den Reiz des Schachspiels:

A) Weiß am Zug
1. Tf8+ Tc8 2. Txc8 matt
Der Läufer b7 ist von seinem Widerpart auf g2 an seinen Platz gebunden, er ist gesesselt.

B) Schwarz am Zug
1. ...Tb1+ (oder 1. ...Tc1+) 2. Tf1 Txf1 matt
Der Läufer g2 kann nicht zurückschlagen, er ist ebenso vom feindlichen Läufer gefesselt, wie er diesen an seinen König fesselt.
Eine Variante ist hier noch möglich, wenn Weiß nach 1. ...Tb1+ (Tc1+) den Läufer dazwischensetzt – 2. Lf1 –, um das Schachgebot abzuwehren. Dann folgt ebenso 2. ...Txf1#. Diesmal ist der Turm f3 vom schwarzen Läufer an seinen Platz gefesselt.

In der praktischen Partie ergeben sich gewöhnlich schon in der Eröffnung Fesselungen. Einige sind schon in diesem Abschnitt aufgetaucht; andere zeigen die nächsten Diagramme.
1. e4 e5 2. d4 exd4 3. Dxd4 Sc6 4. Dc3?? Lb4!

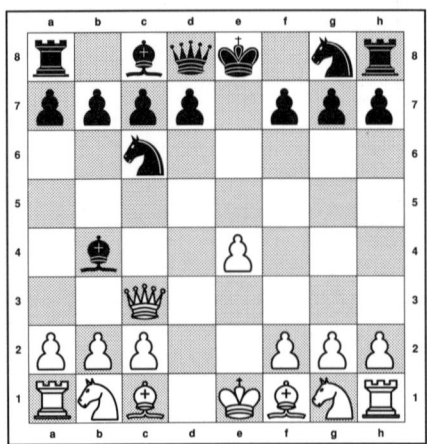

Weiß kann Damenverlust nicht mehr vermeiden.

1. e4 d5
Die Skandinavische Eröffnung.
2. exd5 Dxd5 3. Sc3 Dc6?? 4. Lb5
Schwarz hat denselben Fehler gemacht wie eben der Weiße:

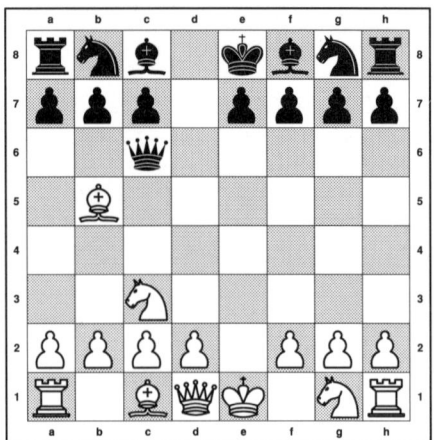

Schwarz verliert die Dame

Bei Fesselungen an den König handelt es sich immer um absolute Fesselungen, die auf keinen Fall gesprengt werden können.
Anders verhält es sich mit Fesselungen, die üblicherweise von den Läufern oder Türmen ausgeübt und in denen Figuren an die Dame gefesselt werden. In der Nimzowitsch-Indischen Verteidigung und im abgelehnten Damengambit sind diese Läuferfesselungen schon gezeigt worden.

Eine Symmetrie-Eröffnung
Die Partie stammt aus einer Vorstellung von Weltmeister J. R. Capablanca, wo der Kubaner mit Weiß spielte. Wir sehen eine symmetrische Zugfolge, die aber Schwarz nicht lange nachziehen kann.
Italienische Fesselungen
1. e4 e5 2. Sf3 Sc6 3. Lc4 Lc5 4. Sc3 Sf6 5. d3 d6 6. 0-0 0-0 7. Lg5 Lg4? 8. Sd5 Sd4
Die Stellung kann man vielen Schachfreunden vorlegen. Sie versuchen alles mögliche, kommen aber selten auf Capablancas Zug. Die Stellung wird regiert von den beiderseitigen Fesselungen der Königsspringer an die Dame. Capablanca fand – besser gesagt: er wußte! – den verblüffenden Zug, der die Situation mit einem Schlag zugunsten von Weiß bereinigt.
9. Dd2!!
Die Dame entzieht sich der Fesselung des schwarzen Läufers auf der Diagonale g4-d1. Zunächst scheint es, Schwarz könne nun eine Figur gewinnen.

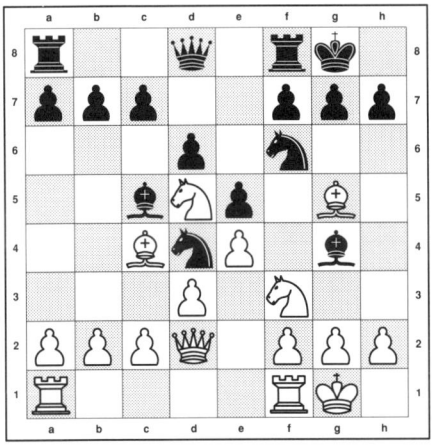

Capablancas „italienische" Kombination

9. ...Lxf3
Nun kann der weiße Plan durchgesetzt werden.
10. Lxf6
Schlägt Schwarz jetzt den weißen Läufer mit
10. ...gxf6 zurück, so entscheidet das Eingreifen
der weißen Dame 11. Dh6, und gegen die
Drohung 12. Sxf6+ gefolgt von 13. Dxh7# müßte
Schwarz die Dame opfern, 12. ...Dxf6, also ein
zu großes materielles Opfer bringen. Daher stellt
Schwarz erneut die Symmetrie her:
10. ...Dd7
Doch, wie das bei symmetrischen Stellungen der
Fall ist: Wer zuerst kommt, mahlt zuerst!

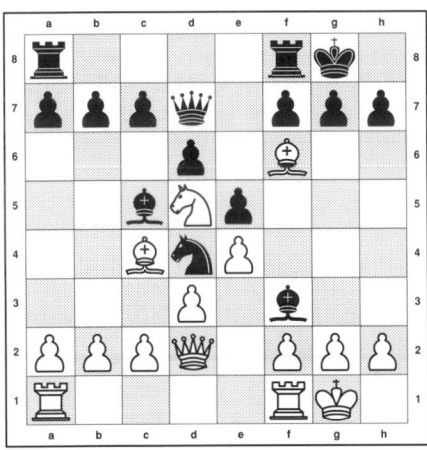

Die Mattkombination

11. Se7+
Aber nicht 11. Dg5?, denn darauf verteidigt
11. ...Se6! die Stellung. Nach nun 12. Se7+
käme die Antwort 12. ...Dxe7 (die wD ist ja auch
bedroht). Spielt Schwarz nach 11. Dg5? den Zug
11. ...Dg4?, so folgt 12. Se7+ Kh8 13. Lxg7 oder
13. Dxg7 matt.
**11. ...Kh8 12. Lxg7+! Kxg7 13. Dg5+ Kh8
14. Df6 matt**
Das war ein Übungsstück für Fortgeschrittene,
aber auch verständlich für den Neuling auf den
64 Feldern.

Das Doppelschach

Es kann vorkommen, daß zwei Figuren gleichzeitig Schach bieten; man spricht dann vom Doppelschach. Bei einem Doppelschach gibt es
keine andere Parade als den Wegzug des Königs.
Das Doppelschach ist neben dem Mattzug der
stärkste Angriffszug im Schach. Ein Doppelschach entsteht immer durch ein sogenanntes
Abzugsschach, wie dieses Schema zeigt:

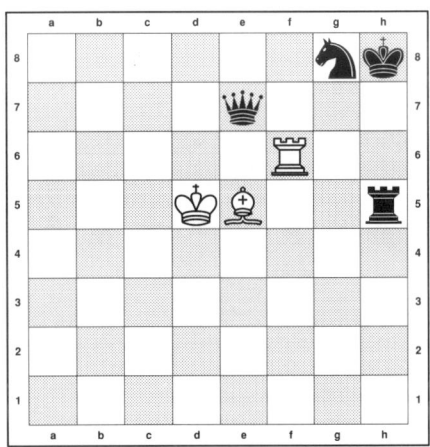

Vor dem Mattzug

Der weiße Turm zieht nach h6, wonach zwei
Schachgebote auf einmal entstehen: das vom
Läufer e5 und das vom Turm h6. Das Abzugsschach hat sich zum Doppelschach ausgewei-
tet. In der Ausgangsstellung wird der Läufer noch
vom eigenen Turm verstellt; sowie der Turm aber
zieht, vor seinem Läufer „abzieht" und damit die
Gegenüberstellung von schachbietendem Läufer
e5 und angegriffenem König h8 herstellt, reden

wir vom Abzugsschach. Wenn aber wie hier auch der abziehende Turm dem feindlichen König Schach bieten kann, so entstehen im selben Zug zwei Schachgebote, eben ein „Doppelschach":

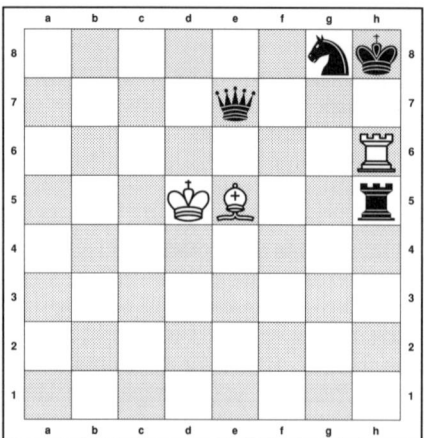

Doppelschach und matt!

Keine der drei schwarzen Figuren kann mehr eingreifen; schlägt die Dame den Läufer, so bleibt noch immer das Schachgebot des Turmes auf h6, und nimmt der schwarze Turm den schachbietenden Th6 weg, ist damit noch immer nicht das Schach des Läufers aufgehoben. Da auch der König über keinen Zug verfügt – der Sg8 verstellt das Fluchtfeld –, ist Schwarz matt.

Die „Marshall-Falle"
So heißt eine wenig bekannte Eröffnungsfalle nach dem berühmten amerikanischen Schachmeister Frank J. Marshall (1877-1944). Das Motiv gipfelt in einem Doppelschach:

1. d4 Sf6 2. c4 e6 3. Sf3 Se4 4. Sfd2!

Gilt als Bestes in dieser Stellung. Ebenso spielbar wären auch die Züge 4. Sbd2, 4. Sc3 und 4. Dc2 Lb4+ 5. Sbd2 Sc6 6. a3.

4. ...Lb4 5. a3 Dh4?!

Ein Zwischenzug, der Dxf2# droht; Weiß darf daher den Läufer b4 nicht schlagen.

6. g3 Sxd2

Zwei schwarze Figuren sind angegriffen (Dh4 und Lb4), und Schwarz muß die Lage klären, um nicht in materiellen Nachteil zu kommen. Doch wieder ist für ahnungslose Schachspieler die Versuchung groß, die angegriffene Dame am Rand zu

schlagen. Man beachte, daß bei 7. axb4 Schwarz die Ausrede 7. ...De4 besitzt; wenn Weiß darauf zu 8. f3?? greift, um den Turm h1 zu retten, so folgt ein anderer Hereinfall: 8. ...Sxf3+!.

7. gxh4?? Sf3 matt

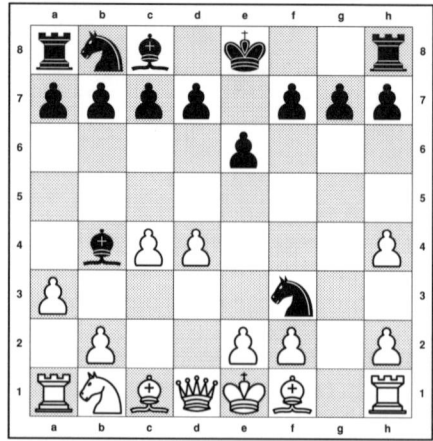

Doppelschach und matt

Der Läufer b4 ist angegriffen, ebenso der Springer f3, die schwarze Dame ist weg – und trotzdem hat Schwarz ein wunderbares Matt erzielt.

Die kecken Königinnen
Die mächtigen Figuren des Schachs setzen sich vor die feindlichen Bauern – die sie nicht schlagen dürfen!

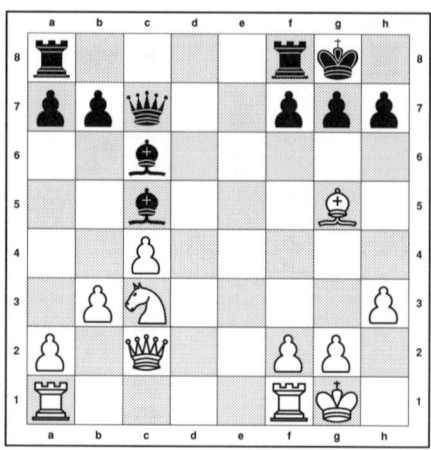

Schwarz am Zug

Bundrock – Schubert

Meisterturnier Warnemünde 1976

Erst 19 Züge sind geschehen, und schon ermöglicht das ideal plazierte schwarze Läuferpaar die Entscheidung:

19. ...Dg3!

Schwarz droht ...Dxg2 matt und ...Dxg5. Genau hinsehen – die Dame kann vom Bauern f2 nicht geschlagen werden, da dieser vom Läufer c5 gefesselt ist. Um das drohende Matt abzuwehren, spielt Weiß:

20. Se4

und nach

20. ...Lxe4 21. Dxe4

verliert er die Figur auf g5:

21. ...Dxg5

Die Diagrammstellung ist übrigens eine Illustration dafür, wie selbst eine so kleine Schwächung wie die durch den Bauernzug h2-h3 bei Weiß (Ein Bauernzug, der in der überwiegenden Zahl der Fälle notwendig und richtig ist, um dem König das schon erwähnte Luftloch zu schaffen – nur eben hier, in dieser konkreten Situation, stellte er sich als Fehler heraus.) letzten Endes den Gewinnzug ...Dg3! für den Gegner ermöglichte. Deshalb kann es nicht oft genug gesagt werden: Randbauernzüge mache man nur, wenn sie notwendig sind und die Stellung nicht unnötig schwächen. Für Bauernzüge gibt es im Schach kein Zurück!

Weiß hatte zuletzt seine Dame nach h5 gestellt (mit der Absicht Dxh7 matt) und den Angriff unwiderstehlich gemacht. Schwarz kann den Punkt h7 nicht überdecken, er antwortete daher mit dem Zug ...h7-h6. Wie geht es weiter?

1. Dxg6!

Die Fesselung des Bauern f7 erkennen wir nach dem vorigen Muster: ...fxg6 ist so wenig möglich wie dort fxg3. Diesmal fesselt der Läufer c4 den f-Bauern. Weiß droht Dh7#. Ein Fehler wäre übrigens 1. Sf6+?. Müßte Schwarz mit dem g-Bauern zurückschlagen, so ginge der Plan von Weiß auf: 1. ...gxf6 2. Dg6+ Kh8 3. Dh7#, aber Schwarz spielt besser 1. ...Kh8, und es geht nicht so recht weiter.

1. ...hxg5

Der Springer g5, der das beabsichtigte Matt der Dame auf h7 unterstützte, konnte beseitigt werden, doch nun folgt der nächste Donnerschlag:

2. Sf6+ !

Jetzt ist dieser Zug sehr wirkungsvoll, der g-Bauer ist von der Dame gefesselt, und das Feld h8 stellt keinen Zufluchtsort für den schwarzen König dar. Es folgt Matt im nächsten Zug:

2. ...Kh8 3. Dh7 matt

Der Springer auf g5 konnte noch vernichtet werden, doch der zweite vollendete die Mattarbeit mit der Dame.

Noch zweimal dasselbe Motiv

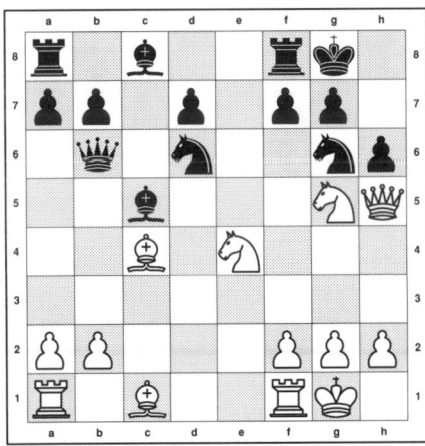

Kretschmar – Walitza, Ölmütz 1938

Kein Geheimnis mehr

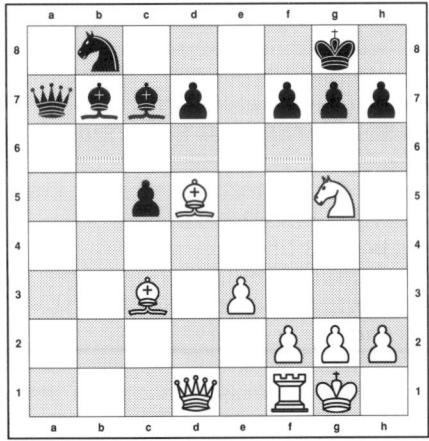

Bagirow – Matschulski, UdSSR 1975

Schwarz am Zug mußte unbedingt sofort den Ld5 abtauschen mit 1. ...Lxd5. Er sah jedoch die Gefährdung seines Königs nicht und glaubte, Zeit zu haben für den Hinauswurf des Springers g5:

1. ...h6?? 2. Dd3! 1:0

Weshalb gab Schwarz jetzt auf? Sie kennen doch das Geheimnis aus den vorigen Positionen: 2. ...hxg5 (um die direkte Drohung 3. Dh7# abzuwehren) 3. Dg6!! mit dem undeckbaren Matt 4. Dxg7. 3. ...Le5 verzögert das Matt nur um einen Zug, Weiß spielt 4. Lxe5 und wieder ist die Mattdrohung nicht mehr abzuwehren.

Die Großmeister sahen es nicht

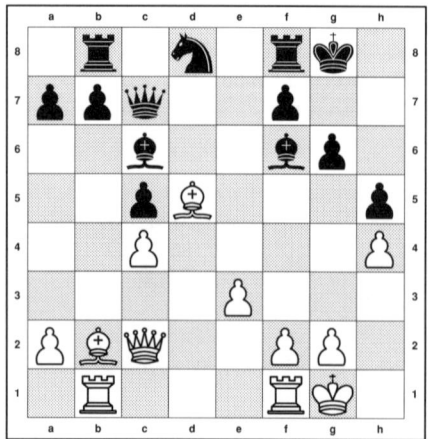

Stellung nach 20. Sf6+ Lxf6?

Szabo – Reshevsky

Kandidatenturnier Zürich 1953

Was in den bisherigen Beispielen Amateure und Meister erkannt haben, das sahen zwei Weltmeisterkandidaten nicht.

Zwar waren beide Spieler in Zeitnot, aber ein solcher Fehler wie dieser dürfte einem Großmeister nicht passieren. Doch nicht genug, der Weiße erkannte den Fehlzug nicht und spielte 21. Lxf6?. Nach sieben weiteren Zügen trennte man sich remis. (Beide Spieler hatten für die restlichen 20 Züge bis zur Zeitkontrolle im 40. Zug nur noch je 3 Minuten Bedenkzeit.)

In der Diagrammstellung aber hätte Weiß in 2 Zügen matt setzen können mit

21. Dxg6+ Lg7

Oder 21. ...Kh8 22. Lxf6#.

22. Dxg7 matt

Keiner der beiden Spieler hatte den wegen der Fesselung des Bauern f7 durch den Läufer d5 möglichen Einschlag auf g6 erkannt – nur die Zuschauer natürlich, die im Turniersaal mäuschenstill dahockten: Wird er es machen?

Wie ein Entwicklungsvorsprung ausgenutzt wird

Paul Morphy (1837-1884), Amerikas Schachgenie, erkannte als erster die Bedeutung der raschen Entwicklung in der Eröffnung und war damit seinen Zeitgenossen um 50 Jahre voraus. Vor Morphy spielte man flottweg auf Angriff, ohne daß dafür die positionellen Voraussetzungen gegeben waren. Morphy erkannte, daß die harmonische Aufstellung aller Kräfte notwendig ist, um den Gegner angreifen zu können – und falls dessen Spiel die Möglichkeit dazu eingeräumt hat. Die Vernachlässigung dieses Grundprinzips im Partieaufbau ist der häufigste Fehler nicht nur der Anfänger, sondern auch der routinierten Spieler. Dazu einige bekannte Partien, begonnen mit Morphy, der einen voreiligen Angriff des Gegners zurückschlägt.

Schottisches Gambit
J. Meek – P. Morphy
Mobile 1855
1. e4 e5 2. Sf3 Sc6 3. d4 exd4 4. Lc4 Lc5 5. Sg5

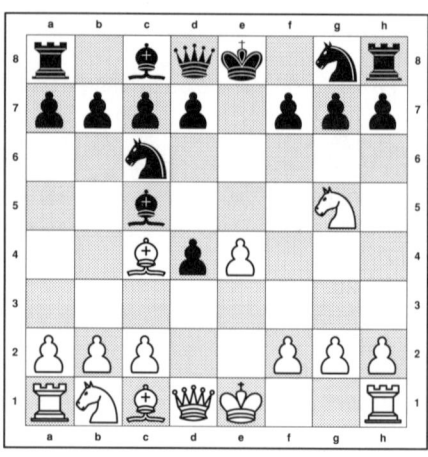

Schwarz entwickelt eine neue Figur

Weil viele Spieler Springerzüge nach g4 und g5 in der Eröffnung fürchten, spielen sie verfrüht h2-h3 beziehungsweise h7-h6. Schwarz hat bisher mit logischen Zügen eine harmonische Stellung aufgebaut, daher kann ein Angriffszug wie Sg5 nur verfrüht sein. Der Nachziehende besitzt zwei Verteidigungszüge, um den Punkt f7 zu schützen: ...Se5? und Sh6!. Schlecht ist 5. ...Se5 wegen 6. Sxf7 Sxf7 7. Lxf7+ Kxf7 8. Dh5+ g6 9. Dxc5 nebst 10. Dxd4 und Vorteil für Weiß.

5. ...Sh6 6. Sxf7 Sxf7 7. Lxf7+ Kxf7 8. Dh5+ g6 9. Dxc5

Der Unterschied zur vorhin angedeuteten Spielweise mit 5. ...Se5 wird deutlich. Jetzt steht der Sc6 noch auf seinem Platz und schützt den Bauern d4, und für den Sg5 hat sich die zuletzt entwickelte Figur, der Sg8, getauscht. Weiß hat nun nur die Dame im Spiel, Schwarz aber den Springer und im nächsten Zug den Turm in drohender Stellung auf der halboffenen e-Linie. (Halboffenen bedeutet, daß noch ein gegnerischer Bauer einem auf der Grundreihe postierten Turm gegenübersteht.)

9. ...d6 10. Db5 Te8 11. Db3+ ? d5 12. f3

Solche Bauernzüge vor der Königsstellung wie f7-f6 und f2-f3 sind in offenen Spielen stets eine Schwächung. Weiß hätte besser mit 12. Sd2 fortgesetzt.

12. ...Sa5 13. Dd3 dxe4 14. fxe4 Dh4+

Die Entblößung der Diagonale e1-h4 durch den schwachen Bauernzug f3 wird ausgenutzt.

15. g3 Txe4+ 16. Kf2 De7 17. Sd2 Te3 18. Db5

Schlägt Weiß auf d4, könnte es zu diesem Schluß kommen: 18. Dxd4 Te2+ 19. Kf3 Lh3 20. Dd5+ Kg7 21. Dd4+ Kg8 22. Dd5+ Le6! 23. Dxa5 Tf8+ 24. Kxe2 Lc4+ 25. Kd1 De2+#.

18. ...c6 19. Df1

Diesmal folgte auf 19. Dxa5 Te2+ schon ein Matt in zwei Zügen.

19. ...Lh3 20. Dd1

Oder 20. Dxh3 Te2+ 21. Kg1 (21. Kf1 Te1+ 22. Kf2 De2#) 21. ...De3+ 22. Kf1 Df2#.

20. ...Tf8 21. Sf3 Ke8   **0:1**

Weiß gab auf.

Und noch ein Schwarzsieg von Paul Morphy:

Königsgambit
J. Schulten – P. Morphy
New York 1857

1. e4 e5 2. f4 d5

Das Falkbeer-Gegengambit, eine gute Erwiderung auf das Königsgambit. Meistens tun sich die Weißspieler schwer, wenn man ihnen ihr Gambit mit einem Gegengambit beantwortet. Anstatt daß sie das Geschehen bestimmen, tut das der Gegner, und sie sehen sich in die Verteidigung gedrängt.

3. exd5 e4 4. Sc3 Sf6 5. d3 Lb4 6. Ld2 e3

Schwarz steckt einen weiteren Bauern ins Geschäft, um die e-Linie als Operationsbasis gegen den weißen König zu erhalten.

7. Lxe3 0-0 8. Ld2 Lxc3 9. bxc3 Te8+ 10. Le2 Lg4 11. c4 c6 12. dxc6 Sxc6 13. Kf1 Txe2!

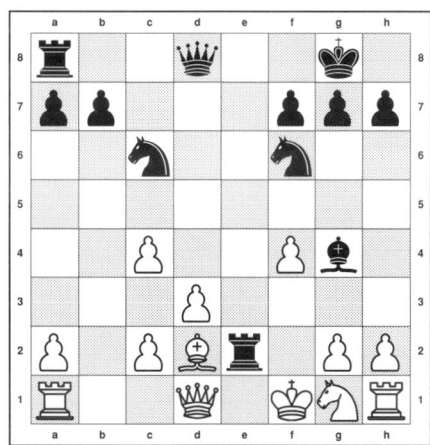

Weiß, in der Entwicklung seines Königsflügels im Rückstand, wird mit diesem Qualitätsopfer überrascht.

14. Sxe2 Sd4

Dieser zweite Angriff auf den gefesselten Springer wird Schwarz zwei Figuren für seinen Turm einbringen.

15. Db1 Lxe2+ 16. Kf2 Sg4+ 17. Kg1

Es scheitern 17. Kg3 an 17. ...Sf5+ 18. Kh3 Dh4+# und 17. Ke1 an 17. ...Dh4+ 18. g3 De7 mit Gewinn.

17. ...Sf3+ 18. gxf3 Dd4+ 19. Kg2 Df2+ 20. Kh3 Dxf3+   **0:1**

Weiß gab auf, denn es folgt Matt in 3 Zügen durch 21. Kh4 Se3 22. h3 Sg2+ 23. Kg5 Dh5.

Der Druck auf f7 und nach a8

Diese Partie wurde aufgenommen in dem Prachtband „The best in Chess" von I. A. Horowitz.

Schottisch

Th. Schuster – G. Hodakowski

Ausscheidungsturnier zur Deutschen Meisterschaft 1948 in Stuttgart

1. e4 e5 2. Sf3 Sc6 3. d4 exd4 4. Sxd4 Sf6 5. Sc3 d6

Üblich ist 5. ...Lb4 6. Sxc6 bxc6 7. Ld3 d5 usw.

6. Lb5 Ld7 7. Lxc6 bxc6

Besser als 7. ...Lxc6, weil nun der Sd4 mit dem Vorstoß c6-c5 aus seiner zentralen Stellung vertrieben werden kann. Außerdem ist die Öffnung der b-Linie für Schwarz erreicht.

8. Df3 c5

Sonst lenkt Weiß mit e4-e5 in die Kiewer Variante ein.

9. Sf5 g6?

Schwarz mußte einfach mit 9. ...Lxf5 den Springer abtauschen. Der Bauernzug bringt Schwarz in ungeahnte Schwierigkeiten, weil die Rochade vom Gegner unmöglich gemacht wird.

10. Sh6 Le7 11. Sd5

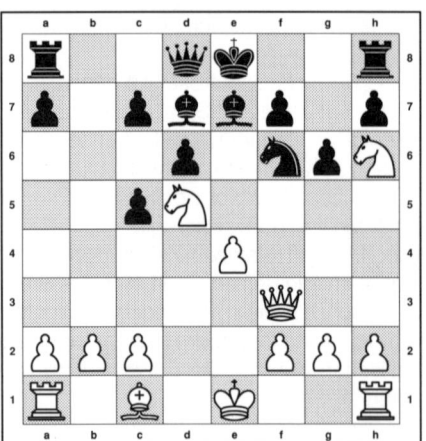

11. ...Kf8

Weshalb Schwarz diesen Zug machen muß, zeigen die anderen Möglichkeiten:

A) 11. ...c6 12. Sxf6+ Lxf6 13. Lg5 und wegen der Mattdrohung 14. Dxf7+ bleibt der Läufer tabu.

B) 11. ...Le6 12. Sxe7 Dxe7 13. Lg5 und der gefesselte Springer f6 fällt.

C) 11. ...Tf8 12. 0-0 Sxd5 (sonst tauscht Weiß

seinen Springer gegen den Läufer e7 und fesselt dann den Sf6) 13. exd5 und Te1 wird tödlich für Schwarz.

12. e5! dxe5 13. Sxe7 Kxe7

Nach 13. ...Dxe7 fällt der Turm a8 (14. Dxa8+) – ein Nachteil der offenen Diagonale f3-a8.

14. Lg5 Lf5

Der einzige Zug, denn auf 14. ...Ke6 folgt 15. Sg4 mit dreifachem Angriff auf den gefesselten schwarzen Springer.

15. Sxf5+ gxf5 16. Dxf5 Dd6 17. Td1 De6 18. Lxf6+   1:0

Nach 18. ...Dxf6 folgt 19. Td7+ mit Damenverlust und baldigem Matt.

Dreimal ersticktes Matt in der Eröffnung

Wenn der König nicht rochiert hat, können ihn schon in der Eröffnung allerlei Gefahren ereilen. Eine Merkregel sagt: Wer nicht rochiert – verliert! In den drei folgenden Kurzpartien gibt es jedesmal ein Springermatt zu sehen, und jedesmal muß dazu der Bauer vor dem König, also der e-Bauer, von der Dame gefesselt sein.

Albins Gegengambit
Keidel – Weller

Stuttgart, Jugendmeisterschaft 1949

1. d4 d5 2. c4 e5 3. dxe5 d4 4. Sf3 Sc6 5. Sbd2 Lf5 6. a3 De7 7. g3 0-0-0 8. b4 Sxe5!

Diesen Zentralspringer sollte Weiß unverzüglich durch Tausch beseitigen. Der schablonenhafte Entwicklungszug, den Weiß macht, führt zum erstickten Matt, kaum daß die Partie begonnen hat.

9. Lb2 Sd3 matt

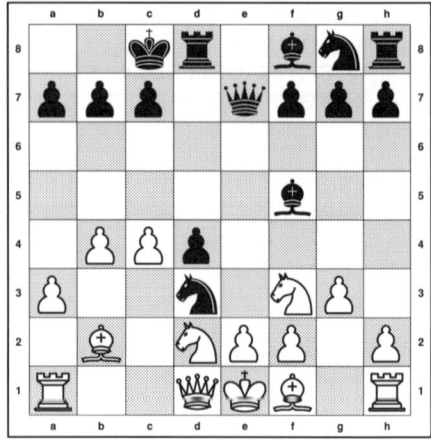

Caro-Kann Verteidigung
T. Petrosjan – Bartsch

Von Weltmeister Petrosjan in einer Simultanvorstellung gegen 30 Gegner 1965 in Bad Cannstatt gespielt.

1. e4 c6 2. d4 d5 3. Sc3 dxe4 4. Sxe4 Sd7 5. De2! Sgf6??

Schwarz hat die Drohung, die mit dem Damenzug nach e2 verbunden ist, nicht erkannt.

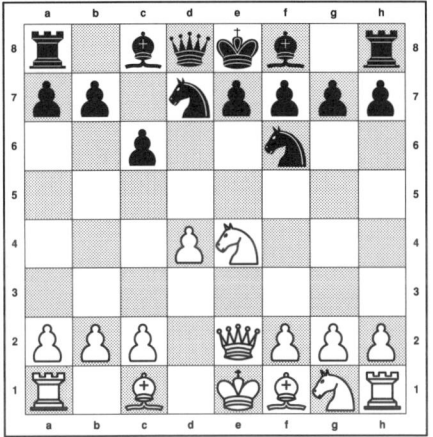

Weiß setzt im nächsten Zug matt!

„Nach sechs Zügen war der erste matt!" lautete die Schlagzeile über die ganze Breite der Stuttgarter Zeitung.

6. Sd6 matt

Englische Eröffnung
Oder Bremer Partie
G. Iskov – Bartrina
Meisterturnier Olot 1974

1. c4 Sf6 2. Sc3 e5 3. Sf3 Sc6 4. g3 g6 5. d4 exd4 6. Sxd4 Se5 7. Lf4 De7 8. Sdb5??

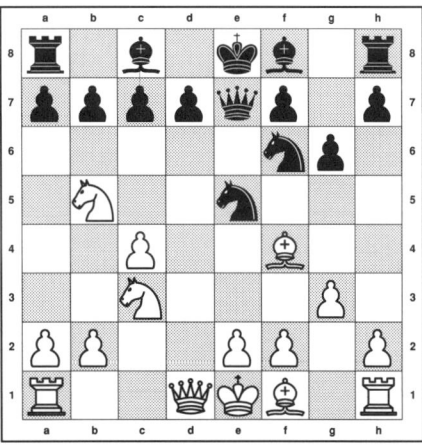

Dr. Tartakower, Großmeister und glänzender Schachschriftsteller, war bekannt für seine satirisch-paradoxen Aphorismen. Eine davon lautet: „Die Fehler sind alle schon da, sie warten nur darauf, gemacht zu werden!"

8. ...Sf3 matt

So ein Versehen kann einem schon einmal unterlaufen. Der Hereingefallene war hier einer der besten europäischen Meister, nämlich Dänemarks junger Spitzenspieler Gert Iskov.

Die Beispiele in diesem Abschnitt haben die Vielfaltigkeit des königlichen Spiels ahnen lassen. Die Möglichkeiten sind im Detail fast unbeschränkt, sie lassen sich dennoch methodisch übersehen. Das Schachspiel wird von positionellen Prinzipien geleitet und von der Taktik regiert.

Die Begriffe Kraft (Material), Zeit (Zug und Tempo) sowie Raum (die Reihen und Linien des Brettes) wirken wechselseitig aufeinander ein. Wer Material aufgibt, kann Zeit oder Raum gewinnen, um an kritischen Punkten die Entscheidung zu erzwingen.

Das Endspiel im Schach

In den bisherigen Partien fiel die Entscheidung stets im Mittelspiel, manchesmal schon in der Eröffnung. Das ist jedoch nicht immer der Fall. Wenn sich die Gegner die Waage halten in Angriff und Verteidigung, besonders bei fortgeschrittener Spielstärke, so wird es zu einem Endspiel kommen. Vom Endspiel der schweren Figuren, also Dame und Turm (D + T) gegen Dame und Turm, aber auch Doppelturmendspiele, bei der jede Seite noch über beide Türme verfügt, Endspiele mit leichten Figuren und reine Springer- und Läuferendspiele, dann reine Turmendspiele, aber auch Bauernendspiele bis zum kleinsten Endspiel K + B gegen König – alle Sorten und Gattungen tauchen auf. In den meisten Fällen hat der Spieler bei Beginn der Partie noch keine Ahnung, ob ein Endspiel und wenn, welche Art am Ende herauskommen wird. Die Möglichkeiten in Endspielen sind optisch leichter überschaubar, aber sie sind deshalb nicht einfacher zu beurteilen als Stellungen mit vollem Brett! Nur sind die vorhandenen Möglichkeiten versteckter als im Mittelspiel. Eine besondere Bedeutung gewinnt in allen Endspielen der König, er ist sogar in Damenendspielen die wichtigste Figur, mehr jedoch in Turm- oder reinen Bauernendspielen. Wem es im Endspiel zuerst gelingt, den König zentral zu postieren oder den Einbruch in die gegnerische Position zu erzwingen, der hat schon so gut wie gewonnen. „Im Endspiel ist der König die stärkste Figur!" lautet ein Merksatz zur Endspieltaktik.

Die elementaren Mattführungen

Wie ein Mehrbauer gewinnt

Im Endspiel erhöht sich die Bedeutung der Bauern, die von den Spielern im Mittelspiel oft gering geschätzt werden. Wer nur einen einzigen Bauern mehr als der Gegner besitzt, kann bei sonst gleicher Position den Gewinn erreichen. Wie das vor sich gehen kann, zeigt das folgende, elementare Beispiel:

Der geringste materielle Vorteil, der im Schach zu erzielen ist, ist ein Bauer extra oder, wie man auch sagt, ein Mehrbauer. Weiß setzt seinen Mehrbauern in Gewinn um. Ein plausibler Weg dazu ist:

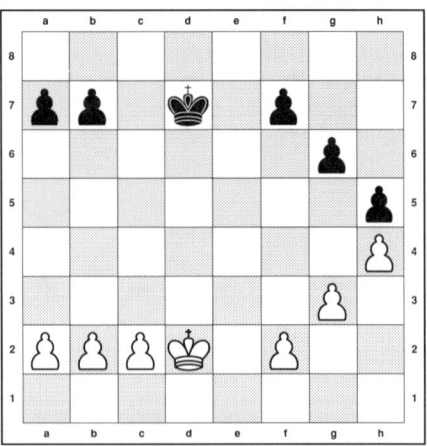

1. Kd3 Kd6 2. Kd4 f6 3. c4
Am Damenflügel besitzt Weiß die Übermacht von drei gegen zwei Bauern (er besitzt dort die Bauernmehrheit; dort wird er sich einen Freibauern schaffen. Mit welchem Bauern man zuerst vorgehen soll? Am besten mit dem Bauern, der kein Gegenüber hat, das ist hier der c-Bauer.
3. …Kc6 4. b4 a6 5. a4 b6 6. c5 bxc5+ 7. bxc5 g5 8. Kc4 g4 9. Kd4
Weiß pendelt mit seinem König, bis sich die Bauernzüge von Schwarz erschöpft haben, anschließend wird der schwarze König zurückgedrängt.
8. …f5 9. Kc4 a5 10. Kd4 Kc7

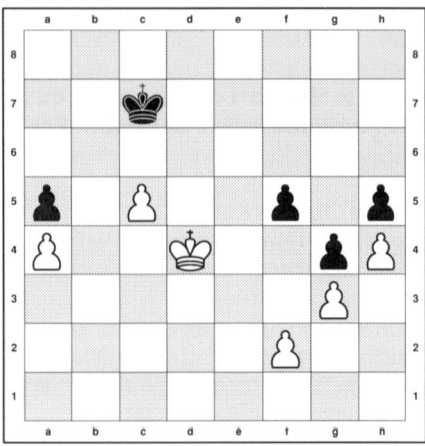

11. Kd5 Kd7 12. c6+ Kc7
Stück um Stück wird Schwarz zurückgeworfen, bis auch noch der a-Bauer fällt.
13. Kc5 Kc8 14. Kb6 Kb8
Am einfachsten nimmt Weiß den Ba5, geht mit dem König nach a5 und bringt mit Unterstützung des Königs einen der beiden Freibauern in wenigen Zügen zur Umwandlung.

Das Mattsetzen mit der Dame

Sehen wir uns eine relativ ungünstige Stellung an, wo König und Dame noch weit voneinander entfernt stehen:

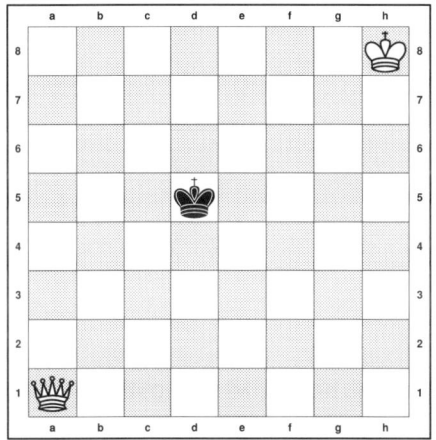

Matt in neun Zügen möglich

Dame und König allein können das Matt nur am Rand oder in der Ecke erzielen. Um den gegnerischen König in die gewünschte Position zu drängen, muß man seine Bewegungsfreiheit einschränken. Man führt zunächst den eigenen König an den feindlichen heran:
1. Kg7 Ke4 2. Kf6 Kd5 3. Da4 Kc5 4. Ke6 Kb6
Die Auswahl an Zügen wird für Schwarz immer geringer.
5. Kd6 Kb7 6. Da5 Kb8
Das erste Ziel ist erreicht, der König wurde auf die achte Reihe gedrängt. Nun heißt es, aufzupassen:
7. Kc6!
Ein schwerer Fehler wäre 7. Da6??, weil der schwarze König keinen Zug mehr hätte und pattgesetzt wäre! Und trotz einer ganzen Dame mehr für Weiß lautete das Ergebnis remis!
7. ...Kc8 8. Da8 matt oder auch 8. Dc7 matt

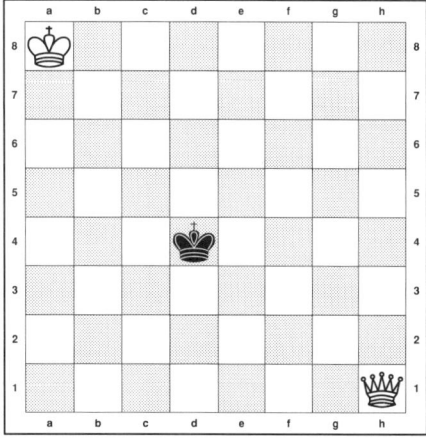

Ein Übungsbeispiel

Das System der Mattführung bleibt immer dasselbe. Um den König an den Rand oder in die Ecke zu drängen, muß der angreifende König zur Brettmitte eilen, um dem verteidigenden König die Felder zu beschneiden. Auch von der ungünstigsten Stellung aus kann das Matt in sieben Zügen erreicht werden:
1. Kb7 Ke5 2. Kc6 Kd4 3. De1
Der Damenzug macht dem schwarzen König die rechte Bretthälfte unzugänglich – nimmt ihm weiteren Raum. Das führt konsequenter zum Ziel als ein Schachgebot auf d5 etwa.
3. ...Kc4 4. Dd2! Kb3 5. Kc5 Ka3 6. Kc4 Ka4 7. Da2 matt
In wieviel Zügen muß das Matt erreicht werden? Das Matt mit der Dame gegen den König kann in 9 Zügen erreicht werden, mit dem Turm in 16 Zügen, mit zwei Läufern in 22 Zügen und mit Springer + Läufer in 35 Zügen.
Diese Zügezahlen stellen Maximalzahlen dar, binnen derer das Matt erzwungen werden kann, aber auch von der ungünstigsten Stellung aus. Aber muß das Matt auch in dieser Anzahl von Zügen erreicht werden? Nein!
Für jede Mattführung stehen einem Spieler 50 Züge zur Verfügung. Das gilt nicht nur für schwierige Endspiele wie Springer + Läufer, sondern ebenso für die Dame.

Die 50-Züge-Regel

Diese Bestimmung ergibt sich aus der 50-Züge-Regel aus den Spielregeln des Weltschachbundes, die überall anerkannt sind. Diese Regel besagt in Artikel 12 „Die Unentschiedene Partie" in Ziffer 4 folgendes:

„Die Partie ist unentschieden, wenn ein am Zug befindlicher Spieler nachweist, daß mindestens 50 Züge von beiden Seiten geschehen sind, ohne daß ein Stein geschlagen worden ist oder ein Bauer gezogen hat."

(Für bestimmte Endspiele wie zwei Springer + Bauer oder Turm + Läufer gegen Turm wurde die Anzahl der Züge auf 100 erhöht.)

Für jede Mattführung im Endspiel stehen also einem Spieler 50 Züge zur Verfügung, auch bei Dame gegen König etwa! Die Zählung der 50 Züge beginnt von vorne, wenn inzwischen ein Stein geschlagen oder ein Bauer gezogen worden ist. Wir sehen also, wie wichtig es ist, daß die Züge einer Partie aufgeschrieben werden. Das Notieren der Züge in Turnierpartien ist für jeden Spieler Pflicht.

Vorsicht vor Patt

Auch guten Spielern kann in der Eile und bei Unaufmerksamkeit in diesem Endspiel leicht das typische Patt unterlaufen.

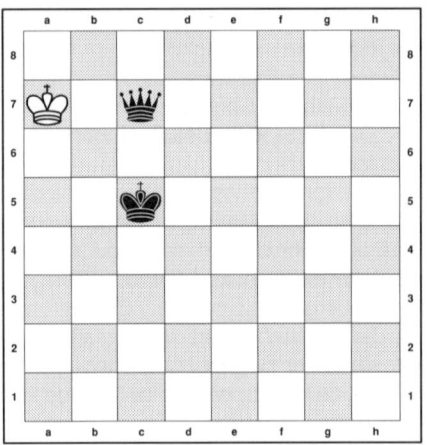

Weiß am Zug zieht **1. Ka8**, und wenn Schwarz nun schematisch seinen König herbeizieht mit 1. ...Kb6?? oder 1. ...Kc6?? oder gar seine Dame mit 1. ...Db6??, ist Weiß patt. Statt Sieg nur ein Remis, und das kurz vor dem Matt! Richtig ist die Umgruppierung **1. ...Dd7 2. Kb8 Kb6 3. Ka8** und die Dame auf d7 hat fünf Mattfelder zur Auswahl: a7, b7, c8, d8 und e8.

Das Mattsetzen mit dem Turm

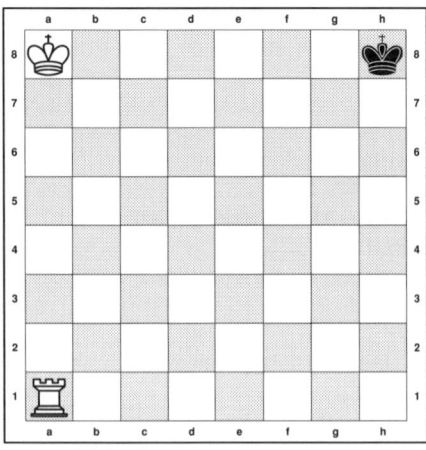

Matt in 16 Zügen möglich

Wenn der mattzusetzende König bereits am Rand steht, kürzt sich das Verfahren ab. Dem König wird sofort die Flucht ins Zentrum, wo er über die meisten Felder verfügt, abgeschnitten mit Tg1 oder Ta7. Danach eilt der weiße König herbei, um seinen Turm zu unterstützen:

1. Tg1 Kh7 2. Kb7 Kh6 3. Kc6 Kh5 4. Kd5 Kh4 5. Ke5 Kh3 6. Kf4 Kh2 7. Tg3 Kh1 8. Kf3 Kh2 9. Kf2 Kh1 10. Th3 matt

Die charakteristischen Abschneidezüge des Turmes aus der ungünstigen Ausgangsstellung:

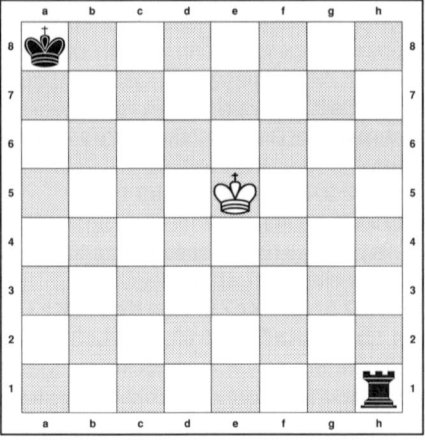

Der erste Weg besteht immer im Herbeiführen des Königs, um den Turm unterstützen zu können. Die verteidigende Seite ist bestrebt, den König so lange wie möglich in der Brettmitte zu belassen:

1. Ke4 Kb7 2. Kd4 Kc6 3. Ke5 Kc5 4. Ke4 Th5

Die obere Bretthälfte ist dem weißen König von jetzt an verwehrt.

5. Kf4 Kc4 6. Kg4 Te5 7. Kf4 Kd5 8. Kf3 Te4!
9. Kf2 Kd4 10. Kf3 Kd3 11. Kf2 Te3! 12. Kg2
Ke2 13. Kg1 Tg3+

Das erste Schachgebot in dieser Mattführung!

14. Kh1 Kf1 15. Kh2 Ta3 16. Kh1 Th3 matt.

Das Mattsetzen mit zwei Läufern

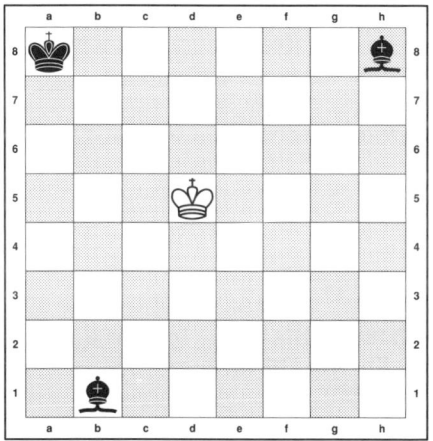

Matt in 22 Zügen möglich

Das System bleibt immer dasselbe: Zuerst muß der König herbeieilen, dann werden die beiden Läufer zum Zusammenwirken gebracht, der alleinstehende König wird an den Rand gedrängt. Das kann aus der Diagrammstellung ungefähr so ablaufen:

1. Kc5 La2 2. Kb4 Ld4! 3. Ka3 Ld5

Hier üben die Läufer eine mächtige Sperrwirkung aus; jetzt muß nur noch der schwarze König zum Schauplatz eilen. Es geht weiter mit:

4. Kb4 Kb7 5. Kb5 Kc7 6. Kb4 Kb6 7. Ka3 Kc5
8. Ka4 Lb2! 9. Ka5 Lc6! 10. Ka6 Lc3

Der König kann nur in einer Ecke mattgesetzt werden, diesmal wird es die Ecke mit dem Feld a8 sein.

11. Ka7 Kb5 12. Kb8 Kb6 13. Kc8 Lf6

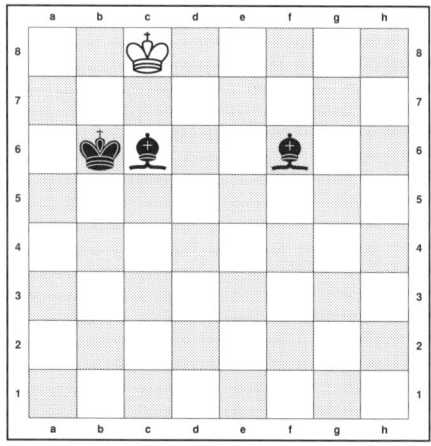

14. Kb8 Ld7 15. Ka8

Ein Tempozug, so nennen wir einen Abwartezug im Schach, muß eingefügt werden.

15. ...Le6

Oder 15. ...Lh3 beziehungsweise 15. ...La1 oder 15. ...Lh8.

16. Kb8 Le5+ 17. Ka8 Ld5 matt.

Das Matt kann auch bei ungünstigster Ausgangsstellung und bei bestem Gegenspiel in 22 Zügen erzwungen werden. Aber wie gesagt, 50 Züge stehen immer zur Verfügung!

Das Matt mit Springer und Läufer
Das W-System des Springers

Das Matt mit Springer und Läufer ist etwas schwieriger. Es erfordert eine genaue Kenntnis der Grundregeln: Das Matt kann nämlich nur auf einem Eckfeld von der Farbe des Läufers erreicht werden! Wer das nicht weiß, kann den König zwar lange, aber ergebnislos auf dem Brett herumtreiben. In der praktischen Partie spielt man nur dann weiter, wenn der Gegner in so einem Endspiel keine Routine besitzt; man hofft, 50 Züge zu erreichen, ohne matt zu werden.

(siehe nächstes Diagramm)

Mit einem weißfeldrigen Läufer kann das Matt nur in der Ecke a8 oder h1 erzielt werden. Also gilt es den schwarzen König in eine dieser Ecken zu manövrieren.

1. Kb2 Kf6 2. Le4 Ke5 3. Ld3 Kf6 4. Kc3 Ke5
5. Sg6+ Kf6 6. Le4 Ke6 7. Kd4 Kf6 8. Kd5 Kg5

Mit der Kenntnis, daß der König nur in die Ecke h1 oder a8 getrieben werden muß, haben wir eine geradlinige Strategie zur Hand.

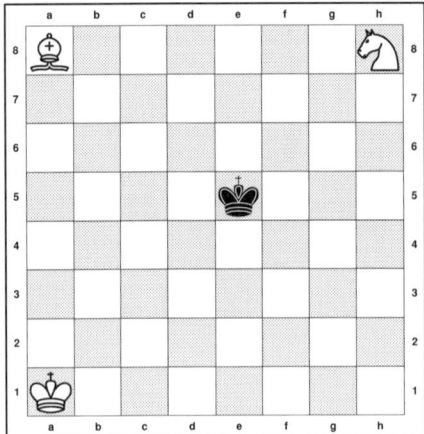

Matt in 35 Zügen möglich
Weiß am Zug spielt 1. Kb2

9. Ke5 Kh6
9. ...Kg4 10. Kf6 Kg3 11. Kf5 Kf2 12. Kf4 usw.
10. Kf6 Kh5 11. Lf3+ Kh6 12. Se5 Kh7 13. Sf7 Kg8 14. Le4 Kf8
Bisher hat es fein geklappt. Nun aber kommt eine schwierige Stelle, an der nur der folgende Zug weiterhilft:
15. Lh7!

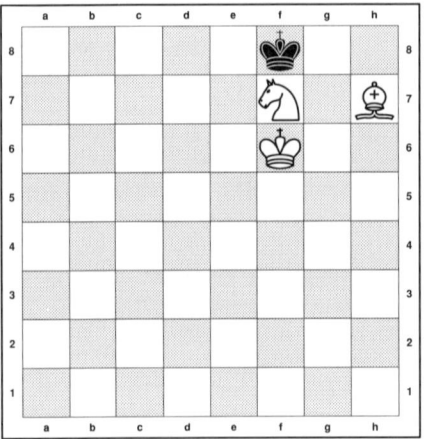

Das W-System des Springers

Von unserer Ausgangsstellung haben wir nun 15 Züge bis zu dieser Stellung benötigt. Den weißen Steinen fällt diese schematische Aufgabe zu: Der *Springer* verfolgt im W-System den Weg f7-e5-d7-

c5-b7; der *Läufer* verhindert ein Entweichen des Königs über das Feld c6 hinaus, indem er sich erst auf der Diagonale f1-a6, anschließend auf der Diagonale d5-a8 aufstellt; der *König* schließlich rückt stur immer um ein Feld nach links bis zum Feld b6. Das kombinierte System verläuft so:
15. ...Ke8 16. Se5 Kd8 17. Ke6 Kc7
Ein kritischer Augenblick: Der schwarze König droht über b6 und c6 zu entkommen.
18. Sd7!
Mit Hilfe des W-Systems des Springers wird der König an der Flucht gehindert.
18. ...Kc6 19. Ld3! Kc7 20. Le4!
Die Züge 18 bis 20 sind die entscheidenden; ohne ihre Kenntnis läuft der König wieder aus der Umzingelung, und es reicht nicht mehr zum Matt in den vorgeschriebenen 50 Zügen.
20. ...Kd8 21. Kd6 Ke8 22. Ld5 Kd8 23. Lf7 Kc8 24. Sc5 Kd8 25. Sb7+ Kc8
Wie ein Magnet holte der Springer den schwarzen König wieder herbei. Es folgt der obligate Königsschritt nach links.
26. Kc6 Kb8 27. Kb6 Kc8 28. Le6+ Kb8

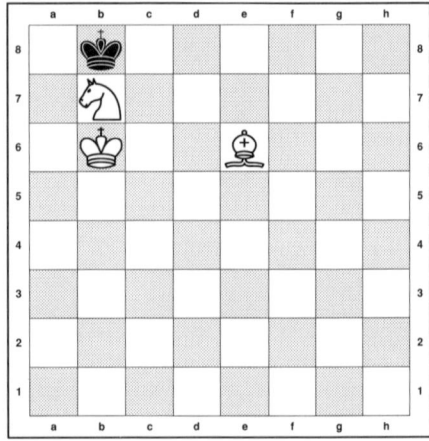

29. Sc5 Ka8
Nun ein Abwartezug (Tempozug):
30. Ld7 Kb8 31. Sa6+ Ka8 32. Lc6 matt.
Matt in einer Ecke von der Farbe des Läufers!

Dame gewinnt gegen Turm
Das Endspiel Dame gegen Turm ist für die Dame immer gewonnen, denn sie verfügt ja über die doppelte Kampfkraft. Aber eine gewisse Routine bei der Gewinnführung ist erforderlich.

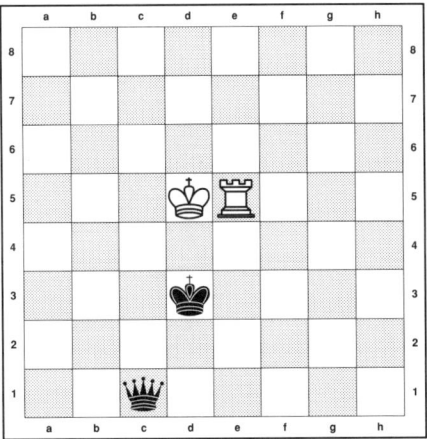

Matt in etwa 20 Zügen

1. ...Dc4+ 2. Kd6 Kd4 3. Te6 Dc5+ 4. Kd7 Kd5

Weiß hat sieben verschiedene Turmzüge, Königszüge würden sofort den Turm kosten.

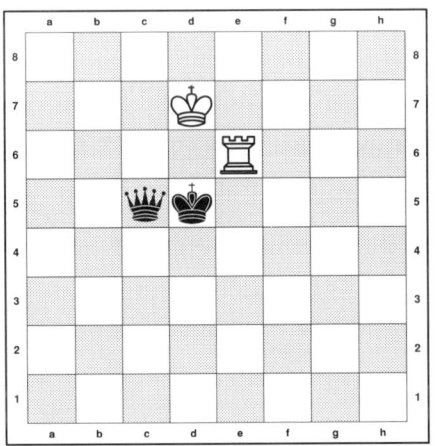

A) 5. Ta6? Db5+ und der Turm wird erobert (6. Tc6 Dxc6+)

B) 5. Te8 Dc6+ 6. Kd8

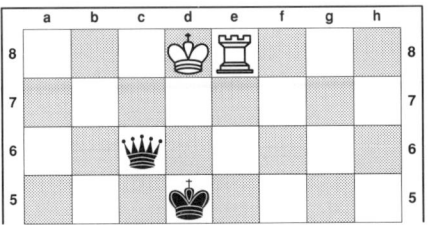

Jetzt nur nicht den naheliegenden Zug 6. ...Kd6??, weil die Pattfalle zuschlagen würde: 7. Te6+! Kxe6 patt!

Richtig ist 6. ...Dd6+ 7. Kc8 Kc6 und gewinnt.

Aus der Stellung des vorletzten Diagramms:

5. Th6 Da7+ 6. Kd8

Nach 6. Ke8 folgt ...De3+! und der Turm fällt.

6. ...Dg7 7. Ta6

Hier sind auch die Zwischenzüge Th5+ Kd6 möglich.

7. ...Kc5

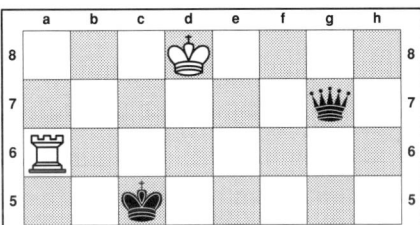

Wohin der Turm auch ziehen mag, er wird dem langen Arm der Dame zur Beute fallen:

8. Ta5+ Kb6 und jetzt:

1) 9. Ta8 Df8+
2) 9. Ta4 Dc7+ 10. Ke8 Dc6+ nebst 11. Dxa4
3) 9. Te5 Dc7+ gefolgt von Dxe5
4) 9. Ta3 Df8+
5) 9. Ta2 Dg8+
6) 9. Tf5 Dd4+ 10. Kc8 (10. Ke8 De4+) 10. ...Dg4

In allen Fällen mit Eroberung des Turmes.

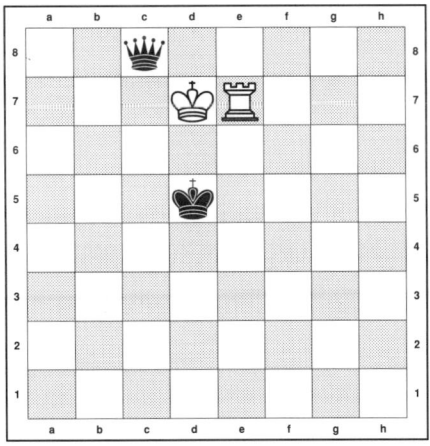

Eine typische Gewinnführung, wenn diese Stellung erreicht ist:

1. Tf7

Den Verlauf nach 1. Te8 Db7+ 2. Kd8 Kd6 kennen wir bereits.

1. ...Db7+ 2. Ke8 Dc8+ 3. Ke7 Ke5 4. Tg7 Dc7+ 5. Kf8 Dd8+ 6. Kf7 Kf5 7. Th7 Dd7+ 8. Kg8 De8+ 9. Kg7 Kg5

Die automatische Gewinnführung geht dem Ende zu; nun muß sich der Turm vom König entfernen und fällt dann den Schachgeboten der Dame zum Opfer:

10. Th1

Nach 10. Th3 oder 10. Th2 wird der Turm einzügig von der Dame erobert. Wie lauten diese Schachgebote? 10. ...Dd7+ und 10. ...De5+.

10. ...Dd7+ 11. Kf8 Dc8+ 12. Ke7 Db7+ und der Turm h1 fällt.

Turm gegen Läufer = remis

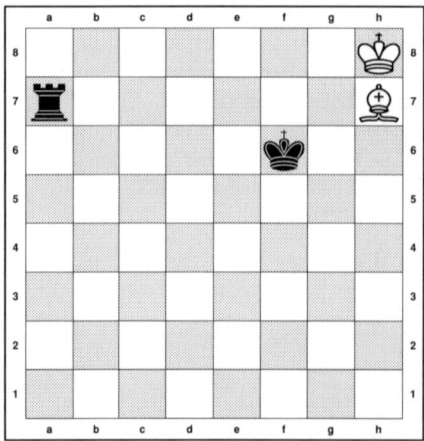

Der Turm kann nicht gewinnen, vor allem dann nicht, wenn sich der verteidigende König in der richtigen Ecke aufhält, in der Ecke, die eine andere Farbe hat als sein Läufer.

Es könnte folgen:

1. ...Ta8+ 2. Lg8 Tb8 3. Kh7 Tb7+ 4. Kh8 Kg6 5. Ld5 Td7 6. Le4+ Kh6 7. Kg8 remis

Turm gegen Springer = remis

(Siehe nächstes Diagramm)

Wie es die Turmpartei auch anstellen mag, ein Gewinn ist nicht zu erzwingen:

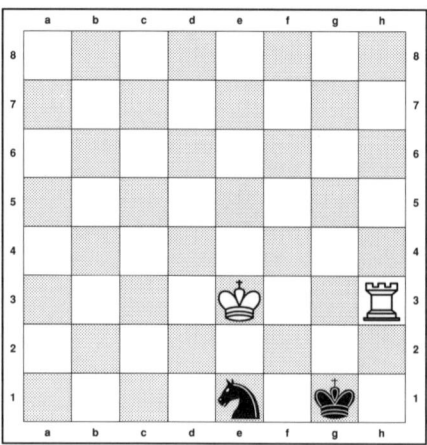

1. Ke2 Sg2

Es ist wichtig, den Springer so nah wie möglich beim eigenen König zu postieren. Falsch wäre 1. ...Sc2??, weil der Springer nach 2. Kd2! abgefangen würde.

2. Tg3 Kh2 3. Kf2 Sf4 4. Kf3 Sh3 5. Tg6 Sg1+ 6. Kf2 Sh3+ 7. Kf1 Sf4 8. Tg4 Sh3 remis

Endspiele für den Fortgeschrittenen

Dame gegen Bauer auf der 7. Reihe

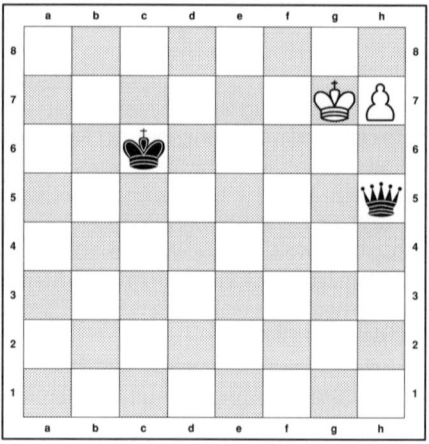

Turmbauer hält Remis

Rand- und Läuferbauern halten remis. Im Endspiel Dame gegen Bauer kommt es selbstverständlich darauf an, daß nur dann ein Bauer remis

halten kann, wenn er bereits auf der vorletzten Reihe steht, also kurz vor der Umwandlung. Außerdem muß der eigene König dicht beim Bauern sein, und der angreifende König muß weit genug vom Schauplatz entfernt stehen. Unter diesen Voraussetzungen können der Randbauer und der Läuferbauer Unentschieden halten!

Turm- oder Randbauer oder Eckbauer sind derselbe Begriff. Steinitz, der Vater des modernen Positionsspiels, sagte: „Der Eckbauer ist der stärkste Bauer, weil er am weitesten vom feindlichen König entfernt steht!"

Bauern auf der vorletzten Reihe können gegen die allgewaltige Dame remis erreichen, wenn drei Voraussetzungen erfüllt sind:

1. Der eigene König muß dicht beim Bauern stehen.

2. Der feindliche König darf nicht innerhalb der „Gewinnzone" stehen.

3. Es muß sich um einen Rand- oder Läuferbauern handeln.

Alle anderen Bauern verlieren immer gegen die Dame, mag diese auch noch so weit entfernt stehen. Wir werden das gleich erleben. Zunächst der Verlauf in einer Remisposition (siehe letztes Diagramm):

1. ...Dg5+ 2. Kf8 Df6+ 3. Kg8 Dg6+ Kh8

Die rettende Ecke führt bei den c- und f-Bauern (den Läuferbauern) zum Patt! Der angreifende König findet keine Zeit zum Herbeieilen. Wir sehen, daß das Kriterium dieser Endspiele Dame gegen Bauer stets die Position des angreifenden Königs ist: Steht er dicht genug für den Gewinn, oder ist er weit genug weg fürs Remis?

Stünde der schwarze König nur ein Feld näher, wäre die Stellung für Schwarz gewonnen. Steht der schwarze König auf d6, kann in der Stellung Weiß: Kg8, Bh7 und Schwarz: Kd6, Df6, einfach der Zug 1. ...Ke7 folgen. Weiß muß nun den Bauern umwandeln und kann damit Materialgleichheit herbeiführen, 2. h8D, doch Schwarz setzt matt: 2. ...Df7#.

In der nächsten Stellung verläuft der Remisweg ebenso wie im vorangegangenen Beispiel. Stünde jedoch der weiße König auf einem Feld von e1 bis e4, so wäre der Gewinn für die Dame klar: 1. ...Ka1 2. Dc3+ Kb1 3. Kd3 (wir haben den weißen König in der Diagrammstellung ja nach e4 gestellt) ...a1D 2. Dc2#. Nur bei Umwandlung

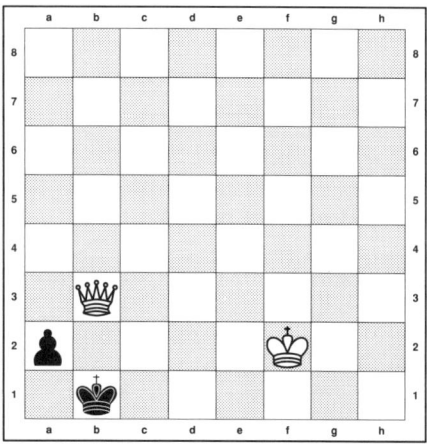

Die Dame kann nicht gewinnen

in einen Springer könnte Schwarz das Ende hinausziehen.

Die Gewinnzone beim Randbauern

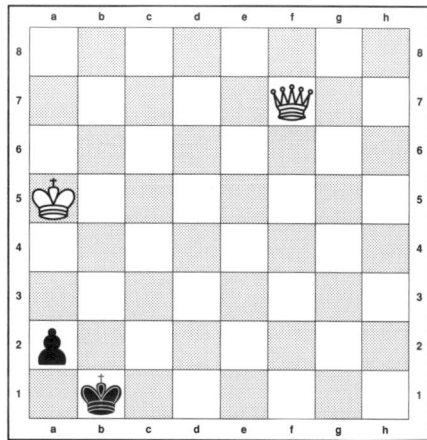

Wenn sich der angreifende König innerhalb des Gebietes, das durch die Reihe von a5 bis d5 und die Linie e4 bis e1 begrenzt ist, befindet, dann kann die Dame den Gewinn erzwingen! Steht der König zum Beispiel auf dem Feld e5 – ein Feld außerhalb der Gewinnzone –, macht der Bauer remis!

Dame gegen Läuferbauer

Die Bauern haben keine Namen, aber es hat sich eingebürgert, daß man den Randbauern auch

„Turmbauer" nennt, oder den Bauern vor dem König „Königsbauer", den vor der Dame „Damenbauer"; ebenso werden die Bauern in der c- oder f-Linie „Läuferbauern" genannt. Die Läuferbauern können ebenfalls das Remis erzwingen, wenn sie bereits die vorletzte Reihe erreicht haben, der eigene König dicht dabei und der feindliche König noch in gewissem Abstand steht.

Die Gewinnzone beim Läuferbauer

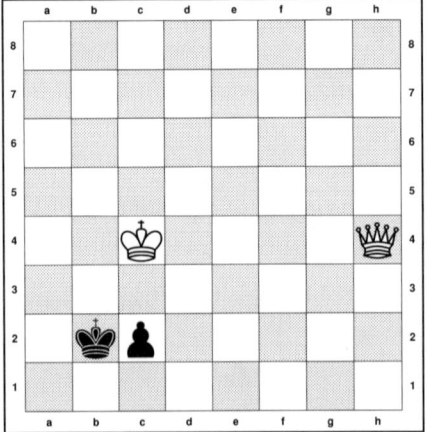

Gewinn für Weiß am Zug

Steht der weiße König außerhalb der Zone a4-c4 und d3-d1, macht der Bauer gegen die Dame noch remis. Der Gewinn aber verläuft so:
1. Df2 Kb1 2. Kb3 c1D 3. Da2 matt
Nur die Umwandlung in einen Springer, 2. ...c1S+, würde wegen des Schachgebots den Gewinn um einige Züge hinauszögern.
Zieht der König aber nach **1. Df2** in die Ecke mit **1. ...Ka1!**, darf sich die Dame nicht verleiten lassen, den Bauern zu schlagen: **2. Dxc2??**

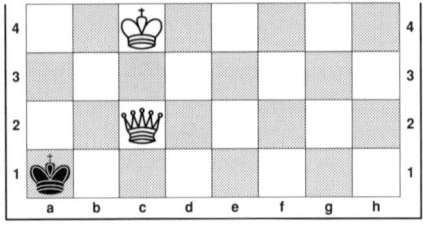

Schwarz am Zug ist patt!

Wie der Läuferbauer Remis macht
In den Fällen, in denen der König der stärkeren Partei noch weit vom Schauplatz entfernt ist, erreichen die Bauern in der c- und f-Linie ein Unentschieden.

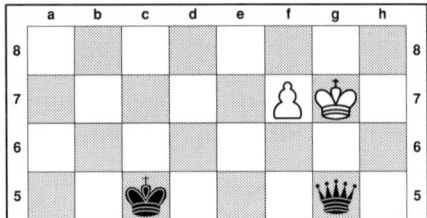

1. Kh7
Es ist wichtig, daß der König nie das Umwandlungsfeld des Bauern verstellen darf! Bei 1. Kf8?? würde Schwarz den Gewinn durch 1. ...Kd6 erzwingen.
1. ...Df6 2. Kg8 Dg6+
Wieder der kritische Augenblick. Der König wendet den Trick an: Er zieht in die Ecke!
3. Kh8! Dxf7 patt
Im anderen Fall aber, also bei 3. ...Df6+ 4. Kg8, ergibt sich wieder die alte Situation.

Die vergrößerte Gewinnzone
Steht der König der schwächeren Partei nicht in Randnähe (das sind die Linien a, b, g, und h), sondern im Zentrum (Linien d und e), dann vergrößert sich für den angreifenden König die Gewinnzone wesentlich.

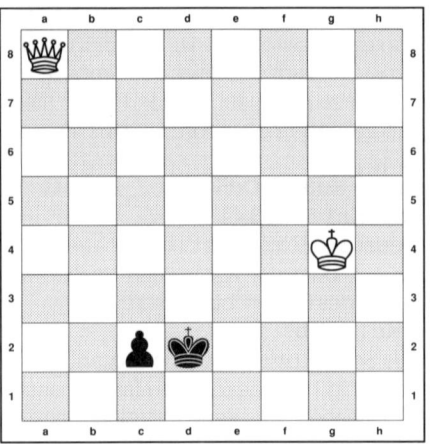

Die Dame gewinnt gegen den Läuferbauern,

wenn sich ihr König innerhalb der Zone, die durch die Felder a5, d5, e4, g4 bis g1 markiert ist, befindet.

1. Da2 Kd1 2. Kf3!

Wieder taucht die Mattwendung 2. ...c1D 3. De2# auf.

2. ...Kd2 3. Kf2 Kd1 4. Db3 Kd2 5. De3+ Kd1 6. De1 matt

Das ist bereits eine Sache für Spezialisten. Die Kriterien der Gewinnzonen werden von den Mattmöglichkeiten wie Dc3# und De2# beherrscht.

Alle anderen Bauern auf der 7. und 2. Reihe verlieren

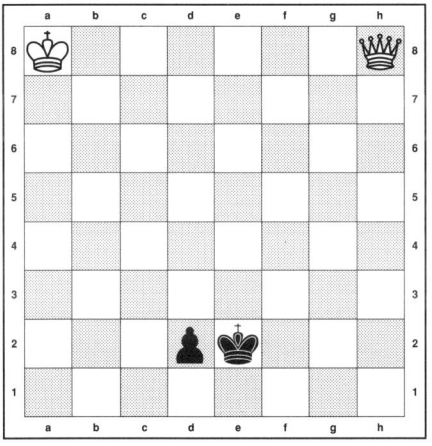

Weiß am Zug gewinnt

Das Gewinnschema ist einfach. Die Dame nähert sich unter Schachgeboten und zwingt den König immer wieder zum Verstellen des Umwandlungsfeldes. Diesen Moment, dieses Tempo, benutzt der angreifende König zum Herbeieilen an den Schauplatz.

1. De5+ Kd3 2. Dd5+ Kc2 3. Dc4+ Kb2 4. Dd3! Kc1 5. Dc3+ !

Entweder gibt Schwarz seinen Freibauern und die Partie auf, oder der König muß das Umwandlungsfeld des Bauern blockieren.

5. ...Kd1 6. Kb7!

Dieses Schema wiederholt sich so lange, bis der weiße König herangekommen ist, um das Matt zu ermöglichen. Das kann mit folgenden Zügen geschehen:

6. ...Ke2 7. Dc2! Ke1 8. De4+ Kf2 9. Dd3 Ke1

10. De3+ Kd1 11. Kc6 Kc2 12. De2 Kc1 13. Dc4+ Kb2 14. Dd3 Kc1 15. Dc3+ Kd1

Man beachte den Unterschied in der Gewinnführung: Es kann nicht wie beim Läuferbauern ein Patt geben. Geht der König weg vom Bauern, wird der von der Dame genommen. Der König hat von b1 aus noch immer das Feld a1, um der Zugpflicht nachzukommen, ist also nicht patt.

16. Kc5 Ke2 17. Dc2 Ke1 18. De4+ Kf2 19. Dd3 Ke1 20. De3+ Kd1 21. Kd4 Kc2

Nun ist das Matt nicht mehr fern:

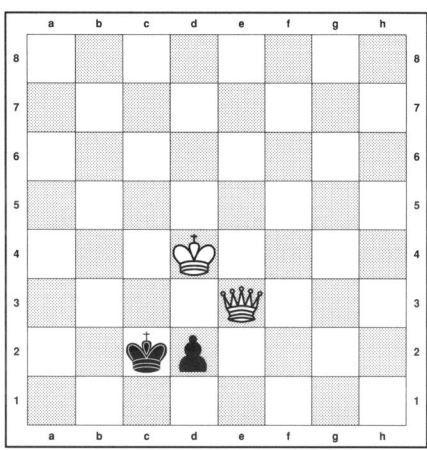

22. Dc3+ Kd1 23. Ke3 Ke1 24. Dxd2+ Kf1 25. Df2 matt

Eine Kuriosität

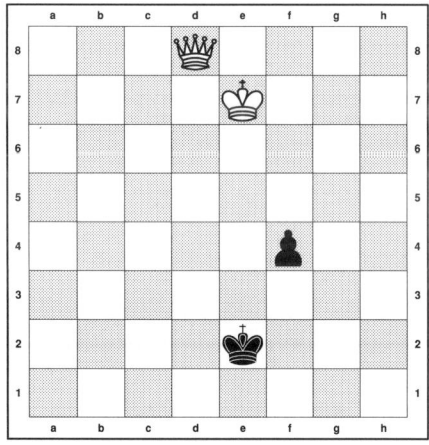

Schwarz am Zug hält Remis!

Fast unglaublich, daß Weiß nicht gewinnen kann, obwohl der Bauer noch drei Schritte von der Umwandlung entfernt ist! Die kuriose Ursache liegt in der unglücklichen Position von König und Dame bei Weiß. Auf jedem anderen Feld des Schachbrettes (Felder unmittelbar neben dem schwarzen König natürlich ausgeschlossen) stehend würde die Dame gewinnen, nur nicht von d8 aus; und dasselbe gilt für den weißen König.
Die Stellung nach
1. ...f3 2. Dd4 f2 3. De4+ Kf1 4. Kf6 Kg1 5. Dg4+ Kh1 6. Df3+ Kg1 7. Dg3+ Kh1!
kennen wir bereits als Remisposition.

Turm gegen Turm und Bauer
Die Turmendspiele sind das Kreuz und die Wonne der Schachspieler. Nicht selten heißt es: Wie man es macht, ist es falsch.
Die Partei mit dem Bauern muß bestrebt sein, ihn auf die letzte Reihe zur Umwandlung zu bringen. Der verteidigende König muß dannach trachten, das Umwandlungsfeld in seine Gewalt zu bekommen. Das elementare Beispiel war schon Lucena (1497) bekannt:

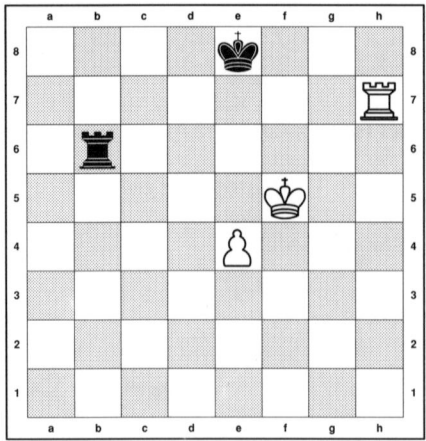

Die Stellung ist aus folgenden Gründen remis: Der sK beherrscht das Umwandlungsfeld des Bauern, das Feld e8, und der verteidigende Turm beherrscht die sechste Reihe. Schwarz verhält sich so: Er zieht mit dem Turm so lange auf der sechsten Reihe umher, bis der Bauer sie betritt. Erst dann muß der Turm die Front wechseln.
1. ...Ta6 2. e5 Tb6 3. Ta7 Tc6 4. e6 Tc1! 5. Kf6 Tf1+

Der Turm gibt so lange von hinten Schach, bis sich der König von seinem Bauern entfernt. Danach greift der Turm den Bauern mit ...Te1 an, erobert ihn oder – wenn Weiß ihn mit dem König deckt – gibt wieder Schach.

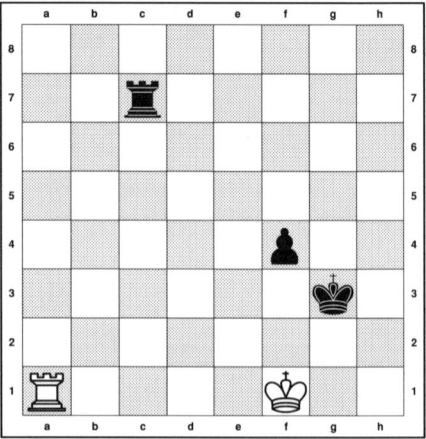

Wenn man es falsch macht

Weiß am Zug ist verloren, weil er dem König nicht die 3. Reihe streitig machen kann.
1. Ta3+ f3
Nun muß der Turm wegen des drohenden Matts 2. ...Tc1# schleunigst auf die Grundreihe zurück.
2. Ta1 Tc2 3. Tb1 Th2 4. Kg1 f2+ 5. Kf1 Th1+
und Weiß verliert zunächst den Turm, anschließend holt sich Schwarz auf f1 die neue Dame.

Elementare Pattwitze
In den Turmendspielen treten häufig Pattmöglichkeiten auf, die auch schon von Meistern übersehen worden sind. Sie hängen immer mit der Pattstellung des Königs in der Ecke zusammen, verursacht durch das zu frühe Vorschieben des Freibauern auf die 7. (2.) Reihe.
(siehe nächstes Diagramm)

In der oberen Diagrammhälfte hält Schwarz Remis durch Dauerschach:
1. ...Tc6+ 2. Kh5 Th6+!!
Wird der Turm geschlagen, steht Schwarz patt.
3. Kg4 Th4+
Der Turm verfolgt den König mit „ewigen" Schachgeboten übers ganze Brett.
4. Kf5 Tf4+ 5. Ke6 Tf6+ 6. Ke7 Te6+

Schwarz am Zug

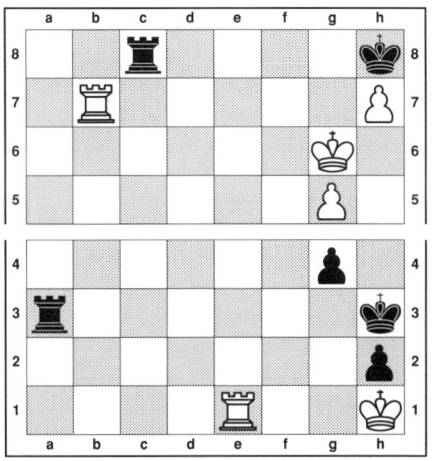

Weiß am Zug

Aber nicht 6. ...Tf7+?? 7. Kxf7 Kxh7 8. g6+ Kh8 9. g7+ Kh7 10. g8D+.

7. Kd7 Td6+ 8. Kc7 Tc6+ 9. Kb8

Schwarz könnte nun in aller Ruhe mit 9. ...Tg6 die beiden weißen Freibauern erobern (10. Tb5 Kxh7 und so weiter), aber er kann ebensogut weiter den König mit Schachgeboten traktieren.

9. ...Tc8+ 10. Ka7 Ta8+ 11. Kb6 Ta6+

Ja – wohin nun mit dem König? Es geht jetzt dem Bg5 und dem Bh7 an den Kragen, zum Beispiel:

12. Kc5 Ta5+ 13. Tb5

Sonst nimmt der Turm den Bg5 und anschließend nach ...Tg7 auch den letzten weißen Bauern. Nach 13. Tb5 folgt jetzt Turmtausch, wonach der schwarze König die zwei Bauern erobert.

In der unteren Diagrammhälfte klärt Weiß die Lage sofort mit **1. Te3+!** und nach **1. ...Txe3** steht Weiß patt.

Der Brückenbau

Wann gewinnen Turm + Bauer gegen Turm? In den meisten Fällen, in denen der angreifende König das Umwandlungsfeld des Bauern erobert hat und der verteidigende König von diesem Feld abgeschnitten oder verdrängt werden konnte. Aber auch dann ist die Gewinnführung noch lehrreich.

Die folgende Stellung gewinnt der Bauer stets mit einem typischen Manöver des Turmes, dem Brük-

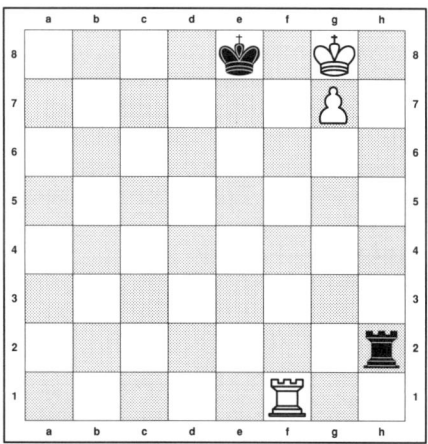

kenbau, bei dem der Turm die 4. Reihe besetzen muß.

1. ...Th3 2. Tf4 Th1

Gibt der schwarze Turm die h-Linie auf, besetzt sie der weiße Turm, so daß dann Kh7 nebst g8D folgen kann.

3. Te4+ Kd7 4. Kf7 Tf1+ 5. Kg6 Tg1+ 6. Kf6 Tf1+ 7. Kg5 Tg1+ 8. Tg4!

Das ist die „Brücke" des Turmes für seinen König. Aus diesem Grund mußte der Turm die 4. Reihe besetzen. Es gibt noch eine andere, aber umständlichere Gewinnmöglichkeit.

Der Randbauer kann nicht gewinnen

Mit einem Randbauern kann man nicht gewinnen. Es ist ohne Bedeutung, wer hier am Zug ist. Schwarz hat die Auswahl zwischen zwei Verteidigungsmöglichkeiten:

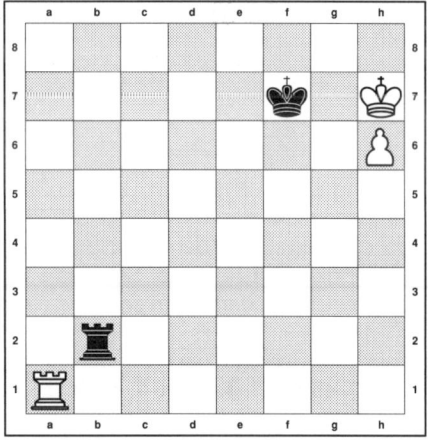

1. Tf1+ Ke7 2. Kg7 Tg2+ 3. Kh8 Tg3
Der schwarze Turm hält für immer die g-Linie besetzt. Was kann Weiß noch versuchen?
4. h7 Tg2 5. Ta1 Kf7 6. Ta7+ Kf8 7. Ta8+ Kf7 8. Tg8
Der schwarze Turm muß nun der Gewalt weichen. Aber Weiß ist seinem Ziel nicht ein Jota näher gekommen.
8. ...Ta2 9. Tg1 Ta8+ 10. Tg8
Nun stellt ein einfacher Trick die Schlußstellung her:
10. ...Tf8

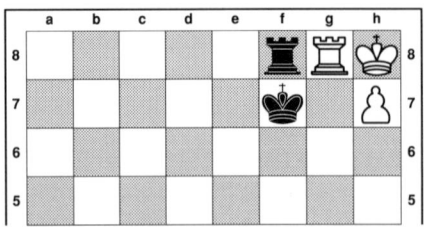

Automatischer Remisabschluß nach ...Tf8!

Weiß bleibt keine andere Möglichkeit, als den Turm zu schlagen:
11. Txf8+ Kxf8
und Weiß ist patt!

Die Remisgrenze

Schwarz am Zug: remis

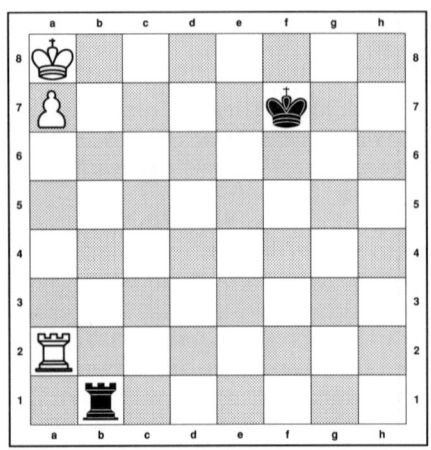

Weiß am Zug: gewonnen

Der Remisweg lautet:
1. ...Ke7 2. Th2 Kd7 3. Th7+ Kc6 4. Th8 Kc7
Falsch wäre nun 4. ...Tb2, da Weiß nach 5. Tc8+ Kd7 6. Tb8 Th2 7. Kb7! gewinnt, auf Schachgebote wandert der König zum schwarzen Turm, z. B.: 7. ...Tb2+ 8. Ka6 Ta2+ 9. Kb6 Tb2+ 10. Kc5 Tc2+ 11. Kb4 Tb2+ 12. Kc3 Ta2 und der Bauer wird zur Dame.
5. Tb8 Th1 6. Tb7+ Kc6 =
Oder auch 6. ...Kc8 7. Tb5 Tc1 remis.
Man beachte, daß in Turmendspielen die Türme immer möglichst weit vom gegnerischen König entfernt aufgestellt werden, also hier der wT auf der 2. Reihe und der sT auf der 1. Reihe. Das geschieht deshalb, damit der kurzschrittige König nicht so leicht zu einem Angriff gegen den Turm kommt.
Der Gewinn aus der letzten Diagrammstellung mit Weiß am Zug:
1. Tc2 Ke7 2. Tc8 Kd7 3. Tb8 Th1 4. Kb7 Tb1+ 5. Ka6 Ta1+ 6. Kb6 Tb1+ 7. Kc5
und wie oben schon gezeigt, wandert der König zum gegnerischen Turm.

Die Türme gehören hinter die Freibauern

Die Türme gehören immer hinter die Freibauern, sowohl hinter die eigenen als auch hinter die feindlichen. Das ist ein Lehrsatz, den Tarrasch immer wieder der Schachwelt einprägte.
Sehen wir uns ein einfaches Beispiel an:

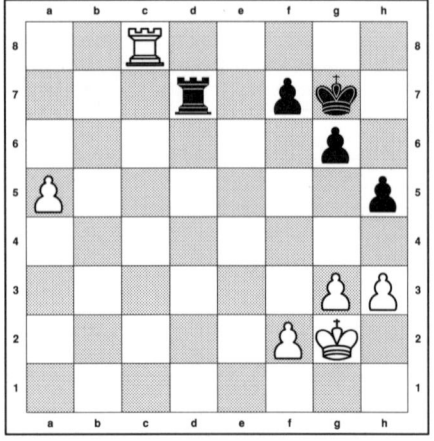

Weiß am Zug hat die Wahl: Er kann seinen Freibauern auf der a-Linie entweder von a8 aus, das wäre von vorn, oder von a1 aus, das wäre von

hinten, unterstützen. Spielt Weiß **1. Ta8?**, so setzt sich der schwarze Turm hinter den Freibauern mit **1. …Td2** und nach **2. a6 Ta2** ist das Spiel remis. Das richtige Verfahren ist nach dem Lehrsatz von Tarrasch:

1. Tc2! Ta7 2. Ta2

und Weiß hat eine Gewinnstellung.

Die Sache ist logisch, wenn man bedenkt, daß der weiße Turm hinter seinem Bauern eine viel größere Bewegungsfreiheit besitzt als der schwarze Turm, dem eine passive Rolle zufällt (Felder a6-a8).

Schwarz am Zug kann seine Remisaussichten wahren, indem er dasselbe Prinzip befolgt, nämlich den Turm hinter den Freibauern zu führen, nicht vor ihn (1. …Ta7?). Also:

1. …Td2 2. Kf3 Ta2 3. Ta8 Kf6

Marschiert Weiß mit dem König nach b6, um seinen Bauern zu unterstützen, wird der schwarze Turm einen der Bauern am Königsflügel erobern, dann seinen Turm gegen den Freibauern opfern und schließlich mit seinem König zu den restlichen weißen Bauern eilen und versuchen, selbst einen Freibauern zu schaffen.

Der Schlupfwinkel auf a7

Wichtige Kniffe und Regeln für Endspiel Turm und Bauer gegen Turm.

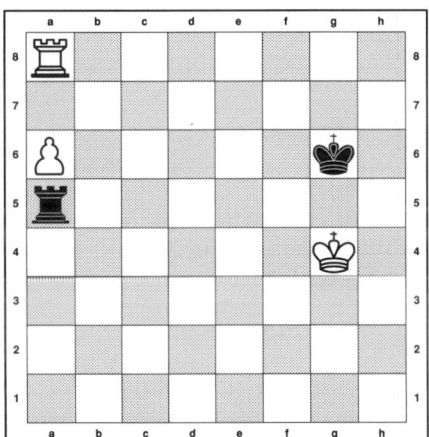

Wie wichtig es ist, nicht zu früh, zu überhastet, den Freibauern seinem Zielfeld näherzubringen, sehen wir in dieser wichtigen Stellung in Turmendspielen. Weiß hat richtig seinen Bauern auf die sechste Reihe gebracht, nun muß er seinen König

zur Unterstützung heranführen. Dazu wird er – wie wir sehen werden – das Feld a7 als Schlupfwinkel gegen gegnerische Turmschachs benötigen.

Nach **1. a7? Kg7!** kann Weiß nicht mehr gewinnen. Der sK pendelt auf den Feldern g7 und h7, um zu vermeiden, daß der wTa8 das Umwandlungsfeld des Bauern mit Schachgebot freimacht. (Schwarz darf den König dabei aber nicht zu weit vom Rand entfernen – höchstens bis nach g7 –, sonst folgt nach …Kf7 die „Umgehung" Th8 und der Bauer droht einzuziehen. Wenn nun …Txa7, so gewinnt Weiß den schwarzen Turm mit Th7+ K beliebig und Txa7.) Läuft der weiße König in der Folge nach b6 und b7, gibt der sT so lange von hinten Schachgebote, bis der König wieder auf die 1. Reihe flieht. Der Turm stellt sich dann wieder auf die a-Linie hinter den Freibauern, zum Beispiel: 2. Kf4 Kh7 3. Ke4 Kg7 4. Kd4 Kh7 5. Kc4 Kg7 6. Kb4 Ta1 7. Kc5 Tc1+ 8. Kb6 Tb1+ 9. Kc6 Tc1+ 10. Kb5 Tb1+ 11. Kc4 Tc1+ 12. Kb3 Tb1+ 13. Kc2 Ta1 14. Kb2 Ta6 usw.

Das Gewinnverfahren sieht so aus:

1. …Kf6 2. Kf4

Nun immer noch nicht 2. a7? Kf7! remis.

2. …Kg7 3. Ke4 Kf7 4. Kd4 Kg7 5. Kc4 Ta1 6. Kb5 Tb1+ 7. Kc6 Tc1+ 8. Kb7 Tb1+ 9. Ka7

Diesen Schlupfwinkel mußte sich Weiß offenhalten. Der sT hat nun kein Schach, Weiß kann die so gewonnene Zeit zur Umgruppierung nutzen:

9. …Kf7 10. Tb8 Te1 11. Kb7 Te7+ 12. Kb6 Te6+ 13. Ka5 Te5+ 14. Tb5 Te7

Oder 14. …Te1 15. a7 Ta1+ 16. Kb6.

15. Tb7

und Weiß gewinnt.

Ein wichtiger Trick im Turmendspiel

Die Umgehung des Turmes ist im Turmendspiel – wie gerade schon gesehen – ein wichtiger Trick, den es oft zu beachten gibt.

Angenommen, in der nächsten Stellung macht Schwarz am Zug den Schlupfwinkel a2 für seinen König zu durch 1. …a2?. Weiß darf nun auf keinen Fall den Leichtsinnsfehler 2. Ke2?? begehen. Mit 2. …Th1! erfolgt die Umgehung! 3. Txa2 (sonst a1D) …Th2+ und der weiße Turm wird erobert. In der Diagrammstellung hält Weiß nach **1. …a2?** nur mit **2. Kg2!** das Unentschieden. Danach bleibt der wK immer auf den Feldern g2 und h2 stehen. Wie das vorige Beispiel zeigte, kann

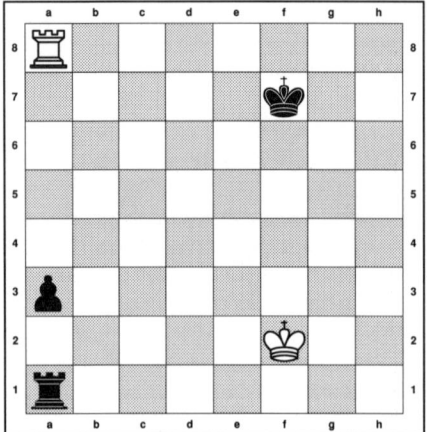

Schwarz nicht mehr gewinnen, weil der Schlupf-winkel a2 verstopft wurde.

Der Turm: Im Angriff ein Riese, in der Verteidigung ein Tölpel

Der erfahrene Schachfreund weiß um die Wucht der Türme, wenn sie auf offenen Linien eingesetzt werden. Tausende von Partien werden durch Turmverdoppelung auf der h-Linie oder g-Linie im Mattangriff gewonnen, von Weiß und Schwarz. Aber in der Verteidigung ist der Turm nicht wendig genug. Im Endspiel sind sogar zwei verbundene Freibauern, allein auf weiter Flur stehend, stärker als ein Turm:

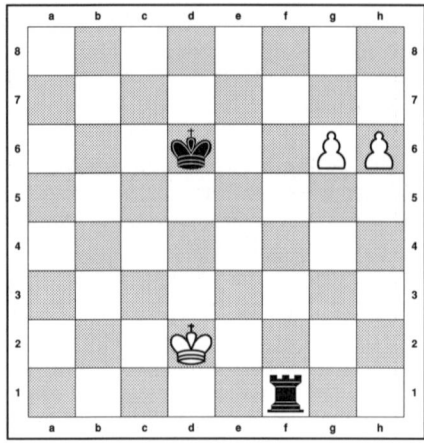

Schwarz am Zug: Weiß gewinnt!

Ein Versuch:

1. ...Tg1 2. h7 Th1 3. g7
Einer kommt durch!
Oder
1. ...Tf6 2. h7 Tf8 3. g7
Und der Turm ist hilflos.

Der Angriffstrick

„Wohin soll ich mit dem König gehen?" ist eine häufige Frage auf ein Schachgebot. Wohin man

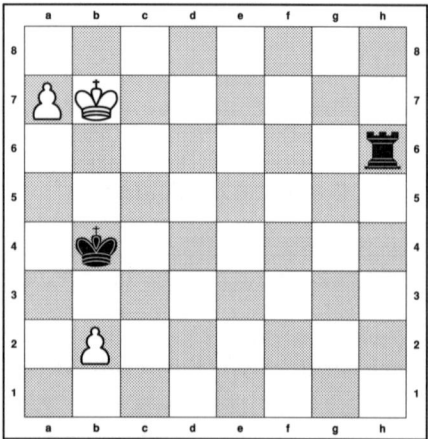

auch geht, es kann das falsche Feld sein.
Klanski – Rodriguez
Israel 1965
Es geschah:
1. ...Th7+
Ist es nicht egal, wohin der weiße König zieht? Muß Schwarz nicht sowieso dauernd Schach mit seinem Turm geben, um zu verhindern, daß der weiße a-Bauer das Umwandlungsfeld erreicht?
2. Kb8??
Nur 2. Kb6 oder 2. Ka6 wäre richtig gewesen. Weshalb, sehen wir sogleich.
2. ...Kb5! 3. a8D Kb6!
Weiß hat die Dame gegen den Turm und muß dennoch die Partie aufgeben, weil das auf h8 drohende Matt nur unter Preisgabe der Dame zu vermeiden wäre. „Schuld" an der kuriosen Niederlage trägt aber auch der Bauer b2, der Weiß nicht den rettenden Gewinnzug 4. Da1 mit Kontrolle des Feldes h8 gestattet und die Diagonale a1-h8 versperrt.

Das Motiv entstammt einer berühmten Endspiel-studie von J. Moravec aus „La Stratégie", 1913:

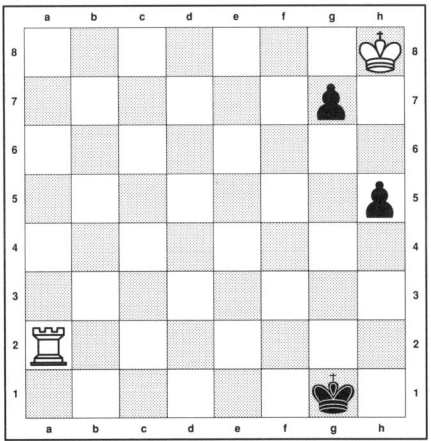

Weiß am Zug gewinnt

Es kommt genau zu der Schlußstellung wie vorhin:
1. Kh7! h4 2. Kg6 h3 3. Kg5 h2 4. Kg4 h1D 5. Kg3!
und wieder versperrt der eigene Bauer auf g7 den Rettungszug Dh8-a1. Weiß gewinnt die Dame und die Partie.

Aufgeben statt Remis

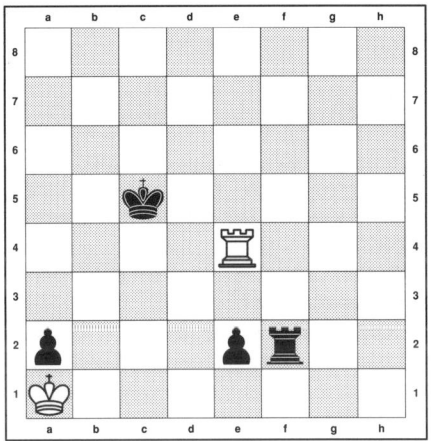

Ulbrig – Ewald
Eberswalde 1960
Weiß am Zug gab nach dem letzten Zug …e3-e2 die Partie auf. Was sollte er auch gegen …Tf1+ nebst …e1D erfinden?
Schwarz bedankte sich höflich, machte den Gegner aber darauf aufmerksam, daß er in der

Diagrammstellung zwingend remis hätte machen können:
1. Txe2! Txe2 patt!
Solche Pattwitze werden oft übersehen.

König und Bauer gegen König

Die Lehre von der Opposition und den kritischen Feldern

Zu den elementaren Endspielen gehört das Endspiel König und Bauer gegen König. Diesen Endspielen wohnt eine Gesetzmäßigkeit inne, die zum Handwerkszeug des guten Schachspielers gehören muß.

Der Schachfreund, der das Kapitel mit den Regeln über die Opposition im Bauernendspiel einige Male durchspielt, wird bald auf den ersten Blick sagen können: Diese Stellung ist remis, oder: Diese Stellung ist gewonnen. Während der in der Theorie unwissende Schachfreund völlig im dunkeln tappen wird.

Erste Faustregel im Bauernendspiel: Nicht gleich mit den Bauern vorwärts zur Umwandlung marschieren!

Einmal remis; einmal gewonnen

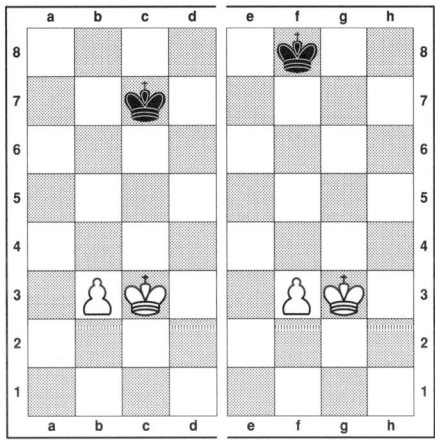

Weiß am Zug

In beiden Stellungen wäre der Ausgang des Bauernendspiels nach einem Bauernzug (b3-b4? und f3-f4?) sogleich klar: Remis. Ohne die Kenntnis der Regel von der Opposition, der Lehre von der Gegenüberstellung, kann der Betrachter kein sicheres Urteil über den Ausgang abgeben. Der Verlauf beider Stellungen ist jedoch zwangsläufig dem Gesetz der Opposition untergeordnet.

Im Beispiel auf der linken Diagrammhälfte kann Weiß den gegnerischen König nicht aus der Opposition verdrängen:

1. Kb4 Kb6! 2. Kc4 Kc6! 3. b4 Kb6 4. b5 Kb7 5. Kc5 Kc7 6. b6+ Kb7 7. Kb5

Nun gibt es nur einen richtigen Zug für Schwarz:

7. ...Kb8!

Je nachdem, auf welcher Seite der wK einfällt, ob über a6 oder über c6, immer ist Schwarz in der Lage, in Opposition zu treten: geht der wK nach a6, so folgt ...Ka8, betritt der wK das Feld c6, so folgt ...Kc8; der schwarze König hält die Opposition.

8. Kc6 Kc8 9. b7+ Kb8 10. Kb6 patt.

In der rechten Diagrammhälfte folgt:

1. Kf4! Kf7 2. Kf5

Weiß hält die Nahopposition: Gegenüberstellung mit einem Feld Zwischenraum.

2. ...Kf8 3. Kf6!

Der Lehrsatz, der hier Anwendung findet, heißt: Wenn es dem König gelingt, die 6. Reihe (bei Schwarz die 3. Reihe) vor seinem Bauern zu erreichen, wird die Umwandlung erzwungen.

3. ...Kg8 4. f4 Kf8 5. f5 Kg8 6. Ke7 Kg7 7. f6+ und der Bauer marschiert ungehindert zur 8. Reihe.

Das elementare Schema der Opposition

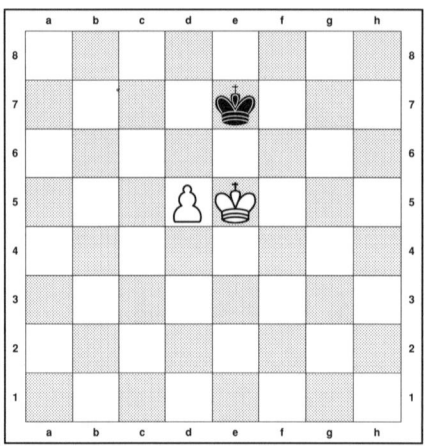

Wie wir bereits wissen, lautet die Grundregel:

Wenn es dem König gelingt, die 6. Reihe (bei Schwarz die 3. Reihe) *vor* seinem Bauern zu erreichen, gewinnt der Bauer. Der verteidigende König ist dann nicht mehr in der Lage, den Kampf um das Umwandlungsfeld zu bestehen.

Sehen wir uns eine sehr einfache Stellung an (letztes Diagramm). Sie führt zum Remis, egal wer am Zug ist.

Die Könige stehen in Opposition. Der sKe7 verhindert, daß Weiß am Zug seinen König auf die sechste Reihe vor seinen Bauern stellen kann; ist dagegen Schwarz am Zug, muß der sK so ziehen, daß er weiterhin die Felder der sechsten Reihe kontrolliert.

A) 1. ...Kd7! 2. d6 Kd8!

Um die Opposition einnehmen zu können, müßte der wK nach d6 gehen, dort aber steht sein Bauer. Der schwarze König ist bereit zur Gegenüberstellung, auf welcher Seite der weiße König auch erscheinen mag.

3. Ke6 Ke8 (= Opposition) **4. d7+ Kd8 5. Kd6 patt**

Was sollte Weiß auch sonst spielen? Die einzige Alternative ist, den König vom Bauern zu entfernen, woraufhin Schwarz diesen schlägt und nur noch die blanken Könige auf dem Brett verbleiben = Remis.

B) 1. d6+ Kd7 2. Kd5 Kd8!

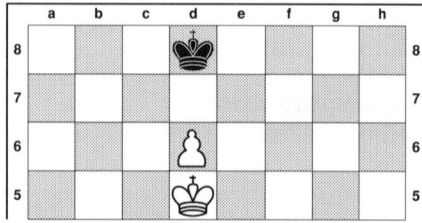

Der weiße König kann nicht mehr die sechste Reihe vor seinem Bauern erreichen (dort steht ja bereits sein Bauer), nun muß Schwarz zusehen, daß er die Opposition behält. Jeder andere Zug wäre ein Schritt vom Wege und würde zum Verlust führen, zum Beispiel: 2. ...Kc8?? 3. Kc6! Der weiße König geht in Opposition, das heißt: Gegenüberstellung mit einem Feld Zwischenraum, der schwarze König muß die Opposition aufgeben und verliert: 3. ...Kd8 4. d7 Ke7 5. Kc7 und die Umwandlung ist gesichert. Geht Schwarz mit dem König auf die andere Seite, verliert er eben-

falls die Opposition: 2. ...Ke8?? 3. Ke6 Kd8 4. d7
Kc7 5. Ke7 und so fort.

dia 148

3. Ke6 Ke8!

Schwarz hält die Opposition. Im Falle von 3. Kc6
hätte Schwarz 3. ...Kc8! gezogen.

4. ...d7+ Kd8 5. Kd6 patt

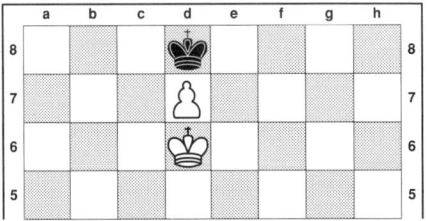

Schwarz ist patt! Er ist am Zug, steht nicht im
Schach, und kann dennoch nicht ziehen: Patt.

Wenn Schwarz richtig operiert, kann Weiß den
König nicht aus der Opposition verdrängen. Hält
der verteidigende König in Kenntnis der Regel
von der Opposition diese ein, bleibt er auch sieg-
reich im Kampf um das Umwandlungsfeld.

Viele Fallstricke lauern auf dem Weg zu Remis
und Gewinn beim Bauernendspiel, und fast jeder
Fall liegt anders. Die Regeln von der Opposition
aber (man unterscheidet Nah-, Fern- und Diago-
nalopposition) sind ein sicherer Lotse auf dem
schwierigen Sektor dieser Endspielgattung. Als
erste Regel gilt: *Den König vor seinen Bauern
bringen.* Der Verteidiger wird demzufolge danach
trachten, dem angreifenden König die Opposition zu bieten. Er will ihn hindern, vor seinen
Bauern zu gelangen.

Für den Angreifer genügt es schon, *eines der drei
kritischen Felder* auf der 6. Reihe (3. Reihe für
Schwarz) vor seinem Bauern zu erreichen.

Die „kritischen" Felder

Wenn in den folgenden Diagrammstellungen der
schwarze König eines der drei Felder auf der
dritten Reihe vor seinem Bauern betritt (links: a3,
b3, c3, rechts: e3, f3, g3), wird Schwarz gewinnen. Man nennt diese Felder auch die „kritischen"
Felder. Es ist für jeden Schachspieler wichtig,
diese gesetzmäßige Automatik der Bauernendspiele zu kennen. Selbst Vereinsspieler wissen
selten darüber im Detail Bescheid. Daher werden
diese elementaren Stellungen hier einmal restlos
ausgespielt.

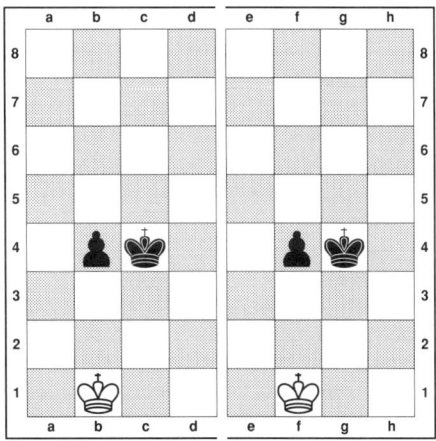

Linke Diagrammhälfte:

A) 1. ...Kc3 2. Kc1 b3

Dem weißen König nützt die Opposition nichts
mehr, weil die Regel von der Besetzung der kritischen Felder durch den Angreifer den Vorrang
hat! Es folgt:

3. Kb1 b2 4. Ka2 Kc2

und der Bauer erreicht das Umwandlungsfeld.

**B) 1. ...Kb3 2. Ka1 Kc2 3. Ka2 b3+ 4. Ka1
b2+**

und so weiter; alles verläuft glatt.

Rechte Diagrammhälfte:

1. ...Kf3

Wie Weiß auch zieht, nach e1 oder nach g1, immer
wird der schwarze König in die entstehende Lücke
springen. Bei 2. Ka1 folgt ...Kg2, bei 2. Kg1 folgt
...Ke2 mit dem uns jetzt bereits vertrauten Schluß
f4-f3-f2-f1D.

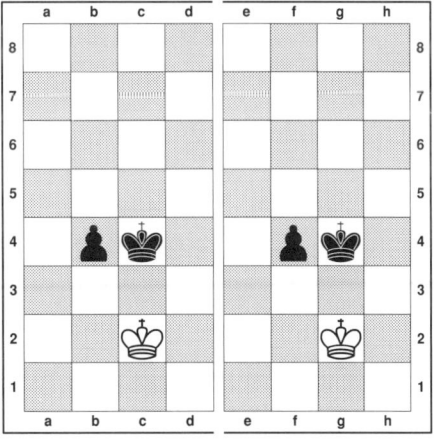

Lassen wir in beiden Positionen Weiß anziehen (links: **1. Kc2**, rechts: **1. Kg2**), so wird bei richtigem Spiel Remis das Resultat sein.

Schwarz, jetzt am Zug, kann nicht gewinnen:

1. …b3+ 2. Kb2

Möglich wäre auch 2. Kb1; aber man soll ja den angreifenden König am Vordringen hindern.

2. …Kb4 3. Kb1!

Allein dieser Zug sichert die Opposition und das Remis. Falsch wäre 3. Kc1?? Kc3 (oder …Ka3) 4. Kb1 b2 und Schwarz gewinnt, wie wir bereits gesehen haben.

3. …Kc3 4. Kc1 (= Opposition!)

Oder 3. …Ka3 4. Ka1 = Opposition! Das gilt analog für die rechte Diagrammhälfte.

Nicht gleich mit den Bauern laufen

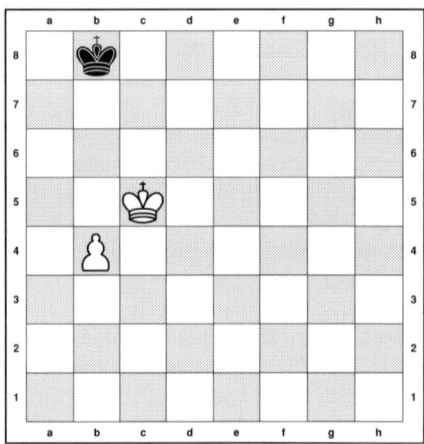

Weiß am Zug

Ganz verfehlt ist es, wenn man immer gleich mit dem Bauern losmarschiert. So wäre die Partie nach 1. b5? Kc7 oder …Kb7 sofort remis; der weiße König kann nie mehr eines der drei kritischen Felder vor seinem Bauern erreichen. Falsch wäre auch der Versuch 1. Kb5? Kb7! und Schwarz ist imstande, die Opposition zu halten. Zum Beispiel: 2. Ka5 Ka7 oder 2. Kc5 Kc7 remis.

1. Kb6 Ka7 2. b5

Jetzt, wo der König eines der drei kritischen Felder vor seinem Bauern auf der 6. Reihe erreicht hat, darf der Bauer bereits nachziehen.

2. …Kb8 3. Kc6 Kc8 4. b6 Kb8 5. b7

Schwarz am Zug: Weiß gewinnt

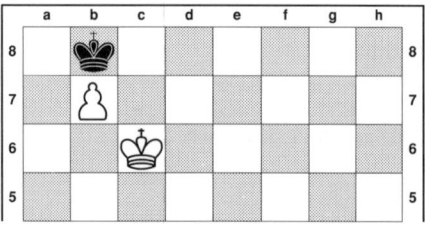

Weiß am Zug: Remis

Merksatz: Lautlos zur 7. (2.) Reihe

Wichtige Regel: Erreicht der Bauer die vorletzte Reihe ohne Schachgebot, also *lautlos*, bedeutet das Gewinn! Betritt der Bauer die vorletzte Reihe mit Schach, folgt Remis!

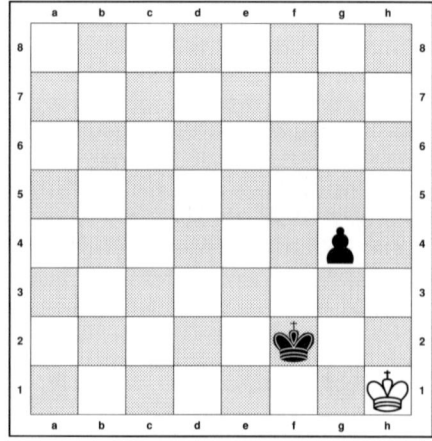

Schwarz am Zug

Schwarz muß sehr vorsichtig verfahren, denn bei 1. …g3? wäre Weiß patt. Also muß Schwarz umgruppieren mit einem Königszug:

1. …Kg3 2. Kg1 Kh3!

Das Feld h2 muß dem weißen König genommen

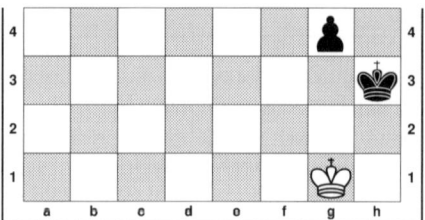

werden. So kommt Schwarz zum Beispiel mit 2. ...Kf3 3. Kh2! g3+ 4. Kh1 remis nicht weiter. Mit der Umgruppierung 3. ...Kf2 4. Kh1 Kg3 (aber nicht 4. ...g3? patt) könnte Schwarz wieder auf den richtigen Gewinnweg umschalten.

Wenn sich der weiße König nun wieder in die Nahopposition begibt (falls 3. Kf1 oder Kf2 so jeweils 3. ...Kh2 mit Gewinn), zieht im nächsten Zug der Bauer nach g3 vor:

3. Kh1 g3 4. Kg1 g2

Ohne Schach! Lautlos! Und Sieg!

Die Bauernendspiele, in denen die Fernopposition vorkommt, müssen am besten aus Endspielbüchern gelernt werden. Ein Beispiel hat bereits das erste Diagramm der Bauernendspiele gezeigt. Mit Schwarz am Zug hält nur die Fernopposition remis durch 1. ...Kb7!. Der naheliegende, logischer erscheinende Zug 1. ...Kb6? würde nach 2. Kb4 verlieren, weil Schwarz im nächsten Zug die Opposition aufgeben müßte. Bei richtig 1. ...Kb7! dagegen behält sich der sK alle weiteren Möglichkeiten vor. Je nachdem wie der weiße König zieht, geht Schwarz wieder in Opposition – Fern- oder Nahopposition.

Die Regel vom Quadrat –
wie 2 Bauern gegen den König gewinnen

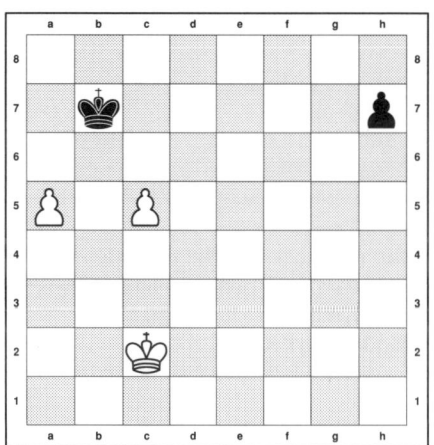

Schwarz am Zug: Kann nach 1. ...h5 der weiße König den Freibauern aufhalten?

Schwarz am Zug: Erobert der schwarze König nach 1. ...Ka6 die weißen Bauern?

Mit der Hilfsregel vom Quadrat kann sofort ohne Abzählen festgestellt werden, ob ein Freibauer

vom gegnerischen König noch aufgehalten werden kann. Nach 1. ...h5 zieht der Spieler in Gedanken ein Quadrat mit der Seitenlänge vom Standort des Bauern bis zum Umwandlungsfeld, im oben dargestellten Fall also eines von fünf Feldern über h5-d5-d1-h1. Wenn der König mit seinem nächsten Zug dieses Quadrat betreten kann, dann ist das Einholen des Bauern vor seiner Umwandlung gesichert.

Weiß kann mit einem Königszug nach d1, d2 oder d3 eines dieser Felder erreichen: Er wird von jedem dieser Felder aus den Bauern auf seiner Reise nach h1 noch erobern. Bitte ausprobieren! Zur nächsten Frage: Die beiden weißen Freibauern stehen auf einer Reihe und sind durch nur ein einziges Feld getrennt; sie gewinnen gegen den König. Zum Beispiel:

1. ...Ka6 2. c6!

Wenn Sie nun die Regel vom Quadrat anwenden, so werden Sie feststellen, daß sich der sK im Moment auf der Grenze des Quadrates befindet. Schlägt er nun den Bauern a5, so begibt er sich außerhalb des Quadrates, der weiße Bauer kann vor dem Umwandlungsfeld nicht mehr eingeholt werden:

2. ...Kxa5 3. c7

und der Bauer erreicht die 8. Reihe.

Oder

1. ...Kc6 2. a6

und wieder kann der König den Bauern nur um den Preis nehmen, daß der andere freie Bahn zur Umwandlung erhält.

Weiß wird das Endspiel gewinnen, indem er sich mit seinem König dem schwarzen Bh7 zuwendet, ihn erobert und danach mit dem König zum Damenflügel zurückeilt, um einen seiner Bauern auf dem Weg zur Umwandlung zu unterstützen. Da der schwarze König inzwischen keinen der Bauern schlagen kann, ohne daß nicht der andere freie Bahn erhält, steht Schwarz auf verlorenem Posten.

Der entfernte Freibauer gewinnt

Die sichere Voraussage jedes geübten Schachspielers basiert auf der Kenntnis der Regel vom „entfernten" Freibauern. Wenn beide Seiten einen Freibauern besitzen und noch weitere Bauern auf dem Brett sind, dann gewinnt die Partie, die den entfernten Freibauern besitzt.

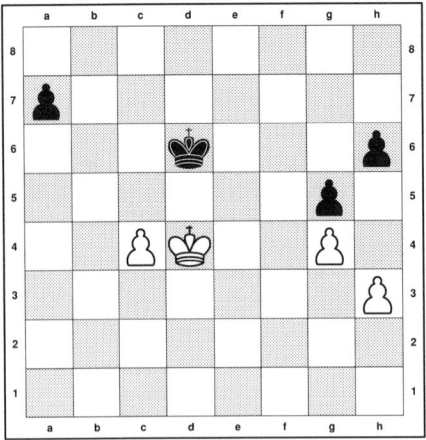

Schwarz gewinnt, egal wer anzieht

In der Diagrammstellung verfügt Schwarz über den entfernten Freibauern. Der Ba7 ist weiter vom Zentrum oder von der restlichen Bauernstellung entfernt als der weiße Bc4. Daraus folgt logisch: Wenn der weiße König den schwarzen Bauern auf der a-Linie schlägt, dann nimmt der schwarze König den weißen Bauern auf der c-Linie. Danach steht der schwarze König um zwei Linien näher bei der restlichen Bauernkette und wird dort aufräumen.

1. c5+ Kc6 2. Kc4 a5 3. Kd4 a4

Schwarz läuft einfach mit dem Bauern, und Weiß muß sich sofort um ihn kümmern (Quadrat!). Bei 3. ...Kb5?? würde Weiß gewinnen mit 4. Kd5 a4 5. c6 a3 6. c7 a2 7. c8D a1D, und nun hat Schwarz zwar auch eine Dame erhalten, er verliert sie aber sofort durch Schachgebote: 8. Db7+ Ka4 9. Da8+ nebst Dxa1 und gewinnt.

4. Kc4 a3 5. Kb3 Kxc5 6. Kxa3 Kd4 7. Kb4 Ke3 8. Kc4 Kf3 9. Kd4 Kg3 10. Ke5 Kxh3 11. Kf5 Kh4 12. Kg6 Kxg4 13. Kxh6 Kh4

und so weiter.

Lassen wir in der Diagrammstellung Schwarz anziehen und wählen einen etwas anderen Weg:

1. ...Kc6 2. Kc3 Kc5 3. Kb3 a5 4. Ka4 Kxc4 5. Kxa5 Kd4

und das Ende ist wieder dasselbe.

Turmendspiele aus der Turnierpraxis

Die folgenden Arten von Turmendspielen mit Bauern auf beiden Seiten oder mit 4 gegen 3, oder 3 gegen 3 Bauern auf einem Flügel zeigen die Gesetzmäßigkeiten auf. Wie plant der Angreifer, wie richtet der Verteidiger seine Aktionen ein?

Wie endet ein Turmendspiel

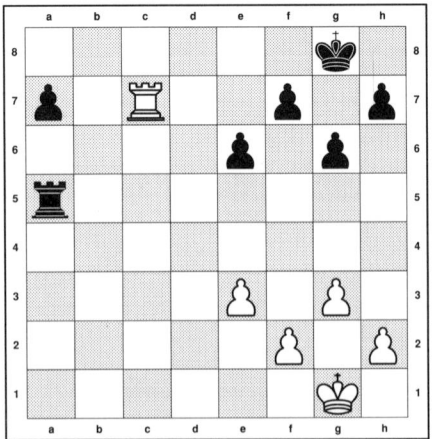

Stellung nach dem 29. Zug

Donner (NL) – **Gipslis** (SU)

IBM-Turnier 1976

Turmendspiele mit einem Bauern mehr oder weniger sind immer remis! So lautet ein Leit- und Erfahrungssatz der Schachtechnik, der besagen möchte, daß die Verteidigung über große Ressourcen verfügt, auch wenn die andere Seite materielle Vorteile in die Waagschale werfen kann.

Als Voraussetzung gilt, daß die Verteidigung im Turmendspiel aktiv geführt wird. Darüber geben die beiden Großmeister eine Lehrstunde. Wie oft mag die Stellung schon vorgekommen sein, bei Weiß oder Schwarz der Mehrbauer? Und wie oft konnte die Verteidigung nicht standhalten?

30. g4 h5 31. gxh5 gxh5 32. Kg2 Kg7 33. Kg3 Kg6 34. h4 Ta3

Wenn 34. ...Ta4, dann 35. f3! nebst 36. e4. Um diese Aufstellung zu vermeiden, zieht der Turm nach a3.

35. f3 Txe3 36. Txa7 e5

Eine Veränderung hat stattgefunden; es sind jetzt nur noch Bauern auf einem Flügel vorhanden, und zwar 3 gegen 2.

37. Ta6+ f6 38. Kf2 Tb3 39. Kg2 Tb2+ 40. Kg3 Tb4 41. Te6 Kf5 42. Ta6 Tb8 43. Tc6 Te8 44. Ta6 Te6

Mit einem Minusbauern (= ein Bauer weniger) darf sich Weiß nicht auf den Turmtausch einlassen.

45. Ta8 Tc6 46. Th8 Kg6

Die Schwäche des Einzelbauern auf h5 bleibt die Remischance für Weiß.

47. Tg8+ Kh7 48. Te8 Kg7 49. Te7+ Kg6 50. Te8 Tc3 51. Kf2 Kf5 52. Tf8!

Ja nicht 52. Th8 wegen 52. …Kf4 und der Bf3 fällt mit Schach. Außerdem wäre dann der weiße Turm außer Spiel und Schwarz kann im Mattangriff gewinnen.

52. …Ta3 53. Kg2 Ta6

Mit der Absicht …Kf4 nebst …f6-f5. Deshalb muß Weiß dieses Eindringen mit dem König abwehren.

54. Kg3 Ta7 55. Kg2 Tb7 56. Kg3 Te7

Um weiterzukommen, muß Schwarz die Struktur der Stellung erneut verändern.

57. Kg2 e4 58. fxe4+ Txe4 59. Kg3 Te3+ 60. Kg2 Ta3

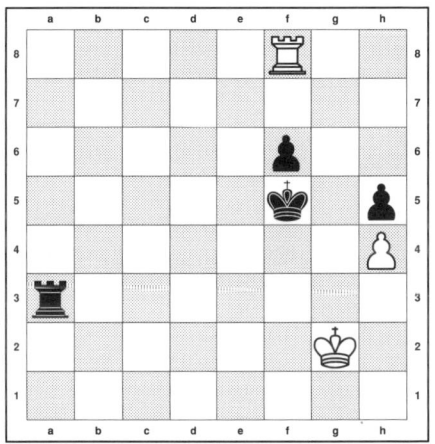

Die Lage ist nicht gefahrlos für Weiß. Greift der Turm den Bh5 mit Th8 an, so gewinnt …Kg4 und der weiße h-Bauer wird erobert.

61. Tb8 Te3 62. Tf8 Td3 63. Tf7 Ke5

Ein letzter Versuch – am untauglichen Objekt. Der holländische Großmeister verteidigt sich genau.

64. Th7 Kf4 65. Txh5 Td2+ 66. Kh3 Td3+ 67. Kg2 Kg4 68. Ta5 Td2+ 69. Kf1 Kxh4 70. Ta3 remis

Die Schlußstellung beim 70. Zug zeigt die klassische Remisposition. Der Turm zieht so lange auf der 3. Reihe hin und her, bis Schwarz nach …Kg4/…Bf6-f5-f4 den Zug …f3 macht. Erst dann darf – und muß! – Ta8(b8) geschehen mit den Schachgeboten von hinten bei forciertem Remis.

Das Meisterstück 3 gegen 2

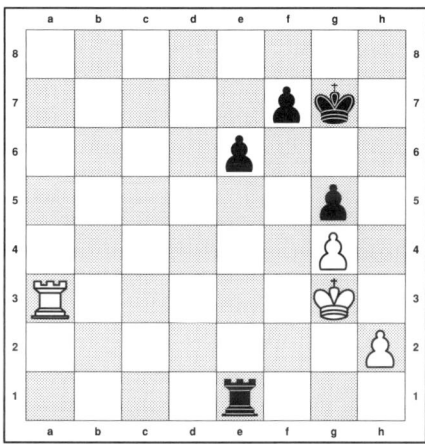

Nikolac (YU) – **Geller** (SU)
Großmeisterturnier Wijk aan Zee 1977
Schwarz besitzt bereits einen Freibauern. Der Gewinnweg des Weltmeisterschaftskandidaten Geller ist eindrucksvoll. Die Stellung ergab sich nach dem 41. Zug:

42. Ta7 Te3+ 43. Kf2 Td3 44. Tb7 Kg6 45. Tb6 Kf6 46. Tb7 Td6 47. Kg3 e5 48. Tb4 Td3+ 49. Kf2 Ke6 50. Tb6+ Td6

Aus diesem Grund mußte der schwarze Turm in der d-Linie postiert sein.

51. Tb8 Td2+ 52. Kg3

Den Bh2 muß Weiß immer geschützt halten.

52. …Td3+ 53. Kg2 e4 54. Te8+ Kd5 55. Te7 f6 56. Te8 Ta3 57. Kf2 Tf3+ 58. Kg2 Tc3

Es gehört zur Taktik und Technik in Endspielen, zur Zeitersparnis gelegentliche Zugwiederholungen einzulegen. Das ist so: In den meisten Turnierpartien hat jeder Spieler für die ersten 40 Züge der Partie 2 Stunden Bedenkzeit, dann erfolgt eine Zeitkontrolle (anhand der Schachuhr und dem Partieformular wird – von den Spielern selbst oder dem Schiedsrichter – überprüft, ob die erforderlichen Züge in der gegebenen Zeit erreicht wurden dia 159), anschließend muß jeder Spieler in einer Stunde 20 Züge bis zur nächsten Zeitkontrolle machen.

Bietet sich nun die Gelegenheit, Zugwiederholungen einzuschalten, ohne daß eine Remisreklamation eintritt (dreimalige Stellungswiederholung!), dann hat der Spieler für diese rasch ausgeführte Zugwiederholung Zeit gewonnen; er hat sein Zügesoll rascher erfüllt!

59. h3 Tc6 60. Kf2 Kd4 61. Ta8

Das Schachgebot 61. Td8+ wäre verfehlt wegen …Ke5 und der König dringt nach f4 ein. Der ganze Kampf und die Strategie haben zum Ziel, Schwarz mit dem König nach f4 zu führen; Weiß paßt auf, daß das nicht stattfindet.

61. …Tc2+ 62. Kg3 Tc1

Der schwarze Turm schwenkt jetzt auf den anderen Flügel, um von f1 aus den Bauern f6 schützen zu können.

63. Td8+ Ke3 64. Td6 Tg1+ 65. Kh2 Tf1 66. Ta6 f5

Damit Schwarz weiterkommen kann, muß die Stellung durch Bauerntausch verändert werden.

67. gxf5 Txf5

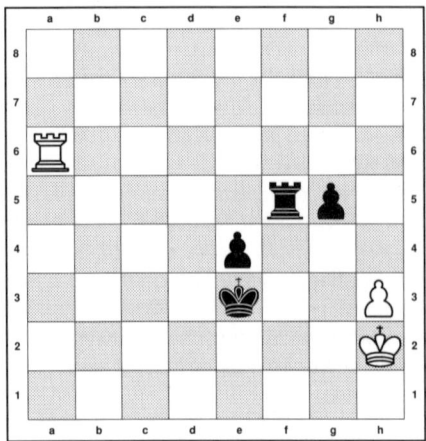

68. Kg3 Td5 69. Ta2 Kd3 70. Ta3+ Kd2 71. Ta2+ Ke1 72. Ta4 e3 73. Ta1+ Td1 0:1

Es könnte folgen: 74. Ta8 e2 75. Kg2 Kd2 und auf Schachgebote wandert der König dem Turm entgegen, am Ende wird e1D geschehen. Ein Meisterstück in Technik, Taktik und Strategie des Turmendspiels.

Kniffe und Regeln im Bauernendspiel

Die Dreiecksnutzung

Die Technik der Dreiecksnutzung erlaubt Weiß den Gewinn:

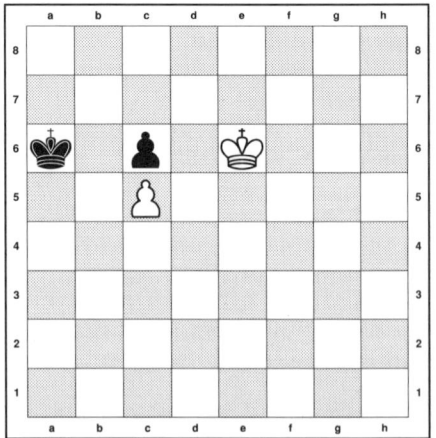

Weiß gewinnt, egal wer anzieht

1. Kd7!

Sofort 1. Kd6?? verliert sogar wegen 1. …Kb5! und der weiße Bauer c5 geht verloren. Weiß operiert richtig mit der Dreiecksnutzung auf den Feldern e7-d7-d6.

1. …Kb5

Auch 1. …Kb7 hilft Schwarz nicht weiter: 2. Kd6 und der Bc6 fällt.

2. Kd6

Schwarz muß einen Zug machen; er kann seinen Bauern nicht länger schützen. Weiß erobert den Bc6, sein König steht auf der 6. Reihe vor dem Bauern; Weiß gewinnt.

In der Stellung des nächsten Diagramms gewinnt Weiß nur mit

1. d5

Falsch wäre 1. Kc6? wegen 1. …d5! 2. Kxd5 Kd7! und Schwarz hält die Opposition; Weiß kann nicht vor seinem Bauern die 6. Reihe erreichen; die Stellung ist remis.

1. …Ke8 2. Kxd6

Mit dem König auf der 6. Reihe vor dem Bauern ist der Rest bekannt.

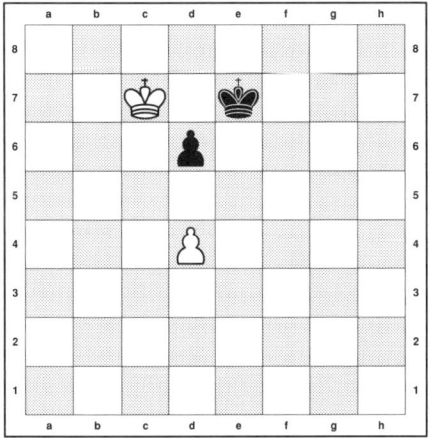

Weiß am Zug gewinnt
Schwarz am Zug hält remis

Schwarz am Zug spielt 1. ...d5 2. Kc6 Kd8
3. Kxd5 Kd7 Opposition und Remis!

Der Trick der Einsperrung
In diesem und im nächsten Diagramm täuscht
der erste Eindruck, daß Weiß gewinnen könnte.

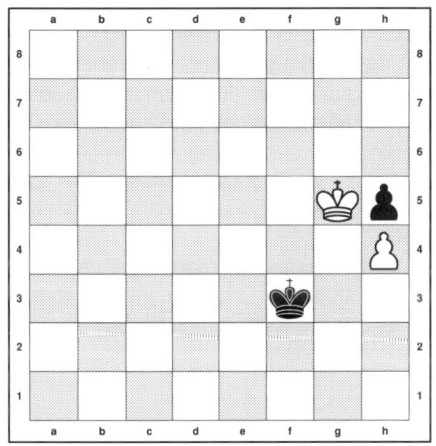

Schwarz am Zug: Wie endet das Spiel?

Weiß wird den Bh5 erobern und seinen Bauern
auf die 8. Reihe bringen – möchte man auf den
ersten Blick meinen. Das wäre der Fall bei
1. ...Kg3? 2. Kxh5 Kf4 3. Kg6 und dem Bauern
steht kein Hindernis entgegen.

Wer aber den Trick mit der Einsperrung kennt,
wird mit Schwarz anders manövrieren:
1. ...Ke4! 2. Kxh5 Kf5!
Der weiße König wird am Rand eingesperrt:
**3. Kh6 Kf6 4. Kh7 Kf7! 5. h5 Kf6 6. h6 Kf7
7. Kh8 Kf8**
Auch 7. ...Kg6 wäre möglich: 8. h7 Kf7 patt.
8. h7 Kf7 patt
Dasselbe Motiv bildet die Schlußpointe in der bekannten Endspielposition:

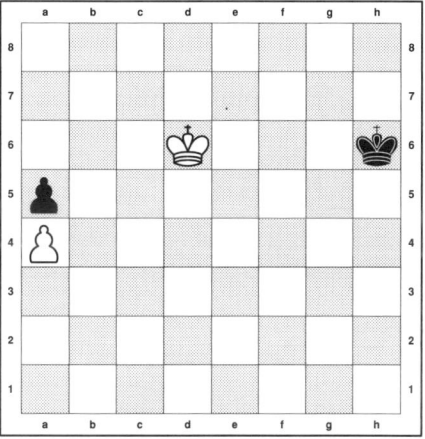

Schwarz am Zug hält remis

Die einzige Hoffnung von Schwarz besteht darin,
das Umwandlungsfeld a8 zu besetzen.
**1. ...Kg6 2. Kc5 Kf5 3. Kb5 Ke6 4. Kxa5 Kd7
5. Kb6 Kc8!**
Schwarz hat das Unwahrscheinliche geschafft.
Trotz des Dreifelderabstandes in der Ausgangs-
position kommt der schwarze König rechtzeitig
auf das wichtige Feld c8, das dem wK das Betreten des Feldes b7 verwehrt. Weiß muß nun entweder zulassen, daß der schwarze König sich auf
das Feld a8 begibt oder es kommt auch hier zur
Einsperrung.
6. Ka7 Kc7 7. a5 Kc6
Sicherer ist ...Kc8, aber 8. Kb8 ist wegen 8. ...Kb5
und Eroberung des Bauern nicht zu fürchten.
8. a6 Kc7 9. Ka8 Kb6 10. a7 Kc7 patt

Der König im Endspiel
In allen Endspielen haben wir bemerkt, daß dabei
auch der König eine wichtige und oft entscheidende Rolle spielt. Der König ist im Endspiel die

stärkste Figur, darauf hat übrigens besonders der erste Schachweltmeister Wilhelm Steinitz hingewiesen. In Endspielen mit beiderseits noch vorhandenem Turm oder leichten Figuren entscheidet meistens die bessere Zentralstellung des Königs darüber, welcher Partei der Sieg zufällt. Der deutsche Meister Dr. Max Lange schreibt in seinem Lehrbüchlein „Das Schachspiel" sogar, daß im Endspiel der König die Wirkung eines Turmes habe. Da der König nach jeder Seite hin ein Feld beherrscht, zusammen neun, kann man seine Wirkung tatsächlich mit der eines Turms vergleichen.

Endspielraritäten

Mit der Theorie der Schachendspiele sind Bücher gefüllt. Nur einen Teil der Materie, den wichtigsten, findet der Leser in unserem Kapitel. Welche Möglichkeiten das Gebiet der Endspiele bietet, zeigen einige Raritäten in den nächsten Diagrammen.

Der Bauerndurchbruch

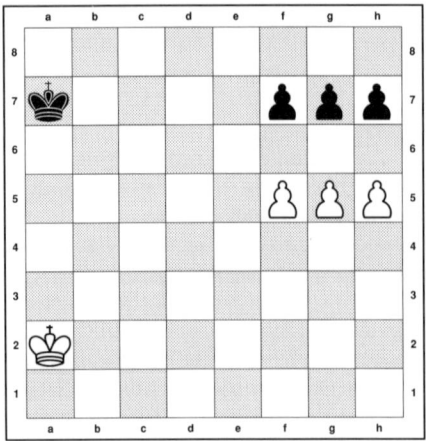

Weiß am Zug bringt einen von drei Bauern auf die 8. Reihe:

1. g6! fxg6

Oder Schwarz schlägt mit dem Randbauern:
1. …hxg6 2. f6! gxf6 3. h6 und gewinnt.

2. h6 gxh6 3. f6

Der eine bleibt übrig und gewinnt. Es ist das älteste und bekannteste Beispiel des Bauerndurchbruchs.

Trotz Figur und Mehrbauer nur remis

Zwei seltene Remispositionen vermitteln die nächsten Fälle.

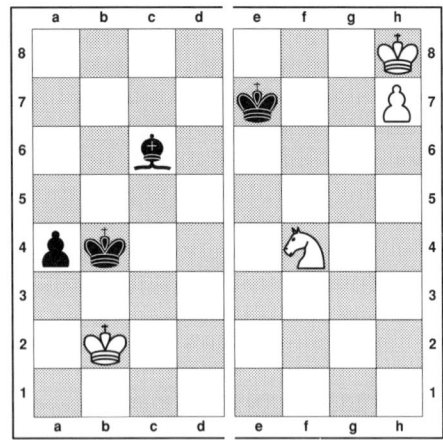

Schwarz am Zug hält Remis in beiden Fällen

Trotz Läufer und Bauer mehr kann Schwarz die Stellung nicht gewinnen. Der weiße König besetzt das Umwandlungsfeld a1, von dem ihn der Gegner nicht vertreiben kann, weil der weißfeldrige Läufer das dunkle Feld a1 nicht kontrollieren kann. Man spricht in solchen Fällen auch vom „falschen Läufer". Schwarz kann nur ein Patt erreichen.

In der rechten Diagrammhälfte kann Weiß mit Springer und Bauer als Mehrbesitz nicht gewinnen, wenn Schwarz den richtigen Königszug macht:

1. …Kf8! 2. Sg6+ Kf7

Weiß ist im Zugzwang; liebend gerne würde er einmal „aussetzen" und den schwarzen König zwei Züge hintereinander machen lassen. Dieser müßte dann die Einsperrung aufheben und Weiß könnte gewinnen. So aber muß er mit seinem Springer ziehen und die Kontrolle über das Feld f8 wieder aufheben.

3. Se7 Kf8

Der schwarze König pendelt auf den Feldern f7 und f8, von denen ihn der Springer nicht vertreiben kann, daher Remis!

Der Marschallstab im Tornister

Nach einem Wort von Napoleon hat jeder Soldat den Marschallstab im Tornister, und so auch im

Schach der unscheinbare Bauer. Eine klassische Abwicklung verdeutlicht das:

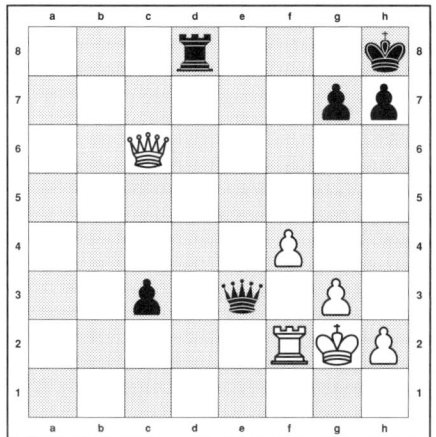

Selesniew – Antoschin
Moskau 1961

Weiß am Zug sollte mit f4-f5, Weitermarsch nach f6 drohend mit Dauerschachabsichten nach ...gxf6 seine Remismöglichkeiten suchen. Er glaubte jedoch, den schwarzen Freibauern in der c-Linie stoppen zu müssen:

1. Tc2?

Stellt den Turm passiv. Zwar kann Schwarz darauf schlecht 1. ...Td2+ spielen, weil Weiß mit dem König nach h3 läuft, und wegen der Mattdrohung auf der Grundreihe geht der schöne Freibauer verloren: 2. Kh3 h6 3. Txc3.

Schwarz beläßt aber den Turm auf der Grundreihe und opfert auf d2 die Dame:

1. ...Dd2+!

Aufgegeben, denn Weiß behält am Ende einen Turm weniger: 2. Txd2 cxd2 und im nächsten Zug holt sich der Bauer auf d1 den Marschallstab!

Die Unterverwandlung

Einen Fall von Unterverwandlung eines Bauern in einen Turm statt in eine Dame, um ein Patt zu vermeiden, ist im Abschnitt Bauernumwandlung dargestellt.

Es gibt aber auch Stellungen, in denen der Bauer noch eine Stufe tiefer „unterverwandelt" werden muß:

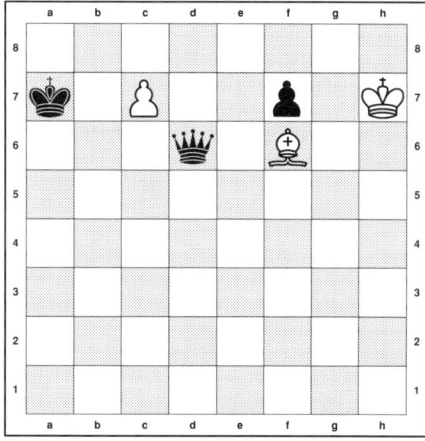

Weiß am Zug gewinnt

Die normale Unterverwandlung des weißen Bauern in die stärkste Figur: 1. c8D, würde nach 1. ...Dxf6 höchstens dem Schwarzen mit seinem Mehrbauern Gewinnaussichten bieten. Aber:

1. c8S+!

Umwandlung in einen Springer – das verändert die Situation radikal. Nach einem Königszug schlägt der Springer die Dame, wonach Läufer und Springer das Matt erzwingen werden.

Kombinationen im Endspiel

Was ist eine Kombination

Unter Kombination verstehen wir eine vorausberechnete Zugfolge von zwei oder mehr Zügen, die zusammen, „kombiniert" gesehen das geplante Ergebnis bringen (sollen). Es gibt aber auch Fehlkombinationen, in denen uns der Gegner beweist, daß unsere Berechnung einen Haken hatte. Ist unsere Kombination aber korrekt, so trifft das Ergebnis den Gegner am Schachbrett meist überraschend – er hat die Kombination nicht vorausgesehen. Meistens sind Kombinationen mit einem Opfer von Material verbunden, das kann das Opfer eines Bauern, aber auch der Dame sein. Jede Kombination ist ein schöpferischer Akt. Berechnung, Phantasie und geometrisches Vorstellungsvermögen werden dabei geschult oder sind die Voraussetzung zum Erfolg.

Die Abtauschkombination
oder die Abwicklung zum Endspiel

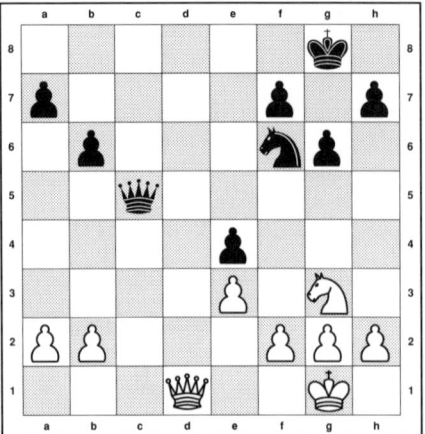

Kann Weiß den Be4 erobern?

Es ist nicht wahrscheinlich, daß Weiß den vorgerückten sBe4 wird erobern können; Weiß kann ihn nur mit Dame und Springer angreifen, und ebensooft (zweimal) kann ihn Schwarz decken. Aber es gibt eine Kombination, die auf überraschende Weise zum Fall des Be4 führt:

1. Dd8+ Kg7 2. Dxf6+ !

Ein Damenopfer, aber nur vorübergehend; die folgende Springergabel erobert die schwarze Dame, und als Zinsen bleibt Weiß der eroberte Bauer.

2. ...Kxf6 3. Sxe4+

nebst 4. Sxc5 und gewinnt.

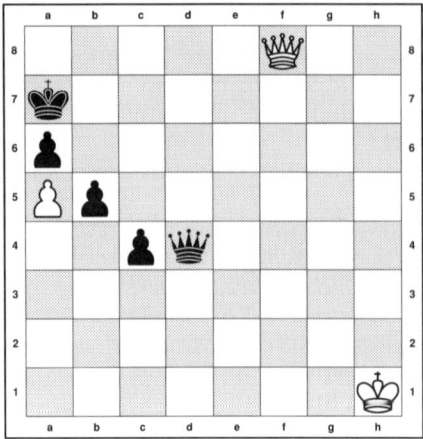

Der Rettungsanker
(siehe letztes Diagramm)

Brockelbank – Sowerby
Melbourne 1927
Weiß am Zug hat nur geringe Chancen, das Damenendspiel mit zwei Bauern weniger noch remis zu halten; nach einer Reihe von Schachgeboten läuft der schwarze König ins Zentrum und über d5-e4-e3-d3 zum Damenflügel vor seine Bauern. Weiß endeckte aber eine Rettung:

1. Df2!!

Gratisangebot der Dame, das Schwarz akzeptieren muß:

1. ...Dxf2 patt

Der Schnitzer des Jugendweltmeisters

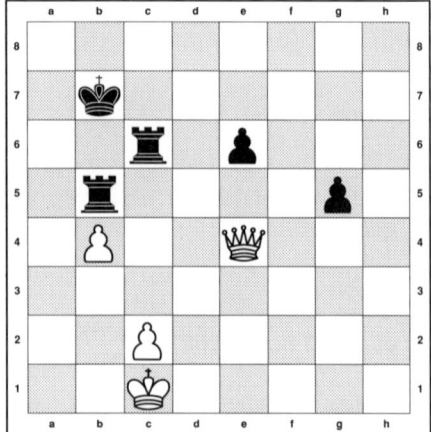

Grindberg – Diesen
Jugendweltmeisterschaft Holland 1977
Weiß spielte 49. Kb2??. Ein Schnitzer, der sofort verlieren sollte. Doch der amerikanische Jugendweltmeister Diesen kam ungeschoren davon. Es geschah 49. ...Tf5?? und nach 50. Kb2 trennte man sich kurz danach mit Unentschieden.
Dabei hätte Schwarz mit dem Turmopfer…

49. ...Txb4+ !!

…die Dame gegen seine beiden Türme tauschen können. Nach der Abwicklung…

50. Dxb4+ Tb6

…bleibt die Dame an den König gefesselt; sie wird gegen den Turm getauscht, wonach Schwarz mit einem seiner Freibauern die 1. Reihe erreicht. (Der weiße Bauer wird nebenbei fallen.)

Wie die Schachpartie eröffnet wird

Die Kardinalfehler in der Eröffnung

Der Aufbau einer Partie in den ersten Zügen ist meist durch folgende Fehler gestört:

1. Zu viele Bauernzüge; das bezieht sich fast immer auf die Randbauernzüge.
2. Das frühe Umherziehen mit der Dame. Diese „Ausflüge" sind mit Zeitverlust verbunden; die Dame wird von den leichten Offizieren des Gegners zurückgeworfen.
3. Das Herausziehen der Läufer vor die Zentrumsbauern, die dadurch blockiert werden und die harmonische Entwicklung verhindern.
4. Das mehrfache Ziehen mit derselben Figur in der Eröffnung.

Diese Grundfehler zu vermeiden bedeutet, daß der erste Schritt zu positionsgerechtem Spiel gemacht ist. *Positionsspiel* heißt nichts anderes als: planvoller Partieaufbau nach den *strategischen Erfordernissen*.
Kombinationsspiel bedeutet nichts anderes als die taktische Auswertung des Positionsspiels, *ist also Taktik*.

Einige Beispiele, die wir so oder ähnlich immer wieder in der Laienpraxis antreffen:
1. e4 e5 2. Sf3 Sc6 3. Ld3? h6?
Der Aufzug des Läufers blockiert den d-Bauern. Dieser Bauer soll aber so rasch wie möglich gezogen werden, 1 oder 2 Schritte, damit der Damenläufer c1 ins Spiel gelangen kann.
Es wurde schon erwähnt, daß sich gute Spieler mit dem Aufzug nur der beiden Mittelbauern in der Eröffnung begnügen. Alle weiteren Bauernzüge erfolgen nur, wenn sie notwendig sind oder wenn die Überleitung ins Mittelspiel einsetzt.

Drei Beispiele von schwachen Bauernvorstößen im Eröffnungsstadium:
a) 1. e4 e6 2. e5?
b) 1. d4 d6 2. d5?
c) 1. d4 d5 2. c4 e6 3. c5?
Keiner der drei Bauernzüge e5?, d5? und c5? leistet irgend etwas für die Entwicklung der eigenen Figuren, sie sind reiner Zeitverlust und kommen nur dem Nachziehenden zugute.

Früher Damenverlust

Ein ausgesuchter Reinfall prangert das frühe Herausbringen der Dame an:
1. e4 e6 2. d4 Df6 3. e5 Df5?? Ld3!
Da steht sie mitten im Brett gefangen vom Läufer und geht verloren.
Das weiße Gegenstück läuft so:
1. e3 e5 2. Df3 d5 3. d4 e4 4. Df4?? Ld6!

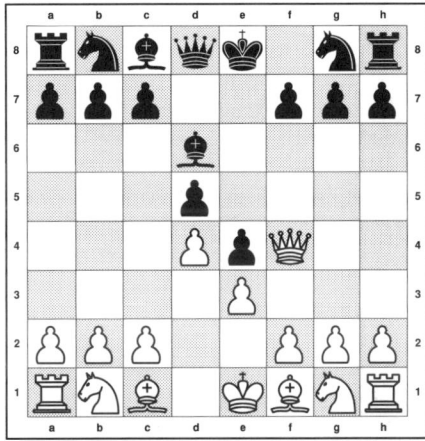

Verfrühter Angriff auf f7

Die Fehler der Praxis sehen meist nicht so naiv aus, wie es das letzte Beispiel vermuten ließe. Sie verlaufen mehr nach folgendem Schema:
Italienisch
1. e4 e5 2. Sf3 Sc6 3. Lc4 Lc5 4. 0-0 Sf6 5. Sg5? 0-0
Den unzulänglichen „Angriffszug" Sg5, um mit Läufer und Springer auf den Gegner loszugehen, beantwortet Schwarz mit dem natürlichen Entwicklungszug ...0-0.
6. c3?
Besser ist 6. d3, um dem Be4 eine zusätzliche Deckung zu schaffen. Nach 6. ...d5 7. exd5 Sxd5 ist Schwarz zum raumgreifenden Vorstoß des Damenbauern gekommen, was sonst nicht so leicht vom Nachziehenden zu bewerkstelligen ist. Das rührt daher, daß Weiß mit dem Tempoverlust und „Angriffszug" Sf3-g5 den Druck auf das Zentrum aufgegeben hat.
6. ...h6 7. Sf3

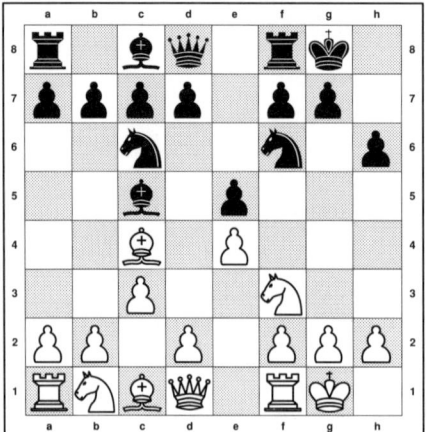

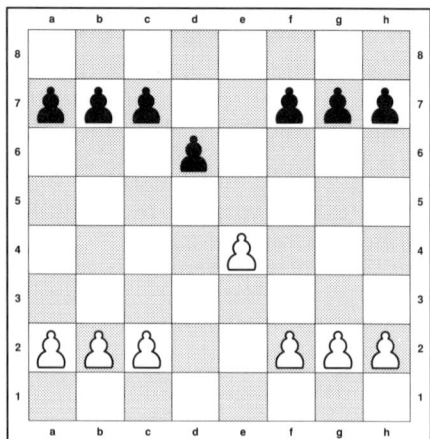

Die notwendige Zentrumskontrolle durch die Mittelbauern

Häufig ist hier der Einschlag auf f7 zu beobachten (7. Lxf7+ Txf7 8. Sxf7 Kxf7). Aber Turm und Bauer sind kein ausreichender Gegenwert für die zwei weißen Figuren. Es sind außerdem die einzigen bei Weiß entwickelten Figuren. Klar, daß es nicht richtig sein kann, so früh sein Pulver zu verschießen!

7. …Sxe4 8. Te1 d5

Oder 8. d4 exd4 9. cxd4 d5! und Schwarz behauptet bei guter Entwicklung seinen gewonnenen Bauern.

Wichtig für Weiß und Schwarz ist in der Eröffnung die *Kontrolle der vier Zentrumsfelder* e4, d4 und e5, d5.

Diese Felder müssen beim Spielaufbau und auch im Mittelspiel stets im Auge behalten werden. Es ist keine Flügelaktion erfolgreich möglich, wenn nicht die Kontrolle der Zentrumspunkte intakt ist. Beliebt beim Schachneuling sind die Aufzüge der Randbauern:

1. e4 e5 2. Sf3 d6 3. Lc4 h6? 4. h3? a6? 5. a3? b5?

Anstelle von Zügen wie h7-h6 oder h2-h3 sind die Entwicklungszüge Lf8-e7 oder bei Weiß die kurze Rochade vorzuziehen.

Bauernformationen

Die folgende Bauernstellung ergibt sich häufig in den offenen Spielen, etwa in Spanisch nach den Zügen

1. e4 e5 2. Sf3 Sc6 3. Lb5 d6 4. d4 exd4 5. Dxd4 Ld7 6. Lxc6 Lxc6

Weiß kontrolliert mit dem Be4 die Felder d5 und f5, Schwarz beherrscht die Felder e5 und c5. Der geringe Raumvorteil von Weiß (sein Bauer auf der vierten Reihe ist dem gegnerischen Lager näher) erlaubt eine auch geringe Initiative, die aber an sich noch nicht zu einem Vorteil führen muß. Aber es ist ein minimaler Raumvorteil oder Positionsvorteil.

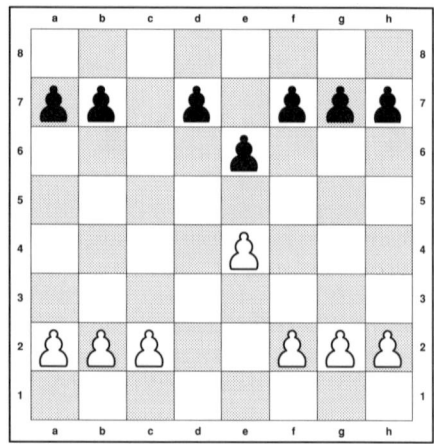

Eine sizilianische Formation

Sie entsteht nach den einleitenden Zügen:

1. e4 c5 2. Sf3 e6 3. d4 cxd4 4. Sxd4 Sf6

Wir sprechen immer nur von der *Bauernstruktur,* die das Bild einer jeden Eröffnung bestimmt; sowohl bei den offenen und halboffenen Spielen, als auch bei den geschlossenen Spielen.

Die Bauern sind die Seele des Schachspiels! Dieses Leitmotiv stellte der französische Schachdenker Philidor im 18. Jahrhundert auf. Seine Nachfolger Steinitz und Tarrasch begründeten die Lehre später und bauten sie weiter aus. Den letzten Schliff mit modernen Gedanken brachte Nimzowitsch an, Vollender der neuen Schachideen in den zwanziger Jahren.

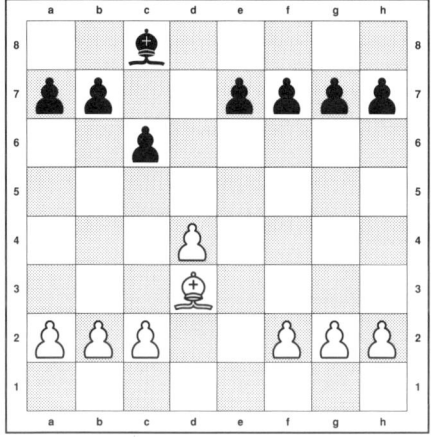

Die Caro-Kann-Formation

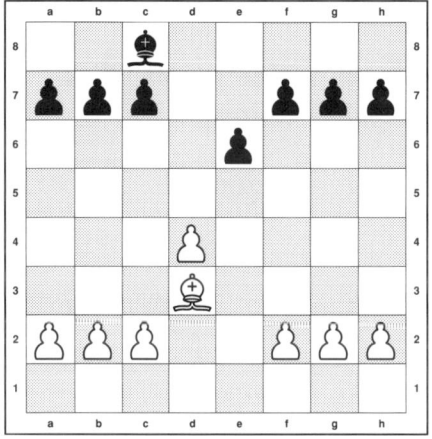

Die Französisch-Formation

In den offenen Spielen wie Spanisch, Italienisch, Läuferspiel, Wiener Partie, Königsgambit, werden offene Zugstraßen für alle weißen und schwarzen Figuren freigemacht. Nicht nur Weiß bringt seine Läufer mit Lb5 und Lg5 ins Spiel, auch Schwarz

postierte seine Läufer auf den Diagonalen f8-b4 und c8-g4. In den halboffenen Spielen ist die Situation geteilt. In der Französischen Formation bleibt der schwarze Damenläufer zunächst innerhalb der schwarzen Bauernketteeingeschlossen; er kann meist nur bis nach d7 ziehen. Bei der Caro-Kann-Verteidigung dagegen gewinnt der schwarze Damenläufer freie Bahn:
1. e4 c6 2. d4 d5 3. Sc3 dxe4 4. Sxe4 Lf5

Ebenso bleiben in der Aljechin-Verteidigung dem schwarzen Läuferpaar Entfaltungsmöglichkeiten:
1. e4 Sf6 2. e5 Sd5 3. d4 d6 4. c4
Heute wird das Vierbauernspiel wenig bevorzugt, sondern eher diese Aufstellung: 4. Sf3 Lg4 5. Le2 e6.
4. ...Sb6 5. f4 dxe5 6. fxe5 Sc6 7. Le3 Lf5 8. Sf3 e6

Die klassischen Spielanfänge wie Spanisch, Italienisch, Französisch, Caro-Kann, Damengambit, wurden großenteils von den Modernen Flankeneröffnungen an die Wand gedrückt:
1. e4 g6 2. d4 Lg7 3. Sf3 d6 oder
1. d4 g6 2. c4 Lg7 3. Sc3 d6 oder
1. d4 d6 2. e4 Sf6 3. Sc3 g6 4. Ld3 Lg7
Weiß kann ebensogut 4. Sf3 oder 4. f4 spielen.

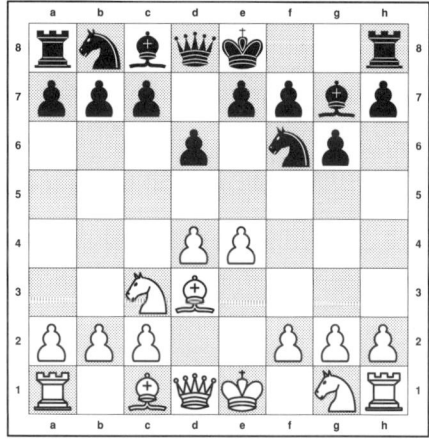

Die moderne Flankenformation

Schwarz kann den Zentralvorstoß ...e5 hinausschieben oder gleich nach der Rochade machen. In der Regel wird Schwarz erst ...c6 und ...Sbd7, ja sogar ...b5 einschalten.

Alle diese modernen Flankenspiele dominieren in der heutigen Turnierpraxis. Aber nur der schon etwas erfahrene Schachfreund wird diese chancenreichen Spielweisen anwenden. Schwarz nimmt freiwillig Terrainbeschränkungen in Kauf, erhält dafür aber eine dynamische Stellung.

Eröffnungs-Tricks

Das Scheinopfer in der Eröffnung

Hier eine Eröffnungsvariante, bei der ein Angriff durch die Bauerngabel vorkommt:

1. e4 e5 2. Sf3 Sc6 3. Sc3 Lc5

Nun bringt Weiß ein sogenanntes Scheinopfer. Kein echtes Opfer, weil Weiß die geopferte Figur wieder zurückgewinnt, also nur „zum Schein" geopfert hat.

4. Sxe5 Sxe5 5. d4

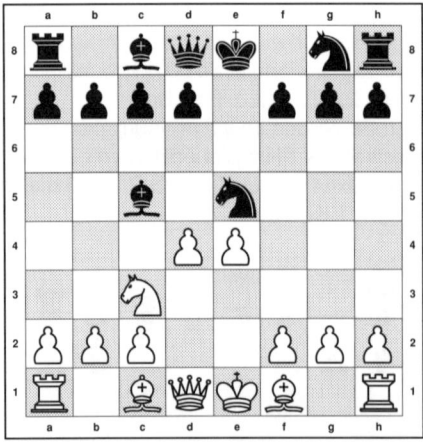

Nach dieser Gabel wird Weiß die ins Geschäft gesteckte Figur zurückerhalten, egal wie Schwarz auch antwortet. Folgende Möglichkeiten stehen ihm zur Auswahl:

A) 5. ...Lxd4 6. Dxd4

Die materielle Lage ist ausgeglichen, wenn wir die Figuren und Bauern auf beiden Seiten abzählen. Nach 6. ...Df6 droht Schwarz Damengewinn durch 7. ...Sf3+ 8. gxf3 Dxd4. Weiß kann dagegen mit 7. Le3 oder noch besser 7. Sb5 fortsetzen. Dies ist aber bereits ein Fall für fortgeschrittene Schachfreunde; die Spiele stehen ungefähr gleich.

B) 5. ...Ld6 6. dxe5 Lxe5 7. Lc4

Weiß hat leichten Entwicklungsvorsprung. Der Tausch…

7. ...Lxc3+ 8. bxc3

…braucht von Weiß trotz der zerissenen Bauernstellung am Damenflügel nicht befürchtet zu werden. Die offenen Linien, das Läuferpaar und die überlegene Entwicklung seiner Streitkräfte würden für Weiß ein entscheidendes positionelles Übergewicht bedeuten.

Den *Eröffnungstrick* mit einer Bauerngabel kann auch Schwarz anwenden, und zwar in der „Wiener Partie" nach folgenden Zügen:

1. e4 e5 2. Sc3 Sf6 3. Lc4 Sxe4!

Schwarz opfert den Springer für nur einen Bauern. Aber auch hier handelt es sich nur um ein Scheinopfer – die Figur wird durch eine Bauerngabel zurückerobert.

4. Sxe4 d5

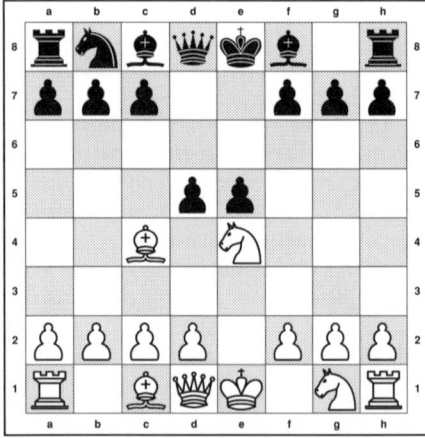

Die Gabel d7-d5 spießt zwei weiße Figuren auf; eine davon muß Weiß hergeben. Mit dem Zwischenschach 5. Lb5+ kann Weiß nichts erreichen, denn nach 5. ...c6 bleiben Läufer und Springer von schwarzen Bauern angegriffen.

Eine *Eröffnungsfalle*, die immer aufs neue ihre Opfer findet, kann Weiß jetzt aufstellen:

5. Lxd5 Dxd5 6. Df3!

Nun droht der Springerabzug 7. Sf6+! mit Damengewinn nach 7. ...gxf6 8. Dxd5. Schwarz darf also keinesfalls einen normalen Entwicklungszug wie 6. ...Sc6 ausführen, oder etwa 6. ...Le7, beide Male würde der weiße Trick funktionieren. Richtig ist allein der gute Entwicklungszug

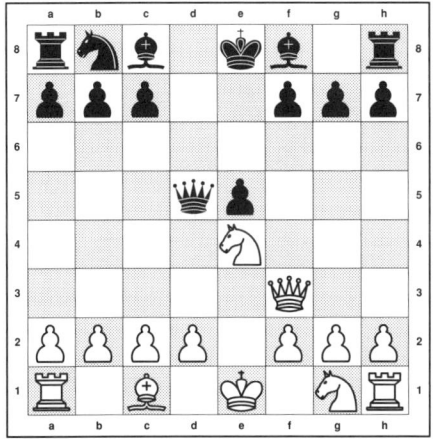

6. ...Le6!
Wenn nun etwa 7. Sg5, so entwickelt sich Schwarz konsequent weiter mit 7. ...Sc6!.
Wir sehen – dieselben Tricks und Kombinationen gibt es bei Weiß und bei Schwarz.

Die Variante mit dem Läuferopfer auf f7
1. e4 e5 2. Lc4 Sf6 3. Sc3 Sxe4
Unter Zugumstellung wurde dieselbe Stellung wie im Beispiel vorher erreicht. Weiß stellt nun folgende Überlegung an: Wenn ich schon nach dem Nehmen auf e4 die Figur nach der Bauerngabel zurückgeben muß, dann kann doch auch gleich der Läufer auf f7 geopfert werden. Damit wird der König ins Freie gezerrt und der verlorene Bauer e4 wurde auf f7 zurückgeholt. Aber…
4. Lxf7+

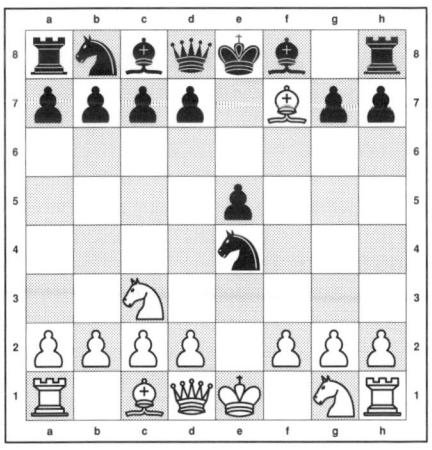

4. ...Kxf7 5. Sxe4 d5!
Nach dieser Abwicklung konnte Schwarz zwei schöne Bauern im Zentrum plazieren! Das ist das Ergebnis des Einschlags auf f7. Freilich sieht sich der schwarze König nun Gefahren ausgesetzt, wie wir gleich sehen werden:
6. Df3+ Kg8
Schwarz strebt eine künstliche Rochade an. 6. ...Ke8? verliert nach 7. Dh5+! und Schwarz kommt in Nöte wegen des Be5. Weiß stellt nun eine hübsche Falle, in die Schwarz nicht stolpern darf:
7. Sg5! Dd7!
Würde Schwarz dagegen blind zugreifen und den Springer schlagen mit 7. ...Dxg5, dann könnte Weiß in 2 Zügen matt setzen: 8. Dxd5+ Le6 9. Dxe6#. So wie Schwarz jedoch spielt (...Dd7!), wird Weiß zurückgeworfen:
8. d3 h6 9. S5h3 Sc6 10. Se2 Sb4
Weiß ist bereits im Nachteil.

Weiß kann noch auf eine andere Weise auf den Reinfall auf der Diagonale b3-g8 spekulieren:
1. e4 e5 2. Sf3 Sf6 3. Sc3 Sc6
Die Grundstellung im Vierspringerspiel; auch so läßt sich das Scheinopfer ansteuern.
4. Lc4 Sxe4 5. Lxf7+ Kxf7 6. Sxe4 d5 7. Seg5+? Kg8 8. c3?!

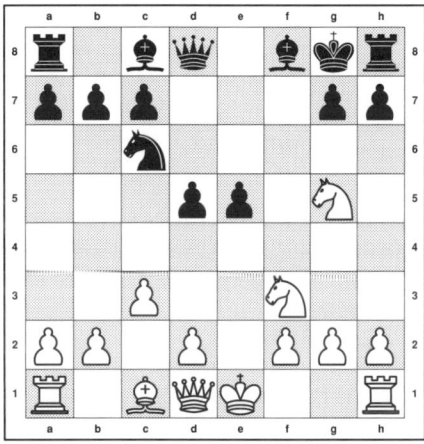

Das Fallenspiel dürfte nicht zum Erfolg führen; und wie so oft bringt auch hier erst die Mithilfe des Gegners das gewünschte Resultat.
8. ...e4 9. Sxe4?!
Die Falle schnappt nur dann zu, wenn Schwarz

den Springer sofort erobern will. Richtig wäre aber die Fesselung 9. De7!, und der Se4 geht doch verloren.

9. ...dxe4?? 10. Db3+ !
und Matt im nächsten Zug.

Ein berechtigter Angriff mit Sf3-g5

Im Schach existieren viele Ausnahmen, auf die sich Lernende, aber auch Meister einstellen müssen. Wenn bei den vorausgehenden Beispielen der weiße Springerangriff auf f7 gescheitert ist, so nur darum, weil sich Schwarz keine Verstöße im Spielaufbau hat zuschulden kommen lassen; der weiße Überfall war verfrüht und mußte bei richtigem Gegenspiel scheitern. Wir betrachten nun diesen Angriff in einem anderen Licht:

1. e4 e5 2. Sf3 Sc6 3. Lc4 Lc5 4. 0-0 Sge7?
Die Springer sind immer auf ihren natürlichen Entwicklungsfeldern zum Zentrum hin am besten postiert. Diese Entwicklungszüge der Springer sind: Sg1-f3 und Sb1-c3 bei Weiß und Sg8-f6 und Sb8-c6 bei Schwarz.

In geschlossenen Stellungen sind dagegen oft die Züge Sb1-d2 und Sg1-e2 (bei Schwarz: Sg8-e7 und Sb8-d7) anzutreffen. Dort sind diese Springerzüge zweckmäßig und die raumgreifenden Springeraufstellungen auf die 3. oder 6. Reihe gar nicht möglich.

In der Italienischen Partie aber, um die es sich hier handelt, ist der geschehene Zug (...Sg8-e7) ein Fehler. Die weiße Dame kann sogleich raumgreifend im Angriff das Feld h5 erreichen, was bei einem Springerzug ...Sf6! nicht möglich gewesen wäre.

5. Sg5! 0-0 6. Dh5
Eine Katastrophe bahnt sich an: plötzlicher Mattangriff auf h7 und gleichzeitig dreifacher Angriff auf den Punkt f7.

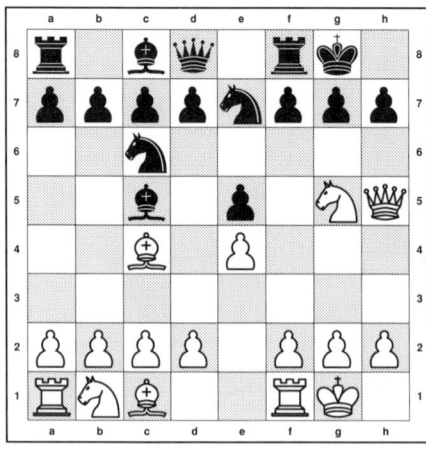

Erfolgreicher Mattangriff mit Springer und Dame

6. ...h6 7. Sxf7 Txf7
Schwarz muß den Springer schlagen und die Qualität geben. Im Fall von 7. ...De8 könnte Weiß ein Matt in 3 Zügen erzwingen durch 8. Sxh6++ (Doppelschach) 8. ...Kh7 9. Sf7+ Kg8 10. Dh8#.

8. Lxf7+ Kh8 9. d4!
Der Doppelschritt des Damenbauern öffnet die Diagonale c1-h6 und ermöglicht dem Lc1, einzugreifen.

9. ...Lxd4 10. Lxh6 g6
Nach 10. ...gxh6 setzt Weiß mit Dxh6 matt; es drohte auch der Wegzug des Läufers, etwa Lc1#.

11. Lxg6 Sxg6 12. Lg5+ ! Kg7
Weiß könnte sich nun mit dem Damengewinn Lxd8 zufriedengeben, aber es gibt die Möglichkeit, vorher noch den Sg6 mit Schachgebot zu erobern.

13. Dh6+ Kf7 14. Dh7+ Kf8 15. Lh6+ ! Ke8 16. Dxg6+ Ke7 17. Lg5+ Kf8 18. Lxd8
und Weiß wird rasch gewinnen; bei 18. ...Lxb2 folgt am einfachsten 19. f4 mit direktem Mattangriff.

Verschiedene Schacheröffnungen

Es folgen die wichtigsten Spielanfänge mit zahlreichen Varianten; illustriert mit Partieanfängen aus der Meisterpraxis.
Die Zeichen zur Stellungsbeurteilung sind:
= ausgeglichen
+= Weiß steht etwas besser
=+ Schwarz steht etwas besser

Offene Spiele (1. e4 e5)

Philidor Verteidigung
1. e4 e5 2. Sf3 d6 3. d4

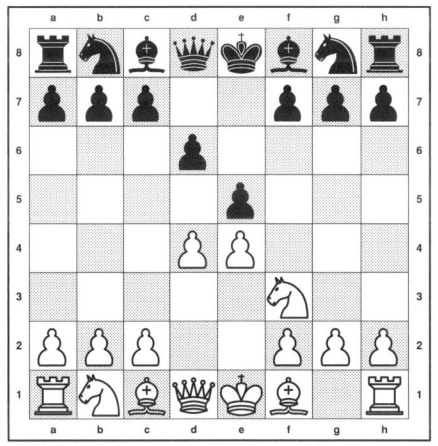

Schwarz erhält ein festes,
wenn auch etwas beengtes Spiel

A) 3. …Sf6 4. Sc3 Sbd7 5. Lc4 Le7 6. 0-0 0-0 7. De2
Häufig wird auch 7. a4 c6 8. a5 h6 gespielt, zum Beispiel in der Partie Stein – Petrosjan, 1971.
7. …c6 8. a4 Dc7 9. h3 b6
Die freiwillige Aufgabe des Zentrums von Schwarz mit 9. …exd4, früher verpönt, wird heute wieder als spielbar angesehen und in der Partie Grefe – Najdorf, Lone Pine (USA) 1976, folgte: 10. Sxd4 Te8 11. Lf4 Se5 12. Lb3 Sfd7 +=.
10. Td1 Lb7 =
B) 3. …exd4 4. Sxd4 Sf6 5. Sc3 Le7 6. Lf4 0-0 7. Dd2 a6 8. 0-0-0 d5

C) 3. …exd4 4. Dxd4 Sf6! 5. Sc3 Le7 6. Lf4 0-0 7. 0-0-0 Sc6 8. Dd2
Schwarz kann jetzt 8. …Te8 spielen, oder 8. …Le6, oder auch 8. …b6 9. Ld3 Sb4 10. Sd5 a5! 11. Kb1 Le6!, Bhend – Tukmakow, Europameisterschaft 1973.
D) 3. …exd4 4. Dxd4 Sc6 5. Lb5 Ld7 6. Lxc6 Lxc6 7. Lg5!

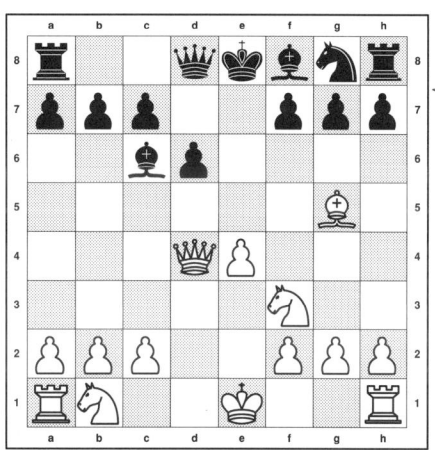

Schwarz soll 7. …Sf6! spielen

Nach der herkömmlichen Theorie spielt Schwarz 7. …f6 8. Lh4 mit kleinem Stellungsplus für Weiß. Viel besser aber ist es, mit Schwarz…
7. …Sf6!
…zu spielen und Weiß zum Aufreißen der Bauernstellung zu provozieren:
8. Lxf6 Dxf6 9. Dxf6 gxf6 10. Sc3 Tg8!
nebst f6-f5 und Linienöffnung bei überlegener Stellung für den Nachziehenden.

Italienische Partie
1. e4 e5 2. Sf3 Sc6 3. Lc4 Lc5
Die Italienische Eröffnung geht auf die italienischen Meister des 17. und 18. Jahrhunderts zurück; vor allem Greco hat sie analysiert. Der Läuferzug nach c4 zielt auf einen schwachen Punkt im schwarzen Lager, den Bf7; außerdem ist es ein zentrales Feld, auf das der Läufer gesetzt

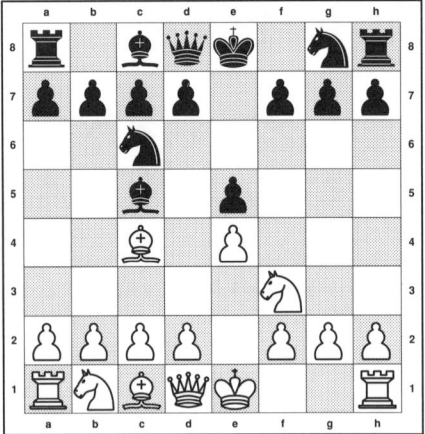

wird. Dasselbe gilt natürlich für den schwarzen Läuferzug. Es gibt mehrere wichtige Abzweigungen von der Diagrammstellung aus.

A) 4. d3 Sf6 5. Sc3
Verfrüht sind Angriffe wie 5. Sg5? 0-0, und der Springerzug war ein Tempoverlust. Vergleiche das unter „Verfrühter Angriff auf f7" Beschriebene!
5. ...d6 6. Lg5 Le6 7. Sd5 Lxd5 8. Lxd5 h6

Die Zentrumsvariante:
B) 4. c3 Sf6 5. d4 exd4 6. cxd4 Lb4+ 7. Ld2 Lxd2+ 8. Sbxd2 d5!
Nur dieser Vorstoß egalisiert die Position.
9. exd5 Sxd5 10. Db3 Sce7 11. 0-0 0-0 12. Tfe1 c6

Schwarz kann auch den Punkt e5 behaupten mit dem Zug 4. ...De7!
C) 4. c3 De7 5. 0-0 d6 6. d4 Lb6 7. h3 Sf6 8. dxe5? Sxe5 9. Sxe5 Dxe5 10. Sd2 Lxh3! 11. Sf3
Oder 11. gxh3 Dg3+ (Der Läufer b6 fesselt den Bg3) 12. Kh1 Dxh3+ 13. Kg1 Sg4 14. Sf3 Dg3+ 15. Kh1 Sxf2+ (15. ...Lxf2) 16. Txf2 Lxf2 17. Lf1 0-0-0 18. Lg5 Tde8 19. De2 Te5 20. Lg2 h6 21. Lh4
11. ...Dg3!
Schwarz gewinnt. Auf 12. Se1 folgt ...Sg4 und so weiter.

In der Partie Adorjan – Webb, 1977, geschah:
D) 4. c3 De7 5. d4 Lb6 6. Lg5 Sf6 7. d5 Sd8 8. d6 cxd6

Das Bauernopfer stammt vom Karlsruher Meister Max Eisinger.
9. 0-0 d5 10. Lxd5 h6 11. Lxf6 Dxf6 12. Sa3 0-0 =

Evansgambit
Das Evansgambit der Italienischen Partie ist eine alte Spielweise des schottischen Kapitäns Evans. Auch heute wird das Gambit noch angewandt.
1. e4 e5 2. Sf3 Sc6 3. Lc4 Lc5 4. b4

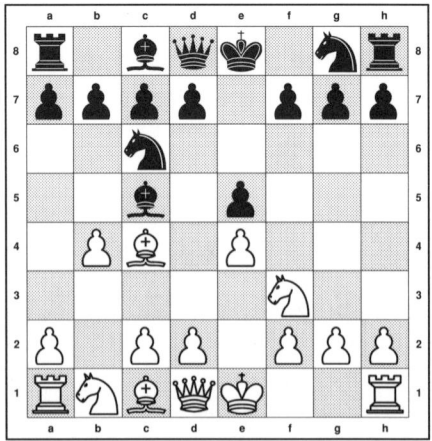

Schwarz kann wählen zwischen Annahme und Ablehnung des Gambits.
A) 4. ...Lxb4 5. c3
A1) 5. ...La5 6. d4 d6
Oder 6. ...exd4 7. 0-0 dxc3? (7. ...Sge7 nebst ...d5) 8. Db3 Df6 9. e5 Dg6 (9. ...Sxe5? 10. Te1 d6 11. Db5+, und der La5 geht verloren) 10. Sxc3 Sge7 11. La3 0-0 12. Tad1 +/-.
7. Db3 Dd7 8. dxe5 Lb6! 9. exd6 Sa5 10. Db4 Sxc4 11. Dxc4 Dxd6 =

A2) 5. ...Lc5 6. d4 exd4 7. 0-0 d6 8. cxd4 Lb6 9. Sc3!
Dieser Zug, von Morphy 1858 in die Spielpraxis eingeführt, gilt noch heute als der beste.
9. ...Lg4! 10. Lb5 Kf8!
Schwarz hat die unmittelbaren Drohungen abgewehrt.

Als am sichersten ist anzusehen:
A3) 5. ...Le7 6. d4 Sa5! 7. Sxe5 Sxc4 8. Sxc4 d5 9. exd5 Dxd5 10. Se3 Da5 11. 0-0 Sf6
In der Partie Cafferty – van Geet stand Schwarz

nach den weiteren Zügen 12. c4 c6 13. Lb2 Le6 14. Sc3 Td8 vorzüglich.

B) 4. ...Lb6 5. a4 a6! 6. Sc3 Sf6 7. Sd5 Sxd5 8. exd5 e4 9. dxc6 0-0 10. Lb2!
und Schwarz hat es schwer (10. Sg1? Df6!).

Ponziani-Eröffnung
1. e4 e5 2. Sf3 Sc6 3. c3

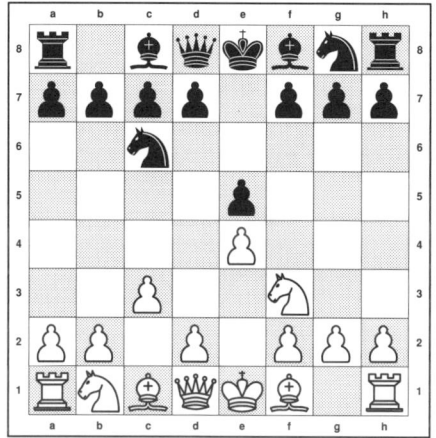

Diese Anfangszüge wurden im 18. Jahrhundert von dem italienischen Meister Ponziani analysiert und 1975 von Großmeister Ljubojevic gegen Weltmeister Karpow angewandt! Heute ist diese Eröffnung nur selten anzutreffen, aber sie ist durchaus so gut spielbar wie manche andere.
A) 3. ...Sf6 4. d4 Sxe4 5. d5 Sb8 6. Ld3 Sc5 7. Sxe5 Sxd3+ 8. Sxd3 Le7 =
B) 3. ...d5 4. Da4 Sf6! 5. Sxe5 Ld6 6. Sxc6 bxc6 7. d3 0-0 8. Le2 Te8 9. Lg5 dxe4 =
C) 3. ...d5 4. Lb5 dxe4 5. Sxe5 Dd5 6. Da4 Sge7 7. f4 Ld7 8. Sxd7 Kxd7 9. Lc4 Df5 10. 0-0 Td8 =
Fink – Aljechin, Pasadena 1932
D) 3. ...d5 4. Da4 Sf6 5. Sxe5 Ld6 6. Sxc6 bxc6 7. e5 Lxe5 8. d4 Ld6 9. Dxc6+ Ld7 10. Da6 0-0
Schwarz gewann im 14. Zug nach
11. Le2 Te8 12. Sd2 Tb8 13. a4 De7 14. Sf1 Lb5 – 0:1

Mittelgambit
1. e4 e5 2. d4 exd4 3. Dxd4

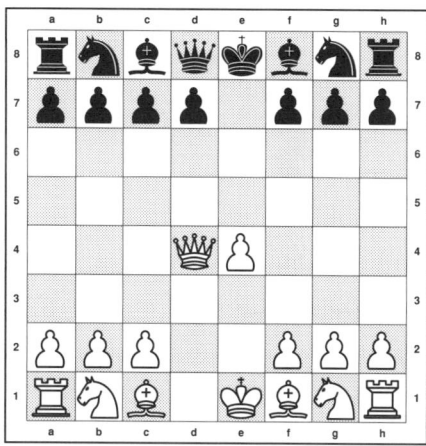

Die Bezeichnung Mittelgambit ist unlogisch, denn ein Gambit stellt ein Bauernopfer in der Eröffnung dar. Da aber „Mittelspiel" ebenso mehrdeutig wäre – es ist der Abschnitt, der zwischen Eröffnung und Endspiel liegt – und Weiß sehr oft nicht mit 3. Dxd4, sondern gambitmäßig mit 3. c3 oder 3. Lc4 oder 3. Sf3 fortsetzt, hat man es beim altherkömmlichen Namen „Mittelgambit" belassen. Der deutsche Meister Jaques Mieses (1865 bis 1954) machte sich um die Eröffnung besonders verdient, indem er sie auch gegen starke Meister in Turnieren anwandte.
3. ...Sc6 4. De3 Sf6 5. Sc3
Eine nette Variante ist 5. e5? Sg4 6. De4 d5 7. exd6+ Le6 8. dxc7 (Tückisch ist 8. La6!, ein gefährlicher Überfall. Da hilft nur ruhig Blut. Falsch wäre nun 8. ...Tb8 wegen 9. Lxb7! Txb7 10. Dxc6+. Schwarz spielt daher besser 8. ...Dxd6! 9. Lxb7 Db4+ 10. Dxb4 Sxb4 11. Sa3 Tb8 −.) 8. ...Dd1+! 9. Kxd1 Sxf2+ 10. Ke1 Sxe4.
5. ...Lb4 6. Ld2 0-0 7. 0-0-0 Te8 8. Lc4 d6
Riskant für Schwarz ist der Zugriff 8. ...Lxc3 mit der Folge 9. Lxc3 Sxe4 10. Df4 Sf6 11. Sf3 Te4? 12. Lxf7+ Kxf7 (Oder 12. ...Kf8 13. Dg3 Tg4 14. Lxf6 mit Qualitätsgewinn für Weiß.) 13. Sg5+ nebst 14. Sxe4 und gewinnt.
9. f3 Sa5 10. Ld3 d5 =

Ungarische Verteidigung
1. e4 e5 2. Sf3 Sc6 3. Lc4 Le7 4. d4

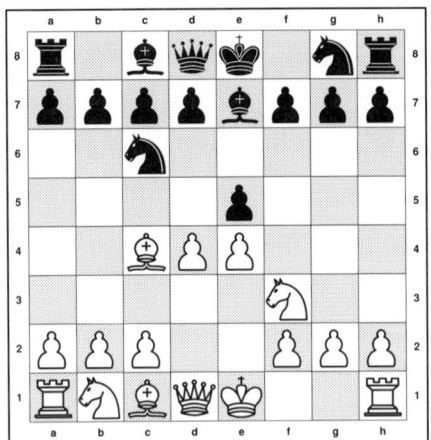

Eine sichere Verteidigung, besonders für unerfahrene Spieler. Der Königsflügel wird rasch entwickelt (...Sf6, ...0-0), und Schwarz geht allen verzwickten Eröffnungsvarianten aus dem Weg.

A) 4. ...exd4 5. Sxd4 Se5 6. De2 Sf6 7. Sc3 Sxc4 8. Dxc4 0-0 =

B) 4. ...d6 5. Sc3 Sf6 6. h3 0-0 7. 0-0 h6 8. Te1 Te8 =

C) 4. ...d6 5. dxe5 dxe5 6. Dxd8+ Lxd8 7. Sc3 Sf6 8. 0-0 0-0 =

D) 4. ...d6 5. d5 Sb8 6. Ld3 Sf6 7. c4 0-0 8. h3 Sbd7 9. Sc3 Sc5 10. Lc2 a5 11. Le3 Se8 =
Eine typische Stellung aus den Indischen Verteidigungssystemen.

Nordisches Gambit
1. e4 e5 2. d4 exd4 3. c3 dxc3 4. Lc4 cxb2
Etwas für unternehmungslustige Spieler, die den Gegner gerne angreifen und dabei kein großes Risiko eingehen wollen. Für die zwei Bauern erhält Weiß lebhaftes Figurenspiel. Für Schwarz ist es ratsam, die Bauern frühzeitig wieder zurückzugeben.
5. Lxb2

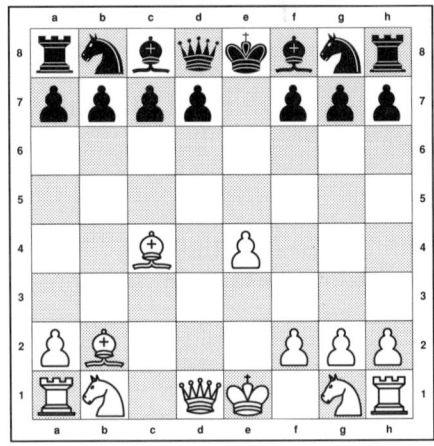

A) 5. ...d5! 6. Lxd5 Sf6 7. Lxf7+ Kxf7 8. Dxd8 Lb4+
Dieses Abzugsschach bildet die Pointe der Verteidigung. Weiß muß die Dame zurückgeben.
9. Dd2 Lxd2+ 10. Sxd2 c5! =

B) 5. ...Lb4+ 6. Sc3 Sf6 7. Sge2 Sxe4
Dieser dritte Bauer ist vergiftet. Die weißen Figuren wirken fast automatisch im folgenden Glanzschluß.
8. 0-0 Sxc3 9. Sxc3 Lxc3 10. Lxc3 0-0
Auch der Abtausch von zwei Offizieren befreit Schwarz nicht vom Angriffsdruck.
11. Dg4 g6 12. Dd4!
Und weil der vom Lc4 gefesselte Bauer f7 nicht vorziehen kann, bleibt das Matt undeckbar.

Schottische Partie
1. e4 e5 2. Sf3 Sc6 3. d4 exd4 4. Sxd4
Die Bezeichnung „Schottische Partie" entstand bei den Fernpartien 1824 zwischen Edinburgh und London, bei denen speziell diese Eröffnung ausprobiert wurde. Es kommt übrigens vor, daß eine Spielweise 20 bis 30 Jahre lang fast völlig aus der Turnierpraxis verschwindet, dann aber wieder überall anzutreffen ist – wie die „Schottische Partie".
Als Antwort auf d2-d4 kommt nur das Herausschlagen ...exd4 in Betracht nach dem Prinzip: angebotene Zentrumsbauern möglichst schlagen und rasch das Zentrum wieder mit eigenen Bauern besetzen.
Die Varianten gliedern sich danach, wie Schwarz im 4. Zug spielt:

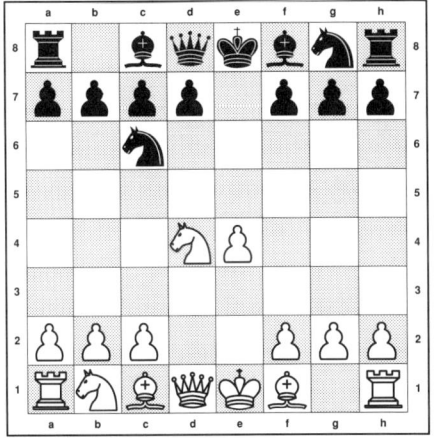

A) 4. ...Sf6 5. Sc3 Lb4

Diese Zugfolge wird als „Hauptvariante" bezeichnet.

6. Sxc6 bxc6

Der Tausch auf c6 ist erzwungen (6. Ld3?? Sxd4! mit Figurenverlust).

7. Ld3 d5 8. exd5 cxd5 9. 0-0 0-0 10. Lg5 Le6 11. Df3 Le7 =

Oder:

5. Sxc6 bxc6 (Es ist richtig, mit dem b-Bauern nach c6 zurückzuschlagen, damit das schwarze Zentrum verstärkt wird.) 6. e5 De7 (Dieser frühe Damenzug ist in dieser konkreten Stellung richtig und gut – eine Ausnahme von der Regel!) 7. De2 Sd5 8. Sd2 Lb7 9. Sb3 0-0-0 10. c4 Sb6 = .

Oder:

5. Sc3 Lb4 6. Sxc6 bxc6 7. Ld3 d5 8. e5? Sg4 9. 0-0 0-0 10. f4? Lc5+ (Schwarz nutzt die Schwächung der Königsstellung durch f4 sofort aus.) 11. Kh1 Dh4! 12. h3 Dg3! Weiß gab auf, denn auf 13. hxg4 folgt 13. ...Dh4#, Neckermann – Schuster, Zonenturnier 1936.

B) 4. ...Lc5 5. Le3

Oder 5. Sb3 Lb6 6. a4 a6 7. S1d2 mit der Idee Sc4

5. ...Df6 6. c3 Sge7 7. Sc2 Lxe3 8. Sxe3 De5 9. Df3 0-0 =

Eine neuere Idee ist:

C) 4. ...Df6 5. Sb3 Dg6 6. Df3 Sf6 7. S1d2 Le7 8. Lb5 0-0 9. 0-0 d5 =

Auch der Damenausfall nach h4 wird oft gespielt, wie in der Partie Sweschnikow – Barle, Bukarest 1976:

D) 4. ...Dh4 5. Sb5 Lb4+

Nicht zu empfehlen ist 5. ...Dxe4+ 6. Le3 Kd8 7. Sd2 Dg6 8. Sf3 a6 9. Sbd4 mit kompliziertem Spiel.

6. Ld2

Auf 6. S1c3 folgt jetzt 6. ...Dxe4+ 7. Le2 Dxg2 8. Lf3 Dg6 9. Sxc7+ Kd8, wieder mit verwickelter Stellung bei beiderseitigen Chancen.

6. ...Dxe4+ 7. Le2 De5 =

Schottisches Gambit
1. e4 e5 2. Sf3 Sc6 3. d4 exd4 4. c3

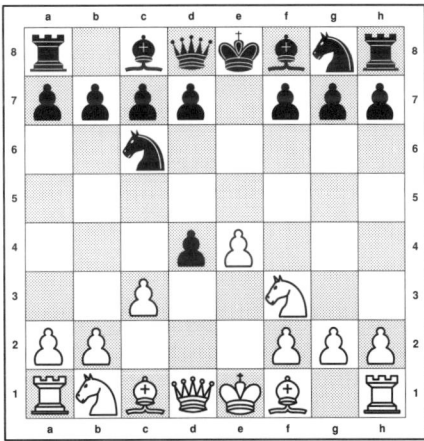

Schwarz verfügt hier über drei Möglichkeiten:

A) Schwarz nimmt das Gambit an:
4. ...dxc3 5. Sxc3 Lb4 6. Lc4 d6 7. 0-0 Lxc3 =

B) Schwarz lehnt das Gambit ab mit:
4. ...d3 5. Lxd3 d6 6. h3 Sf6 7. Lf4 Le7 8. Sbd2 Sd7 9. Sc4 Lf6 10. Lc2 0-0 11. 0-0 Sde5 =,
Ljubojevic – Olafsson, 1974

C) Schwarz lehnt das Gambit ab mit:
4. ...d5 5. exd5 Dxd5 6. cxd4 Lg4 7. Le2! Lb4+!
Ja nicht 7. ...Lxf3 8. Lxf3 Dxd4?? 9. Lxc6+ und Weiß gewinnt die Dame.
8. Sc3 Lxf3 9. Lxf3 Dc4 10. Db3 Dxb3 11. axb3

Sxd4 12. Lxb7 Tb8 13. Txa7 Lc5 14. Ta8 Txa8 15. Lxa8 Se7 =

Remis im 27. Zug (Ljubojevic – Parma, Amsterdam 1972 und Ljubojevic – Ree, Amsterdam 1972).

Zweispringerspiel im Nachzug
1. e4 e5 2. Sf3 Sc6 3. Lc4 Sf6

Im „Nachzug" deswegen, weil Schwarz als „Nachziehender" seine beiden Springer herausbringt.

Weiß hat hier mehrere gute Möglichkeiten wie 4. Sc3, oder 4. d3, oder auch 4. d4 mit Überleitung in Varianten des Schottischen Gambits.

Das Hauptziel aber ergibt sich nach dem Angriffszug 4. Sg5, der trotz seines etwas primitiven Aussehens (Ziehe nicht zweimal in der Eröffnung mit derselben Figur!) durchaus spielbar ist:

4. Sg5 d5! 5. exd5 Sa5!

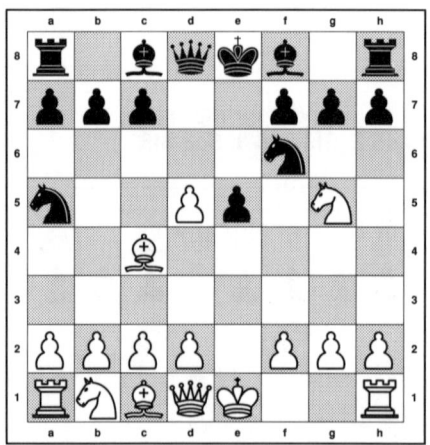

A) 6. d3 h6 7. Sf3 e4 8. De2 Sxc4 9. dxc4 Lc5 10. Sc3 0-0 =

B) 6. Lb5+ c6 7. dxc6 bxc6 8. Le2 h6 9. Sf3 e4! 10. Se5 Ld6 11. f4

Oder 11. d4 Dc7 12. Ld2! Sb7 (Schlechter ist 12. ...Lxe5 13. dxe5 Dxe5 14. Lc3 =.)

11. ...exf3 12. Sxf3 0-0 13. d4 Dc7! =

Russische Verteidigung
1. e4 e5 2. Sf3 Sf6

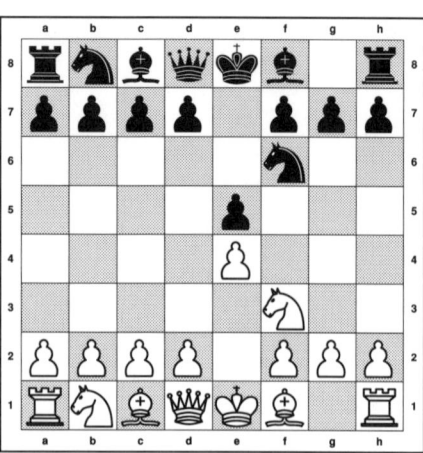

Dieser Angriff auf den Be4 kennzeichnet die Verteidigung von Petrow, auch „Russisch" genannt.

A) 3. Sxe5 d6 4. Sf3 Sxe4 5. d4

Oder 5. De2 De7 6. d3 Sf6 7. Lg5 Dxe2+ 8. Lxe2 Le7 9. Sc3 c6 ohne Sorgen für Schwarz.

5. ...d5 6. Ld3 Le7 7. 0-0 Sc6 8. Te1 Lg4! 9. c3

Falls 9. Lxe4, so 9. ... dxe4 10. Txe4 Lxf3 11. Dxf3 Sxd4 12. Dd3 Se6 mit Ausgleich.

9. ...f5

mit zweischneidigem Spiel.

B) 3. d4 exd4 4. e5 Se4 5. Dxd4 d5 6. exd6 Sxd6 7. Sc3 Sc6 8. Df4 g6 9. Ld2 De7+ 10. Le2 Le6 11. Sd4 Lh6 12. Sxc6 =

Nach 12. Dxh6 Sxd4 13. Dg7 Sxc2+ 14. Kd1 0-0-0 15. Kxc2 Sf5! gewinnt Schwarz (16. De5 Lb3+).

Wenn russische Weltmeister selbst Russisch spielen:

Tal – Karpow

Mailand 1975

1. e4 e5 2. Sf3 Sf6 3. d4 Sxe4 4. Ld3 d5 5. Sxe5 Ld6 6. 0-0 0-0 7. c4 Lxe5 8. dxe5 Sc6 9. cxd5 Dxd5 10. Dc2 Sb4 11. Lxe4 Sxc2 12. Lxd5 Lf5! 13. g4 Lxg4 14. Le4 Sxa1 15. Sc3 Lh3!

Eine ausgeklügelte Variante. Nach 16. Te1 f5 17. exf6 Tae8! 18. Ld2 Txe4 19. Sxe4 Sc2 20. Tc1 Sd4 21. Txc7 Tf7! 22. Txf7 Sf3+ 23. Kh1 Kxf7 24. fxg7 Kxg7 kam es im 30. Zug zum Remis.

Dreispringerspiel
1. e4 e5 2. Sf3 Sc6 3. Sc3

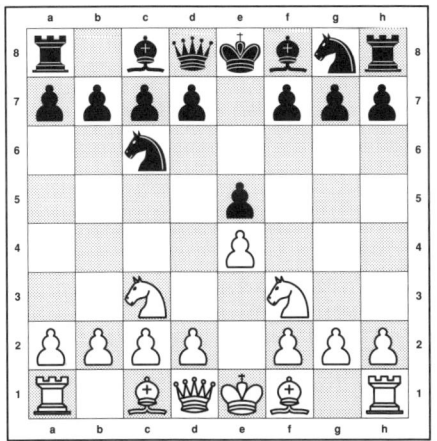

Mehrere Fortsetzungen kommen hier in Frage:

A) 3. ...Sf6 mit Überleitung ins Vierspringerspiel

B) 3. ...Lb4 4. Sd5 Sf6 5. Sxb4 Sxb4 6. Sxe5 De7 7. d4 d6 8. a3 dxe5 9. axb4 exd4 10. Dxd4 Dxe4+ =

C) 3. ...d6 4. Lc4 Lg4 5. h3! Lh5?
Daß der Tausch auf f3 ansteht, zeigt folgende Kombination:
6. Sxe5!

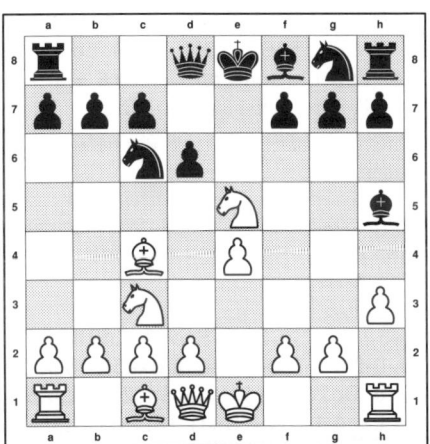

Ein wenig bekanntes Damenopfer in dieser Konstellation. Es erinnert an das Seekadettenmatt.
6. ...Sxe5

Aber nicht 6. ...Lxd1?? 7. Lxf7+ Ke7 8. Sd5+. Schwarz muß also das Damenopferangebot ablehnen:
7. Dxh5 Sxc4 8. Db5+ !
Das ist der Clou der Variante: Weiß gewinnt den Springer zurück und behält einen Bauern mehr bei besserer Stellung.

D) 3. ...Lc5
Dieser Zug ist nicht so gut, weil Weiß das bekannte Scheinopfer bringen kann:
4. Sxe5 Sxe5 5. d4 Lxd4 6. Dxd4 Df6 7. Sb5!
Noch stärker als der Normalzug 7. Le3.
7. ...Kd8 8. Dc5
und Weiß gewinnt.

E) 3. ...g6
Eine moderne Fortsetzung, die auch schon vor 100 Jahren gespielt worden ist!
4. d4 exd4 5. Sxd4 Lg7 6. Le3 Sf6 7. Dd2 0-0 8. f3 d5 9. Sxc6 bxc6 10. 0-0-0 Le6 =
Radulov – Planinc, 1975

Vierspringerspiel
1. e4 e5 2. Sf3 Sc6 3. Sc3 Sf6

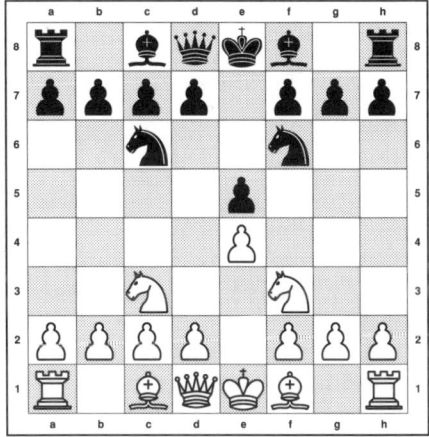

Eine bis 1920 sehr populäre Eröffnung, die später beinahe in Vergessenheit geriet. Aber das Vierspringerspiel bleibt ewig jung. Nach dem Überdruß an hypermodernen Spielanfängen wird es heute wieder häufiger angewandt.
A) 4. Lb5
A1) 4. ...Lb4 5. 0-0 0-0 6. d3 d6 7. Lg5 Lxc3

8. bxc3 De7 9. Te1 Sd8 10. d4 Lg4 11. h3 Lh5 =

Schwarz setzt mit …Se6 fort.

A2) 4. …Sd4!
A21) 5. Sxd4 exd4 6. e5 dxc3 7. exf6 Dxf6

Nicht gut ist 7. …cxd2+? 8. Lxd2 Dxf6 9. 0-0 Le7 10. Lc3 mit Vorteil für Weiß.

A22) 5. Sxe5 De7 6. f4 Sxb5 7. Sxb5 d6 8. Sf3 Dxe4+ 9. Kf2 Sg4+ 10. Kg1 Dc6 11. De2+ Le7 =

B) 4. d4
B1) 4. …exd4 5. Sd5 Sxe4 6. Lc4 Sc5 7. Lg5 f6 8. Sh4 d6

Aber nicht 8. …fxg5 9. Dh5+ g6 10. Sxg6 hxg6 11. Dxg6+

9. Lxf6 Se7! 10. Dh5+ Kd7 =
B2) 4. …Lb4! 5. Sxe5 Sxe4 6. Dg4 Sxc3 =

Die Spanische Partie
1. e4 e5 2. Sf3 Sc6 3. Lb5

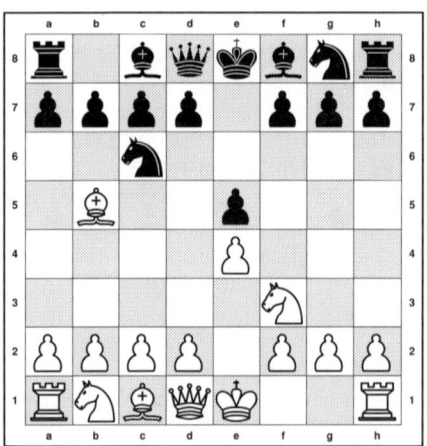

Die Spanische Partie, nach dem spanischen Priester auch „Ruy Lopez" genannt, gehört zu den ältesten bekannten Schacheröffnungen. Der „spanische Läuferzug" von f1 nach b5 unterminiert die Deckung des Be5, das heißt, es wird ein indirekter Druck auf die Zentralfelder d4/e5 ausgeübt. Zunächst droht allerdings dem Schwarzen nichts, wie die sogenannte Abtauschvariante demonstriert.

3. …a6 4. Lxc6 dxc6

Schon wieder ein Ausnahmefall: Diesmal schlägt Schwarz nicht mit …bxc6 in das Zentrum, sondern mit …dxc6 aus dem Zentrum. Das Schlagen mit dem Damenbauern öffnet Schwarz mit einem Schlag zwei Linien: der Dame die d-Linie und dem Lc8 die Diagonale c8-h3.

5. Sxe5 Dd4!

und Schwarz gewinnt mit gutem Spiel den Be4 zurück.

Es folgt eine Auswahl der wichtigsten Verteidigungssysteme in der Spanischen Partie.

Systeme ohne 3. …a7-a6
Die „Berliner Verteidigung"
3. …Sf6 4. 0-0 Sxe4 5. Te1 Sd6 6. Sc3 Sxb5 7. Sxe5!

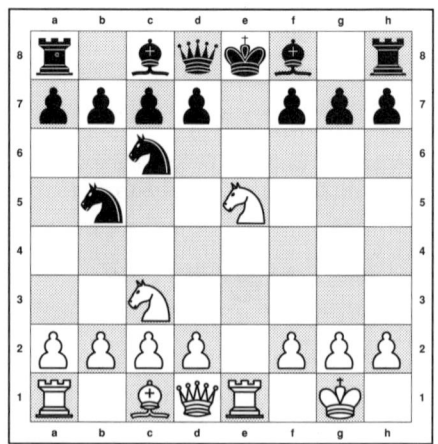

A) 7. …Sxe5 8. Txe5+ Le7 9. Sd5! 0-0 10. Sxe7+ Kh8 11. Dh5!

Stellt dem Gegner eine berühmte Falle:

11. …g6

Auch 11. …d6 hilft nicht: 12. Dxh7+!! Kxh7 13. Th5#.

12. Dh6 d6 13. Th5! gxh5 14. Df6#

B) 7. …Sxc3 8. Sxc6+ Le7 9. Sxe7!

Der richtige Zug! Nichts ergäbe das sofortige Schlagen der Dame mit 9. Sxd8, weil ja die weiße Dame mit 9. …Sxd1 auch bedroht ist. Weiß verliert zwar jetzt vorübergehend die Dame, erobert am Ende aber alles mit Zinsen zurück.

9. …Sxd1 10. Sg6+ De7

Der einzig mögliche Zug von Schwarz.

11. Sxe7! Kf8

Sonst folgt Sg6+ mit Qualitätsgewinn.

12. Sxc8 Txc8 13. Txd1

Und wie durch Zauberei hat Weiß durch die Kombination mit Damenopfer am Ende eine Figur erobert!

Das richtige Verfahren für Schwarz besteht nach 7. Sxe5 im sofortigen Schließen der e-Linie durch Schwarz mit dem Zug 7. …Le7 nebst Rochade.

Die Steinitz-Verteidigung
3. …d6 4. d4 Ld7 5. Sc3 Sf6 6. 0-0 Le7 7. Te1 exd4

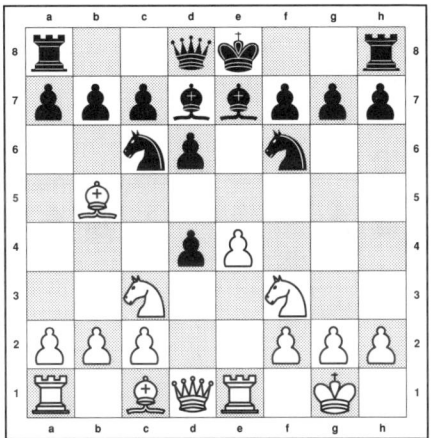

In der Partie Tarrasch – Marco, 1892, gewann Weiß mit folgender Variante in vier Minuten:

7. …0-0? 8. Lxc6 Lxc6 9. dxe5 dxe5 10. Dxd8 Taxd8 11. Sxe5 Lxe4 12. Sxe4 Sxe4 13. Sd3! (Auf 13. Txe4 folgt das Matt …Td1) 13. …f5 14. f3 Lc5+ 15. Sxc5 Sxc5 16. Lg5 Td5 17. Le7!, und Schwarz gab auf, weil er ersatzlos die Qualität einbüßt: 17. …Te8 18. c4! Zieht der Td5 weg, geht durch 19. Lxc5 der Springer verloren. Bei 18. …Sd3 aber folgt 19. cxd5 Sxe1 20. Txe1 Kf7 21. Lb4 (Lh4) mit Figurenplus für Weiß.

8. Sxd4 0-0 9. Lxc6 bxc6 10. Df3 Te8 11. e5 dxe5 12. Sxc6 Lxc6 13. Dxc6 Lb4 =

Systeme mit 3. …a7-a6
Die verzögerte Steinitz-Verteidigung
1. e4 e5 2. Sf3 Sc6 3. Lb5 a6 4. La4 d6 5. 0-0 Ld7 6. d4 Sf6
(siehe nächstes Diagramm)
In der Partie Tal – Ivkov, Halle 1975, folgte nun:
7. Lxc6

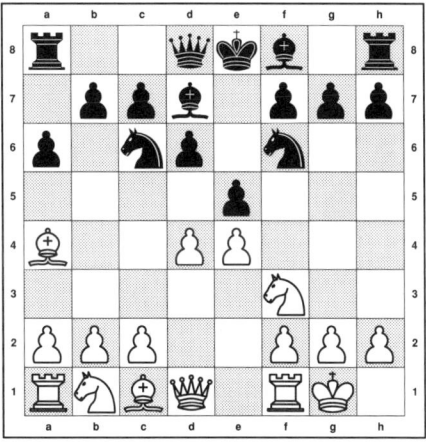

Grundstellung
der verzögerten Steinitz-Verteidigung

Weiß kann ebensogut mit 7. c3 oder 7. Te1 fortsetzen.

7. …Lxc6 8. Te1! Le7

Ein Fehler wäre 8. …Sxe4?? wegen 9. d5 mit Verlust des Se4. Falls aber 8. …Lxe4, so folgt 9. dxe5 dxe5 10. Sbd2 mit Vorteil für Weiß.

9. Sc3 0-0?

Für einen Großmeister ein schwerer Fehler. Es kommt jetzt zum Bauerngewinn für Weiß.

10. dxe5 dxe5 11. Dxd8 Taxd8 12. Sxe5 Ld7 und Schwarz verlor nach vergeblichem Widerstand im 37. Zug. Es folgte zunächst: 13. Sxd7 Txd7 14. Lg5 Tfd8 15. Tad1 h6 16. Lxf6 Lxf6 17. Txd7 Txd7 18. e5 Le7 19. Td1 Txd1+ 20. Sxd1 und so weiter.

Das Tschigorin-System

Wir folgen einer Partie zweier Weltmeister, gespielt im Großmeisterturnier in Mailand 1975:

Karpow – Petrosjan
1. e4 e5 2. Sf3 Sc6 3. Lb5 a6 4. La4 Sf6 5. 0-0 Le7 6. Te1 b5 7. Lb3 d6 8. c3 0-0 9. h3 Sa5

Dies ist die Einleitung zum bewährten Tschigorin-System, das seit bald einhundert Jahren bei fast allen Turnieren anzutreffen ist.

10. Lc2 c5 11. d4 Dc7 12. Sbd2

Weiß und Schwarz können verschiedene Wege wählen für die Zukunft. Oft riegelt Weiß das Zentrum mit d4-d5 ab, um dann auf beiden Flügeln anzugreifen. Aber Schwarz kann immer das Gleichgewicht halten.

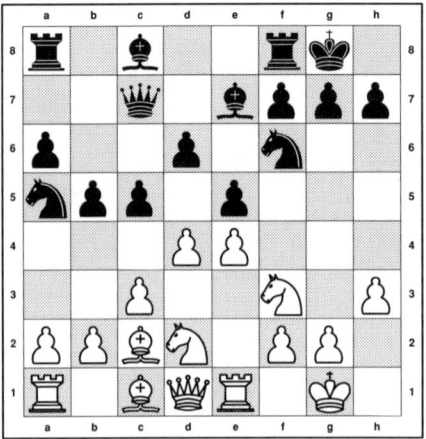

Die Grundstellung der Tschigorin-Verteidigung

Bis hierher ist natürlich noch kein eigenständiger Zug der beiden Weltmeister erfolgt. Die Theorie dieser Variante geht bis über den 20. Zug hinaus.
12. ...Ld7 13. Sf1 Sc4 14. Se3 Sxe3 15. Lxe3 Tfc8! 16. Tc1 Lc6 17. Sd2 cxd4! 18. cxd4 Db7 19. d5 Le8 20. De2 Ld8!
und die Gegner einigten sich im 28. Zug auf Remis.

Die Jänisch-Variante
1. e4 e5 2. Sf3 Sc6 3. Lb5 f5
Eine neuerdings sehr beliebte Verteidigung, die im 19. Jahrhundert von dem russischen Theoretiker K. F. Jänisch analysiert wurde.
4. Sc3 fxe4 5. Sxe4 d5 6. Sxe5 dxe4 7. Sxc6

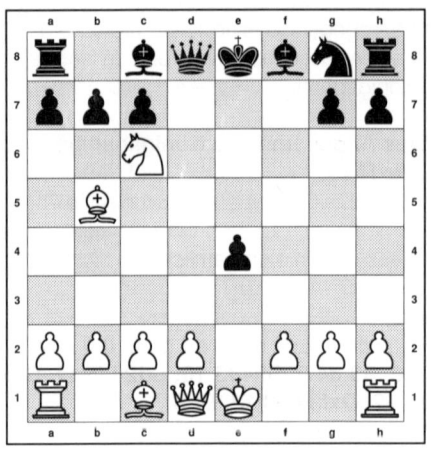

7. ...Dg5!
Die Normalvariante lautet: 7. ...Dd5 8. c4 Dd6 9. Sxa7+ Ld7! 10. Lxd7+ Dxd7 11. Sb5 Sf6 12. 0-0 Lc5 mit sehr gutem Spiel für Schwarz trotz zweier Minusbauern, Parma – Tatai, Rom 1981, Remis im 32. Zug.
8. De2 Sf6
Falsch ist 8. ...Dxg2? wegen 9. Dh5+ g6 10. De5+ und so weiter.
9. f4 Dh4+
Nicht 9. ...Dxf4 wegen 10. Se5+! c6 11. d4 Dh4+ 12. g3 Dh3 13. Lc4 Ld6 14. Lf4 und Weiß steht besser.
10. g3 Dh3 11. Se5+ c6 12. Lc4 Lc5 13. d3 Sg4
Eine wichtige Stellung ist erreicht.

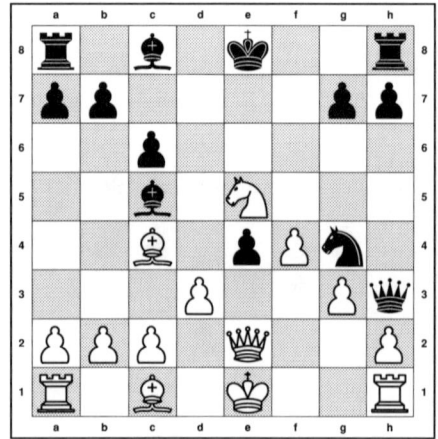

A) In der Partie Karpow – Parma, Skopje 1975, folgte:
14. d4 Sxe5 15. Dxe4 Lxd4 16. fxe5 Dg4
und die Gegner trennten sich im folgenden unentschieden.
B) Timman – Böhm, Wijk aan Zee 1980:
14. Sf7 Lf2+ 15. Kd1 e3 16. Df3 Sh6 17. De4+ Kf8 18. Lxe3 Lg4+ 19. Kd2 Te8 20. Se5 1:0
C) Heemsoth – Konstantinopolski, Fernschach-WM 1981:
14. Dxe4! Sf2 15. Lf7+ Kd8 (besser 15. ...Ke7)
16. Dc4 Lb6 17. Tf1 Sg4 18. Sxg4 Dxg4 19. f5
und im 41. Zug **1:0**

Die Gambitvariante 4. ...Sc6-d4!
1. e4 e5 2. Sf3 Sc6 3. Lb5 f5 4. Sc3
In Frage kommt auch das ruhige 4. d3 fxe4

5. dxe4 Sf6 6. 0-0 Lc5 7. Sc3 d6 8. Lg5 0-0, Grinberg – Parma, Schacholympiade 1978.

4. ...Sd4! 5. La4 Sf6 6. exf5 Lc5 7. Sxe5 0-0 8. 0-0 d5

In der Partie Marjanovic – Parma, 1979, geschah:

9. Se2 Dd6 10. Sxd4 Lxd4 11. Sf3 Sg4 12. g3

Falls 12. h3, so 12. ...Lxf5! 13. hxg4 Lxg4 mit Angriff, oder 12. c3 Txf5! 13. cxd4 Txf3 und gewinnt.

12. ...Lxf2+! 13. Txf2 Sxf2 14. Kxf2 Lxf5 15. d4 Le4 16. Lf4 Txf4! 17. gxf4 Dxf4 18. De2 Tf8 19. Tf1 Dxh2+ 20. Ke1 Dg3+ 21. Kd2 Txf3
0:1/25

Die Offene Verteidigung

1. e4 e5 2. Sf3 Sc6 3. Lb5 a6 4. La4 Sf6 5. 0-0 Sxe4 6. d4 b5 7. Lb3 d5 8. dxe5 Le6 9. c3 Le7 10. Sbd2 0-0 11. Lc2 f5 =

Die Spanische Abtauschvariante

1. e4 e5 2. Sf3 Sc6 3. Lb5 a6 4. Lxc6 dxc6

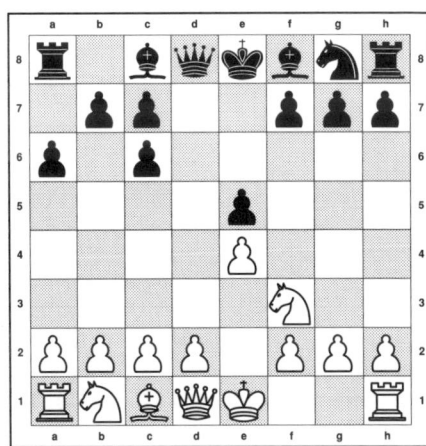

Das erste Beispiel zeigt die klassische Spielweise, bekannt aus dem WM-Match Fischer – Spasski, Reykjavik 1972:

A) 5. 0-0 f6 6. d4 Lg4 7. dxe5 Dxd1 8. Txd1 fxe5 9. Td3 Ld6 10. Sbd2 Sf6 11. Sc4 0-0

In der 11. Partie des WM-Kampfes zwischen Fischer und Spasski folgte 11. ...Sxe4 12. Scxe5 (besser ist 12. Sfxe5!) 12. ...Lxf3 13. Sxf3 =.

12. Sfxe5

In der Partie Hübner – Tal, Wijk aan Zee 1982, kam es zum Kurzschluß nach 12. Scxe5 Lh5! 13. Lf4? (Noch hätte 13. Sc4 Sxe4 = das Unheil verhütet.) 13. ...Lxf3! – 0:1 denn 14. Txf3 Sh5 kostet eine Figur.

12. ...Le2 13. Te3 Lxc4

B) 5. Sc3 f6 6. d4 exd4 7. Dxd4 Dxd4 8. Sxd4 c5

Oder 8. ...Ld7 9. Le3 Lb4 10. Sde2 Se7 11. a3 Ld6 12. f3 0-0-0 13. 0-0-0 Sg6 =.

9. Sde2 Le6 10. Sf4 Lf7 11. Sfd5 Ld6 =

Hug – Kortschnoi, 1977.

Königsgambit

1. e4 e5 2. f4

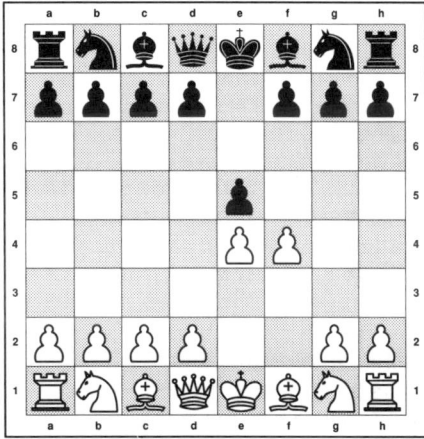

Das Königsgambit wird mit seinen vielen alten Opfervarianten auch von der heutigen Generation gern angewandt, nachdem sogar Großmeister wie Spasski, Bronstein und Fischer dieses Risiko eingegangen sind. Man unterscheidet zwischen dem Angenommenen und dem Abgelehnten Königsgambit.

1. Das Angenommene Königsgambit
2. ...exf4

Der Satz „Ein Gambit ist nur durch seine Annhme zu widerlegen" ist nur bedingt richtig. Viele Gambits lassen sich nämlich gar nicht widerlegen.

3. Sf3

A) 3. ...d6 4. Lc4 h6 5. d4 g5 6. 0-0 Lg7 7. c3 Sc6 8. g3 g4 9. Sh4 f3 10. Sd2 Lf6 11. Sdxf3 gxf3 12. Dxf3 Lh3 13. Dh5

mit starkem Angriff, Spasski – Ornstein, 1974.

B) 3. ...g5 4. Lc4 g4 5. 0-0 gxf3 6. Dxf3 Df6 7. e5! Dxe5 8. d3 Lh6 9. Sc3 Se7 10. Ld2 Sbc6 11. Tae1 Df5 12. Sd5! Kd8 =

Diese Variante bietet verwickeltes Spiel mit gleichen Chancen.

C) 3. ...Le7 4. Lc4 Lh4+ 5. g3 fxg3 6. 0-0! gxh2+ 7. Kh1! d5

Schwarz muß schleunigst einen Bauern zurückgeben (8. Lxd5), sonst ist er verloren. Nach etwa 7. ...Le7? folgt 8. Lxf7+! Kxf7 9. Se5+ Ke6 10. Dg4+ und matt nach 10. ...Kxe5 11. Df5+ Kd6 12. Dd5#.

D) 3. ...d5! 4. exd5 Sf6 5. Sc3 Sxd5 6. Sxd5 Dxd5 7. d4 Le7!

Verhindert 8. Lxf4? wegen 8. ...De4+!.

8. Le2

8. c4 De4+ 9. Le2 Sc6 =.

8. ...g5 =

Im folgenden nimmt Schwarz das Gambit an und spielt dann selbst eine Gambitvariante:

E) 3. ...d5 4. exd5 Sf6 5. d4 c6! 6. dxc6 Sxc6 7. Le2 Ld6 8. 0-0 0-0 9. c4 Lg4 10. Sc3 Tc8 =

Planinc – Ghitescu, Amsterdam 1975.

Das Abgelehnte Königsgambit

A) 1. e4 e5 2. f4 Lc5

Es kann etwa folgen:

3. Sf3 d6 4. fxe5 dxe5 5. c3

Nicht 5. Sxe5? wegen 5. ...Dh4+.

5. ...Sf6 6. Sxe5 De7 7. d4 Ld6 8. Lf4 Sbd7 9. Sxd7 Dxe4+ 10. De2 Lxd7 11. Lxd6 cxd6 =

Ree – Smejkal, 1974.

B) Das Falkbeer-Gegengambit

Diese Antwort auf das Königsgambit erfreut sich großer Beliebtheit.

1. e4 e5 2. f4 d5 3. exd5

Es ist wichtig zu wissen, daß Weiß sowohl bei 2. ...Lc5 als auch bei 2. ...d5 den Bauern a5 nicht nehmen darf. Er wäre sofort verloren: 3. fxe5? Dh4+ 4. g3 Dxe4+ und der Turm h1 fällt. (4. Ke2 Dxe4+ 5. Kf2 Lc5+ und Weiß wird matt.)

3. ...e4

Oder 3. ...exf4 4. Sf3 Sf6 5. Lc4 Ld6, Barle – Matanovic, Jugoslawien 1976.

4. Sc3 Sf6 5. d3

In der Begegnung Planinc – Wasjukow, Hoog-

oventurnier Amsterdam 1974 folgte 5. De2 Le7 6. Sxe4 0-0 7. Sxf6+ Lxf6 8. Df3 Te8+ und Schwarz hatte Angriff für seine Bauern.

5. ...Lb4 6. dxe4 Sxe4 7. Df3 0-0! =

Wiener Partie

1. e4 e5 2. Sc3

Oder auch 2. Lc4 Sf6 3. Sc3

2. ...Sf6

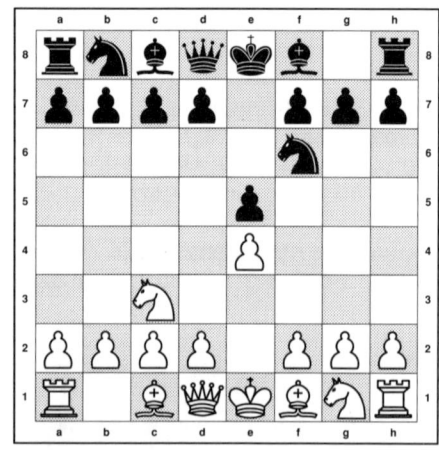

3. Lc4

Eine andere Hauptrichtung der Wiener Partie ist 3. f4 d5! 4. fxe5 Sxe4 5. Sf3. Schwarz drohte mit der Dame auf h4 zu erscheinen, was Weiß verhindern muß. 5. ...Lc5 6. d4 Lb4! Dieser Läuferzug ist zwar ein Tempoverlust und ein Verstoß gegen die Faustregel „nicht zweimal in der Eröffnung mit derselben Figur ziehen", hier aber handelt es sich wieder einmal um eine Ausnahme von der Regel!

3. ...Sxe4!

A) Zunächst machen wir wieder Bekanntschaft mit den Scheinopfern auf e4.

4. Sxe4

Weiß kann auch anders fortsetzen und nach dem Scheinopfer selbst auf f7 hineinschlagen: 4. Lxf7+? Kxf7 5. Sxe4 d5 6. Df3+ Kg8 7. Sg5 Dd7! (Nicht 7. ...Dxg5?? wegen 8. Dxd5+ nebst Matt.) 8. d3 Sc6 9. c3 (Oder 9. Se2? Sb4!) 9. ...h6 10. S5h3 Le7 11. Se2 Kh7 Schwarz steht überlegen.

4. ...d5 5. Lxd5 Dxd5 6. Df3 Le6!

B) Die Hauptvariante verläuft so:

4. Dh5! Sd6 5. Lb3 Sc6

Eine gute Erwiderung für Schwarz besteht in
5. ...Le7 6. Sf3 Sc6 und Schwarz gibt den Bauern
einfach zurück. Im Fall von 7. Sxe5 muß Schwarz
rochieren: 7. ...0-0!.

**6. Sb5 g6 7. Df3 f5 8. Dd5 De7 9. Sxc7+ Kd8
10. Sxa8 b6**

Das Qualitätsopfer ist chancenreich und erfreut
sich großer Beliebtheit.

11. d3 Lb7 12. h4 f4 13. Df3 Lh6 14. Ld5

Aber nicht 14. Dg4?.

14. ...Sd4 15. Lxb7 Sxf3+ 16. Lxf3 Sf5 17. c3

Hansen – Nunn, Studenten-Olympiade 1974.

Halboffene Spiele

(1. e4 und nicht 1. ...e5)

Für den lernenden Schachfreund sind in der
ersten Zeit nur die offenen Spiele anzuraten. Wir
haben schon gehört, daß die Bezeichnungen
offene, halboffene und geschlossene Spiele als
Hilfsmittel zur groben Unterteilung der Eröffnungen dienen. Bei den „offenen" Spielweisen mit
1. e4 e5 kommt ein freies Figurenspiel zur Entfaltung; und darin muß sich der Schachspieler zuerst
üben. Die anderen Eröffnungen kommen dann
im Laufe der Jahre hinzu – oder auch nicht; es ist
nicht unbedingt ein Nachteil, wenn der Schachspieler nur eine Sorte der Eröffnungen bevorzugt.
Wir kommen nun zu den sogenannten halboffenen Spielen. Meistens wird bei diesen Eröffnungen, in denen Weiß 1. e4 spielt und Schwarz
anders als ...e5 antwortet, im Zentrum eine Linie
nur halb geöffnet; so zum Beispiel in Französisch
mit 1. e4 e6 2. d4 d5 3. Sc3 dxe4 4. Sxe4. Weiß
verfügt über die halboffene e-Linie.

Skandinavische Verteidigung
1. e4 d5 2. exd5

A) 2. ...Dxd5 3. Sc3 Dd8

In der letzten Zeit wurde einige Male der Zug
3. ...Dd6 mit Erfolg angewandt, zum Beispiel
Polgar,J – Donchev, Mannschaftsweltmeister-
schaft Haifa 1989: 3. ...Dd6 4. d4 Sf6 5. Sf3 a6
6. Le2 Sbd7 7. 0-0 e6 8. Le3 c5 9. dxc5 Dxd1
10. Tfxd1 Lxc5 11. Lxc5 Sxc5 12. Se5 Ke7 13. Lf3
Scd7 14. Sc4 Ta7 15. a4 b6 16. Sa2 Tc7 17. b3
a5 18. Sc3 La6 19. Sb5 Tc5 20. Sca3 Se5 21. Le2
g5 22. Td4 Td8 23. Txd8 Kxd8 24. Sd6 Kc7
25. Lxa6 Kxd6 26. c4 Ke7 27. Sb5 Se8 28. Sd4

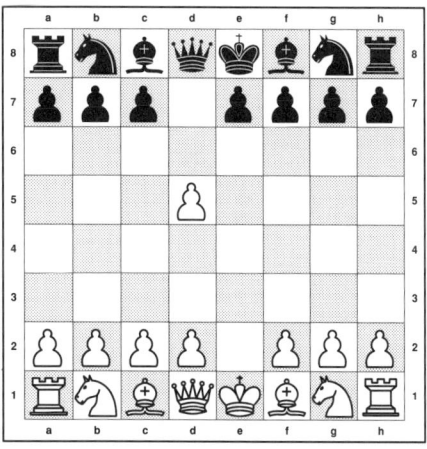

Stellung nach 2. exd5

Sd6 29. Lb5 f5 30. Te1 Kf6 31. Ld7 Sdxc4 32. Lxe6
Sd6 33. f3 Tc3 34. Lg8 Td3 35. Se6 Td2 36. f4
gxf4 37. Sxf4 Sd3 38. Sxd3 Txd3 39. Lxh7 Kg7
40. Te7+ Kf6 41. Te1 Kg7 42. Te7+ – remis.

**4. d4 Sf6 5. Sf3 Lg4 6. h3 Lxf3 7. Dxf3 c6
8. Ld2 g6 9. 0-0-0 Lg7 =**

B) Etwas aktiver für Schwarz erscheint:

2. ...Sf6 3. d4 Sxd5 4. c4 Sb4

Eine Falle. Weiß gewinnt zwar eine Figur, verliert
aber die Partie.

**5. Da4+? S8c6! 6. d5 b5 7. Dxb5 Sc2+ 8. Kd1
Ld7!**

Weiß darf weder den Sc2 noch den Sc3 wegen
Damenverlust schlagen.

9. Da6 S6b4 10. Db7 Lc6

Schwarz gewinnt.

Französisch
1. e4 e6 2. d4 d5

Eine der bewährtesten Verteidigungen für
Schwarz, wenn man nicht 1. ...e5 spielen möchte.
Wir unterscheiden drei Gruppen bei Französisch:

1) Abtauschvariante: Weiß tauscht im 2. Zug
auf d5. Die Stellung hat dann den Charakter einer
offenen Eröffnung.

2) Weiß entwickelt weitere Figuren; **Klassische
Fortsetzung: 3. Sc3** oder Tarrasch-Variante:
3. Sd2.

3) Zentrumsvariante: Weiß zieht den Bauern
nach e5.

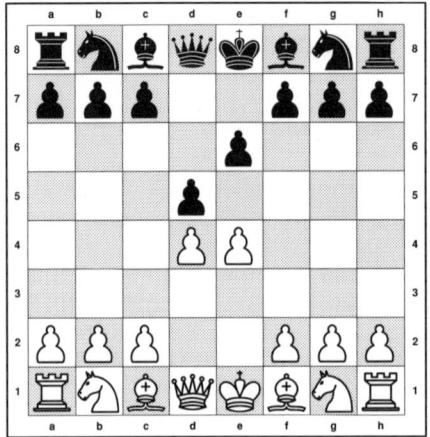

1) Die Abtauschvariante
3. exd5 exd5 4. Ld3 Ld6 5. Se2 Se7 6. Lf4 Lf5 7. Sbc3 c6 =

2) Die Klassische Fortsetzung
3. Sc3 Sf6 4. Lg5 Le7 5. e5 Sfd7 6. Lxe7 Dxe7 7. f4
Oder 7. Dd2 0-0 8. f4 c5 9. Sf3 Sc6 10. dxc5 Sxc5 11. 0-0-0 f6 12. exf6 Dxf6 13. g3 Td8 =.
7. ...0-0 8. Sf3 c5 9. Ld3 f5! 10. exf6 Txf6 11. Dd2 Sc6 12. dxc5 Sxc5 =

Sehr populär ist die **Nimzowitsch-Variante:**
3. Sc3 Lb4 4. e5
In der Partie Sigurjonsson – Uhlmann, Hastings 1976, folgten die Kontrahenten der **Standardva-riante: 4. ...Se7 5. Dg4 c5 6. Dxg7 Tg8 7. Dh6** (Oder 7. Dxh7 cxd4 8. a3 Da5!) **7. ...cxd4 8. a3 Lxc3+ 9. bxc3 Dc7 10. Se2 dxc3 11. f4 Ld7 12. Tb1 Sbc6 13. Sg3 0-0-0 14. Ld3 Sd4** mit Aus-gleich.
4. ...c5 5. a3
Oder 5. Ld2! cxd4? (Richtig ist 5. ...Se7! 6. Sb5 Lxd2+ 7. Dxd2 0-0 =) 6. Sb5 Lxd2+ 7. Dxd2 Sc6 8. Sf3 Sge7 9. Sd6+ Kf8 10. Df4 und Weiß ist im Vorteil.
5. ...Lxc3+ 6. bxc3 Dc7 7. Dg4 f5 =

Auch die **Tarrasch-Variante** erfreut sich großer Beliebtheit:
3. Sd2 Sf6 4. e5 Sfd7 5. Ld3 c5 6. c3 Sc6 7. Se2 Db6 8. Sf3 cxd4 9. cxd4 f6! 10. exf6 Sxf6 11. 0-0 Ld6 =

In beiden Systemen, sowohl nach 3. Sc3 als auch nach 3. Sd2, kann Schwarz mit einem frühen ...dxe4 ähnliche Stellungsbilder erreichen.
3. Sc3
Oder 3. Sd2.
3. ...dxe4 4. Sxe4 Sd7
Oder auch 4. ...Sf6 5. Lg5 Le7 6. Lxf6 Lxf6 (Spiel-bar ist ebenso 6. ...gxf6.) 7. Sf3 Sd7 8. Dd2 b6 =.
5. Sf3 Sgf6 6. Sxf6+ Sxf6 7. Se5 Le7 =

Auch einen Zug später ist der Abtausch noch gut möglich:
3. Sc3 Sf6 4. Lg5 dxe4 5. Sxe4 Le7 6. Lxf6 Lxf6 7. Sf3 Sd7 =

3) Die Zentrumsvariante
1. e4 e6 2. d4 d5 3. e5 c5

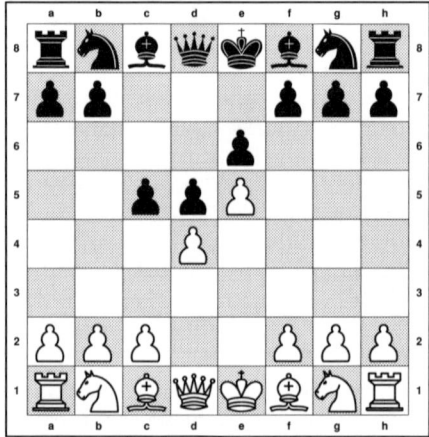

Weiß riegelt das Zentrum zunächst ab. Das be-deutet aber nicht, daß Weiß nicht zu irgendeinem späteren Zeitpunkt entweder mit dxc5 oder – nach erfolgtem ...f7-f6 – mit exf6 aus dem Zentrum schlägt. Wichtig bleibt nur die strategische Idee: Festigung der Zentralpunkte d4/e5 mit allen Figuren.
A) 4. c3 Sc6 5. Sf3 Db6 6. Ld3
Oder 6. Le2 cxd4 7. cxd4 Sge7 8. Sc3 Sf5 9. Sa4 Da5+ 10. Ld2 Lb4 =.
6. ...cxd4 7. cxd4 Ld7
Aber nicht 7. ...Sxd4? 8. Sxd4 Dxd4 9. Lb5+ und das Abzugsschach erobert die Dame – ein be-liebter Fehler!

8. 0-0 Sxd4

Dieses Bauernopfer wird gern gegen schwächere Spieler angewandt.

9. Sxd4 Dxd4 10. Sc3 Dxe5?

Besser ist 10. ...a6! 11. De2 Se7 12. Td1 =.

11. Te1 Dd6 12. Sb5 Db8 13. Df3 Ld6 14. Dxd5!

Weiß besitzt Angriff.

B) 4. Sf3 cxd4 5. Ld3 Sc6 6. 0-0 f6 7. Lb5 Ld7 8. Lxc6 bxc6 9. Dxd4

Weiß kontrolliert die Zentrumsfelder.

Caro-Kann

1. e4 c6 2. d4 d5

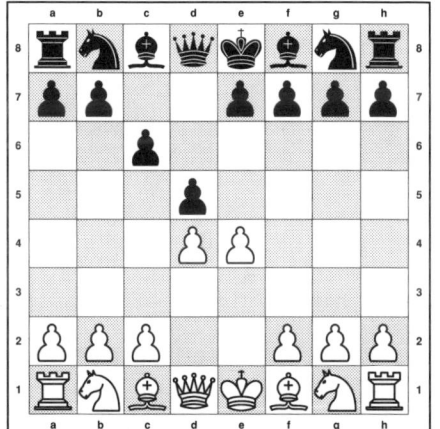

Der Bc6 verstellt zwar dem schwarzen Damenspringer sein natürliches Entwicklungsfeld. Das scheint hier aber von geringerer Bedeutung. Der Name der Eröffnung rührt von den beiden Schachmeister Caro (Berlin) und Kann (Wien) her.

A) 3. Sc3 dxe4 4. Sxe4 Sd7 5. Lc4 Sgf6 6. Sg5 e6 7. De2 Sb6 8. Ld3 c5

In der Partie Bellon – Christiansen, Holland 1977, geschah: 8. ...h6 9. S5f3 c5 10. dxc5 Sbd7 11. Se5 Lxc5 12. Sgf3 Sxe5 13. Sxe5 0-0 14. 0-0 b6 mit Ausgleich.

9. dxc5 Lxc5 10. S1f3 Dc7 11. Se5 0-0

B) 3. Sc3 dxe4 4. Sxe4 Lf5 5. Sg3 Lg6 6. h4 h6 7. Sf3 Sd7 8. h5 Lh7 9. Ld3 Lxd3 10. Dxd3 Dc7 11. Ld2 e6 12. 0-0-0 Sgf6 =

Tausende von Turnierpartien nehmen diesen Verlauf in der Caro-Kann-Eröffnung.

C) Die Zentrumsvariante

3. e5 Lf5 4. Ld3 Lxd3

Ein Fehler wäre 4. ...Lg6? wegen 5. e6! fxe6 6. Lxg6+ hxg6 7. Dg4 und so weiter.

5. Dxd3 e6 6. Sc3 Db6 7. Sge2 c5! =

D) Die **Pannow-Variante** mit Tausch auf d5 nebst c2-c4 führt oft zu Stellungen des Angenommenen Damengambits:

3. exd5 cxd5 4. c4 Sf6 5. Sc3 Sc6 6. Sf3 Lg4 7. cxd5 Sxd5 8. Db3! Lxf3 9. gxf3 e6 10. Dxb7 Sxd4 11. Lb5+ Sxb5 12. Dc6+! Ke7 13. Dxb5 Dd7 14. Sxd5+ Dxd5 15. Dxd5 exd5 =

Ligterink – Nikolac, Holland 1977.

E) Die Variante mit 2. Sb1-c3 kann zu anderen Stellungsbildern führen, kann aber auch nur Zugumstellung bedeuten:

1. e4 c6 2. Sc3 d5 3. Sf3 dxe4 4. Sxe4 Lf5? 5. Sg3 Lg6 6. h4 h6 7. Se5! Lh7 8. Dh5 g6 9. Lc4

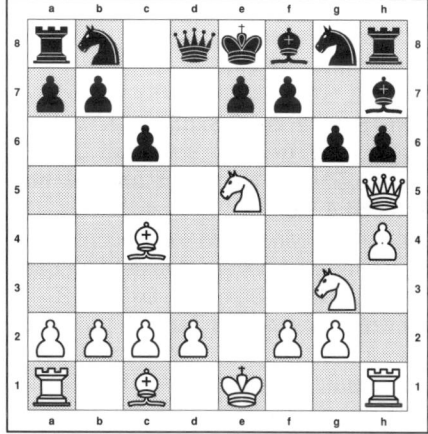

Wegen der Gefahr Lxf7 matt darf die Dame nicht geschlagen werden.

9. ...e6 10. De2 Sd7?

Ein letzter Fehler.

11. Sxf7! 1:0

Sizilianische Verteidigung

1. e4 c5

Über die Sizilianische Verteidigung gibt es viele Bücher. Sie zählt wegen ihres elastischen Spielaufbaus, der Schwarz gleichwertige Kampfaussichten verspricht, in beinahe allen Spielklassen

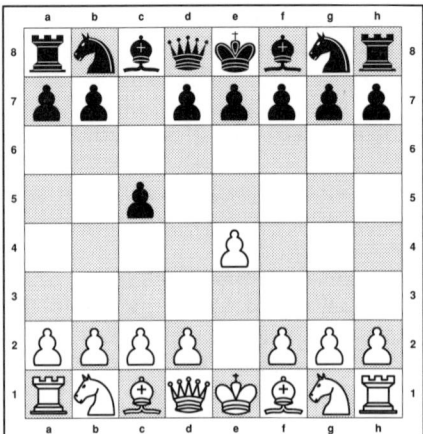

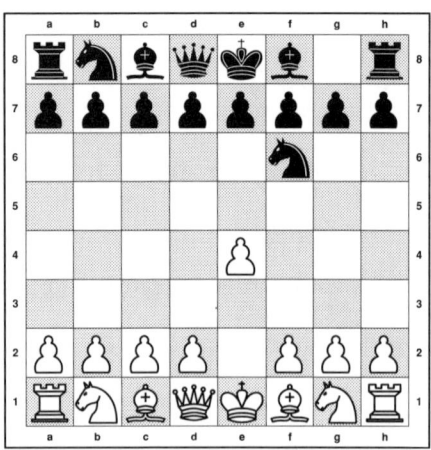

zu den beliebtesten Waffen gegen 1. e4. Für den ungeübten Schachfreund ist sie zunächst nicht zu empfehlen, da eine gehörige Portion Theoriewissen dazugehört, Sizilianische Systeme richtig zu behandeln. Im folgenden stellen wir aus der Fülle der verschiedenen Sizilianischen Abspiele zwei Systeme kurz vor:

1) Der Scheveninger Aufbau mit ...d7-d6 und e7-e6

2. Sf3 d6 3. d4 cxd4 4. Sxd4 Sf6 5. Sc3 e6
6. Le2 Le7 7. 0-0 0-0 8. f4 Sc6 9. Le3 a6
10. Kh1 Ld7 11. De1 b5 12. a3 Db8 13. Lf3
Dc7 14. Dg3 Tac8 15. e5 Se8 16. Se4 g6
mit Ausgleich in der Partie Adorjan – Kaplan, Hastings 1977.

2) Die Drachen-Variante mit ...g7-g6 und ...Lf8-g7

2. Sf3 Sc6 3. d4 cxd4 4. Sxd4 Sf6 5. Sc3 d6
6. Lc4 g6 7. f3 Lg7 8. Le3 0-0 9. Dd2 Ld7
10. 0-0-0 Da5 =
Oder: 2. ...d6 3. d4 cxd4 4. Sxd4 Sf6 5. Sc3 g6
6. Le3 Lg7 7. f3 0-0 8. Dd2 Sc6 9. Lc4 Ld7 10. h4
Tc8 11. Lb3 Se5 12. h5 Sxh5 13. g4 Sf6 14. Lh6
=

Die Aljechin-Verteidigung

1. e4 Sf6

Diese Verteidigung wurde von Alexander Aljechin nach 1921 in die Turnierpraxis eingeführt. Der interessante Springerzug kam sporadisch auch schon in einigen Partien im vorigen Jahrhundert vor. Die Idee ist, die weißen Bauern zum Vor-

marsch zu provozieren, um sie später anzugreifen. (Den vorgelockten Bauern fehlt die Unterstützung aus dem eigenen Hinterland.) Folgen wir gleich einer klassischen Behandlung dieser Eröffnung aus einer Partie des Matches um die Weltmeisterschaft 1972 zwischen Spasski und Fischer.

**A) 2. e5 Sd5 3. d4 d6 4. Sf3 Lg4 5. Le2 e6
6. 0-0 Le7 7. h3 Lh5 8. c4 Sb6 9. Sc3 0-0
10. Le3 d5 11. c5 Lxf3 12. Lxf3 Sc4 13. b3
Sxe3 14. fxe3 b6 15. e4 c6 16. b4 bxc5
17. bxc5 Da5! 18. Sxd5 Lg5** remis/40
Oder 2. e5 Sd5 3. d4 d6 4. Sf3 dxe5 5. Sxe5 g6
6. Lc4 Le6 7. Sc3 Lg7! (Ein Damenopfer wäre fällig nach 7. ...Sxc3 8. Lxe6 Sxd1?? 9. Lxf7#)
8. Se4 Lxe5 9. dxe5 Sc6 =

B) 2. Sc3 d5 3. e5

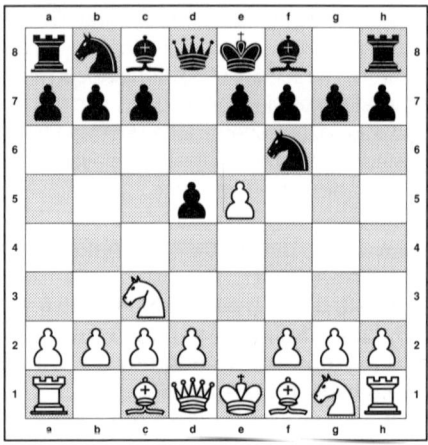

Ebensogut ist 3. exd5 Sxd5 4. Lc4 Sb6 5. Lb3 c5 6. d3 und so weiter.

3. ...Sfd7

Auch in Betracht kommt 3. ...d4 4. exf6 dxc3.

4. d4

Ein elementarer Reinfall kann sich nach 4. e6?! ergeben: 4. ...fxe6 5. d4 c5 6. Ld3

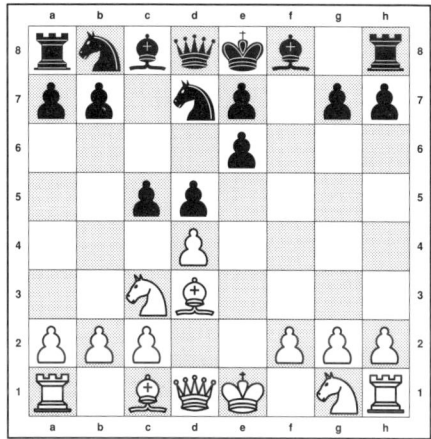

6. ...cxd4??

Richtig ist natürlich 6. ...Sf6!. Nach dem Fehler setzt Weiß in zwei Zügen matt! Es gibt sogar ein Damenopfer zu sehen: 7. Dh5+ g6 8. Dxg6+ (Auch 8. Lxg6+ würde zum gleichen Matt führen.) 8. ...hxg6 9. Lxg6# .

4. ...e6 5. f4 c5 6. Sf3 Sc6 7. Le3 Le7 8. dxc5 Sxc5

Die vorliegende Stellung hätte ebensogut aus der Französischen Partie entstehen können.

9. Ld3! =

Ein böser Fehler wäre nun die Gabel 9. ...d4? wegen 10. Sxd4 Sxd4 11. Lxd4 Dxd4?? 12.. Lb5+!. Wieder dieser typische Abzug auf die schwarze Dame, wie wir ihn bereits in einem Beispiel der Französischen Partie geschen haben. Und wieder geht durch diese Demaskierung in der d- Linie die schwarze Dame für nur eine Figur verloren.

C) Etwas aus der Mode gekommen ist der **Vierbauern-Angriff**

2. e5 Sd5 3. d4 d6 4. c4 Sb6 5. f4 dxe5 6. fxe5 Sc6 7. Le3 Lf5 8. Sc3 e6 9. Sf3 Le7 10. d5 exd5 11. cxd5 Sb4 12. Sd4 Ld7 13. Db3 c5! 14. dxc6 bxc6 15. Td1 S6d5 =

Timman – Kovacevic, Wijk aan Zee 1980.

Oder auch 2. e5 Sd5 3. d4 d6 4. c4 Sb6 5. f4 dxe5 6. fxe5 c5 7. d5 e6 8. Sc3 exd5 9. cxd5 c4!? 10. Sf3 Lg4 11. Dd4 Lxf3 12. gxf3 Lb4 13. Lxc4 0-0 14. Tg1 g6 15. Lg5 Dc7 16. Lb3 Lc5 17. Df4! Lxg1 18. d6 Dc5! 19. Se4 Dd4 20. Td1 Dxb2 21. e6 S8d7 22. e7 Dxh2 23. exf8D+ Txf8 24. Dxh2 Lxh2 und 0:1 im 37. Zug, Grünfeld – Ljubojevic, Riga 1979.

Pirc-Verteidigung
1. e4 d6 2. d4 Sf6 3. Sf3 g6

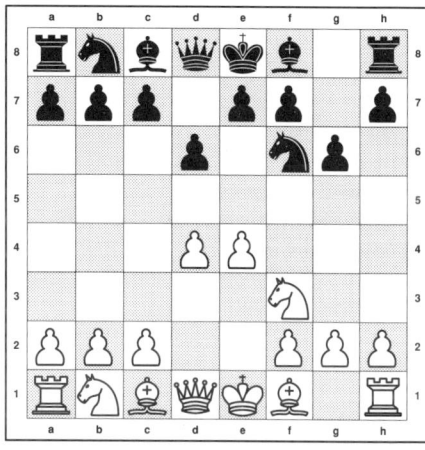

Der Pirc-Verteidigung (benannt nach dem jugoslawischen Grpoßmeister Pirc) begegnet man in den Theoriewerken auch unter den Namen „Moderne Verteidigung" und „Jugoslawisch".

Wir folgen einigen Eröffnungszügen aus Großmeisterpartien:

Timman – Sigurjonsson, Amsterdam 1977:
1. d4 g6 2. e4 Lg7 3. Sc3 d6 4. f4 Sf6 5. Sf3 c5 6. dxc5 Da5 7. Ld3 Dxc5 8. De2 0-0 9. Le3 Dc7 = **remis/31**

Miles – Böhm, Holland 1977:
1. Sf3 d6 2. d4 Lg4 3. e4 Sf6 4. h3 Lh5 5. Sc3 c6 6. Ld3 Lxf3 7. Dxf3 Sbd7 =
Remis im 107.(!) Zug.

Krnic – Hartoch, Amsterdam 1977:
1. e4 d6 2. d4 Sf6 3. Sc3 g6 4. Lg5 c6 5. Dd2
Möglich ist auch der Abtausch 5. Lxf6 exf6, der aber Schwarz nicht in Nachteil bringt.
5. ...h6 6. Lh4 b5 7. a3 Lg7 8. f4 0-0 9. Sf3 d5

10. e5 Se4 11. De3 f5 12. exf6 exf6 13. Sxe4 dxe4 14. Sd2 g5

Schwarz gewann im 44. Zug.

Hort – Keene, Teeside (GB) 1976:
1. e4 g6 2. d4 Lg7 3. Sf3 d6 4. Lc4 Sf6 5. Sc3 0-0 6. De2

Es drohte das Scheinopfer 6. …Sxe4 7. Sxe4 d5.
6. …Lg4

Schwarz sollte besser 6. …c6 7. e5 Sd5! spielen.
7. e5 Se8 8. Lg5 Sc6 9. 0-0-0 Kh8 10. The1 Dc8 11. Ld5!

Weiß hat die bessere Stellung. Der Leser sieht, wie sich Großmeister in der Eröffnung aufbauen; typisch ist insbesondere der Zug 10. The1, der weiteren indirekten Druck auf die zentralen Felder und Linien ausübt.

Mednis – Vadasz, Budapest 1976:
1. e4 d6 2. d4 Sf6 3. Sc3 g6 4. f4 Lg7 5. Sf3 0-0 6. Ld3 Sa6 =

Eine theoretische Hauptvariante im Pirc ist:
1. e4 g6 2. d4 Lg7 3. Sc3 d6 4. f4 Sf6 5. Sf3 0-0 6. e5 Sfd7

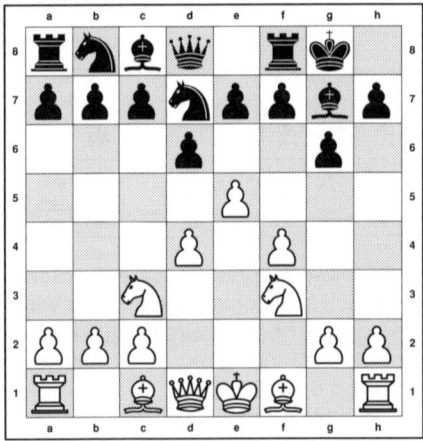

7. h4

Hier sollte Weiß lieber mit 7. Ld3 oder 7. Lc4 seine Figuren weiterentwickeln. Ein zu früh gestartetes Angriffsunternehmen bei unzureichender Entwicklung ist meist zum Scheitern verurteilt.
7. …c5 8. h5 cxd4 9. hxg6!? dxc3 10. gxf7+ Txf7

Bei 10. …Kh8 folgt der Einschlag 11. Txh7+!

Kxh7 12. Sg5+ und matt in spätestens zwei Zügen (…Kg6 13. Dd3+ Kh6 14. Dh7#)
11. Lc4 e6?

Richtig ist 11. …Sf8! und Weiß wird es kaum gelingen, die Korrektheit seines Angriffs nachzuweisen, zum Beispiel 12. Lxf7+ Kxf7 13. Sg5+ Kg8 14. Dd5+ e6 15. Db3 (nach 15. Dxd6 Dxd6 16. exd6 entscheidet das Nehmen auf b2) und Weiß hat nicht genug Kompensation für das geopferte Material.

Kuraijca – Ligterink, Amsterdam 1977:
1. e4 d6 2. d4 Sf6 3. Sc3 g6 4. f3 c6 5. Le3 b5 6. Dd2 Sbd7 7. g4 Sb6 8. h4 h5 9. g5 Sfd7 10. a4 Sc4 11. Lxc4 bxc4 12. De2! La6?

Schwarz sollte erst 12. …Tb8! spielen, um den folgenden Vorstoß auszuschalten.
13. b4! Lg7 14. Dd2 0-0 15. Sge2 Lb7 16. a5 d5 17. e5 + /-

Geller – Timman, Wijk aan Zee 1977:
1. e4 d6 2. d4 Sf6 3. Sc3 g6 4. Sf3 Lg7 5. Le2 0-0 6. 0-0 Lg4 7. Le3 Sc6 8. Dd2 e5 9. d5 Se7 10. Tad1 Ld7 11. Se1 Sg4 12. Lxg4 Lxg4 13. f3 Ld7 14. f4 Lg4

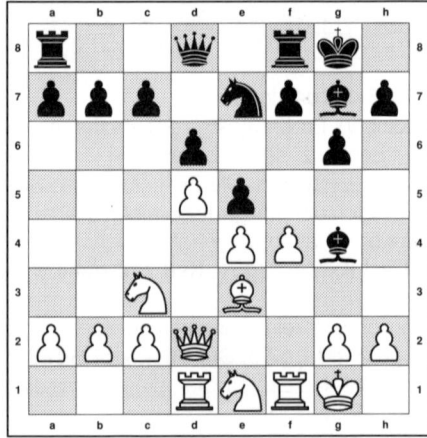

Weiß muß sich entscheiden: Entweder er zieht den Turm d1 aus dem Zentrum zurück (siehe Partie Karpow – Adorjan weiter unten), oder er bietet den Springer e1 zum Tausch, womit Schwarz im Sinne des Ausgleichs witergekommen ist.
15. Sf3 f5 16. Tde1 Lxf3 17. Txf3 Dd7 18. fxe5 dxe5 19. Lh6   **remis**

Karpow – Adorjan, Las Palmas 1977:
(Aus der Stellung des letzten Diagramms)
15. Tb1 c6 16. a3 Ld7 17. dxc6? Lxc6 18. Td1 exf4 19. Txf4 f5 20. Dd3 fxe4 21. Txf8+ Dxf8 22. Sxe4 Sf5 23. Lf2 d5
Der ungarische Großmeister erreichte eine Gewinnstellung, verpatzte aber die Partie im 57. Zug noch zum Verlust.

Königsfianchetto
1. e4 g6 2. d4 Lg7
Oder auch 1. d4 g6 2. e4 Lg7.

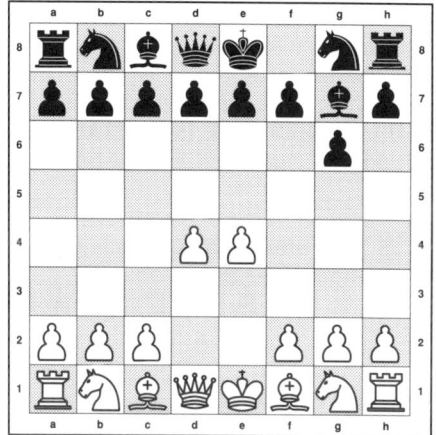

3. Sf3 d6 4. Lc4 Lg4?
Vor solchen Eröffnungsfehlern muß man sich hüten. Schwarz sollte besser mit …Sf6 und Rochade fortsetzen. Die Fesselung des Springers f3 durch den Läufer kann hier mit einer typischen Kombination widerlegt werden:
5. Lxf7+! Kxf7 6. Sg5+ Ke8 7. Dxg4 + =

Ein ähnlicher Hereinfall existiert bei der Zugfolge:
1. e4 g6 2. d4 Lg7 3. Sf3 d6 4. Lc4 Sd7?
Wieder folgt das Läuferopfer, diesmal mit einem anderen Motiv.
5. Lxf7+ Kxf7 6. Sg5+ Kf6
Sowohl nach 6. …Ke8 7. Se6 als auch nach 6. …Kf8 7. Se6+ verliert Schwarz die Dame.
7. Df3 matt

Ivarsson – Bilek, Eksjö 1976:
1. e4 g6 2. d4 Lg7 3. Sc3 d6 4. f4 a6 5. Sf3 b5
In einer geschlossenen Eröffnung wie hier, wo es vorläufig nicht zur Öffnung einer Zentrallinie

kommt, hat die rasche Entwicklung nicht unbedingt Vorrang. Während sich Weiß mit seinen Bauern im Zentrum breitmacht, organisiert Schwarz ein Gegenspiel am Damenflügel, das letztlich auch auf das Zentrum einwirkt.
6. Ld3 Sd7 7. 0-0 c5 8. Le3 Lb7 9. e5 b4
Der Zentrumskampf ist in vollem Gange. Nach 10. Sa4? cxd4 11. Lxd4 Sh6 12. De1? Lxf3! 13. Txf3 Da5! verlor Weiß einen Bauern und im 32. Zug die Partie.

Damenfianchetto
1. e4 b6 2. d4 Lb7 3. Ld3 f5
Eine etwas ältere Spielweise; heute wird 3. …e6 nebst eventuell …Lb4 (nach 4. Sc3) bevorzugt, die durchaus spielbar ist; sie bietet Schwarz in der Hauptvariante gute Aussichten.
4. exf5 Lxg2

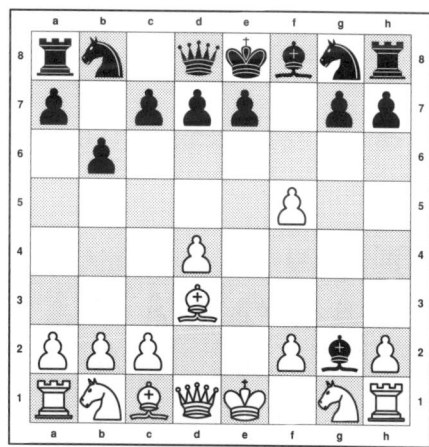

Führt keineswegs zur Katastrophe für Schwarz, wie irrtümlich angenommen wird. Diese Variante wurde sogar schon von Großmeistern gespielt (S. Flohr!). Schwarz muß nur richtig entgegnen.
5. Dh5+ g6 6. fxg6 Lg7!
Der allein richtige Zug. Eine uralte Eröffnungsfalle, die schon im 17. Jahrhundert bekannt war, ist 6. …Sf6?? 7. gxh7+! Sxh5 8. Lg6#.
7. gxh7+ Kf8 8. hxg8D+ Kxg8 9. Dg5 Lxh1 10. f3
Weiß droht nun 11. Dd5+, sperrt dafür aber den Lh1 vorläufig ein.
10. …Sc6! 11. Lf4
Eine Stellung mit lebhaftem Spiel und Gewinnchancen für beide Seiten.

Geschlossene Spiele
(anders als 1. e4)

Damenbauerspiel
1. d4 d5 2. Sf3 Sf6

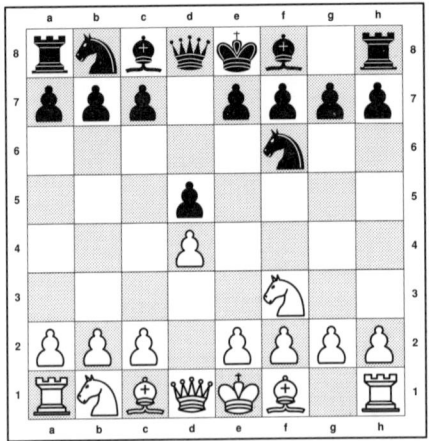

3. e3

Wenn Weiß nach 1. d4 d5 nicht mit dem Damengambit 2. c4 fortsetzt, spricht man vom Damenbauerspiel.

Weiß muß dazu nicht unbedingt 2. Sf3 spielen, es könnte ebensogut auch 2. e3 oder 2. Lc4 geschehen. Weiß kann auch im 3. Zug Lc5 spielen und erst anschließend e2-e3.

In der Regel beläßt Weiß aber den Damenläufer zunächst auf c1, schließt ihn also mit e3 selbst ein, und erst nach dem Vorstoß e3-e4 wird der Läufer mobil; häufig wird der Damenläufer aber auch auf die lange Diagonale (a1-h8) enwickelt, b2-b3 und Lc1-b2.

3. ...e6 4. Ld3 c5 5. c3 Le7 6. Sbd2 0-0 7. 0-0 Sc6 8. dxc5 Lxc5 9. e4 =

Petrosjan – Andersson, IBM-Turnier 1973:
3. Lg5 e6 4. Sbd2 Le7 5. e3 Sbd7 6. c3 0-0 7. Ld3 b6 8. b4 Lb7 9. Db1 h6 10. Lh4 Sh5 11. Lg3 Dc8 12. Le5 Shf6 13. 0-0 c5 remis/18

Kortschnoi – Karpow, Hastings 1972:
1. d4 Sf6 2. Sf3 e6 3. Lg5 b6 4. e4 h6 5. Lxf6 Dxf6 6. Ld3 Lb7 7. Sbd2 a6 8. De2 d6 9. 0-0-0 Sd7 10. Kb1 e5 11. c3 Le7 12. Sc4 0-0 1:0/44

1973 kam der Läuferzug nach g5 groß in Mode:
1. d4 Sf6 2. Lg5 Se4 3. Lh4 c5 4. f3 g5 5. fxe4 gxh4 6. e3 Lh6 7. Kf2!
Das Spiel steht in etwa gleich, vielleicht hat Weiß einen geringfügigen Vorteil.

Sogar im Kandidatenwettkampf zur Schachweltmeisterschaft 1974 zwischen dem späteren Weltmeister Karpow und seinem Herausforderer Kortschnoi tauchte diese Variante auf:
1. d4 Sf6 2. Lg5 e6 3. e4 h6 4. Lxf6 Dxf6 5. Sf3 d6 6. Sc3 g6 7. Dd2 De7 8. 0-0-0 a6 9. h4 Lg7 10. g3 b5! =

Zu der folgenden Partie finden wir einen interessanten Kommentar im Turnierbuch:
Larsen – Sanguinetti, Interzonenturnier Biel 1976:
1. d4 Sf6 2. Sf3 e6 3. Lg5 Le7 4. Sbd2 c5 5. e3 b6 6. c3 Lb7 7. Ld3 cxd4 8. exd4 Sd5?

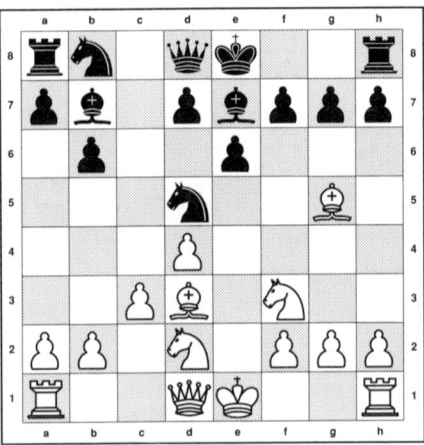

Zu dieser Stellung kommentierte der Internationale ungarische Meister Janos Flesch im Turnierbuch des IZT 1976 in Biel: „Schade um die verlorenen Tempi, um den Le7 abzutauschen. Er bildet ja die Stärke der schwarzen Verteidigungsstellung. Große Profis wie Larsen freuen sich über solche Abtauschbestrebungen, denn diese decken auf, daß der Gegner mehr als nur Respekt vor ihnen hat. Wobei selbstverständlich die Angst vielfach Bestandteil eines Wettbewerbs sein wird, auch eines Schachwettbewerbs natürlich. Schwarz hätte besser daran getan, sich mit ...d6, nebst ...Sbd7 und ...Dc7 ruhig aufzubauen."

Larsen – Csom, Interzonenturnier Biel 1976:
1. d4 d5 2. Sf3 Sf6 3. Lf4 e6 4. e3 Le7 5. Sbd2 Sbd7 6. Ld3 c5 7. c3 b6 8. Se5 Lb7 9. Sdf3 Sxe5 10. dxe5 Sh5
In Frage kam auch 10. ...Sd7 nebst ...0-0-0 und Angriff am Königsflügel mit ...g5 und ...h5. Man spricht auch dann vom „Königsflügel", wenn der König nicht mehr auf diesem Flügel, sondern irgendwo anders – hier auf dem Damenflügel – steht.
11. Da4+ Kf8 12. La6 Lxa6 13. Dxa6 g5 14. Lg3 Dc7 15. Da4 b5! 16. Dg4 Sxg3 17. hxg3 h6 18. 0-0-0 Kg7   remis/61

Weiß kann auch den Zug 2. Sf3 zurückstellen und zunächst Sc3 spielen.
Bellin – Penrose, England 1974:
1. d4 d5 2. Sc3 Sf6 3. Lg5 h6 4. Lxf6 exf6 5. e3 c6 6. Ld3 Ld6 7. Df3 0-0 8. Sge2 Te8 9. 0-0-0 b5 10. g4 Sd7 11. h4 b4
Der Kampf auf beiden Flügeln ist bereits in vollem Gange.

Damengambit

Das Damengambit wurde schon 1834 in dem legendären Wettkampf Labourdonnais – MacDonnell angewandt. Es zählt zu den beliebtesten Eröffnungen und liegt mit Spanisch, Sizilianisch, Nimzowitsch-Indisch und Benoni an der Spitze der meistgespielten Eröffnungen. Man unterscheidet das „angenommene" und das „abgelehnte Damengambit". Den Gambitbauern c4 darf Schwarz ruhig annehmen, aber nicht den Versuch machen, ihn zu verteidigen.

1. Das angenommene Damengambit
1. d4 d5 2. c4 dxc4 3. e3
Ebensogut sind 3. Sf3 oder 3. Sc3. Auch 3. e4 als schärfster Zug ist spielbar, dann wird Weiß allerdings ein Gambit spielen, also auf die unmittelbare Rückgewinnung des Bc4 verzichten.
3. ...b5? 4. a4!
A) 4. ...c6
Zwecklos ist 4. ...a6, weil Schwarz ja nach 5. axb5 nicht auf b5 zurücknehmen darf wegen Turmverlusts (5. ...axb5 6. Txa8).
5. axb5 cxb5 6. Df3!
Und Schwarz muß eine Figur verlieren (6. ...Sc6 7. Dxc6 Ld7).

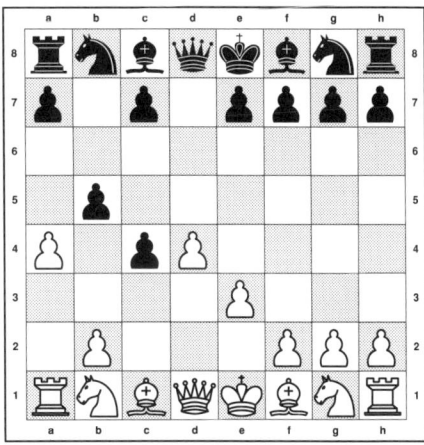

Stellung nach 4. a4!

Auch andere Versuche von Schwarz, den Gambitbauern zu verteidigen, führen zum Nachteil.
B) 4. ...Ld7 5. axb5 Lxb5 6. Sc3 La6 7. Df3!
Noch stärker als 7. Txa6 Sxa6 8. Da4+ nebst Dxa6.
7. ...c6 8. Txa6 Sxa6 9. Dxc6+ Dd7 10. Dxa8+ Dd8 11. Dc6+ Dd7 12. Dxa6
Schwarz hat durch die Kraftzüge der weißen Dame (d1-f3-c6-a8-a6) alle Figuren am Damenflügel eingebüßt!

Eine andere wichtige Variante des angenommenen Damengambits ist:
1. d4 d5 2. c4 dxc4 3. Sf3 b5 4. e3 c6 5. a4 Db6 6. axb5 cxb5 7. b3! cxb3 8. Dxb3 b4
Wenn Schwarz den Bauern mit ...a6 zu schützen versucht, nimmt Weiß ihn trotzdem mit Lxb5+ weg, weil nach ...axb5 ja der Turm a8 hängen würde.
9. Dd5! Lb7 10. Lb5+ Lc6 11. Se5! e6 12. Df3!
Schlecht ist 12. Lxc6+ Sxc6 13. Dxc6+ Dxc6 14. Sxc6 Tc8 mit Rückgewinn der Figur. Jetzt aber ist Schwarz verloren, wie wir gleich sehen werden.
12. ...Sf6 13. La4!
Ein Schlüsselzug dieser Variante, den man kennen muß. Schwarz verliert jetzt endgültig die Qualität.
13. ...Lxa4 14. Dxa8 Ld7 15. Txa7
und Weiß gewinnt.

Die klasssische Behandlung des abgelehnten Damengambits besteht in den Zügen:

1. d4 d5 2. c4 dxc4 3. Sf3 Sf6 4. e3 e6 5. Lxc4 c5 6. 0-0 a6 7. De2

Oder 7. a4 Sc6 8. De2 cxd4 9. Td1 Le7 10. exd4 0-0 11. Sc3 =.

7. ...b5 8. Lb3 Lb7 9. Td1 Sbd7 10. Sc3 Db8! Gut ist auch 10. ...b4 11. Sa4 Da5 =.

11. d5 Sxd5 12. Sxd5 Lxd5 13. Lxd5 exd5 14. Txd5 Le7 =

2. Das abgelehnte Damengambit
A) Das Orthodoxe System
1. d4 d5 2. c4 e6 3. Sc3 Sf6 4. Lg5

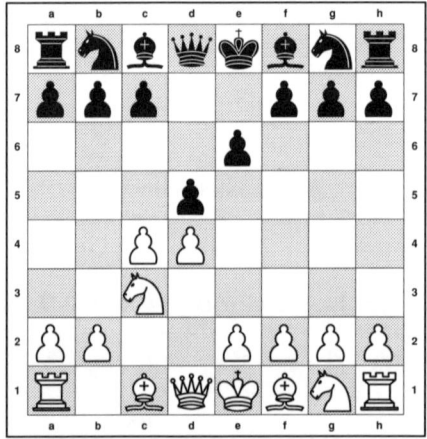

A1) Die klassische Fortsetzung
3. ...Sf6 4. Lg5 Sbd7 5. e3 Le7 6. Sf3 0-0 7. Tc1 c6 8. Ld3 dxc4 9. Lxc4 Sd5 10. Lxe7 Dxe7 11. 0-0 Sxc3 12. Txc3 e5! =

Das mit 9. ...Sd5 eingeleitete Entlastungsmanöver wurde besonders von Weltmeister Capablanca ausgearbeitet und im WM-Kampf Aljechin – Capablanca, 1927, vielfach erprobt.

A2) Ein gutes System in der Orthodoxen Verteidigung ist die **Tartakower-Variante**
3. ...Sf6 4. Lg5 Le7 5. e3 0-0 6. Sf3 h6 7. Lh4 b6 8. cxd5 exd5 9. Ld3 Lb7 10. 0-0 Sbd7 =

A3) Beliebt ist auch die **Tarrasch-Verteidigung**
3. ...c5 4. cxd5 exd5 5. Sf3 Sf6 6. g3 Sc6 7. Lg2 Le7 8. Lg5 0-0 9. 0-0 Le6 =

Eine andere Variante der Tarrasch-Verteidigung zeigt die Partie Petrosjan – Fischer, Kandidatenwettkampf 1971:
4. Sf3 Sf6 5. e3 Sc6 6. a3 Se4 7. Dc2 Sxc3

8. bxc3 Le7 9. Lb2 0-0 10. Ld3 h6 11. 0-0 Sa5 12. Sd2 dxc4 13. Sxc4 Sxc4 14. Lxc4 b6 15. e4 Lb7 16. De2 Tc8 17. Lb3 b5 =

Nimmt Weiß auf b5, so schlägt Schwarz auf e4.

B) Die Slawische Verteidigung
1. d4 d5 2. c4 c6

B1) Die Klassische Variante:

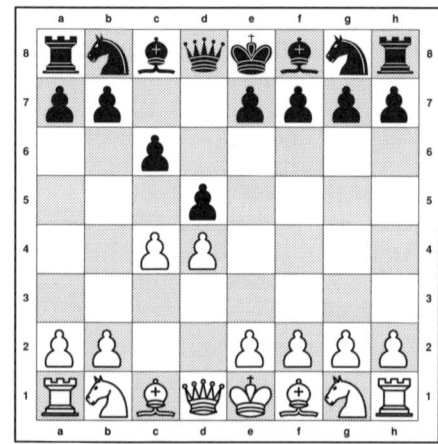

3. Sf3 Sf6 4. Sc3 dxc4 5. a4 Lf5 6. e3 e6 7. Lxc4 Lb4 8. 0-0 0-0 9. Sh4 Lg4 10. f3 Lh5
Karpow – Portisch, Portoroz 1975

B2) Die Meraner Variante, benannt nach dem Turnier in Meran 1924
3. Sf3 Sf6 4. Sc3 e6 5. e3 Sbd7 6. Ld3 dxc4 7. Lxc4 b5

Der Tausch auf c4 samt dem Vorstoß charakterisiert diese Variante.

8. Ld3 Lb7 9. e4 b4 10. Sa4 c5 11. e5 Sd5 12. dxc5

Eine Abweichung zeigt die Partie Mageramow – Bagirow, UdSSR 1976: 12. Sxc5 Sxc5 13. dxc5 Lxc5 14. 0-0 h6 15. Sd2 Sc3 16. Dc2 Dd5 17. Sf3 Td8 =.

12. ...Lxc5 13. Sxc5 Sxc5 14. Lb5+ Ke7 =
Polugajewski – Panno, Palma 1975.

B3) Die Botwinnik-Variante
4. ...e6 5. Lg5 dxc4 6. e4 b5 7. e5 h6 8. Lh4 g5 9. Sxg5 hxg5 10. Lxg5 Sbd7 11. exf6

Eine Variante, die über 50 Jahre alt ist und tausendfach gespielt wurde.

11. ...Lb7 12. g3 Db6 13. Lg2 0-0-0 14. 0-0 Se5 15. dxe5

Stärker als die früher übliche Fortsetzung 15. De2 Dxd4 16. Le3 Dd3 17. Tfd1 Dxe2 18. Txd8+ Kxd8 19. Sxe2 Kc8 =.

15. ...Txd1 16. Taxd1 Lc5 = (+/-)

Hollis – Baumbach, Fernpartie 1976; Weiß gewann im 33. Zug.

B4) Die Abtauschvariante

3. cxd5 cxd5 4. Sc3 Sf6 5. Sf3 Sc6 6. Lf4 e6 7. e3 Le7 8. Ld3 0-0 9. h3 Ld7 =

In der Partie Ivkov – Marovic, Jugoslawien 1975, geschah: 6. ...Lf5 7. e3 e6 8. Lb5 Sd7 9. Da4 Db6 10. Sh4! Lg6 (Auch 10. ...Lg4! kam in Frage.) 11. Sxg6 hxg6 12. e4 Sf6 13. exd5 exd5 14. 0-0 Le7 15. Tfe1 Kf8 16. Tac1 Th4 =

6. Da4+ in Sicherheit bringen will, so folgt: 6. ...Sc6 7. Lxb4 Dh4! 8. g3 exf2+ 9. Kxf2 Dd4+ 10. Ke2 Dxb2+ und Weiß verliert zunächst den Ta1. Nach 6. fxe3 Dh4+ 7. g3 De4 8. Sf3 Dxe3+ steht Schwarz gut.) 6. ...exf2+ 7. Ke2 (Auf 7. Kxf2 folgt der Damenverlust ...Dxd1.) 7. ...fxg1S+! (Schwarz wandelt auf g1 in einen Springer um, nicht in eine Dame! So bleibt Weiß keine Zeit, erst auf d8 die Damen zu tauschen.) 8. Txg1 Lg4+ mit Damengewinn für Schwarz.

4. ...Sc6 5. Sbd2 Le6 6. g3 Dd7 7. Lg2 f6! 8. exf6 Sxf6 9. 0-0 Lh3 10. a3 Lxg2 11. Kxg2 a5 12. Sb3 0-0-0 13. e3 d3 14. Sbd4 Dg4! 15. Sxc6 bxc6 16. Da4 De4! 17. Dxa5 Sg4 18. h3 h5 19. Th1 Ld6

Schwarz gewann im 22. Zug, Palme – Schuster, 1943.

Albins Gegengambit
1. d4 d5 2. c4 e5

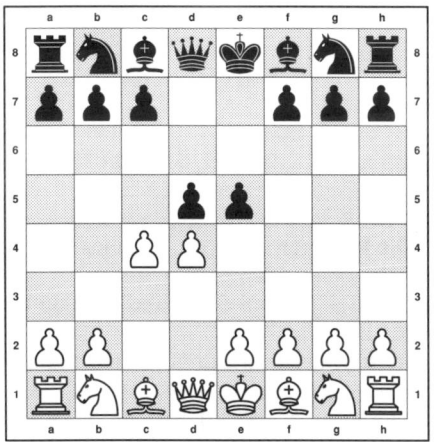

Das ist eine wagemutige Eröffnung, mit der man die Gegner fast immer überraschen kann. Schwarz opfert einen Bauern, um auf d4 einen starken Vorposten zu etablieren.

3. dxe5

Weiß kann das Gambit natürlich ablehnen und eine ruhige Spielweise wählen: 3. e3 exd4 4. exd4 Sf6 =.

3. ...d4 4. Sf3

Naheliegend, aber schlecht ist 4. e3? Lb4+ 5. Ld2 dxe3! (Verlockt den Gegner zum Figurengewinn.) 6. Lxb4 (Wenn Weiß seine Dame mit

Budapester Gambit
1. d4 Sf6 2. c4 e5

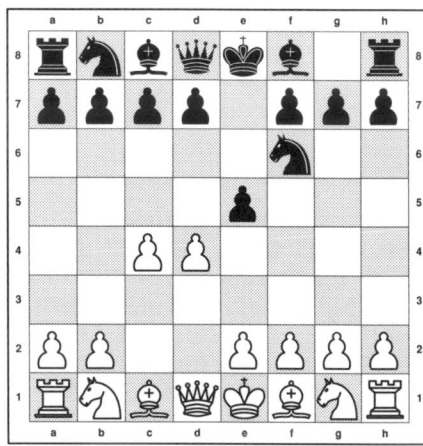

Dieses lebhafte Gambit, das in den zwanziger Jahren von ungarischen Meistern untersucht und in die Praxis eingeführt wurde, findet immer wieder Anhänger. Es verleitet ungeübte Führer der weißen Steine zu vielen Schnitzern.

A) 3. d5 Lc5
A1) 4. Lg5? Se4! 5. Le3

5. Lxd8?? Lxf2#

5. ...Lxe3 6. fxe3 Dh4+ 7. g3 Sxg3 8. Sf3 Dh6

Schwarz steht auf Gewinn.

Ein ähnlicher Fehler ist:

A2) 4. Sc3 0-0 5. Lg5? Lxf2+ !
Diesmal wäre 5. ...Se4? verfehlt, weil Weiß mit
6. Sxe4! zurückschlagen kann.
6. Kxf2 Sg4+ 7. Ke1 Dxg5
Schwarz steht auf Gewinn.

Die richtige Spielweise für Weiß ist:
B) 3. dxe5 Sg4!
Auf diesem Zug basiert das Budapester Gambit
von 1920.
**B1) 4. e4 Sxe5 5. f4 Sec6! 6. Le3 Sa6 7. Sc3
Lc5 8. Dd2 d6 9. Sf3 Lg4 =**

Ein weiteres Hauptabspiel ist:
**B2) 4. Sf3 Lc5 5. e3 Sc6 6. Ld2 Sgxe5 7. Sxe5
Sxe5 8. Le2 0-0 9. 0-0 d6 10. Lc3 =**

C) Eine Variante des Budapester Gambits ist das
Fajarowicz-Gambit 3. ...Se4:
3. dxe5 Se4!

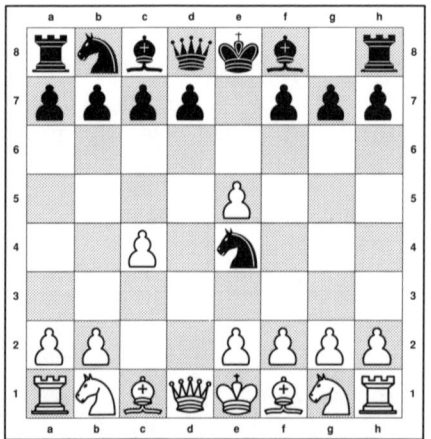

Eine scharfe Fortsetzung, die vor allem dem
Meister Kurt Richter einst viele Erfolge brachte.
4. Sf3 Sc6 5. Sbd2 Sc5! 6. a3 De7! 7. e3
Nun wäre 7. b4? wieder mit einem Hereinfall verbunden: 7. ...Sxe5! 8. bxc5?? Sd3+ oder 8. Sxe5
Dxe5 und der Ta1 hängt.
7. ...Sxe5 =

Die Nimzowitsch-Indische Verteidigung
1. d4 Sf6 2. c4 e6 3. Sc3 Lb4
Weiß kann nun wählen zwischen 4. e3, 4. Sf3,
4. a3, 4. Dc2 und neuerdings sogar 4. g3. In der
überwiegenden Anzahl (80 %) wird 4. e3 gespielt.

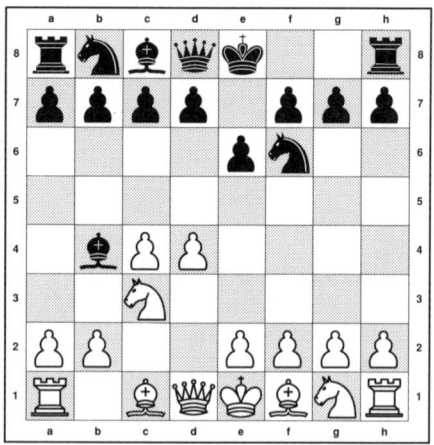

In den zwanziger Jahren, den fruchtbaren Jahren
der Neoromantiker um Reti und Nimzowitsch,
führten neue Spielauffassungen zur Reformierung vor allem der Eröffnungsideen. Die Nimzowitsch-Indische Verteidigung ist bis heute ununterbrochen auf allen Turnieren zu finden. Im folgenden lassen wir einige Partieanfänge Revue
passieren:
**4. g3 c5 5. Sf3 d5 6. cxd5 Sxd5 7. Ld2 cxd4
8. Sxd4 0-0 9. Lg2 Sxc3 =**
Oder 9. ...Sb6 10. Scb5! Lxd2+ 11. Dxd2 a6
12. Sa3 e5 =, Romanischin – Sydor, Dortmund
1976.
**4. e3 c5 5. Ld3 d5 6. Sf3 0-0 7. 0-0 dxc4
8. Lxc4 Sc6 9. a3 cxd4 10. exd4 Le7 =**

Im Interzonenturnier 1973 geschah in der Partie
Karpow – Spasski:
**4. Sf3 c5 5. e3 d5 6. Ld3 0-0 7. 0-0 Sc6 8. a3
Lxc3 9. bxc3 dxc4 10. Lxc4 Dc7 11. Ld3 e5
12. Dc2 Te8 13. Sxe5 Sxe5 14. dxe5 Dxe5
15. f3 Ld7 16. e4 Tad8 =**

Lombard – Csom, Interzonenturnier Biel 1976:
**4. e3 c5 5. Ld3 Sc6 6. Sf3 Lxc3+ 7. bxc3 d6
8. e4 e5 9. d5 Se7 10. Sh4 h6 11. f3 Da5!
12. Dc2 g5 13. Sf5 Sxf5 14. exf5 Ld7 =
15. Le3? -/+**
In der Partie Donner – Portisch, Olympiade 1974,
geschah 15. h4 g4 16. fxg4?.

Portisch – Rogoff, Las Palmas 1976:
**4. e3 0-0 5. Ld3 d5 6. Sf3 b6 7. 0-0 Lb7 8. cxd5
exd5 9. Se5 Sbd7 10. f4 c5 =**

Hamann – Szabo, IBM-Turnier, Holland 1975:
4. e3 0-0 5. Ld3 c5 6. Sf3 Sc6 7. 0-0 Lxc3 8. bxc3 d6 9. e4 e5 10. d5 Se7 11. Sh4 h6 12. f4 Sg6!

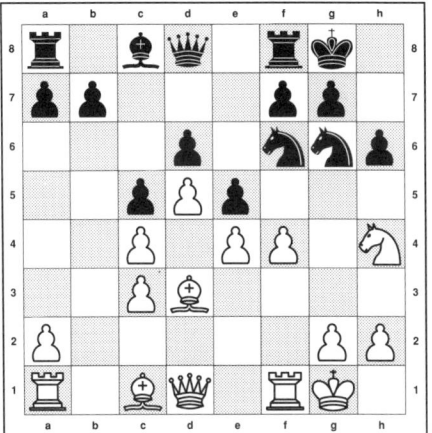

Besonderes Augenmerk legte Nimzowitsch auf den Kampf um den Bauernkomplex c3/c4/d5. Die Technik dieses Kampfes wurde gerade von Fischer und auch von Dr. Hübner in der Meisterpraxis weiter verfeinert. Im WM-Kampf 1972 gegen Spasski gewann Fischer die 5. Partie mit genau dieser Variante in 26 Zügen!
13. Sxg6 fxg6 14. f5! Ld7 15. g4 g5!

Die Damenindische Verteidigung
1. d4 Sf6 2. c4 e6 3. Sf3 b6

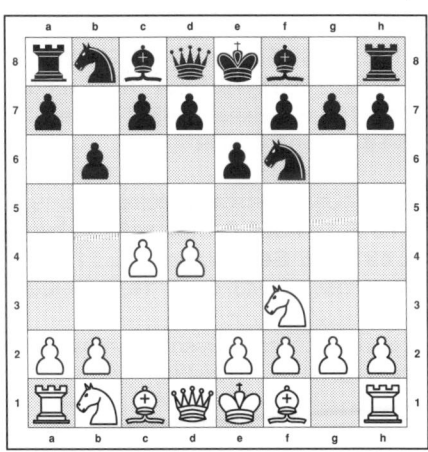

Die Hauptvariante lautet:

4. g3 Lb7 5. Lg2 Le7 6. 0-0 0-0 7. Sc3 Se4 8. Sxe4 Lxe4 9. Se1 Lxg2 10. Sxg2 d6

Hort – Kortschnoi, Hastings 1976:
4. g3 Lb7 5. Lg2 Le7 6. 0-0 0-0 7. Sc3 Se4 8. Dc2 Sxc3 9. Dxc3 c5 10. Td1 d6 11. b3 Lf6 12. Lb2 De7 =
Tausende von Partien sind so eröffnet worden.

Karpow – Spasski, Kandidatenwettkampf 1974:
4. g3 Lb7 5. Lg2 Le7 6. Sc3 0-0 7. Dc2 d5 8. cxd5 Sxd5 9. 0-0 Sd7 10. Sxd5 exd5 11. Td1 Sf6 =

Von den Großmeistern Nimzowitsch und Bogoljubow stammt diese Idee für Schwarz:
Bukic – Dworetzki, Holland 1975:
4. g3 Lb7 5. Lg2 Lb4+ 6. Ld2 Lxd2+
Auch 6. …De7!, Bogoljubows Zug, kommt in Betracht.
7. Dxd2 0-0 8. Sc3 d6 9. 0-0 Se4 10. Sxe4 Lxe4 11. Se1 Lxg2 =

Aber Weiß muß den Läufer nicht fianchettieren:
4. e3 Lb7 5. Ld3 Se4 6. 0-0 Ld6
Oder 6. …f5 7. Sbd2 Ld6 8. Se5 Lxe5 9. dxe5 Sc5 =, Smejkal – Böhm, Wijk aan Zee 1976.

Königsindische Verteidigung
1. d4 Sf6 2. c4 g6

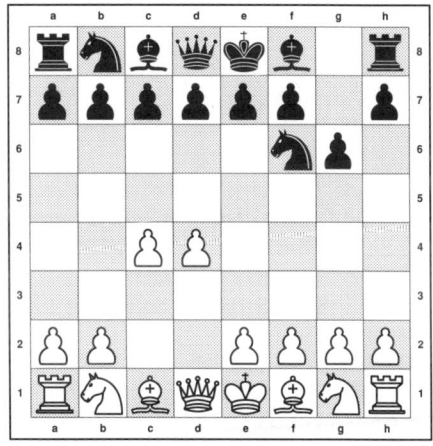

Schwarz verzichtet auf den Doppelschritt des Damenbauern und spielt …d7-d6, läßt dann aber …e7-e5 oder …c7-c5 folgen.

Der Zug 1. …Sf6 als Antwort auf 1. d4 wurde schon im Jahre 1840 von indischen Brahmanen gespielt, später von Tschigorin und Paulsen angewandt. Die Königsindische Aufstellung trat ihren Siegeszug aber erst mit dem Aufkommen der neuromantischen Schule nach 1920 an.

In der Grundstellung stehen Weiß verschiedene Systeme zur Auswahl, die sich aber im weiteren Verlauf oft kreuzen.

Das **Klassische System** verläuft nach folgendem Muster:

Sosonko – Kavalek:

3. Sc3 Lg7 4. e4 d6 5. Le2 0-0 6. Sf3

Nur noch selten anzutreffen ist der einst sehr beliebte Vierbauernsturm: 6. f4 c5 7. Sf3 cxd4 8. Sxd4 Sc6 9. Le3 Lg4 =.

6. …e5 7. 0-0

Bekannt ist, daß Weiß nach dem Bauernraub auf e5 in Nachteil kommt: 7. dxe5 dxe5 8. Dxd8 Txd8 9. Sxe5 Sxe4 und Schwarz bleibt in allen Varianten in Vorteil.

7. …Sc6 8. d5 Se7 9. Se1 Sd7 10. Sd3 f5 11. Ld2 Sf6 12. f3 f4 13. c5 g5

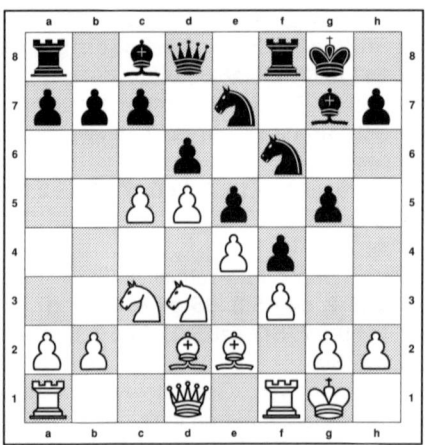

Eine Standardstellung
dieser vielgespielten Variante

14. cxd6 cxd6 15. Sf2 h5 16. h3 Sg6 17. a4 Tf7 18. Sb5 Lf8 19. Dc2 g4 20. fxg4 hxg4 21. hxg4 a6 22. Sa3 Tg7 23. Tfe1 Sh4 24. Dd1 Lxg4 25. Sxg4 Sxg4 26. Lxg4 Dg5 27. Le6+ Kh8 28. g4!!

und Weiß behauptet die Figur.

Wenn beide Seiten ihre Läufer fianchettieren:
Diesen – Browne, Lone Pine 1976:

1. Sf3 Sf6 2. c4 g6 3. g3 Lg7 4. Lg2 0-0 5. 0-0 d6 6. d4 Sbd7

Diese Grundstellung kann durch vielerlei Zugumstellungen erreicht werden, auch schon mit 1. c4 oder 1. d4 oder 1. g3.

7. Sc3 e5 8. e4 exd4 9. Sxd4 Te8 10. Te1 Sc5 11. h3 a5 12. Dc2 c6

Nicht klug von Schwarz wäre der Bauerngewinn 12. …Sfxe4 13. Sxe4 Lxd4 14. Lg5 f6 (oder 14. …Dd7 15. Sf6+ Lxf6 16. Lxf6 mit weißem Vorteil) 15. Lxf6! Lxf6 16. Sxf6+ Dxf6 17. Txe8+.

13. Le3 a4 14. Tad1 Sfd7 =

Die Phase des Lavierens, des langsamen Manövrierens ist im Gange.

Die Grünfeld-Indische Verteidigung
1. d4 Sf6 2. c4 g6 3. Sc3 d5

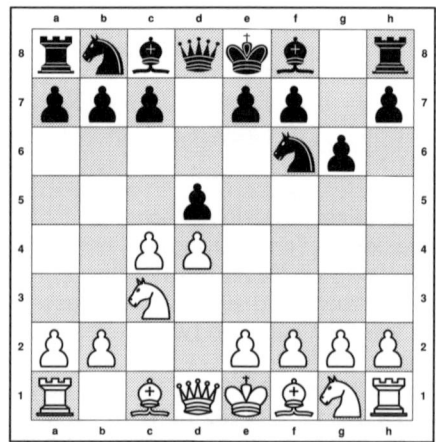

Diese Spielweise für Schwarz wurde von dem österreichischen Theoretiker und Großmeister Grünfeld ausgearbeitet.

Spasski – Beljawski, UdSSR 1975:

4. cxd5 Sxd5 5. e4 Sxc3 6. bxc3 Lg7 7. Lc4 0-0 8. Se2 c5 9. 0-0 Sc6 10. Le3 cxd4 11. cxd4 Lg4 12. f3 Sa5 13. Ld5 Ld7 14. Tb1 a6 =

Ein berühmtes System stammt von Exweltmeister Smyslow:

Sosonko – Nikolac, 1977:

4. Sf3 Lg7 5. Db3

Oder 5. Lf4 0-0 6. e3 c5 7. dxc5 Da5 8. Tc1 Td8 =, Romanischin – Tukmakow, UdSSR 1974.

5. ...dxc4 6. Dxc4 0-0 7. e4 Sfd7 8. Le3 Sb6
9. Db3 Sc6 10. Td1 Lg4 11. d5 Se5 12. Le2
Sxf3+ 13. gxf3 Lh5 14. Tg1 Dc8
Auch 14. ...Dd7 wird gespielt.

Chalifman – Lau, Rotterdam Europa-Cup 1988
4. Sf3 Lg7 5. cxd5 Sxd5 6. e4
Oder 6. Db3 Sxc3 7. bxc3 c5 8. e3 0-0 9. La3 cxd4
10. Sxd4 Sc6 =.
6. ...Sxc3 7. bxc3 c5 8. Tb1

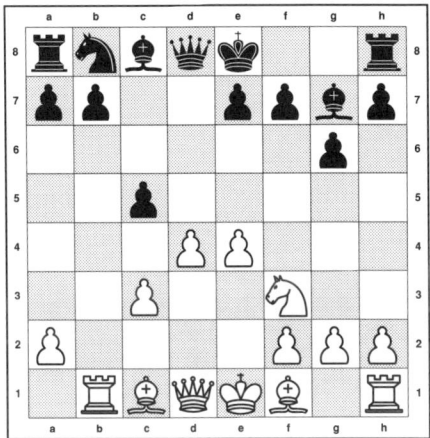

Das populärste System der achtziger Jahre. Es
wurde bei der Schacholympiade 1980 in Malta
von Kasparow in die Praxis eingeführt. Der Turm
zieht sich rechtzeitig aus dem Wirkungsbereich
des Läufers g7 zurück und wird gleichzeitig aktiv
postiert.
**8. ...0-0 9. Le2 b6 10. 0-0 Lb7 11. Dd3 La6
12. De3 Dc8 13. d5 Lxe2 14. Dxe2 Lxc3 15. e5
Df5 16. Tb3 La5 17. Sh4 Dd7 18. Lh6 Dxd5
19. Lxf8 Kxf8 20. Td3 Db7 21. Td8+ Kg7
22. Sf5+ gxf5 23. De3 Dc6 24. Dg5+ Dg6
25. Dxe7 – 1:0**

Benoni-Verteidigung
**1. d4 Sf6 2. c4 c5 3. d5 e6 4. Sc3 exd5 5. cxd5
d6 6. e4 g6 7. Sf3 Lg7**
Eine moderne Eröffnungsbehandlung, die aber
nur für den erfahrenen Spieler ratsam ist.

Die folgende Diagrammstellung kann durch vielerlei Zugumstellungen erreicht werden.

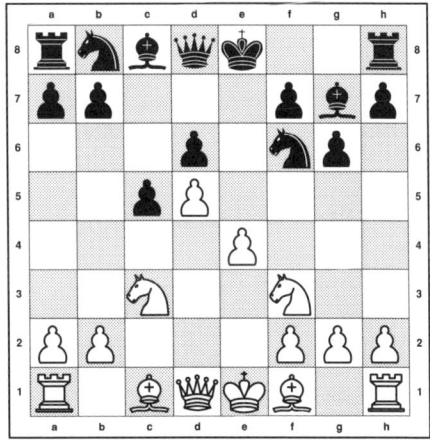

Stellung nach 7. ...Lg7

Einige Beispiele:
**1. d4 Sf6 2. c4 c5 3. d5 d6 4. Sc3 g6 5. e4 Lg7
6. Sf3 0-0 7. Le2 e6**
Auch 7. ...e5 ist möglich.
8. 0-0 exd5 9. cxd5 Te8 10. Dc2 Lg4

Portisch – Velimirovic, Portoroz 1975:
**1. d4 Sf6 2. c4 c5 3. d5 e6 4. Sc3 exd5 5. cxd5
d6 6. Sf3 g6 7. Lf4 a6 8. a4!**
Ein typischer Zug, den Weiß meist dann ausführt,
wenn Schwarz nach ...a7- a6 zum Vorstoß ...b7-
b5 ansetzt.
**8. ...Lg7 9. e4 0-0 10. Sd2 De7 11. Le2 Sbd7
12. 0-0 Se5**

Farago – Donner, IBM-Turnier 1976:
**1. d4 Sf6 2. c4 c5 3. d5 g6 4. Sc3 Lg7 5. e4
d6 6. Lf4 0-0 7. Sf3 Te8 8. Le2 e6 9. dxe6 Lxe6
10. Lxd6 Sc6**
Wie gut das schwarze Gegenspiel nach Annahme
des Bauernopfers auf d6 läuft, zeigt die Folge.
Alles übrigens oft angewandt und längst ausana-
lysiert!
**11. 0-0 Sd4 12. e5 Sd7 13. Sxd4 cxd4
14.Dxd4**
Trotz zweier Bauern weniger braucht sich
Schwarz nicht zu sorgen; einer davon wird gleich
zurückgewonnen.
**14. ...Sxe5! 15. Lxe5 Dxd4 16. Lxd4 Lxd4
17. Tac1 Tac8 18. b3 a6 19. Lf3 Tc7 20. Tfd1
Lg7 21. Se4 b6 22. Td6 Tb8 – remis/42**

Polugajewski – Mecking,
Kandidaten- Viertelfinale 1977:
1. d4 Sf6 2. c4 e6 3. Sf3 c5 4. d5 exd5 5. cxd5 d6 6. Sc3 g6 7. e4 Lg7 8. Le2 0-0 9. 0-0 Te8 10. Sd2 Sbd7 11. Dc2 Sb6 12. Lb5 Ld7 13. a4 Lxb5

Englisch (Bremer Partie)
1. c4

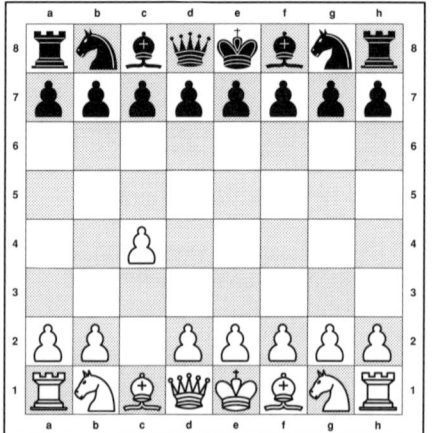

Dieser Eröffnungszug wurde zuerst zwischen 1840 und 1850 von dem englischen Meister Howard Staunton angewandt. In Deutschland wurde dieser Zug durch den Bremer Bankier und Schachmeister Carl Carls bekannt. Bei der Deutschen Meisterschaft 1935 in Aachen hatten ihm Spaßvögel vor der Schlußrunde den c-Bauern auf dem Feld c2 festgeklebt. Am nächsten Morgen, bei Beginn der Runde, stürzte daher bei Carls erstem Zug das ganze Brett über den Haufen – und die in den Jux eingeweihten anderen Teilnehmer hatten ihren Spaß!

Auch der Eröffnungszug 1. c4 leitet vielfach in andere Eröffnungssysteme über, zum Beispiel: 1. c4 Sf6 2. Sc3 e6 3. Sf3 d5. Danach muß sich Weiß überlegen, ob er mit 4. d4 in das normale Damengambit einlenken will oder mit 4. g3 in das Reti-System. Ebenso kommt 4. e3 in Frage, wonach Weiß immer noch d2-d4 spielen oder auch später mit d2-d3 ein modernes System wählen kann.

Hort – Spasski, Kandidatenwettkampf 1977:
1. c4 e5 2. Sc3 Sc6 3. g3 g6 4. Lg2 Lg7

Schwarz spielt das System mit ...e5 fast nur noch in Verbindung mit der Fianchettierung des Läufers.
5. e3 d6 6. Sge2 f5 7. d4 e4 8. b4 Sf6 9. Tb1 Se7 10. f3 exf3 11. Lxf3 0-0 12. 0-0 Kh8 13. b5 Seg8! 14. Sf4 Te8 15. Tb2! Sh6 16. Lg2 Sf7 =

Popov – Krnic, Amsterdam 1977:
1. c4 e5 2. Sc3 Sc6 3. g3 g6 4. Lg2 Lg7 5. Sf3 d6 6. 0-0 Sge7 7. d3 h6 8. Se1 0-0 9. Tb1 a5 10. a3 Le6 11. Sd5 f5 12. f4 Dd7 =

Larsen – Dückstein, Schweiz 1974:
1. c4 e5 2. Sc3 Sf6 3. Sf3 Sc6 4. g3 d5 5. cxd5 Sxd5 6. Lg2 Le6 7. 0-0 Le7 8. d4 exd4 9. Sb5 d3 10. Dxd3 Sdb4! =

Durch Zugumstellung entsteht ein anderer, neuerdings sehr populärer Aufbau.
Vukic – Popow, Pula 1975:
1. Sf3 c5 2. c4 Sf6 3. Sc3 b6 4. g3 Lb7 5. Lg2 d6 6. 0-0 e6 7. d4 cxd4 8. Dxd4 a6
Besser als 8. ...Sc6 9. Df4 und so weiter.
9. Td1 Le7 10. e4 Dc7 11. b3 Sbd7 =

Reti-System
1. Sf3 d5 2. c4

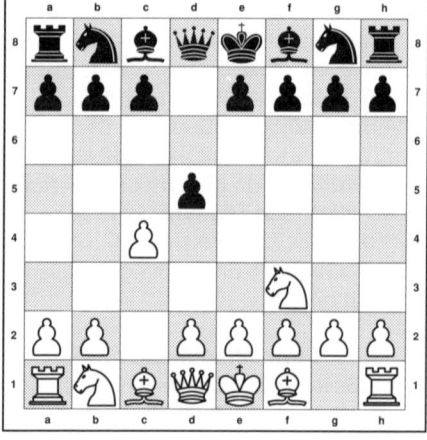

Richard Reti, österreichisch-ungarisch-tschechischer Schachgroßmeister und in den zwanziger Jahren Mitbegründer der Neuromantischen Schachideen, verband die beiden Eröffnungszüge Sf3 und c4 zu einem neuen Eröffnungssystem.

Weiß hält den Vorstoß der beiden Zentrumsbauern d und e zunächst zurück, um die zentralen Felder von den Flügeln her zu kontrollieren. In den Nachkriegsturnieren der zwanziger Jahre dominierte Reti bei so manchem schönen Sieg mit dieser Eröffnung, darunter auch im New Yorker Turnier 1924 gegen Weltmeister Capablanca.

Petrosjan – Tal, Interzonenturnier Biel 1976:
1. Sf3 Sf6 2. g3 d5 3. Lg2 c5 4. 0-0 Sc6 5. d4 e6 6. c4 dxc4 7. Se5 Sd5
7. ...Sxe5 8. dxe5 Sd7 9. f4 Le7 10. Sa3 0-0 11. Sxc4 Dc7 12. Le3 Sb6 mit weißem Vorteil.
8. Sxc6 bxc6 9. Sc3 Le7 10. dxc5 Da5! 11. Sxd5 exd5 12. e4! dxe4 13. Lxe4 0-0
remis/18

Barczay – Sawon, Dubna 1976:
1. Sf3 d5 2. c4 d4 3. b4 c5 4. d3 cxb4 5. a3 b3 6. Sbd2 Sc6 7. g3 Sf6 8. Lg2 e5 9. 0-0 Se7 =

Petrosjan – Furman, UdSSR-Meisterschaft 1975:
1. Sf3 Sf6 2. g3 d5 3. Lg2 c6 4. 0-0 Lf5 5. b3 e6 6. Lb2 h6
Ein typischer Präventivzug, der dem Läufer nach einem Angriff durch Sh4 das Rückzugsfeld h7 bietet.
7. d3 Le7 8. Sbd2 0-0 9. c4 Sbd7 10. a3 a5 11. Dc2 Lh7 – remis/46

Jansa – Estevez, Interzonenturnier 1973:
1. Sf3 d5 2. c4 dxc4 3. Sa3 Sf6 4. Sxc4 g6 5. b4 Lg7 6. Lb2 0-0 7. g3 Le6 8. Dc2 Lxc4 9. Dxc4 Sbd7 10. Lg2 c6 11. 0-0 Sb6 =

Die sicherste Methode gegen den Reti-Aufbau bilden die folgenden Züge mit Schwarz: ...Sf6, ...e6, ...d5, ...Le7, ...0-0, ...Sbd7, ...c6 und eventuell noch b6 mit Entwicklung des Damenläufers nach b7.

Doppelfianchetto
Wenn eine Seite beide Läufer finachettiert, spricht man vom Doppelfianchetto, im Volksmund auch Doppelloch genannt. Meist gehen solche Stellungen über ins Reti-System oder kommen aus jenem Aufbau.
Langeweg – Velimirovic, IBM-Turnier 1976
1. Sf3 Sf6 2. c4 e6 3. g3 b6 4. Lg2 Lb7 5. 0-0 Le7 6. b3 0-0 7. Lb2 c5

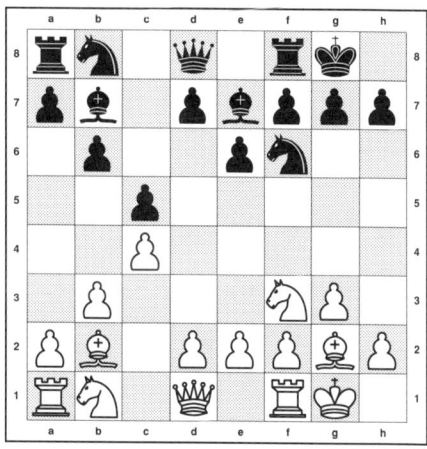

Eine Doppellochaufstellung

8. Sc3 a6 9. d4 cxd4 10. Dxd4 d6 11. e4 Sbd7! 12. De3 Db8 13. Sd4 – remis

Dieser Aufbau mit ...d6, ...Sbd7 und ...Dc7 ist sehr elastisch und dynamisch und in den letzten Jahren viel von Meistern angewandt worden.

Petrosjan – Portisch, Kandidatenwettkampf 1974:
1. Sf3 Sf6 2. c4 g6 3. b3 Lg7 4. Lb2 c5 5. g3 d6 6. Lg2 e5 7. 0-0 Sc6 8. Sc3 0-0 9. d3 Sh5 10. Sd2 Lg4 11. a3 Lh6 12. b4 =

Schmidt – Smejkal, Eriwan 1976:
1. Sf3 d5 2. g3 c6 3. Lg2 Lg4 4. b3 Sd7 5. Lb2 Sgf6 6. 0-0 Lxf3 7. Lxf3 e5 8. d3 Lc5 9. e4 dxe4 10. dxe4 0-0 11. Sd2 b5 12. a3 a5 =

Holländisch
Die Holländische Verteidigung 1. ...f7-f5 ist auf Turnieren selten anzutreffen; hier einige Möglichkeiten.
1. d4 f5 2. c4 e6 3. g3 Sf6 4. Lg2 Le7 5. Sf3 0-0 6. 0-0 d6 7. Sc3 De8 8. Te1 Dg6 9. e4 fxe4 10. Sxe4 Sxe4 11. Txe4 Sc6
Aber nicht 11. ...Dxe4 12. Sh4 und Schwarz verliert die Dame.
12. De2 Lf6 =

Das **Staunton-Gambit** bildet eine scharfe Spielweise gegen die Holländische Verteidigung:
1. d4 f5 2. e4 fxe4 3. Sc3 Sf6

Ein schwerer Fehler wäre die Verteidigung des Bauern mit 3. ...d5? 4. Dh5+ g6 5. Dxd5 Dxd5 und Weiß wird auch noch den Be4 erobern; etwa nach 6. Sxd5 Kd8 7. Se2 c6 8. Sdc3 Sf6 9. Sg3 Lf5 10. Lg5 und so weiter.

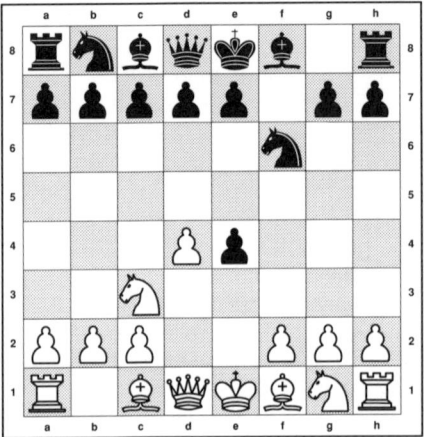

4. f3!
Nach 4. Lg5 Sc6 (Wieder wäre 4. ...d5? ein arger Fehler wegen 5. Lxf6 exf6 6. Dh5+ g6 7. Dxd5. Schwarz gerät in eine ähnliche Misere wie vorhin.) 5. d5 Se5 6. Dd4 Sf7 7. Lxf6 gxf6! gibt das starke Zentrum Schwarz das bessere Spiel, vor allem deshalb, weil Weiß das Läuferpaar weggegeben hat. Weiß muß daher ein echtes Gambit spielen, will er nicht in Nachteil geraten.
4. ...exf3 5. Sxf3 e6 6. Ld3 Le7 7. Lg5 =

Larsen-Eröffnung
Ein gar nicht seltener erster Zug ist 1. g3, den vor allem der dänische Weltmeisterkandidat Larsen in die Praxis einführte. Weiß hält sich alle Möglichkeiten, in verschiedene Systeme überzuleiten, offen.

Pomar – Browne, 1974:
1. g3 e5 2. c4 Sc6 3. Lg2 g6 4. Sc3 d6 5. e3 Lg7 6. Sge2 Sge7 7. d4 exd4

Larsen – Andersson, Wettkampf 1975 (mit Übergang in das Doppelfianchetto):
1. g3 Sf6 2. Lg2 d5 3. f4 g6 4. b3 Lg7 5. Lb2 0-0 6. Sf3 b6
Beide Spieler spielen also das Doppelfianchetto!
7. a4 c5 8. e3 Lb7 9. 0-0 Sc6

Die Eröffnung ist abgeschlossen; das Mittelspiel beginnt.

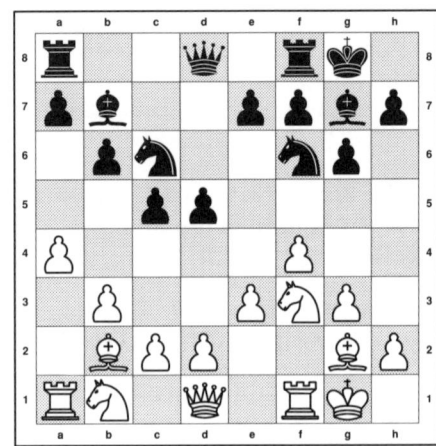

Schwarz hat leicht den Ausgleich erreicht, was sonst für den Nachziehenden oft einen langen Kampf erfordert. Allerdings hat Weiß den Punkt e5 zunächst fest in der Hand.

Damenindisch im Anzug
Vorwiegend der dänische Großmeister Larsen experimentierte mit diesen seltenen Eröffnungen wie 1. g3, 1. b3 oder 1. f4.

Larsen – Balinas, Manila 1975:
1. b3 e5 2. Lb2 Sc6 3. e3 d5 4. Lb5 f6 5. d4 e4 6. Se2 a6 7. Lxc6+ bxc6 8. c4 f5 9. Sbc3 Sf6
mit schwarzem Vorteil. Schwarz gewann im 35. Zug.

Larsen – Eley, Hastings 1973:
1. b3 e5 2. Lb2 Sc6 3. e3 Sf6 4. Lb5 d6 5. Se2 Ld7 6. 0-0 Le7 =

Bird-Eröffnung
Diese Eröffnung, die vom englischen Meister Bird im 19. Jahrhundert in die Praxis eingeführt wurde, findet man auch heute noch ab und zu in der Meisterpraxis.

1. f4 e5 2. fxe5 d6
Das **Froms-Gambit** ist eine aggressive Entgegnung.
3. exd6 Lxd6 4. Sf3

Aber nicht 4. Sc3 Dh4+ 5. g3 Dxg3+! 6. hxg3 Lxg3#.

4. ...g5! 5. d4 g4 6. Se5 Lxe5 7. dxe5 Dxd1+ 8. Kxd1 Sc6 9. Sc3 Le6 10. Lf4 0-0-0+ =

Hartoch – Tatai, Amsterdam 1976:
1. f4 Sf6 2. g3 g6 3. Sf3 Lg7 4. Lg2 d6 5. 0-0 0-0 6. d3 c5 7. c3 Sc6 8. Kh1 b6 =

Orang-Utan-Eröffnung

Mit der Namensgebung der Eröffnung 1. b4 hat es folgende Bewandnis: Während des Großmeisterturniers 1924 in New York besuchten die Teilnehmer, darunter auch Dr. Tartakower, den Zoo. Ein Orang-Utan fesselte die Aufmerksamkeit Dr. Tartakowers, und er nahm sich spontan vor, seine Eröffnung der am Nachmittag beginnenden Runde nach diesem Prachtexemplar zu taufen. Seither wird diese Eröffnung so genannt und besonders von Amateuren gern angewandt.

1. b4 e5 2. Lb2 Sf6

Wenig bekannt, aber eine ausgezeichnete Erwiderung.

3. Lxe5 Sc6 4. Lxf6 Dxf6 5. c3 Lxb4 6. d4 La5 7. Sf3

Ein Fehler wäre nun 7. e4? wegen des Einschlags 7. ...Dxd4!.

1. b4 e5 2. Lb2 Sf6 3. b5 Lc5

Hier wäre 4. Lxe5? ein schlimmer Fehler wegen 4. ...Lxf2+! 5. Kxf2 Sg4+, und Weiß hat nicht nur das Rochaderecht verloren, auch die normale Entwicklung seiner Figuren ist verhindert worden.

Goldene Eröffnungsregeln

Schach ist nicht nur ein Spiel der Regeln, sondern auch ein Spiel der Ausnahmen. Eine Ausnahme ist es zum Beispiel, wenn die Dame frühzeitig ins Spiel gebracht wird, wie im „Narrenmatt", wo die Dame bereits im 2. Zug mit ...Dd8-h4 das Matt gibt. Die Regel lehrt hingegen, die Dame möglichst *nicht* frühzeitig zu entwickeln.

Um sich mit den verschiedenen Eröffnungen vertraut zu machen, empfiehlt sich ein Studium von Meisterpartien. Ganz selten wird der Schachfreund hier Vergehen gegen die leicht gefaßten Regeln finden, wie wir sie hier nun zusammenfassen:

1. Wenn es uns der Gegner erlaubt, besetzen wir mit zwei Zentrumsbauern die Zentrumsfelder.

2. In der Regel bringen wir die Springer vor den Läufern heraus.

3. In der Eröffnung ist man bestrebt, möglichst rasch die kurze Rochade anzustreben, damit der König bald eventuellen Gefahren in der Mitte entzogen wird. Zu diesem Zweck werden zuerst die Figuren des Königsflügels (Sg1, Lf1; Sg8, Lf8) entwickelt.

4. Eine goldene Eröffnungsregel besagt: Ziehe mit einer Figur in der Eröffnung nicht zweimal („außer wenn es gut ist!", fügte Dr. Tarrasch hinzu)! Man vermeide also Tempoverluste (Zeitverluste), denn rasche Entwicklung ist das oberste Gebot in der Schacheröffnung.

5. Die Entwicklung (das Herausbringen aus der Grundstellung) der Figuren soll auf Felder erfolgen, auf denen sie maximale Wirkung ausüben. Züge wie Sb1-a3, Sg1-h3 und Sb8-a6, Sg8-h6 erfolgen daher nur in Ausnahmefällen.

6. Die schweren Figuren wie Dame und Türme stehen zunächst am besten auf der Grundreihe. Sie werden erst dann ins Spiel gebracht, wenn die leichten Figuren entwickelt sind und die Rochade ausgeführt ist.

7. Ein wichtiger Punkt beim Spielaufbau ist, daß besonders Bauernzüge genau überlegt werden müssen – für sie gibt es kein Zurück! In der Regel vermeiden wir Randbauernzüge wie a2-a3/a7-a6, h2-h3/h7-h6.

Welche Eröffnung ist die „beste"?

Auf diese oft gestellte Frage heißt meine Antwort: Keine ist die beste! Alle sind gleichwertig, sofern sie nicht den Prinzipien gesunder Schachstrategie widersprechen. Für jeden Schachfreund ist das die beste Eröffnung, die er aufgrund fortlaufender Überprüfung an Meisterpartien am besten kennt, und natürlich – die seinem eigenen Temperament am ehesten entspricht.

Ein Abriß zur Schachgeschichte

Indien – die Wiege des Schachspiels

Es gibt heute keine sicheren Dokumente mehr, die das erste Auftauchen des Schachspiels bezeugen. Aus den vielen vorliegenden literarischen Quellen konnte die wissenschaftliche Forschung aber weitgehend das Dunkel um die Entstehung des Schachs aufhellen, allen voran der englische Orientalist H. J. Murray, der deutsche Diplomat und Gelehrte Tassilo von Heydebrand und von der Lasa sowie der Holländer van der Linde.

Der persische Dichter Firdausi (auch Firdusi), 940 bis 1021 n. Chr., berichtet in seinem Heldenepos „Schahnamah", dem Königsbuch, über die herkunft des Schachspiels aus Indien. Es wird über den Empfang einer indischen Abordnung beim persischen König Chosroes I., 532 bis 587, berichtet, die dem König Schachbretter und Figuren neben anderen Geschenken überbrachten. Die Figuren waren Rukh, Rosse, Elefant, Rat, Schah und das Fußvolk der Bauern. Die älteste Quelle stammt jedoch aus dem 7. Jahrhundert von dem indischen Dichter Bansa am Hofe des Königs Sriharscha von Kanjakubdscha im Jahre 606 bis 647. In seinen Versen ist von friedlichen Wettkämpfen die Rede, den die zwei Heere des Tschaturanga führten. Von den zwei Armeen mit vier Waffengattungen – Elefanten, Pferde, Kriegswagen und Fußvolk – spielten je zwei Parteien gegeneinander. Aus dem Vierschach entstand bald das Zweischach. Es gilt als sicher, daß das Schachspiel keinem einzelnen Erfinder zugeschrieben werden kann, sondern daß es eine logische Weiterentwicklung im Lauf der Jahrhunderte genommen hat.

Aus dem indischen Sanskritwort Tschaturanga (Tschatur = vier, anga = ein Teil) entstand das persische Tschatrang, später das arabische Schatrandsch. Der Name Schach entstammt der persischen Bezeichnung Schach = König. Nach der Eroberung Persiens im 7. Jahrhundert durch die Araber wanderte das Schach entlang dem Mittelmeer nach Sizilien und Spanien. Die arabischen Bezeichnungen der Schachsteine deuten noch bis in unsere Tage darauf hin: der König hieß Al-Schach; Al-Firzan war die damals schwache Dame, es bedeutet aber auch Wesir oder Rat;

Al-Fil war der Elefant, unser Läufer; Al-Faras der Springer oder Reiter; Al-Roch der Turm, und Al-Beizaq der Bauer. In der englischen Sprache wird der Turm noch Rook genannt, im Italienischen heißt der Läufer Alfiere, in spanisch Alfil; auf russisch wird die Dame Fierz genannt, von Wesir stammend. Matt rührt vom arabischen tot oder gestorben her.

Anfänge des Schachs im Abendland

Seit den Zeiten von Harun Al-Raschid, der als Kalif von Bagdad im Jahre 809 starb, gab es neben Hofastrologen auch Hofschachmeister. Die Araber stellten eine erste Theorie des Spiels auf, sie komponierten Schachaufgaben, sogannnte Mansuben, spielten mehrere Partien gleichzeitig (simultan) und übten sich auch schon im Blindspiel (ohne Ansicht des Brettes). Kalif Mutasim Billah in Bagdad, 833 bis 842, war ebenfalls ein Gönner des Schachspiels und gilt als Verfasser von Mansuben. Aus einem arabischen Manuskript im Britischen Museum in London stammt diese Mansube:

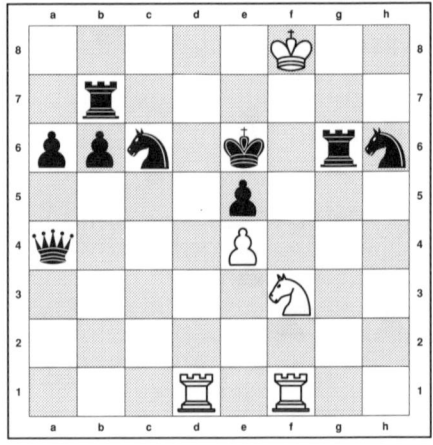

Weiß gewinnt

Damals verfügte die Dame noch nicht über so viele Möglichkeiten wie heute, sie war eine recht schwache Figur, die nur ein Feld schräg ziehen konnte; für die Lösung der Mansube spielt sie

keine Rolle, ebenso wie auch die anderen Steine am Damenflügel. Diese arabischen Mansuben sollten aber partiegemäß aussehen, von der „Ökonomie im Schachproblem" konnte man erst um die Zeit Ende des 19. Jahrhunderts sprechen. Die Lösung:

1. Sg5+ Txg5 2. Tf6+! Kxf6 3. Td6#

Die vorkommenden Motive – das Verstellen des Feldes g5 und das Hineinziehungsopfer Tf6 – sind bis heute hochaktuell. Ein Kennzeichen der Mansuben ist, daß die Partie, die gewinnen wird, selbst furchtbaren Drohungen ausgesetzt ist und daher sofort mit massiven Schach- und Opfergeboten operieren muß. Um die Sache für die damaligen Löser natürlicher zu machen, wurde der Unterliegende mit starken Kräften ausgerüstet (die nicht mehr zum Zuge kommen konnten).

Die Lösung verlief zwar immer eingleisig, also ohne Varianten, aber für die Schachspieler jener Zeit boten diese Kompositionen der Araber Kombinationen, die im Partieschach fast nie auftauchen konnten.

Das Matt der Prinzessin Dilaram

Das Matt der Dilaram ist wie viele Mansuben mit einer Legende ausgeschmückt.

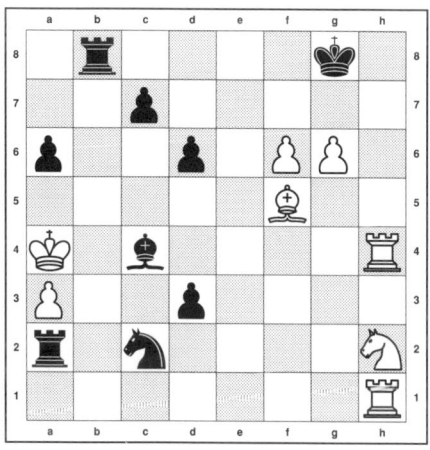

Weiß am Zug

Der Schriftsteller Al-Adli überlieferte 950 die Geschichte der arabischen Prinzessin Dilaram. Diese schaute ihrem Vater zu, wie er mit einem Gegner um einen hohen Geld- und Landgütereinsatz spielte. Als ihr Vater in einer ausweglosen

Lage zu sein schien und keine Rettung wußte, durchschaute Dilaram die Situation und riet ihm: „Opfere deine Türme am Rande, und zum Lohn wirdst du den hohen Einsatz gewinnen!" Da erkannte auch der Herrscher die Lösung:

1. Th8+ Kxh8 2. Sg4+ Kg8 3. Th8+ Kxh8 4. g7+ Kg8 5. Sh6 matt

In Deutschland taucht das Schachspiel im 11. Jahrhundert auf. In dem lateinischen Romangedicht und Ritterroman „Roudlieb", das der Mönch Froumund im Kloster Tegernsee in Bayern verfaßt hat, ist von einem Besucher die Rede, der durch glänzendes Schachspiel am Hofe des feindlichen Königs Aufsehen erregte.

Im 13. Jahrhundert wurde der Doppelschritt der Bauern im 1. Zug eingeführt, ebenso durfte der König und der Fers (die heutige Dame) ins dritte Feld springen, woraus die spätere Rochade entstand. Das damalige Schach mit der gemächlicheren Gangart seiner Figuren entsprach dem bedächtigeren Lebensrhythmus der Menschen jener Zeit. Später, im Mittelalter, kam das Schachspiel in Verruf, es wurde dem Würfelspiel gleichgesetzt. Geistlichkeit und Fürsten verboten das Spiel. Kardinal Petrus Damiani schrieb im Jahre 1061 einen Brief an den Papst, worin er gegen das Schachspiel moralisierte. Es ging noch einige Zeit ins Land, bevor die Kirche das Schachspiel wieder förderte, wobei es besonders in Klöstern gepflegt und erforscht wurde.

Reform des Schachspiels im 15. Jahrhundert

Dame und Läufer werden zu mächtigen Figuren

Die Mauren und Sarazenen hatten auf dem Weg über Afrika bei ihrem Einfall auf der Iberischen Halbinsel das Schachspiel dorthin gebracht. Zahlreiche Handschriften entstanden, wie die aus dem Jahre 1283 von König Alfons X., dem Weisen, hergestellte „Über das Schachspiel und andere Spiele" (Escorial-Bibliothek). Größte Bedeutung nach Ansicht des deutschen Historikers von der Lasa erlangte die in lateinischer Sprache verfaßte Schrift des französischen Mönchs Jacobus de Cessolis aus dem Jahre 1275. Die Übersetzung von von der Lasa ist in europäischen Bibliotheken zu finden. Die Reformierung des Schachspiels von etwa 1492 an wird erstmals kundig in der berühmten Göttinger Handschrift. Die reich verzierte Handschrift stammt aus Frankreich und wird in der Göttinger Universitätsbibliothek aufbewahrt. Hier sind zum ersten Male Schachpartien aufgezeichnet, und zwar mit der neuen Gangart von Dame und Läufer. Die gewaltigen Veränderungen, die sich damals im Bewußtsein der Menschen vollzogen, gaben auch den Anstoß zur Reformierung des Schachspiels. Das Denken des Mittelalters wurde überwunden, ein neues Weltbild kam in Sicht. Columbus entdeckte Amerika; die Schiffe der portugiesischen und spanischen Seefahrer eroberten die Weltmeere.

Trotz der fast revolutionären Veränderungen der Gangart der Figuren blieb der Charakter des Schachspiels erhalten. Die Umwandlung der Bauern auf der letzten Reihe wurde eingeführt. In Deutschland setzte sich diese Regel erst 1840 durch den Einfluß von Rudolf Bilguer, einem preußischen Offizier, durch. Galt zunächst der Brauch, daß ein Bauer auf der letzten Reihe nur in eine bereits geschlagene Figur verwandelt werden durfte, so setzte sich allmählich die auch heute gültige Regel durch: der Bauer durfte in jede beliebige Figur umgewandelt werden, ohne Rücksicht auf die noch auf dem Brett befindlichen Steine (also in eine zweite Dame, einen dritten Turm, Läufer, Springer und so weiter). Noch beim Internationalen Turnier in Birmingham 1862 (Sieger, ebenfalls wie in London 1851, der Deutsche Adolf Anderssen) mußte ein Bauer, der die letzte Reihe erreicht hatte, so lange als Bauer stehenbleiben, bis die etatsmäßige erste Dame aus dem Spiel verschwunden war!

Die Rochade

Die Rochade als ein Zug, bei dem König und Turm ungefähr ihre Plätze wechseln, war ebenfalls eine Folge der neuen Spielregeln. Früher konnte der König einen Sprung ins dritte Feld von seinem Standort aus tun, den „Königssprung", aus dem dann die Rochade entstand. In der ersten Zeit, in Italien noch bis in das 18. Jahrhundert, konnte sich dabei der Spieler die freien Felder zur Rochade auf der entsprechenden Seite aussuchen, man sprach von der „freien Rochade".
Der Engländer Howard Staunton, der das 1. Internationale Turnier von London 1851 organisiert

hatte, beabsichtigte, die Schachregeln bezüglich Rochade, der Umwandlung und des En-passant-Schlagens in Europa anzugleichen. Dieses Vorhaben mißlang, und in Italien zum Beispiel wurde noch die freie Rochade gehandhabt.

Das Spiel des Damiano

Der portugiesische Apotheker Damiano gab 1512 in Rom ein Schachbuch heraus, das wie bei dem Spanier Lucena im Jahre 1497 moderne Eröffnungsvarianten enthält. Noch heute nennt man die folgende Variante „Das Spiel des Damiano":
1. e4 e5 2. Sf3 f6 3. Sxe5 fxe5 4. Dh5+ g6 5. Dxe5+
Neu waren die langen Kreuz- und Querzüge der Dame. Die Variante ist nicht etwa antiquiert, sie wird noch heute gespielt, ist aber nur korrekt nach 3. Sxe5 De7!.

Das „erstickte Matt"

Im Buch des spanischen Meisters Lucena findet erstmals das erstickte Matt Erwähnung:

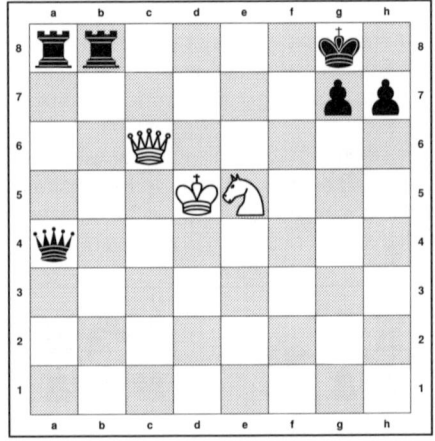

Weiß erzwingt matt in fünf Zügen

1. De6+ Kh8 2. Sf7+ Kg8 3. Sh6++ Kh8
Nun erscheint das für das erstickte Matt typische Damenopfer.
4. Dg8+ ! Txg8 5. Sf7 matt

Der Schachwettkampf von Madrid 1561

Es war der Beginn der Wettkämpfe zwischen den italienischen und spanischen Meistern. Ruy Lopez, ein spanischer Priester aus Segura, der

1561 durch sein Buch „Libro de la invencion liberal arte del juego del Ajedrez" (Erfindung und Kunst des Schachspiels) das Schach des 16. Jahrhunderts entscheidend beeinflußte, besiegte den italienischen Spieler „Il Puttino", der Kleine, oder mit richtigem Namen Giovanni Leonardo di Bona, oder auch de Cutri genannt. Die Italiener sinnen auf Revanche, und in Begleitung zweier Sekundaten, G. C. Polerio und Rosces, reiste de Cutri zwei Jahre später nach Madrid. In Anwesenheit des schachliebenden Despoten Philipp II. werden mehrere Wettkämpfe zwischen Lopez und Il Puttino ausgetragen.

Die Berichte und Überlieferungen über den Ausgang der Wettkämpfe widersprechen sich zum Teil. Es soll aber in den ersten Begegnungen auf spanischem Boden abermals Lopez die Oberhand behalten haben. Obwohl sich de Cutri zwei Jahre lang für die Revanche vorbereitet hatte, mußte er zunächst ebenso wie seine ihn begleitenden Landsleute die Überlegenheit des Spaniers anerkennen.

Philipp II. belohnte die ausländischen Gäste mit Geld und Geschenken. Ruy Lopez als Sieger wurde vom König mit einer goldenen Kette mit einem Rocco (Turm) ausgezeichnet; außerdem vermachte ihm Philipp die Pfründe einiger Pfarreien.

Erst im Jahre 1547, als die Italiener wiederum in Madrid aufkreuzten, gelang die Revanche. Der alternde Lopez wurde knapp mit 3:2 Punkten von dem Italiener Leonardo di Bona besiegt.

Königsgambit
Ruy Lopez – Leonardo de Cutri
Madrid 1574
1. e4 e5 2. f4 d6 3. Lc4 c6 4. Sf3 Lg4 5. fxe5 dxe5 6. Lxf7+ Kxf7 7. Sxe5+
(siehe letztes Diagramm)
Weiß gewinnt nicht nur die geopferte Figur zurück, er hat zudem zwei Bauern erobert.
7. …Ke8 8. Dxg4 Sf6 9. De6+ De7 10. Dc8+ Dd8 11. Dxd8+ Kxd8 12. Sf7+   1:0

Zu dieser Partie wurde damals die Vermutung geäußert, der Italiener habe Lopez zu Beginn des Wettkampfes in Sicherheit wiegen wollen. Den Siegespreis von 1000 Goldstücken konnte schließlich der Italiener mit nach Hause nehmen. Lopez schachliche Ansichten bedeuten eine Fortentwicklung der Schriften von Lucena und Damiano. Er lehrte die Bedeutung des Bauernzentrums; die Mittelbauern sollten durch die flankierenden Bauern c3 und f4 abgesichert werden. Die Spanische Eröffnung hielt Lopez für so stark, daß er für Schwarz anstelle des Zuges 2. …Sc6 den Bauernzug 2. …d7-d6 als für geeigneter hielt. Er selbst spielte mit Schwarz nicht 3. …a7-a6 oder 3. …d7-d6, sondern 3. …Lf8-c5.

G. C. Polerio, der de Cutri als Sekundant nach Madrid begleitet hatte, veröffentlichte mehrere Abhandlungen, so zum Beispiel „Polerios Eckenspiel". Einen anderen Endspielkniff mit Zugzwang nach einem Turmopfer demonstriert die folgende Aufgabe:

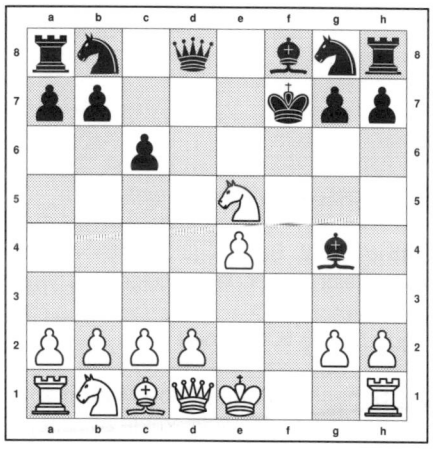

Stellung nach 7. Sxe5

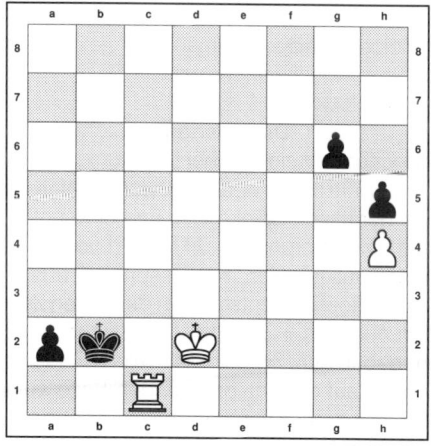

Polerio – Weiß gewinnt

Vergewissern wir uns zuächst, daß der normale Weg nicht das gewünschte Ergebnis bringt:
1. Tg1 a1D 2. Txa1 Kxa1 3. Ke3 Kb2 4. Kf4 Kc3 5. Kg5 Kd4 6. Kxg6 Ke5 7. Kxh5 Kf5!
Weiß konnte zwar beide gegnerischen Bauern erobern, in der Schlußphase aber bleibt sein König am Rand eingesperrt; Weiß wird seinen Bauern nicht in eine Dame umwandeln können; die Stellung ist remis.

Polerios Endspieltrick aber führt unverhofft durch ein Turmopfer zum Ziel:
1. Ta1! Kxa1 2. Kc2! g5
Der schwarze König ist eingeklemmt, Schwarz muß seine Bauern ziehen. Weiß nutzt das Motiv des Zugzwanges.
3. hxg5 h4 4. g6 h3 5. g7 h2 6. g8D h1D
Beide Seiten haben einen Bauern zur Dame umgewandelt. Wie wichtig es ist, wer am Zug ist, sehen wir hier.
7. Dg7 matt

Das Fallenspiel des Greco

Die Zugfolge der Italienischen Partie geht auf die italienischen Meister des 17. Jahrhunderts zurück. In Rom verfaßte der Calabrese Joacchino Greco 1619 das Schachbuch „Tratto del nobilissimo giuco degli Scacchi". Schon hier wird der hochmoderne Zug 7. Sc3 in der Italienischen Partie eingeführt: 1. e4 e5 2. Sf3 Sc6 3. Lc4 Lc5 Die Grundstellung der Italienischen Partie. 4. c3 Sf6 5. d4 exd4 6. cxd4 Lb4+ 7. Sc3! Ein Bauernopfer, denn der Zug erlaubt das Schlagen 7. ...Sxe4, wonach Weiß mit 8. 0-0 fortsetzt und Angriffsaussichten erhält.

1. e4 b6 2. d4 Lb7 3. Ld3 f5 4. exf5 Lxg2
Weiß hat sich auf die Pläne des Gegners eingelassen. Diese Variante taucht auch heute immer wieder im Repertoire guter Schachspieler auf.
5. Dh5+ g6 6. fxg6
(siehe nächstes Diagramm)
6. ...Lg7!
Ein böser Fehler wäre 6. ...Sf6?? wegen 7. gxh7+! Sxh5 8. Lg6 matt.
7. gxh7+ Kf8 8. hxg8D+ Kxg8
Schwarz kommt zum beabsichtigten Einschlag auf h1 mit aktivem Spiel (bessere Entwicklung als Weiß, der nur die Dame im Spiel hat).

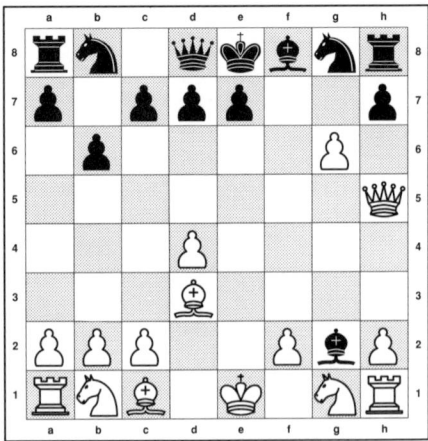

Stellung nach 6. fxg6

Das erste deutsche Schachbuch erschien im Jahre 1616. Es war die Übersetzung des Buches von Ruy Lopez aus dem Spanischen ins Deutsche durch Gustavus Selenius mit dem Titel „Das Schach oder Königsspiel". Unter dem Pseudonym Selenius verbirgt sich Herzog August der Jüngere zu Braunschweig-Wolfenbüttel.

Die Entwicklung des Schachs bis zur Blüte

Waren vom 14. bis 17. Jahrhundert die Italiener und Spanier tonangebend im Schach, so wanderte die Schachkunst im 18. und 19. Jahrhundert über Frankreich und Spanien nach Deutschland. Die Nationen, die politisch die Macht hatten, waren meist auch im Schach dominierend.
Diese Entwicklung setzt sich fort bis ins 20. Jahrhundert, wo nach dem ersten Weltkrieg Amerika von 1924 an die Sieger auf den Schacholympiaden stellte. Nach dem zweiten Weltkrieg traten die Spieler der Sowjetunion in die Fußstapfen der Amerikaner. Die Sowjets gewannen von 1952 an fast alle Schacholympiaden (Ausnahme war die Schacholympiade 1978 in Buenos Aires, wo die Ungarn den ersten Platz erreichten) und stellten bis heute alle Schachweltmeister von 1948 an bis auf die Ausnahme Robert Fischer (USA) von 1972 bis 1975.
Im 18. Jahrhundert dominierten drei italienische Meister die Schachszene, alle aus Modena:

Ercole del Rio, Giambattista Lolli und Domenico Ponziani.

Sie untersuchten Eröffnungen, die Technik des Mittelspiels und viele Endspiele in Büchern und Schriften, die zwischen 1750 und 1770 aufgelegt wurden. In den Schachaufgaben und Endspielen von del Rio wurde erstmals das Patt als anerkannter Remisweg angeführt. Das Königsgambit wurde analysiert ud in der Spanischen Partie der Zug 3. ...a6 eingeführt. Ponziani beschäftigte sich mit der Eröffnung 1. e4 e5 2. Sf3 Sc6 3. c3, die noch heute als „Ponziani-Eröffnung" ihren Platz in den Turnieren hat; mit nachfolgendem d2-d4 soll ein festes Bauernzentrum etabliert werden. Noch immer steht das Figurenspiel im Vordergrund der Schachstrategie, die Kombination regiert das Geschehen und die Pläne. Erst der Franzose Philidor, 1726 geboren, leitet eine entscheidende Wendung zur neuen Schachstrategie ein.

André Danican Philidor
Musiker und Schachmeister
Die Epoche in Frankreich wurde zunächst von dem französischen Opernkomponisten und Schachmeister André Danican Philidor bestimmt, der von 1726 bis 1795 lebte. Er wurde als sechsjähriger Sängerknabe wegen seiner musikalischen Begabung in die königliche Hofkapelle aufgenommen, wo er von den Musikern das Schachspiel erlernte. Mit 14 Jahren war er der beste Spieler, so daß er bald im legendären „Café de la Regence" in Paris auf den damaligen Meister Sir de Legal zu regelmäßigem Spiel traf. 1746 brachte ihn Fürst von Waldeck, der Befehlshaber der holländisch-britischen Armee, nach London, wo Philidor in Wettkämpfen mit Cunningham, Janssen und dem Syrer Stamma Sieger blieb. Im britischen Kriegslager des Herzogs von Cumberland in Holland schrieb Philidor sein berühmtes Lehrbuch „Analyse", das später viele und verbesserte Auflagen erlebte. Exemplare der 2. Auflage erwarben der Dichter Diderot, Monseur (der spätere König Ludwig XVII.), Voltaire und Legal. 1751 besuchte Philidor Berlin und Potsdam, um die deutsche Musik zu studieren. Von dieser Reise berichtete der berühmte Mathematiker Euler, daß er selbst Philidor nicht mehr antreffen konnte, weil dieser bei den preußischen Offizieren wegen seiner mitreisenden Freundin Anstoß erregt und

bald wieder die Rückreise nach Paris angetreten habe. Friedrich der Große verfolgte die Partien, die Philidor gegen die stärksten preußischen Spieler sogar unter Springervorgabe gewann. Von 1754 an widmete sich Philidor seinem musikalischen Schaffen als Opernkomponist. Auf der Außenseite des Pariser Opernhauses fand später sein Bild unter denen anderer Koryphäen Aufnahme. Seine Werke wurden noch hundert Jahre nach seinem Tode aufgeführt. Im Jahre 1976 wurde sogar im ZDF ein Konzert von Philidor ins Programm aufgenommen.

Regelmäßig besuchte Philidor das „Café de la Regence", wo er mit Voltaire, J. J. Rousseau und Robespierre zusammentraf. Die Stürme der französischen Revolution bedrohten den königstreuen Meister. „Der finstere Blick, den Philidor zuweilen aus den Augen Robespierres traf, ließ den Anhänger zweier Könige das Schlimmste befürchten. Er suchte daher Zuflucht bei seinen englischen Freunden", berichtet die zeitgenössische Chronik. Philidor floh 1790 nach England, wo der alternde Meister sich durch Schach spielen durchschlug. Seine berühmten Blindvorstellungen bildeten einen großen Anziehungspunkt in London.

Eine Blindpartie mit Vorgabe
Das Spielen ohne Ansicht des Brettes wurde schon von arabischen Meistern im Jahre 1266 geübt. Philidor erregte in Paris und London aber Aufsehen, weil er gleichzeitig mehrere Partien „blind" spielte, noch dazu unter Vorgabe des Bauern f7. Aus seiner Blind-Vorstellung am 10. Mai 1788 in London stammt diese Partie.

Leycester – Philidor
London 1788
(Grundstellung ohne den Bauern f7)
**1. e4 c5 2. Dh5+ g6 3. Dxc5 Sc6 4. c3 e5
5. De3 Sf6 6. h3**
Wir sehen, wie ein Meister gegen einen schwachen Spieler vorgeht. Die „Kombination" 2. Dh5+ nebst Bauerngewinn 3. Dxc5 ist reine Zeitverschwendung. Auch die Bauernzüge 4. c3 und 6. h3 bedeuten nur eine Schwächung und weitere Tempoverluste.
**6. ...d5 7. exd5 Sxd5 8. De2 Sf4 9. Df3 Lh6
10. Lb5 0-0 11. De4 Lf5 12. Dc4+ Kh8 13. Df1
Ld3**

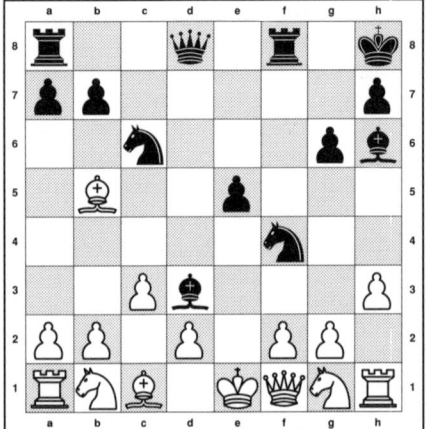

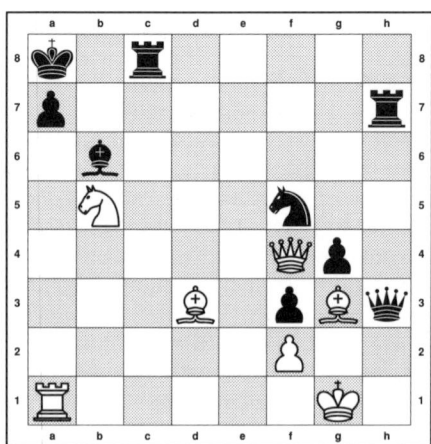

Phillip Stamma, 1750
Weiß am Zug

Fast alle weißen Figuren stehen auf der Grundreihe; Weiß muß schwere Positionsfehler begangen haben (Bauernraub, mehrfaches Umherziehen mit der Dame, unnötige Bauernzüge).

14. Lxd3 Sxd3+ 15. Ke2 Txf2+ 16. Dxf2 Sxf2 17. Kxf2 Dd3!

Die weiße Stellung ist völlig blockiert und Schwarz kann in aller Ruhe seine Figuren zum Angriff herbeiholen. Auf Sf3 würde …e4 folgen.

18. Se2 Tf8+ 19. Ke1 e4 20. Tf1 Txf1+ 21. Kxf1 Dc2 22. Ke1 Se5 23. Sa3 Sd3+ 24. Kf1 Dd1 matt

Philidor, der immer in der Hoffnung lebte, wieder in die Heimat zurückkehren zu können, erfuhr, daß man ihm als einer der Republik verdächtigen Personen den Paß zur Rückkehr in das Vaterland verweigert habe. Dieser Schlag gab ihm den Todesstoß. Am 24. August 1795 starb er. Seine englischen Gönner trugen ihn unter hohen Ehren zu Grabe.

Keines der sieben Kinder Philidors zeigte ein Schachtalent. Sein ältester Sohn André, der wegen seiner außergewöhnlichen Schönheit „le beau" genannt wurde, starb 1845.

Noch heute gehört die Philidor-Verteidigung 1. e4 e5 2. Sf3 d6 zum Eröffnungsrepertoire vieler Turnierspieler.

Im 18. Jahrhundert spielte außer Philidor der Syrer Stamma eine entscheidende Rolle. Er gab 1737 eine Sammlung von 100 Problemen, sogenannten Mansuben, heraus:

Weiß, dem ein einzügiges Matt mit …Dg2 droht, kann die Lage retten und sogar selbst ein Matt in vier Zügen erzwingen:

1. Le4+

Dagegen hilft 1. De4+ nicht wegen 1. …Tb7 2. Lf1 Dxg3+ 3. Kh1 Th8#.

1. …Tb7 2. Db8+ Txb8 3. Txa7+ Lxa7 4. Sc7 matt

Die Schachszene in Frankreich und England 1821

Mit den englischen Meistern Lewis und Cochrane sowie Deschapelles und Labourdonnais aus Frankreich wird die glanzvolle Schachära des 19. Jahrhunderts eingeleitet. Sie beginnt mit dem einarmigen General Napoleons, A. L. Deschapelles (bis 1841), führt über den Engländer Staunton zu Amerikas Schachgenie Morphy, zum deutschen Schachheros Anderssen, über den Österreicher Steinitz zu den großen deutschen Meistern Tarrasch und Lasker.

In Paris 1821 trafen sich die vier Engländer und Franzosen zu einem Turnier. Der Franzose Deschapelles, der von sich behauptete, er habe das Schachspiel innerhalb weniger Tage nur vom Zusehen gelernt, blieb Sieger der Wettkämpfe in Paris. Der Vorkämpfer Deschapelles spielte gegen jeden Gegner nur mit Vorgabe des Bf7. (Schwarz spielt ohne den Bauern f7, zusätzlich noch mit der Vorgabe eines Zuges – Weiß zieht zweimal hintereinander.)

Cochrane – Deschapelles
Paris 1821

1. e4 … 2. d4 e6 3. f4 d5 4. e5 c5 5. c3 Sc6
Weiß orientiert sich bereits an den Lehren Philidors: das Zentrum wird mit c3 gestützt und die Bauernkette behauptet.
**6. Sf3 cxd4 7. cxd4 Db6 8. Sc3 Ld7 9. a3 Sh6!
10. h3 Sf5 11. Se2 Le7 12. g4?**
Weiß sollte besser 12. Kf2 ziehen.
**12. …Lh4+ 13. Sxh4 Sxh4 14. Kf2 0-0
15. Kg3 Sg6**
Der weiße Damenflügel ist unterentwickelt.
**16. b4 a5! 17. Ld2 axb4 18. Lxb4 Sxb4
19. axb4 Dxb4 20. Tb1 Ta3+ 21. Kh2 De7
22. Txb7 Dh4!**

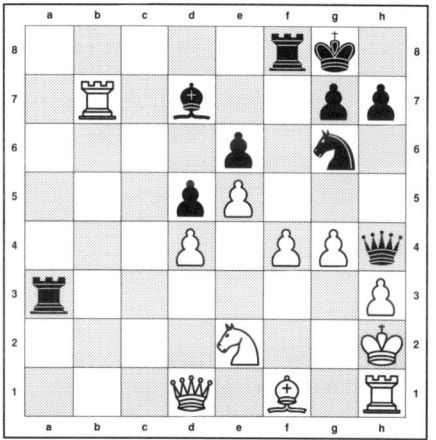

23. Txd7?
Weiß hat das versteckte Matt übersehen. Notwendig war 23. Tg1 Df2+ 24. Kh1.
**23. …Df2+ 24. Lg2 Txh3+ ! 25. Kxh3 Dh4+
matt**

Das Match Labourdonnais – Macdonnel
1834
Die 88 Partien der sechs Wettkämpfe zwischen dem Franzosen Louis Charles de Labourdonnais (1795 bis 1840) und dem Iren Alexander MacDonnell (1798 bis 1835) erfreuen sich noch heute eines guten Rufes. Wir sehen bereits das Damengambit, die Französische Verteidigung und schon die Sizilianische Verteidigung; aber auch das Evansgambit, Schottisch – und natürlich das damals bevorzugte Königsgambit.

Mit einigen Unterbrechungen dauerten die Wettkämpfe im Westminster-Schachklub in London ein halbes Jahr. Beide Meister bevorzugten scharfe und verwickelte Stellungen. Als der spätere britische Champion Howard Staunton bei einem Besuch im Spiellokal einmal nach seiner Meinung über die Stellung der beiden gefragt wurde, beschrieb er die undurchsichtige Situation so: „Ich kann für keinen mehr eine Möglichkeit sehen, wie er sich noch retten könnte."
Labourdonnais gewann 44, sein Gegner 30 Partien, 14 endeten unentschieden.

Sizilianisch
Macdonnel – de Labourdonnais
London 1834, 62. Partie

**1. e4 c5 2. Sf3 Sc6 3. d4 cxd4 4. Sxd4 e5
5. Sxc6**

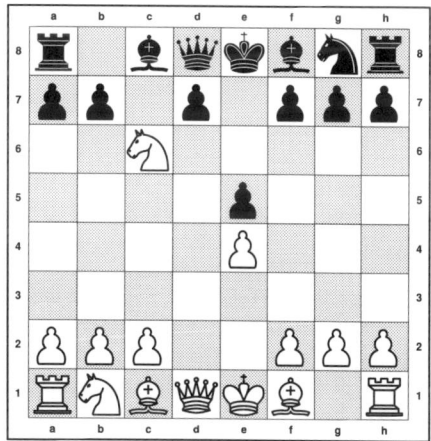

Noch vor wenigen Jahren wurde die Löwenthal-Variante 5. Sb5 a6 6. Sd6+ gespielt, während die Theorie heute der Sweschnikow-Variante 5. …d6 6. S1c3 a6 (oder auch 6. …Sf6 nebst 7. …a6) den Vorzug einräumt.
**5. …bxc6 6. Lc4 Sf6 7. Lg5 Le7 8. De2 d5
9. Lxf6 Lxf6 10. Lb3 0-0 11. 0-0 a5 12. exd5
cxd5 13. Td1 d4 14. c4 Db6 15. Lc2 Lb7
16. Sd2 Tae8 17. Se4 Ld8 18. c5 Dc6 19. f3
Le7 20. Tac1 f5**
Aber nicht 20. …Lxc5 wegen 21. Sxc5 Dxc5 22. Lxh7+ Kxh7 23. Txc5.
**21. Dc4+ Kh8 22. La4 Dh6 23. Lxe8 fxe4
24. c6 exf3! 25. Tc2**
Weiß darf nicht 25. cxb7 spielen, weil er dann matt

wird durch De3+ 26. Kh1 fxg2+ 27. Kxg2 Tf2+ und so weiter.

25. ...De3+ 26. Kh1 Lc8 27. Ld7 f2 28. Tf1

Falls 28. Df1, so 28. ...La6! 29. Dxa6 d3 30. Dxd3 Dxd3 31. Txd3 f1D#.

28. ...d3 29. Tc3 Lxd7 30. cxd7 e4

Eine unheilvolle schwarze Bauernlawine rollt heran.

31. Dc8 Ld8 32. Dc4

Wenn jetzt 32. Tcc1, dann gewinnt Schwarz mit 32. ...d2 33. Tcd1 De1 34. Dc4 e3.

32. ...De1 33. Tc1 d2 34. Dc5 Tg8 35. Td1 e3

Die kuriose Schlußstellung bahnt sich an.

36. Dc3 Dxd1 37. Txd1 e2!!   0:1

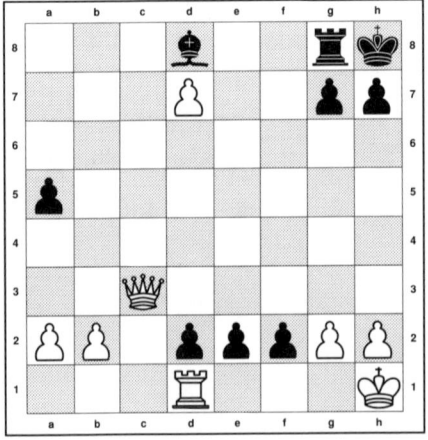

Die drei Bauern auf der 2. Reihe in Reih und Glied nebeneinander können von Dame und Turm nicht am Einzug gehindert werden. Falls 38. Dxd2, so 38. ...f1D+ nebst Matt.

Im Jahre 1839 gründete de Labourdonnais die erste Schachzeitung mit dem Namen „Le Palamede", der 1841 die von Staunton ins Leben gerufene „Chess Players Chronicle" folgte. 1846 erscheint in Deutschland die „Deutsche Schachzeitung", die bis vor kurzem in Berlin herausgekommen ist. Noch immer sind es zu jener Zeit französische und englische Spieler, die auf dem europäischen Kontinent die Vorherrschaft haben. Die Vorkämpfer beider Nationen treffen sich 1843 zum Wettkampf. Der französische Meister St. Amant unterliegt dem Engländer Howard Staunton mit −11, +6, =4 (11 Verluste, 6 Gewinne und 4 Unentschieden). Die Engländer nehmen

danach für Staunton die „Championship of the World" in Anspruch. Zum ersten Mal war von einem Weltmeistertitel die Rede.

Louis Charles de Labourdonnais starb 1840 im Alter von erst 43 Jahren. Er wurde auf demselben Friedhof Konsall-Green beigesetzt, in dem vorher sein berühmter Gegner die letzte Ruhestätte gefunden hatte. Alexander MacDonell starb schon ein Jahr nach dem Wettkampf im Jahre 1835, erst 37 Jahre alt. Für die Witwe des verarmten französischen Edelmannes de Labourdonnais sammelte ein Komitee die Summe von 6250 Franken.

Wettkampf Staunton – St. Amant 1843 in Paris

Die Vorherrschaft der Franzosen im Schach erlosch mit de Labourdonnais und dessen Nachfolger Saint-Amant. Der Engländer Joward Staunton lebte von 1810 bis 1974. Der Schriftsteller und Shakespeare-Übersetzer war es, der das erste internationale Schachturnier 1851 in London organisierte, das dann überraschend nicht er als erklärter Favorit, sondern der Deutsche Adolf Anderssen gewann. Eine unselige Rolle spielte Staunton dann im Falle Paul Morphy, denn er hielt den Amerikaner, der an einem Wettkampf interessiert war, von 1858 bis 1859 bei seinem Aufenthalt in Europa mit endlosen Ausflüchten hin. Auch die Ausfälle Stauntons gegen Anderssen im Turnierbuch von London 1851 kosteten ihn Sympathien in der Schachwelt.

Staunton wurde nach seinem Sieg gegen den Franzosen Saint-Amant im Jahre 1843 in Paris mit 11:6 bei 4 Remisen als weltbester Spieler angesehen. Er bezwang auch die deutschen Meister Harrwitz und Horwitz.

Das erste internationale Schachturnier

In Deutschland, Ungarn, Österreich, in Rußland und in den Anrainerstaaten (Polen, Livland) gewann das Schachspiel an Verbreitung. Die Meister Bledow und Horwitz in Berlin, Harrwitz in Breslau, Kieseritzky in Dorpat (Livland), Szen aus Ungarn, von Jänisch und Petrow aus Rußland, Falkbeer aus Österreich, von Heidebrand und von der Lasa aus Berlin sind nur die bedeutendsten Namen um die Mitte des 19. Jahrhunderts. Paris und London waren die Schachzentren; in Berlin residierte das „Siebengestirn" um Bledow, von

Bilguer, Mayet, an das auch Adolf Anderssen Anschluß hatte. In Amerika nahm das Schach ebenso an Verbreitung zu; Schulten, der Ungar Löwenthal (später in Engalnd) und ab 1850 der jugendliche Paul Morphy machten von sich reden.

· Es ist das Verdienst von Staunton, anläßlich der Kunst- und Gewerbeausstellung in London 1851 das erste Internationale Schachturnier organisiert zu haben. Dazu wurden Spieler aus Rußland, Ungarn, Deutschland, Frankreich und England eingeladen. Jean Dufresne, der deutsche Schachmeister und Schriftsteller, meinte später, daß Staunton niemals das Turnier organisiert und schon gar nicht die deutschen Vertreter eingeladen hätte, wenn er nur im entferntesten hätte ahnen können, daß nicht er – Staunton – der Sieger sein würde.

Die Berliner Schachgesellschaft um Ludwig Bledow sandte den Breslauer Adolf Anderssen sowie Karl Mayet aus Berlin und finanzierte die Reise. Das Turnier gilt als Markstein der Schachgeschichte.

Gespielt wurde in einzelnen Wettkämpfen nach Auslosung der Partner. Von drei Partien mußten zwei Siege erzielt werden, um die nächste Runde zu erreichen; in der nächsten Runde mußten es vier Punkte aus sieben Partien sein. Anderssen gewann zunächst 2,5:0,5 gegen Kieseritzky und der aus Livland stammende Meister mußte ausscheiden, was der sportlich-faire Deutsche offen bedauerte.

Staunton hatte seinen Landsmann Brodie mit 2:0 bezwungen. In der zweiten Runde gewann Anderssen gegen den Ungarn Szen mit 4:2, Staunton gegen Horwitz 4,5:2,5, ebenso erreichten die Engländer Wyvill und Williams die nächste Runde. Der Favorit Staunton traf in der dritten Runde auf Anderssen, der den Engländer überraschend mit 4:1 Punkten aus dem Wettbewerb warf. In der Schlußrunde besiegte der Mathematiklehrer aus Breslau den Engländer Wyvill mit 4,5:2,5 Punkten – und ein bis dahin unbekannter Schachspieler aus Deutschland wurde damit Sieger des ersten Internationalen Schachturniers! Anderssen erhielt als Preis 2000 Thaler.

Anderssen schilderte während des Turniers brieflich den Verlauf des Turniers seinen Berliner Freunden. Anderssen, 1818 geboren, war damals 33 Jahre alt. Aus einem seiner Berichte entnehmen wir: „Die Partien wurden auf niedrigen Tischen und Stühlen ausgetragen. Die zu kleinen Tische wurden von den Schachbrettern an den Seiten überragt. Neben den Spielern saßen Sekretäre, die alle Züge zu notieren hatten." Anderssen schreibt in einem weiteren Brief: „Für den englischen Spieler ist allerdings eine bequeme Einrichtung überflüssig. Kerzengerade sitzt er auf seinem Stuhle, steckt die Daumen in beide Westentaschen und sieht, bevor er zieht, eine halbe Stunde regungslos aufs Brett. Hundert Seufzer hat sein Gegner ausgestoßen, wenn er endlich seinen Zug ausführt." Williams benötigte einmal zweieinhalb Stunden für einen Zug. Sein Gegner war inzwischen eingeschlafen und mußte geweckt werden, als er am Zug war.

Die Begeisterung in Deutschland über den Sieg Anderssens war ungeheuer. Zwar schmälerten die Engländer den Sieg des Deutschen, allen voran der enttäuschte Staunton, doch gab es genug objektive Stimmen, die das Verdienst Anderssens gebührend würdigten. Bei einem der sich anschließenden Feste wird Anderssen in Berlin zum „Schachkaiser" gekrönt. Als Mathematiklehrer wird er am Friedrich-Gymnasium in Breslau später zum Professor ernannt.

Sizilianisch
Anderssen – Wyvill
London 1851
Letzte Partie des Turniers
1. e4 c5 2. Lc4 a6 3. a4 Sc6 4. Sc3 e6 5. d3 g6
Dieser Zug wird in einigen älteren Kommentaren getadelt, weil das System mit e7-e6 nicht mit der Fianchettierung zusammenpasse. Wenn schon e7-e6 gespielt wurde, gehöre der Läufer nach e7 und wenn g7-g6 geschehen sei, dann erfolge die Fianchettierung des Läufers, wozu also dann noch der Zug e7-e6? Heute ist diese Spielweise gerade in Sizilianisch, aber auch in einigen Varianten des Benoni sehr verbreitet. Man sieht, daß die Stellungs- oder Zugbeurteilung in der Eröffnung keine absolute ist. Sie wird vielmehr in der Praxis immer wieder überprüft und geändert.
6. Sge2 Lg7 7. 0-0 Sge7 8. f4 0-0 9. Ld2 d5 10. Lb3 Sd4 11. Sxd4 Lxd4+ 12. Kh1 Ld7?
Schwarz sollte besser den Läufer zurückziehen. Nach 12. …Lg7 13. De1 b6 14. Dh4 Lb7 15. Tad1 (es drohte …dxe4 16. dxe4 Dxd2) 15. …Tc8

16. Tf3 c4 17. Th3 h6 stünde Schwarz gut gerüstet. Der Versuch 18. f5 wird erfolgreich mit ...Sc6! zurückgeschlagen.

13. exd5

Schwarz muß nun, um nicht den Zentrumsbauern einzubüßen, seinen wichtigen Schutzläufer hergeben und damit die schwarzen Felder besonders am Königsflügel empfindlich schwächen.

13. ...Lxc3 14. Lxc3 exd5

Vorzuziehen ist 14. ...Sxd5, um die folgende Einschnürung zu vermeiden. Der Angriffsmeister Anderssen ist nun in seinem Element.

15. Lf6 Le6

Der Bauer d5 bedurfte der Deckung, da Weiß mit Lxe7 drohte.

16. f5!

Kommt einem Gegenspiel mit ...c5-c4 zuvor.

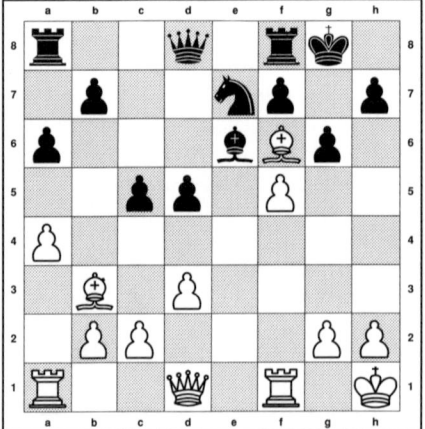

16. ...Lxf5 17. Txf5 gxf5 18. Dh5

Die schreckliche Drohung Dh6 nebst Dg7 matt zwingt Schwarz zur Hergabe der Dame für den Läufer.

18. ...Dd6 19. Dh6 Dxf6 20. Dxf6   1:0

Schwarz ist machtlos nach 20. ...Tae8 21. h4 nebst h5-h6.

Die Unsterbliche Partie

Die Meister, die nach den verlorenen Wettkämpfen aus dem Turnier ausgeschieden waren, spielten außerhalb des Wettbewerbs Partien. Dabei ereignete sich auch die „Unsterbliche Partie" zwischen Anderssen und Kieseritzky:

Königsgambit
Anderssen – Kieseritzky

London 1851 (freie Partie)

1. e4 e5 2. f4 exf4

Die Annahme des Gambits ist gut für Schwarz. Es galt aber damals als Ehrensache, jedes Gambit und jedes Opfer in der Eröffnung anzunehmen.

3. Lc4 Dh4+ 4. Kf1 b5

Ein damals übliches Gegenopfer, um den Läufer vom Punkt f7 abzulenken und um den Zug Lb7 zu ermöglichen.

5. Lxb5 Sf6 6. Sf3 Dh6 7. d3 Sh5

Das also war der Sinn von Dh6 – mit der Drohung ...Sg3+ soll der Gegner überlistet werden.

8. Sh4 Dg5 9. Sf5 c6 10. g4 Sf6 11. Tg1! cxb5

Das feine Figurenopfer bringt die Dame in eine gefährliche Abseitsstellung.

12. h4 Dg6 13. h5 Dg5 14. Df3 Sg8

Der traurige Rückzug ist notwendig, weil Lxf4 mit Damenverlust drohte.

15. Lxf4 Df6

Angebracht war der Rückzug nach d8.

16. Sc3 Lc5

Statt dieses verfehlten Angriffszug auf den Tg1 war ...Lb7 vorzuziehen.

17. Sd5

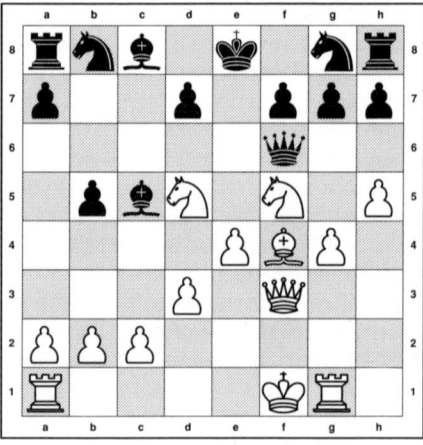

In einer Turnierpartie hätte Anderssen wohl 17. d4 mit der Idee 18. Sd5 und heftigem Angriff den Vorzug gegeben. In dieser freien Partie wollte er wohl „schön" und mit Opfern spielen.

17. ...Dxb2 18. Ld6! Lxg1?

Später fand man heraus, daß sich Schwarz mit

18. ...Dxa1+ 19. Ke2 Db2! wahrscheinlich hätte retten können.

19. e5!

Unterbricht die Wirkung der Dame auf der Diagonale unter Opfer des zweiten Turmes.

19. ...Dxa1+ 20. Ke2 Sa6 21. Sxg7+ Kd8 22. Df6+

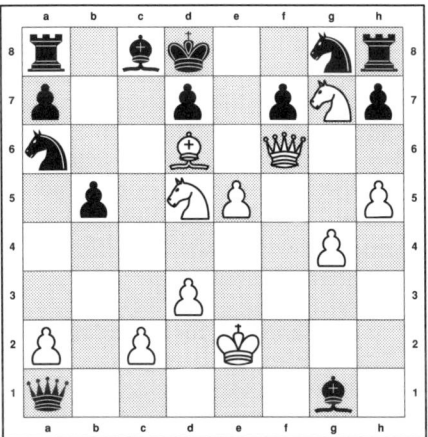

Dem Schachpublikum gefällt dieses Damenopfer immer aufs neue.

22. ...Sxf6 23. Le7 matt

Anderssen, der von Staunton zweimal zu einem Revanchewettkampf herausgefordert wurde (die Begegnungen kamen nicht zustande wegen überhöhter Forderungen des Engländers) gewann auch das zweite Internationale Turnier in London 1862, das aus Anlaß der Weltausstellung organisiert wurde. Weitere Siege Anderssens in Hamburg und Barmen 1869, sowie in Baden-Baden 1870 folgten. In dem Riesenturnier von Baden-Baden, wo der russische Dichter Turgenjew dem Turnierkomitee angehörte, erfocht Anderssen seinen letzten großen Triumph vor Steinitz, Blackburne und Neumann.

Königsgambit
Rosanes – Anderssen
Breslau 1863

1. e4 e5 2. f4 exf4 3. Sf3 g5 4. h4 g4 5. Se5 Sf6 6. Lc4 d5 7. exd5 Ld6 8. d4 Sh5 9. Lb5+

Wenn Weiß rochiert, folgt 9. 0-0 Dxh4 nebst Sg3.

9. ...c6 10. dxc6 bxc6 11. Sxc6 Sxc6 12. Lxc6+ Kf8!

Statt des Turmopfers kam auch 12. ...Ld7 13. Lxd7+ Dxd7 mit guten Aussichten in Betracht.

13. Lxa8 Sg3 14. Th2

Weiß hätte besser gleich mit 14. Kf2 die Qualität zurückgegeben.

14. ...Lf5 15. Ld5 Kg7 16. Sc3 Te8+ 17. Kf2 Db6

Schwarz droht nun ...Le5, da ja der Bauer d4 durch die Dame gefesselt ist.

18. Sa4 Da6

Mit der Drohung ...De2+ nebst matt in vier Zügen.

19. Sc3

Ein erstes Damenopfer wäre erfolgt nach 19. c4 Dxa4 20. Dxa4 Te2+ 21. Kg1 Te1+ 22. Kf2 Tf1#.

19. ...Le5 20. a4

Auch das Schlagen des Läufers 20. dxe5 führt zum Matt nach 20. ...Db6+ 21. Ke1 Dg1+ 22. Kd2 De3#. Die Verbindung der Kombinationsmotive in der e-Linie mit denen der Diagonale b6-g1 sind von eindrucksvoller Schönheit.

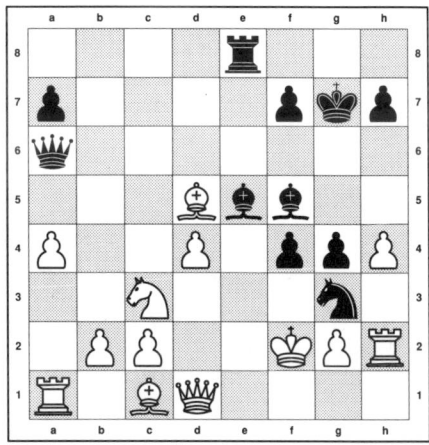

20. ...Df1+ !

Die Einleitung zum Matt in vier Zügen.

21. Dxf1 Lxd4+

Damit ist der Schlüsselpunkt der weißen Stellung gefallen.

22. Le3 Txe3 23. Kg1

Oder 23. Sb5 Te2 Doppelschach und matt.

23. ...Te1 matt.

Königsgambit
Anderssen – Schallop
Berlin 1864

1. e4 e5 2. f4 d5

Neben der Annahme des Gambits mit 2. ...exf4 zählt das Falkbeer-Gegengambit zu den beliebtesten Entgegnungen für Schwarz.

3. Sf3 dxe4 4. Sxe5 Ld6

Eine Falle, vor der sich der Leser in acht nehmen muß, ist 4. ...Sc6! 5. Lb5 Sf6! 6. Sxc6 bxc6 7. Lxc6+ Ld7 8. Lxa8 Lg4! und Schwarz gewinnt die Dame, wie Weiß sich auch drehen und wenden mag, zum Beispiel 9. Lc6+ Ke7 10. b3 Lxd1 11. La3+ Ke6. Schwarz steht völlig gesichert und behauptet seine Beute.

5. Lc4 Lxe5 6. fxe5 Dd4 7. De2 Dxe5

Schwarz glaubt, mit der Eroberung des weißen Zentralbauern Vorteil erreicht zu haben. Und in vielen freien Partien (also nicht in Turnierpartien) hat Schwarz Erfolg damit gehabt. Anderssen, der Meister des Angriffs, zeigte aber schon damals, daß Schwarz wegen seines Entwicklungsrückstandes gefährdet steht. Nun darf sich Weiß nicht vor weiteren Opfern scheuen.

8. d4 Dxd4 9. Sc3 Sf6 10. Le3 Dd8 11. 0-0 h6 12. Lc5 Sbd7

„Wer nicht rochiert – verliert!" lautet ein Schachspruch. Schwarz hofft jetzt auf 13. La3, um sich mit ...c5 retten zu können. Vielleicht läßt sich Weiß aber auch auf 13. Sxe4 Sxc5 14. Sxf6+ Kf8 ein. Alles freilich Fortsetzungen, in denen Schwarz kaum mit dem Leben davonkommt.

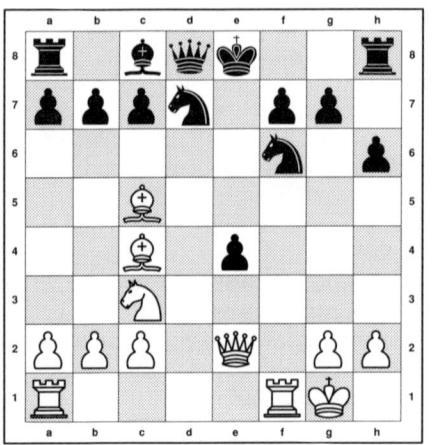

13. Dxe4+   1:0

Weil 13. ...Sxe4 14. Lxf7# ein schönes Zweiläufermatt geben würde.

Zum 50jährigen Schachjubiläum des deutschen Vorkämpfers wurde 1877 in Breslau der Deutsche

Schachbund (DSB) gegründet. Einhundert Jahre später wird das Jubiläum vom DSB mit der Internationalen Deutschen Schachmeisterschaft in Bad Lauterberg im Harz veranstaltet – der junge Weltmeister Anatol Karpow ist der würdige Turniergast aus Leningrad, der dem großen Vorbild und Sportsmann Anderssen die Ehre erweist.

Von 1870 an finden in Europa große Schachturniere statt, in immer geringeren Abständen. In Amerika wird 1857 der erste Schachkongreß ausgetragen, den der erst 20jährige Paul Morphy für sich entscheidet. Ein Jahr später beginnt er einen unvergleichlichen Siegeszug durch Europa; in Paris kreuzt er mit Anderssen die Klinge. Als der unnachahmliche Morphy unbesiegt von der Bühne abtritt, wird Anderssen sein Nachfolger, und man betrachtet ihn überall als Weltmeister, auch wenn es einen solchen Titel noch nicht gibt.

Die Einführung der Schachuhr

Beim ersten Internationalen Schachturnier in London 1851 wurde noch ohne Schachuhren gespielt, also ohne Beschränkung der Bedenkzeit. Weil die Mißstände zu groß wurden – einzelne Partien zogen sich bis zu 20 Stunden hin – wurden Sanduhren eingeführt. Sie erwiesen sich aber bei den Turnieren in London 1862 und 1866 als zu umständlich in der Handhabung. In Baden-Baden 1870 wurden erstmals normale Uhren verwendet, nämlich Schwarzwalduhren. Die Bedenkzeit war 1 Stunde für 20 Züge.

Erst die Einführung der Schachuhr im Jahre 1871 in der Schachgesellschaft Albertea in Leipzig ermöglichte eine reibungslose Kontrolle der beiderseitigen Bedenkzeit. Der Uhrmacher Herzog befestigte zwei Wecker nebeneinander auf einem Brett und verband sie mit einem beweglichen Hebel. Hatte ein Spieler seinen Zug ausgeführt, drückte er den Hebel an seiner Uhr; dadurch wurde das eigene Uhrwerk abgestellt und die Uhr des Gegners in Gang gesetzt. Jeder Spieler besaß so seine eigene Bedenkzeit und konnte sie von der Uhr ablesen. Auf dem Prinzip jener ersten Schachuhr funktionieren auch die modernen Turnieruhren, die heute überall im Gebrauch sind.

In der Regel beträgt die Bedenkzeit 2 Stunden pro Spieler für die ersten 40 Züge, danach für jede weiteren 20 Züge eine Stunde. Die Bedenkzeit wird aber nicht für den einzelnen Zug limitiert, sie kann von den Spielern beliebig aufgeteilt werden.

Wer in der Eröffnung rascher spielt als 3 bis 4 Minuten pro Zug, hat später im Mittel- und Endspiel mehr Zeit. Es muß nur nach Ablauf von vier Stunden der 40. Zug ausgeführt worden sein; vier Stunden deswegen, weil ja jeder Spieler separat zwei Stunden Bedenkzeit hat. Wer den 40. Zug nicht innerhalb der vorgegebenen Zeit erreicht hat, wenn auf seiner Uhr der Zeiger „fällt", hat die Partie wegen Zeitüberschreitung verloren. Viele Partien werden zwischen dem 30. und 40. Zug entschieden. Häufig kommt es vor, daß ein Spieler (oder auch beide) für die letzten 10 bis 15 Züge bis zur Zeitkontrolle nach dem 40. Zug weniger als fünf Minuten zur Verfügung hat – man spricht dann von Zeitnot, und vor Zeitnot sollte man sich hüten; dort greift ein Spieler gar zu oft fehl und begeht große Fehler.

Es hat auch nicht an Versuchen gefehlt, der Misere mit der zu knappen Bedenkzeit abzuhelfen. So wurde beim Großmeisterturnier in Nürnberg 1896 der Versuch gemacht, daß 5 Minuten Zeitüberschreitung erlaubt waren und danach jede weitere Minute mit 1 Mark in die Kongreßkasse bestraft oder erkauft werden konnte. Die Bestimmung erwies sich als undurchführbar; es wurden zwar mehrfach Verwarnungen erteilt, aber die Geldstrafen von den oft armen Schachmeistern konnten nicht eingetrieben werden. Der Versuch wurde nicht mehr wiederholt.

Paul Morphy –
Strahlender Komet am Schachhimmel

Im Jahre 1857 trat der 20jährige Paul Morphy in Nordamerika auf den Plan. Der in New Orleans 1837 geborene Sohn einer Anwaltsfamilie wurde Sieger beim New Yorker Schachkongreß. Morphy hatte bereits mit 18 Jahren das Anwaltsdiplom erworben, durfte aber vor dem 21. Lebensjahr seinen Beruf nicht ausüben und spielte in der Zwischenzeit Schach.

Weil Morphy 1857 in Amerika keine Gegner mehr fand, versuchten amerikanische Schachfreunde den Engländer Howard Staunton (Anderssen hatte sich bis 1858 etwas vom Schach zurückgezogen) zu einem Zweikampf mit Morphy in Amerika zu bewegen. Als dieser höflich ablehnte, schiffte sich Morphy kurzerhand nach Europa ein. Der vermögende und gebildete Amerikaner erregte in London, mehr aber noch in Paris das Interesse und die Bewunderung der Öffentlich-

keit. In Wettkämpfen und einzelnen Partien bezwang Morphy beinahe mühelos alle führenden Spieler jener Zeit. Nur Staunton lehnte beharrlich das von Morphy gewünschte Match ab, seine Arbeit als Shakespeare-Forscher vorgebend. Sie trafen nur einmal bei einer Beratungspartie mit anderen Gegner zusammen. Morphy war in England das Tagesgespräch, vor allem seine Blindvorstellungen an sechs und acht Brettern fanden die Bewunderung aller Gesellschaftsschichten.

Die Nachrichten von der Schachkunst und den Erfolgen Morphys erreichten auch Anderssen in Breslau. Er hörte von der Weigerung Stauntons, gegen Morphy anzutreten und beschloß, die weite Reise nach Paris zu wagen. Anderssen, der in den letzten Jahren kein Turnier und keine Wettkämpfe gespielt hatte, war aber keineswegs in der Form, einem starken Gegner wie Morphy die Stirn zu bieten. Als Anderssen in den Weihnachtsferien im Dezember 1958 in Paris eintraf, war Morphy leicht erkrankt, und der Wettkampf wurde in Morphys Hotelzimmer ausgetragen. Es wurde ohne einen Einsatz und in Anwesenheit einiger Ehrenzeugen vom 20. bis 27. Dezember gespielt. Morphy siegte glatt mit +7, –2 =2. Anschließend spielten Morphy ud Anderssen noch eine Reihe freier Partien, in denen sich der Amerikaner ebenso überlegen zeigte (+5, –1).

Das bessere Positionsverständnis, die bessere Strategie und ganz allgemein die geringere Anzahl von Fehlern gaben den Ausschlag für Morphys Überlegenheit gegenüber allen Schachmeistern jener Zeit. Wie überall, erwies sich Morphy auch Anderssen gegenüber als großzügig. Und er verzichtete gegenüber Harrwitz, den er in einem anschließenden Wettkampf mit 5:2 besiegte, auf den ihm zufallenden Einsatz. Morphy vermachte das Geld Anderssen zur Bestreitung seiner Reisekosten nach Breslau.

Eine Blindsimultanvorstellung Morphys im Café de la Regence an acht Brettern stellte ganz Paris auf den Kopf. Der bescheidene und liebenswerte Morphy war zum Liebling der Pariser erkoren. Die Zeitung brachte den Bericht von der glänzenden Blindsimultanvorstellung Morphys mit der Schlagzeile: „Größer als Cäsar: Er kam – sah nicht, und siegte!"

Nach der zehn Stunden dauernden Vorstellung gab es nachts einen Auflauf in den Straßen von

Paris. Die begeisterte Menge suchte Morphy und seinen Sekretär, um ihn auf dem Nachhauseweg ins Hotel zu feiern. Die herbeigerufene Polizei dachte an einen Aufstand. Am anderen Morgen diktierte Morphy seinem Sekretär M. Edge alle in der Nacht gespielten Partien, die somit der Nachwelt erhalten blieben: von den 8 Partien gegen einige der besten Schachspieler von Paris gewann Morphy 6, 2 endeten remis.

Die folgende Partie stammt aus dieser Blindsimultanvorstellung:

Philidor-Verteidigung
Morphy – Blaucher
Paris 1858
1. e4 e5 2. Sf3 d6 3. d4 exd4 4. Dxd4 Sc6
5. Lb5 Ld7 6. Lxc6 Lxc6 7. Lg5!
Stärker als 7. Sc3 Sf6 8. Lg5 Le7. In der Partiefolge kann Schwarz sich nicht mit 7. …Le7? entlasten wegen 8. Dxg7 und gewinnt.
7. …f6
Nach 7. …Sf6! 8. Lxf6 Dxf6! 9. Dxf6 gxf6 10. Sc3 Tg8 nebst …f6-f5 erhält Schwarz glänzendes Spiel auf den offenen Linien mit Druck gegen e4 und g2.
8. Lh4 Sh6 9. Sc3 Le7 10. 0-0 0-0 11. Dc4+ Kh8 12. Sd4 Dd7
Besser war wohl 12. …Ld7.
13. Tad1 Tf7
Und hier war 13. …Sf7 vorzuziehen.
14. f4 a5 15. f5 Tff8 16. Se6 Tg8 17. a4
Ein Vorbereitungszug. Weiß möchte Sd5 ziehen, dabei aber nicht durch …Lb5 gestört werden. Eine Alternative ist 17. Tf3.
Man muß bedenken, daß der Blindspieler in optischer und räumlicher Abgeschlossenheit seine Züge auswählt; Morphy spielte in allen acht Partien fehlerfrei. Er nahm in den zehn Stunden außer einem Glas Wasser keine Erfrischung zu sich.
17. …Sg4 18. De2 Se5 19. Lg3 Dc8
Die Dame entzieht sich einem Visavis mit dem Td1, um bei dem Tausch auf e5 mit dem d-Bauern zurücknehmen zu können.
20. Lxe5 dxe5 21. Tf3 Ld7
Danach gewinnt Weiß schnell, doch gab es bereits keine ausreichende Verteidigung mehr.
22. Th3 h6
Bei 22. …g6 gewinnt Weiß am schnellsten mit 23. fxg6 Txg6 24. Txh7+ Kxh7 (oder 24. …Kg8

25. Th8+ Kf7 26. Txc8) 25. Dh5+ Th6 26. Df7+ Kh8 27. Dg7#. Weiß gewinnt jetzt durch Doppelangriff eine Figur, denn wieder droht Matt durch Turmopfer.
23. Dd2! Kh7 24. Dxd7 Ld6
Weil Schwarz nach dem Figurenverlust gegen den Meister nicht gleich aufgibt, muß er noch ein feines Turmopfer erleben.

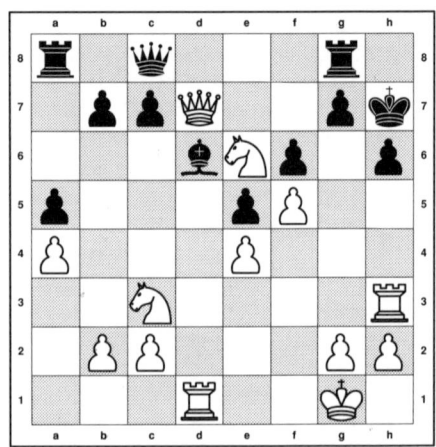

25. Txh6+! Kxh6 26. Td3 Kh5
26. …Dxd7 27. Th3 matt.
27. Df7+   **1:0**
Denn Schwarz wird in zwei Zügen mattgesetzt:
27. …g6 28. Dh7+ Kg4 29. h3 matt.
Morphy war oft Gast des Herzogs von Braunschweig in seiner Loge der italienischen Oper in Paris. Die folgende, bekannte Partie wurde dort während der Aufführung des „Barbiers von Sevilla" gespielt. Es handelt sich um eine Beratungspartie, das heißt, daß sich der Herzog von Braunschweig und Graf Isouard absprechen konnten, welchen Zug sie spielen wollten.

Philidor-Verteidigung
Morphy –
Herzog von Braunschweig und **Graf Isouard**
Paris 1859
1. e4 e5 2. Sf3 d6 3. d4 Lg4?
Ein Fehler, der auch heute noch oft zu sehen ist. Schwarz sollte besser 3. …exd4, 3. …Sf6 oder 3. …Sd7 spielen.
4. dxe5 Lxf3 5. Dxf3 dxe5 6. Lc4 Sf6 7. Db3!
De7 8. Sc3!
Stärker als der Bauerngewinn 8. Dxb7, weil sich

Schwarz dann mit …Db4+ durch Damentausch entlasten könnte.

8. …c6 9. Lg5 b5 10. Sxb5! cxb5 11. Lxb5+ Sbd7 12. 0-0-0

Nun droht 13. Lxf6 nebst 14. Txd7 mit Gewinn.

12. …Td8 13. Txd7! Txd7 14. Td1 De6 15. Lxd7+

Auch 15. Lxf6 Dxb3 Lxd7+ oder 15. …Dxf6 16. Lxd7+ Ke7 und zum Beispiel 17. Da3+ Kd8 18. Dxa7 Ld6 19. Lf5 De7 20. Db8+ oder 15. …gxf6 16. Lxd7+ führen zum Gewinn für Weiß.

15. …Sxd7

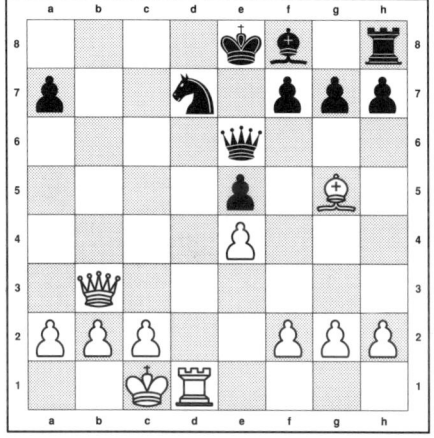

16. Db8+ ! Sxb8 17. Td8 matt.

Das Matt durch Damenopfer fand damals und findet bis heute das Entzücken der Schachfreunde und Bewunderer Morphys.

Die Erfolge Morphys entfachten in Amerika einen Begeisterungstaumel. Jedes Schiff brachte neue Siegesmeldungen aus Europa, der Name Morphys war in aller Munde. Mit Ehren überhäuft trat Morphy am 29. April 1859 die Rückreise in die Heimat an, wo er wie ein König empfangen wurde. Die Wirren der Sezessionskriege hinderten Morphy daran, mit der Eröffnung einer Anwaltspraxis eine bürgerliche Existenz zu gründen. Die amerikanischen Bürger wollten Morphy weiter als großes Schachgenie siegen sehen; er aber wollte die Laufbahn eines Berufsspielers nicht einschlagen. Morphy unternahm 1862 einen Abstecher nach Kuba, wo er auch mit einheimischen Negern Schach spielte. Seine Familie in New Orleans war Gegner der Sklaverei. Noch zweimal kam Morphy nach Europa, aber er besuchte bei seinem Aufenthalt in Paris 1865 das gerade stattfindende internationale Turnier nicht einmal als Zuschauer. Seine Trennung von dem Spiel, das ihm in zwei Jahren Weltruhm eingebracht hatte, führte letztlich auch zum Bruch mit den Menschen. Er war besessen von dem quälenden Gedanken, daß sein Leben verpfuscht und ohne Inhalt sei. Er lebte im elterlichen Hause unter der Betreuung seiner Mutter und Schwester von 1868 an in geistiger Umnachtung. Morphy starb am 11. Juli 1884; er war nur 46 Jahre alt.

Bei einem Zusammentreffen im Jahre 1882 mit Weltmeister Steinitz hatte Morphy zur Bedingung gemacht, daß nicht über Schach gesprochen werden dürfe. Nach der zehnminütigen Zusammenkunft auf offener Straße in New Orleans mußte Steinitz die Begegnung erschüttert beenden. Der ungarische Großmeister Geza Maroczy setzte Morphy ein unvergängliches Denkmal mit seiner Biographie: „Der göttliche Funke in seiner Seele entbrannte mit elementarer Gewalt zur Flamme. Er folgte den Lockungen der Sirenen, warf sich ihnen in die Arme und blieb mit unlösbaren Ketten auf ewig an sie gefesselt!"

Im Kurzportrait

Wolfgang Unzicker aus München, geboren am 26. Juni 1925, wird als der Musterschüler des deutschen Schachs angesehen. Über 40 Jahre steht der Münchener, im Zivilberuf Richter, immer in der vordersten Schachfront. In den vielen internationalen Wettkämpfen der Bundesrepublik spielte er lange Jahre an Brett 1. Es ist nicht übermütig im Sieg, gibt sich sportlich bei den seltenen Niederlagen und ist ein von allen internationalen Schachmeistern geschätzter Mann.

Durch sein bescheidenes Wesen und durch seine Schachkunst hat Unzicker der Bundesrepublik in der Schachwelt zu Ansehen verholfen. Er ist Träger des „Silbernen Lorbeerblattes". Ein Höhepunkt seiner Schachlaufbahn war der Sieg gegen Weltmeister Botwinnik, als jener im Zenit seiner Meisterschaft stand.

Französisch
Unzicker – Botwinnik
Oberhausen 1961
1. e4 e6 2. d4 d5 3. Sc3 Lb4 4. e5 c5 5. a3 Lxc3+ 6. bxc3 Dc7
Richtet sich gegen 7. Dg4, was mit …f5! zurückgeschlagen werden kann.
7. Sf3 Se7 8. Ld3 Ld7 9. a4
Der Zug …La4 wird heute nicht mehr gefürchtet, doch leistet der Bauernzug auch andere gute Dienste.
9. …Sbc6 10. Dd2 h6 11. 0-0 c4 12. Le2 a5 13. La3 Sa7 14. g3 Sac8 15. Sh4 Dd8
Besser ist 15. …Sf5.
16. f4 Sf5 17. Sxf5 exf5

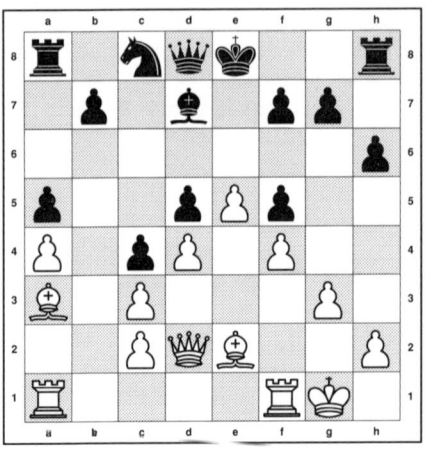

18. Lf3 Le6
Nach 18. …Lxa4? 19. Dg2 Lc6 20. g4! usw. würden sich alle Schleusen am Königsflügel und im Zentrum öffnen.
19. Tfb1 b6 20. Dg2 Ta7 21. Tb5 Td7 22. g4
Alles Routine, aber stark. Weiß droht auf f5 zu schlagen und den Bauern d5 zu erobern. Bei 22. …fxg4 23. Lxg4 Lxg4 24. Dxg4 g6 25. e6 Tb7 26. Te1 stürzt die schwarze Stellung wie ein Kartenhaus zusammen.
22. …Se7 23. Lxe7 Kxe7 24. Kh1
Sichert den König und hält den Druck aufrecht, ohne Gegenchancen einzuräumen.
24. …g6 25. Tab1 Kf8 26. gxf5 Lxf5 27. Lxd5 Dh4 28. Le4! Dxf4 29. Lxf5 gxf5
Oder 29. …Dxf5 30. Txb6 Kg7 31. Tf6 Dg5 32. Df3 Dd2 33. Tf1 Tf8 34. e6! und so weiter.
30. Txb6 Ke7 31. e6!   **1:0**

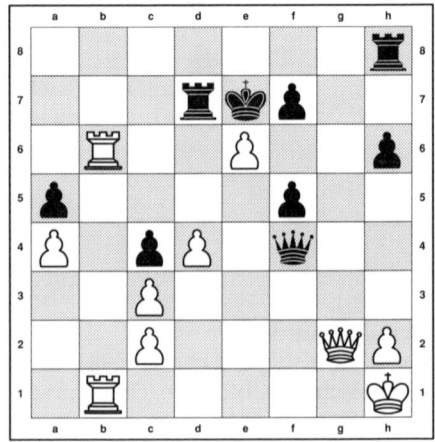

Nach 31. …fxe6 32. Dg7+ fällt der Turm h8 mit Schach.
Andere Möglichkeiten wären:
1) 31. …Tc7 32. Te1 oder auch Tf1.
2) 31. …Td6 32. Db7+ Kxe6 33. Te1+! Kf6 34. De7+ Kg7 35. Tg1+ mit Damen- und Turmgewinn für Weiß.

Lothar Schmid, geboren am 10. Mai 1928 in Radebeul bei Dresden, ist seit vielen Jahren in Bamberg ansässig. Der beruflich stark engagierte Jurist und Karl-May-Verleger wurde nie Berufsspieler, konnte dennoch zahlreiche Turniererfolge erzielen und sich rund ein Vierteljahrhundert als Stammspieler der bundesdeutschen Natio-

nalmannschaft behaupten und im Fernschach die Vizeweltmeisterschaft erringen (FS-WM 1956 bis 1958. Er ist bekannt auch als Schiedsrichter vieler Top- Veranstaltungen, zum Beispiel des legendären WM-Matches zwischen Spasski und Fischer 1972 in Reykjavik. Schmid besitzt die wertvollste Sammlung von Schachutensilien und -literatur der Welt.

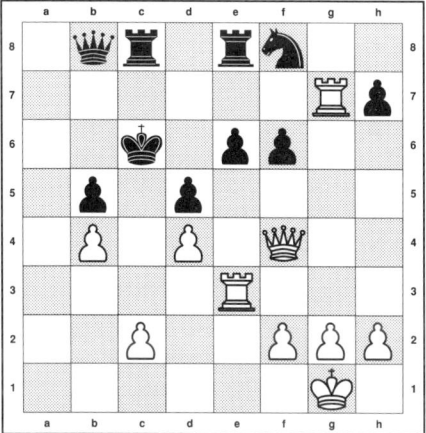

Schmid – Petrosjan
Blitz (IZT) 1952

Diese Stellung stammt aus einer Blitzpartie, die während des Interzonenturniers 1952 in Stockholm gespielt wurde.
Schmid hatte ein – wahrscheinlich inkorrektes – Figurenopfer gebracht, denn nach 1. Ta3 konnte sich der armenische Großmeister mit ...Sd7! ausreichend verteidigen. Bei der beschränkten Bedenkzeit von nur sieben Minuten je Partie konnte Schwarz aber unmöglich die unglaublich schöne Wendung mit dreifachem Damenopfer von Weiß voraussehen:
1. Ta3! Kb6?
Das erste Damenopfer darf wegen Matt nicht angenommen werden: 1. ...Dxf4 2. Ta6#.
2. Dd6+ !!
Wiederum darf die nun völlig ungeschützte weiße Dame nicht geschlagen werden, denn nach 2. ...Dxd6 ist die schwarze Dame von dem Feld a6 abgelenkt, so daß das stille 3. Tga7 zum undeckbaren Matt durch 4. T3a6 führen würde, wogegen die ganze schwarze Armada hilflos wäre.
2. ...Tc6 3. Dc5+ !

Das dritte Damenopfer erzwingt das Matt.
3. ...Txc5 4. bxc5+ Kc6 5. Ta6+
Es folgt ...Db6 6. Txb6#.
Der sowjetische Weltmeister der Jahre 1963 bis 1969 zählte zu den besten Blitzspielern, die es je gab. Aber auch der Bamberger Großmeister Lothar Schmid gilt auf dem Gebiet des Schnellspiels, also im Blitzschach, als ein As – wie nicht zuletzt die obige Episode zeigt.

Klaus Darga, geboren am 24. Februar 1934, ist ein gebürtiger Berliner, sein Beruf als Leiter der Programmentwicklung bei einem weltbekannten Computerkonzern führte ihn jedoch nach Sindelfingen. 1989 übernahm er den Posten des Bundestrainers des Deutschen Schachbundes.

Englisch
Larsen – Darga
Winnipeg 1967
(mit Anmerkungen des Siegers aus dem Buch: „Schach-Großmeister", FALKEN-Verlag)
1. c4 Sf6 2. Sf3 e6 3. Sc3 Lb4 4. Dc2 c5 5. a3 La5 6. g3 Sc6 7. Lg2 0-0 8. 0-0 d6 9. d3 a6 10. Tb1 Ld7 11. Lf4 De7 12. e4 h6 13. b4!
Nach ruhigem Eröffnungsverlauf, wie man dies in Larsen-Partien häufig antrifft, versucht der Däne nun die Initiative an sich zu reißen.
13. ...cxb4 14. Sa2 e5
Einleitung einer völlig befriedigenden Verteidigung. Kaum gut wäre dagegen 14. ...bxa3, denn nach 15. Txb7 hätte Weiß gutes Figurenspiel und die gesündere Bauernstruktur.
15. Le3 b3 16. Txb3 b5! 17. Sb4
Natürlich nicht 17. cxb5 axb5 18. Txb5? wegen 18. ...Sd4!.
17. ...Lxb4
Einfacher war wohl 17. ...Tfc8.
18. axb4 a5 19. bxa5 bxc4 20. dxc4 Sxa5 21. Tc3 Tfc8 22. Sh4 Sc6
Richtet sich gegen 23. Sf5, was nun mit 23. ...Lxf5 24. exf5 e4 beantwortet werden soll. Der Sc6 strebt dann wirksam nach e5. Noch besser war aber 22. ...Le6!, denn nach 23. Sf5 Df8 24. c5 Lxf5 25. exf5 d5 hätte Schwarz ausgezeichnete Chancen.
23. Dd2 Sg4(?)
Nach diesem völlig unnötigen Zug gerät die schwarze Stellung in Gefahr. Richtig war noch immer 23. ...Le6.

24. Sf5 Lxf5 25. exf5 e4

In der Erkenntnis, daß 25. ...Sxe3 26. fxe3 ebenso günstig für Weiß wäre wie 25. ...Sf6 26. Td3.

26. Lf4 Td8

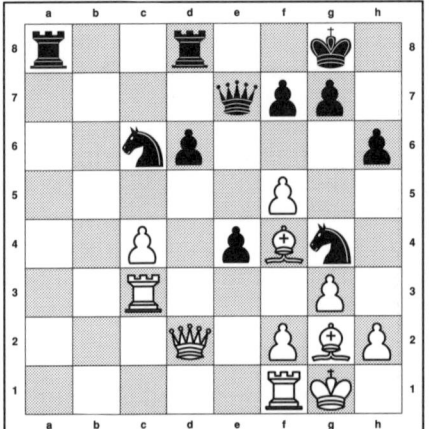

Es sieht nun so aus, als könne Weiß sich einen der schwachen Bauern d6 oder e4 zur Eroberung aussuchen. Am naheliegendsten wäre jetzt 27. Dd5, doch gefiel Larsen darauf die Variante 26. ...Td8 27. Dd5 Df6 28. Tcc1 Sd4 nicht so recht. Ich hatte die folgende Abwicklung beabsichtigt: 26. ...Td8 27. Dd5 Tac8 28. Dxe4 Dxe4 29. Lxe4 Sd4 30. Ld3 Se5 31. Lxe5 Sf3+ 32. Kg2 Sxe5 33. Le2 d5 und die Partie muß remis werden. Larsen entschloß sich, lieber den anderen Bauern abzuholen...

27. Td1 Sf6! 28. Lxd6?

...und ist schon hereingefallen. Da Schwarz soeben noch in großen Nöten schien, andererseits auch nicht erkennbar ist, wie Weiß seine Stellung noch verbessern kann, unterläßt Larsen zu seinem Schaden eine kritische Prüfung.

28. ...Txd6! 29. Dxd6 Td8!

Die besondere Pointe der Kombination besteht darin, daß Weiß nun nach 29. ...Td8 30. Dxc6 Txd1+ 31. Lf1 Db4! mindestens noch seinen Läufer verliert.

30. c5 Txd6 31. cxd6 Dd7 32. Tc5 Sb4 33. Lf1

Falls 33. Tc7, so nicht 33. ...Dd8? 34. d7!, sondern 33. ...Da4!.

33. ...Sd3 34. Lxd3 exd3 35. Txd3 Db7 36. Tc1 Sd7 37. Tcd1 De4 38. Td5 Kf8

Der König soll den Springer als Blockadefigur ablösen

39. h3 Ke8 40. T1d4 Db1+ 41. Td1 De4 42. T1d4 De1+

An dieser Stelle wurde die Partie abgebrochen. Noch immer ist sehr genaues Spiel von Schwarz erforderlich, um den Sieg zu erzwingen.

43. Kg2 Kd8 44. g4 Sb6 45. Tc5 Da1 46. Td3 Da6 47. Td1 Da4 48. Tcc1 Sd5! 49. Txd5 De4+ 50. Kg1 Dxd5 51. Te1 Dxd6 52. Te3 h5 53. gxh5 Dd1+ 54. Kg2 Dxh5 55. Te5 Dg5+ 56. Kf3 Dh4 57. Kg2 Df4 58. Te3 Dxf5 59. Kg3 g5 0:1

Dr. Helmut Pfleger, geboren am 6. August 1943, ist „von Hause aus" Arzt für innere Medizin und Psychosomatik, seit einigen Jahren jedoch Schach-Fernsehkommentator und -publizist. Er wirkte bei zahlreichen Schachbüchern des FALKEN-Verlages als Autor mit.

Tarrasch-Verteidigung
Polugajewski – Pfleger

Olympiade Buenos Aires 1978
(mit Anmerkungen des Siegers aus dem Buch: „Schach-Großmeister", FALKEN-Verlag)

1. c4 Sf6 2. Sf3 e6 3. g3 d5 4. Lg2 c5 5. cxd5 exd5 6. d4 Sc6 7. 0-0 Le7 8. Sc3 0-0 9. Lg5 c4 10. Se5 Le6 11. Sxc6 bxc6 12. b3 Da5 13. Sa4 Tfd8 14. e3 c5 15. Lxf6 gxf6 16. dxc5

Nach 16. bxc4 cxd4 17. exd4 Tab8 18. c5 Ld7 muß Weiß seinem gefährdeten Randgaul unter Bauernopfer beispringen.

16. ...Lxc5 17. Dh5 Tac8 18. Tfd1 Lf8 19. Tac1 Db4 20. Lxd5

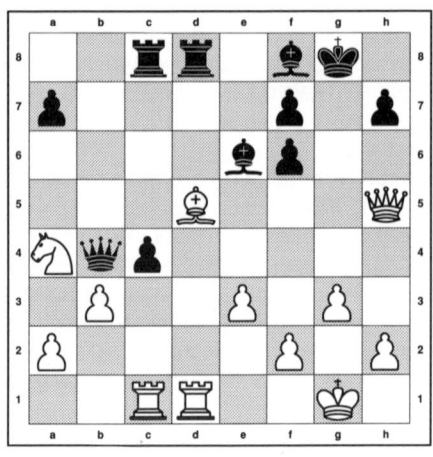

Diesen Bauern wird er kein zweitesmal fressen. Diesesmal hatte ich etwas weiter gerechnet als mein werter Gegner. Er hätte hier seinen Randspringer wieder am Alltag beteiligen sollen: 20. Sc3 cxb3 21. Sxd5 Txd5 22. Lxd5 Txc1 23. Txc1 b2 (23. ...Db5? 24. e4 bxa2 25. Ta1 mit Gewinn) 24. Tb1 Dc5 25. e4 Dc1+ 26. Dd1 La3 mit ausgeglichener Stellung.

20. ...Txd5 21. Txd5 cxb3 22. Txc8 Lxc8 23. axb3 Lg4 24. Dh4

Auf 24. Tg5+ fxg5 25. Dxg5+ Lg7 26. Dd8+ macht 26. ...Df8 die Schotten dicht.

24. ...De1+ 25. Kg2 Le2

Alle Züge von Weiß waren erzwungen. Jetzt folgt auf 26. Tg5+ nicht 26. ... fxg5 27. Dxg5+ nebst Dauerschach, sondern schlichtweg 26. ...Kh8.

26. g4 Df1+ 27. Kg3 Dg1+ 28. Kf4 Dg2

Droht einzügig Matt auf f3 und Dxd5.

29. Dxf6

Nun hatte ich die angenehme Wahl, mit 29. ...Dxd5 ihm ganz prosaisch die Aufgabe nahezulegen oder zu

29. ...Dxf2+

zu greifen.

30. Ke5

Nicht 30. Kg5 h6+ mit Damengewinn.

30. ...Dxe3+

Sich mit Schachs durchzufressen beglückt besonders.

31. Kf5 Df3+ 32. Ke5 De3+

Zugwiederholung in Zeitnot.

33. Kf5 Ld3+ 34. Txd3 Dxd3+ 35. Kg5

Auf 35. Ke5 folgt 35. ...Lg7, auf 35. Kf4 Df1+ – jeweils mit Damengewinn.

35. ...De3+ 36. Kh5 Le7

Matt wahlweise auf g5 oder h3 ist nur unter Aufgabe der Königign zu verhindern. Nachdem diese ohnehin kein schönes Leben hatte, wollte Polugajewski ihr dies ersparen und gab auf. **0:1**

Dr. Robert Hübner (geb. am 6. November 1948) ist der erfolgreichste deutsche Spieler der Nachkriegszeit. Zwar blieb dem promovierten Altphilologen aus Köln der ganz große Erfolg – ein WM-Kampf – versagt, sonst aber kann das Spitzenbrett des amtierenden deutschen Mannschaftsmeisters, FC Bayern München praktisch jede Trophäe eines Top-Schachspielers vorweisen:

Turnier- und Matchsiege, deutsche Meistertitel und olympische Medaillen.

Spanisch
Hübner – Hess
Lugano 1989

1. e4 e5 2. Sf3 Sc6 3. Lb5 Lc5 4. c3 f5 5. d4 fxe4 6. Lxc6 dxc6 7. Sxe5 Dd5 8. Dh5+ g6 9. De2 Ld6 10. 0-0 Lf5 11. Sc4 0-0-0 12. Sxd6+ Dxd6 13. Lg5 Te8 14. Sd2 Sf6 15. Sc4 De6 16. Lxf6 Dxf6 17. b4 h5 18. Se5 g5 19. f3 exf3 20. Dxf3 Tef8 21. Tf2 Dh6 22. Taf1 a6 23. De3 Le6

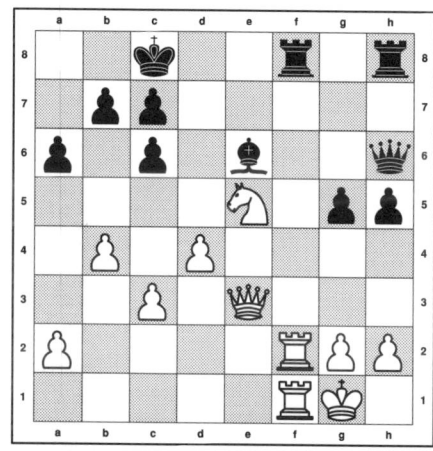

24. d5!

Bahnt der weißen Dame den Weg ins gegnerische Hinterland (a7).

24. ...Txf2 25. Txf2 cxd5 26. Da7

Jetzt droht Da8 matt. Falls 26. ...Kd8, so gewinnt 27. Db8+ Ke7 28. Dxc7+ Ke8 29. Tf7!! sehenswert, zum Beispiel 29. ...???f7 (sonst De7 matt) 30. Dxf7+ Kd8 31. Dd7 matt.

26. ...c6

Jetzt würde sich der schwarze König nach 27. Da8+ auf c7 verstecken, doch Weiß hat Besseres zur Verfügung:

27. Sf7!   **1:0**

Wenn die schwarze Dame zieht, so gewinnt Da8+ und anschließend Dxh8 einen Turm. Nach 27. ...Lxf7 28. Txf7 ist wiederum das Matt nicht zu decken, zum Beispiel 28. ...Dd6 29. Dxb7+ Kd8 30. Da8+.

Schachweltmeister

Von Steinitz bis Kasparow
(1866-1987)

Nachdem Morphy jäh von der internationalen Schachszene verschwunden war, übernahm Adolf Anderssen wieder die Rolle des inoffiziellen Schachweltmeisters. Noch gab es keine internationale Vereinigung, die Titelkämpfe organisieren und Weltmeisterschaftsbestimmungen hätte erlassen können. Bis zum Jahre 1948 blieb es dem jeweiligen Titelträger vorbehalten, ob er eine Herausforderung annehmen wollte oder nicht und dabei dem Gegner so hohe finanzielle Bedingungen zu stellen, die dieser nicht erfüllen konnte.

Zu den Zeiten der Kämpen um Anderssen, Steinitz, Zukertort und Tschigorin wurden die Regelungen für Weltmeisterschaftskämpfe stets in sportlichem Einverständnis getroffen.

Daß der bissige Steinitz seine Rivalen Zukertort (ein aus Deutsch-Polen stammender Engländer) und später den langjährigen deutschen Weltmeister Dr. Lasker auch verbal attackierte – wenn der Kampfverlauf nicht seinen Erwartungen entsprach –, nahm die Schachwelt weniger übel als die Machenschaften der nachfolgenden Weltmeister von Lasker bis Fischer im Jahre 1975.

Es steht im Ermessen des Lesers, wen er als ersten Weltmeister bezeichnen möchte. Weltbeste Spieler waren vor dem die offizielle Statistik anführenden Steinitz die Spieler Philidor (Frankreich), Staunton (England), Morphy (Amerika) und Anderssen (Deutschland). Philidor und Staunton müßten jedoch ausgeklammert werden, weil sie um die Wende vom 18. zum 19. Jahrhundert nicht mit den drei italienischen Meistern aus Modena, Lolli, Ponziani und del Rio zusammengetroffen waren.

Akzeptieren kann man die Aufstellung, die der deutsche Schachmeister und Publizist Max Blümich 1937 veröffentlichte:

Adolf Anderssen, Deutschland, 1851 bis 1859
Paul Morphy, Amerika, 1859 bis 1861
Adolf Anderssen, Deutschland, 1862 bis 1866
Wilhelm Steinitz, Österreich, 1866 bis 1894
Emanuel Lasker, Deutschland, 1894 bis 1921

José R. Capablanca, Kuba, 1921 bis 1927
Alexander Aljechin, Rußland/Frankreich, 1927 bis 1935
Machgielies Euwe, Holland, 1935 bis 1937
Alexander Aljechin, Rußland/Frankreich, 1937 bis 1946

Damit endet die Epoche der „freien Marktwirtschaft", wenn man so sagen will. Der 1924 gegründete Weltschachbund FIDE nahm von 1948 an die Wettkämpfe in seine Obhut, um die ärgsten Ungerechtigkeiten gegenüber anerkannten Herausforderern um die Schachkrone zu verhindern.

1. Weltmeister
1886 bis 1894 Wilhelm Steinitz

Geboren am 12. Mai 1836 in Prag, gestorben am 12. August 1900 in New York.

Steinitz – Zukertort   **12,5:7,5**
Gespielt vom 11. Januar bis 29. März 1886 in New York, St. Louis und New Orleans

Steinitz – Tschigorin   **10,5:6,5**
Gespielt vom 20. Januar bis 24. Februar 1889 in Havanna

Steinitz – Gunsberg   **10,5:8,5**
Gespielt vom 9. Dezember 1890 bis 22. Januar 1891 in New York

Steinitz – Tschigorin   **12,5:10,5**
Gespielt vom 1. Januar bis 28. Februar 1892 in Havanna

„Ohne Wilhelm Steinitz, der die Schacharena in der Ära der Romantik betrat, ist das moderne Schach nicht denkbar. Er entdeckte die Gesetze des Positionsspiels, die Lehre von den starken und schwachen Feldern, die Kunst des Verteidigens und Lavierens. Nach seinem Wettkampf mit Anderssen schrieb er, daß man erst dann mit Aussicht auf sicheren Erfolg angreifen darf, wenn die gegnerische Stellung schon geschwächt und angeschlagen ist… Steinitz war es auch, der als

erster den Gedanken aussprach, daß jeder Plan vorrangig auf objektiven Voraussetzungen fußen müsse und nicht auf der Begabung oder dem schöpferischen Einfallsreichtum eines bestimmten Spielers aufgebaut sein dürfe." („Umkämpfte Krone", Sportverlag Berlin 1986)

„Wilhelm Steinitz, Mitglied der großen deutschsprachigen jüdischen Gemeinde in Prag, widmete sich ausschließlich dem Schachspiel, um es darin bis zur Weltmeisterschaft zu bringen. Er hat sich – im Gegensatz zu vielen seiner Nachfolger – nie gescheut, den WM-Titel bereitwillig immer wieder zu verteidigen, wobei er nicht nur alle Herausforderungen akzeptierte, sondern die Konfrontation (vielleicht auch die Bestätigung?) sogar selbst suchte.

Einer dieser Wettkämpfe fand vor genau 100 Jahren statt. Steinitz' Karriere ging allmählich zu Ende; der alternde und kränkelnde Mann sollte nur noch vier Jahre seinen Titel behalten. Das Match gegen Isidor Gunsberg, einen aus Ungarn stammenden britischen Staatsbürger, gewann er recht knapp mit 10,5:8,5 (6:4 bei 9 Remisen). Nur in wenigen Partien (eine davon sehen wir gleich) blitzte sein großes Können auf.

Damengambit
Steinitz – Gunsberg

7. WM-Matchpartie, New York 1890

1. d4 d5 2. c4 dxc4 3. Sf3 Sf6 4. e3 e6 5. Lxc4 Lb4+?!

Heutzutage spielt man in dieser Variante ...a6 und ...c5.

6. Sc3 0-0 7. 0-0 b6 8. Se5 Lb7 9. Db3 Lxc3 10. bxc3 Ld5 11. Lxd5 exd5 12. La3 Te8 13. c4

Die Eröffnung ist Schwarz nicht gelungen, der Schaden wäre mit 13. ...c6 noch in Grenzen zu halten gewesen.

13. ...c5 14. Tac1 Se4 15. Tfd1 cxd4 16. exd4 f617. cxd5!

Eine Kombination, die heutzutage zum Rüstzeug jedes stärkeren Spielers gehört. Hier leistete Steinitz jedoch noch (die ungleich schwerere) Pionierarbeit.

17. ...fxe5 18. d6+ Kh8 19. Dd5

Das Motiv des unterentwickelten Damenflügels (Ta8/Sb8) und der geschwächten langen Diagonale. Der Anziehende erobert die Figur zurück und behält seinen starken Freibauern.

19. ...Sxf2 20. Td2 Sd7 21. Txf2 Sf6 22. Txf6!

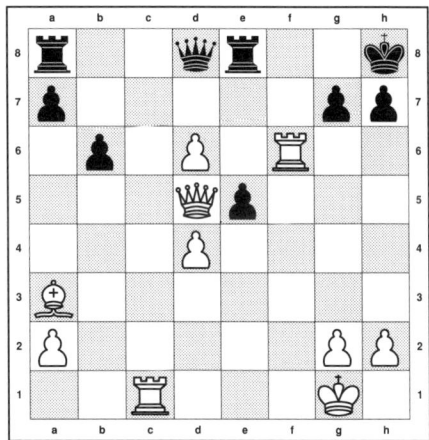

Und nun das Motiv des „Rammbocks", des starken Freibauern auf der d-Linie. Schwarz kann übrigens die Bildung zweier Freibauern nicht verhindern: 22. ...Dxf6 23. dxe5 Dxe5 24. Dxe5 Txe5 25. d7 und 26. Tc8.

22. ...gxf6 23. d7 Tg8 24. dxe5

Drohend e5-e6-e7.

24. ...Tg5

24. ...fxe5 verliert nach 25. Dxe5+ Tg7 26. Lb2 Dg8 27. Dxg7+ Dxg7 28. Tc8+ und matt.

25. Dxa8! Dxa8 26. Tc8+ Tg8 27. Txa8 Txa8 28. e6

und die Freibauern triumphieren   **1:0"**

(aus „SCHACH MAGAZIN 64", 6/90, Carl Ed. Schünemann Verlag, Bremen)

---

2. Weltmeister
1894 bis 1921 Emanuel Lasker

Geboren am 24. Dezember 1868 in Berlinchen, gestorben am 13. Januar 1941 in New York

Steinitz – Lasker   **7:12**
Gespielt vom 15. März bis 26. Mai 1894 in New York, Philadelphia und Montreal

Lasker – Steinitz   **12,5:4,5**
Gespielt vom 7. November 1896 bis 14. Januar 1897 in Moskau

Lasker – Marshall   **11,5:3,5**
Gespielt vom 26. Januar bis 6. April 1907 in New York, Philadelphia, Memphis, Chicago und Baltimore

Lasker – Tarrasch   **10,5:5,5**
Gespielt vom 17. August bis 20. September 1908 in Düsseldorf und München

Den ersten von drei Wettkämpfen mit dem Franco-Polen David Janowski spielte Lasker in Paris vom 12. bis 21. Mai, der aber nur auf vier Partien – ohne Titeleinsatz ging. Die hohe Börse stiftete der belgische Maler Pierre Nardus, der auch später als Gönner von Janowski auftrat.

Lasker – Janowski   **8:2**
Gespielt vom 19. Oktober bis 9. November 1909 in Paris

Lasker – Schlechter   **5:5**
Gespielt vom 7. Januar bis 10. Februar 1910 in Wien und Berlin

Lasker – Janowski   **9,5:1,5**
Gespielt vom 8. November bis 8. Dezember 1910 in Berlin

Daß Dr. Emanuel Lasker, geboren in Berlinchen in der Mark Brandenburg, zuhause in allen Großstädten der Welt, gestorben im hohen Alter von 73 Jahren in New York –, daß dieser Mann 27 Jahre lang Weltmeister war, beschreibt nicht in erster Linie seine Bedeutung.
Bis heute gilt Lasker trotz der vielen individuellen Schachpersönlichkeiten um die Jahrhundertwende als der unerreichte, als der ideale Turnierkämpfer. Nach der Verarmung durch die Inflation, den Weltmeistertitel 1921 an Capablanca verloren, schon grauhaarig und leicht gebeugt von der Last der 53 Jahre, trat Lasker nach längerer Pause im Jahre 1924 zu dem außerordentlich stark besetzten Turnier in New York an. Aber nicht der Weltmeister Capablanca oder der ehrgeizige Aljechin siegte, sondern Lasker nach 22 Runden mit 16 Punkten vor Capablanca 14,5, Dr. Aljechin 12, Marshall 11, Reti 10,5, Maroczy 10, Bogoljubow 9,5, Dr. Tartakower 8, Yates 7, Ed. Lasker 6,5, Janowski 5 Punkte. Ein Jahr darauf wurde Lasker im Riesenturnier von Moskau 1925 hinter dem

Sieger Bogoljubow Zweiter, wieder vor Weltmeister Capablanca. Die Nationalsozialisten raubten dem deutschen Juden seinen bescheidenen Gutshof, so daß Lasker seine Heimat verlassen mußte. Mit 66 Jahren wurde er beim Großmeisterturnier Zürich im Jahre 1934 unter 16 Meistern noch Fünfter hinter Aljechin, Euwe, Flohr und Bogoljubow. In Moskau 1935 erkämpfte der 67jährige Lasker hinter Botwinnik und Flohr, den neuen Sternen (je 13 Punkte), den 3. Preis mit nur einem halben Zähler Rückstand – abermals vor Exweltmeister Capablanca.
Lasker wurde Weltmeister, als er 1894 den in Amerika lebenden Österreicher Wilhelm Steinitz besiegte und den Rückkampf 1896 in Moskau noch höher gewann.
Während des zweiten Weltkrieges mußte Lasker sein Leben in den USA mit Simultanvorstellungen und als Bridgelehrer fristen; aber dort hatte er Freunde. Er starb im Januar 1941.

Caro-Kann
Lasker – Tartakower
Mährisch-Ostrau 1923
1. e4 c6 2. d4 d5 3. exd5 cxd5 4. Ld3 Sc6 5. c3 Sf6 6. Lf4 g6 7. h3 Lg7 8. Sf3 Se4
Hören wir von hier an die Kommentare des geistreichen Tartakower:
Ein Sprung ins Ungewisse, dessen Widerlegung Lasker mit sicherer Hand duchführt:
I.) Zunächst läßt er den kühnen Springer sich in der Brettmitte eingraben (9. ...f5), wodurch jedoch eine gewisse Schwächung der schwarzen Bauernkonfiguration entsteht.
II.) Dann bemächtigt er sich selbst eines vorgeschobenen Postens (13. dxe5), unterminiert die schwarze Initiative und legt gleichzeitig die gegnerischen Schwächen bloß (Punkte d5 und insbesondere e6).
III.) Nach dem halberzwungenen Springerabtausch steht er daher bereits im 14. Zug als strategischer Sieger da, und es handelt sich dann nur noch darum, allerlei taktischen Klippen kaltblütig zu begegnen (14. ...f4).
Schwarz hätte an der Textstelle naheliegenderweise 8. ...0-0 (nebst eventuell ...Te8, ...Sh5 und ...e5) oder aber vielleicht noch zweckmäßiger 8. ...Lf5! spielen sollen.
9. Sbd2
Ungünstiger für Weiß wäre 9. Lxe4 dxe4 10. Sg5

Dd5 11. Db3 Df5 12. Le3! Lh6 13. g4 Df6 14. h4!
Lxg5 15. Lxg5 Df3 16. Tg1 Lxg4 usw.

9. …f5 10. 0-0 0-0

Besser wäre zunächst 10. …Db6.

11. Se5!

Eine tiefe Kraftumwandlungsidee!

„Viele Meister hätten hier versucht, auf die starke
Besetzung der Königslinie (die e-Linie) – wo der
rückständige schwarze Bauer (Be7) steht – zu
spielen", sagt der Turnierglossator Maroczy und
beleuchtet damit in vortrefflicher Weise die Eigen-
artigkeit der weltmeisterlichen Konzeption.

11. …Sxe5

Besser wäre vielleicht 11. …Ld7.

12. Lxe5 Lxe5 13. dxe5 Sxd2

Schwarz ist sonderbarerweise zu diesem unlieb-
samen Abtausch gezwungen, da auf 13. …Db6
14. Sb3 und auch auf 13. …Dc7 14. Sf3 nebst
15. De2! und 16. Sd4 (16. …Dxe5? 17. f3) folgen
und der weiße Springerantagonist sich auf f4 als
sehr lästig und gefährlich erweisen würde.

14. Dxd2 f4!?

Hiermit verbrennt Schwarz alle Rettungsbrücken
hinter sich, da der Textzug Schwächung der Bauernkette sowie Verzögerung der Konsolidierungs-
aktion (gegen den drohenden Vorstoß c3-c4) bedeutet.

Solid war 14. …e6 15. Tad1 Dc7 nebst …Ld7,
wenn auch dann Schwarz mit Rücksicht auf den
eingesperrten Läufer noch für lange zum passiven Widerstand verurteilt bleiben würde.

15. Tad1

Kommt dem Befreiungszug …Lf5 zuvor und droht
nunmehr c3-c4. Schwarz befindet sich am Schei-
deweg und entscheidet sich für das Schwächste.

15. …Dc7?

Jetzt würde zwar der Vorstoß 15. …f3 einfach an
16. Le4! scheitern (zum Beispiel 16. …fxg2
17. Dxd5+ Kg7 18. Kxg2 Db6 19. Td2 usw.),
geboten wäre aber noch immer 15. …Le6, um in
cinem rücksichtslosen Angriff sein Heil zu suchen.

16. Tfe1 e6 17. Tc1! Dd8 18. Le2! Da5?

Zerfahrenheitsstrategie! Der Textzug begünstigt
nur das Eingreifen der weißen Bauern (vgl. 25. Zug
von Weiß), besser war daher sofort 18. …Dc7,
wenn auch dann dieselbe feindurchdachte
Antwort Laskers entscheidet.

19. b4 Dc7 20. c4!!

Wie einfach die weiße Spielführung ausschaut,
und wie kompliziert sie in der Tiefe doch ist, das

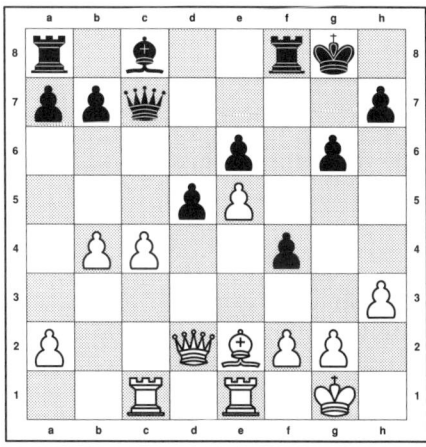

weiß in einem solchen Fall immer am besten der
Gegner. Lasker übte am Schachbrett einen faszinierenden Eindruck aus – wie übrigens alle
großen Meister.

Auf 20. Dd4 würde 20. …Db6 und auf 20. Lf3
sogar 20. …b5 (21. Lxd5? Td8) die schwarze Stellung konsolidieren.

20. …Dxe5 21. cxd5 Dd6

Auch nach 21. …Dxd5 22. Dxd5 (noch schärfer
ist vielleicht 22. Db2) 22. …exd5 23. Lf3 wäre die
schwarze Lage trostlos (zum Beispiel 23. …Lf5
24. Lxd5+ Kh8 25. Lxb7 usw.)

22. Lf3 Td8 23. Dd4!

Der Gnadenstoß. Schwarz kann sich nicht befrei-
en, da 23. …exd5 an 24. Lxd5+ Dxd5 25. Te8+
scheitert.

23. …Ld7 24. Dc5!

Am einfachsten. Schwarz kann Bauernverlust
nicht vermeiden.

24. …Dxc5 25. bxc5 Tac8 26. c6

Excelsiormarsch des Bauern von d2 nach c7!

26. …bxc6 27. dxc6 Le8 28. c7 Td7

Auf 28. …Td6 gewinnt 29. Lb7.

29. Txe6

Die Pointe des Bauernvormarsches. Weiß beginnt
zu ernten.

29. …Lf7 30. Tec6 Ld5

Damit geht ein zweiter Bauer verloren, doch hat
Schwarz keine andere Spielchance, da 31. Lg4
droht und auf 30. …h5 einfach 31. T6c5 nebst
Lb7 entscheiden würde.

31. Lxd5+ Txd5 32. Ta6

Auf 32. Tb1 würde sich Schwarz immerhin durch
32. …Te5 33. Tb8 Tee8 salvieren.

32. ...Kf7 33. Txa7 Ke7 34. Ta4! g5 35. Tac4 Kd7 36. Tc5

Ein grausamer Schluß. Adam Riese siegt. Es folgen nur noch einige Schattenzüge:

36. ...Txc5 37. Txc5 Txc7 38. Txc7+ Kxc7 39. Kf1 Kd6 40. Ke2 Kd5 41. a4 Kd4 42. Kf3

1:0

Der Sieg in der letzten Runde brachte den Turniersieg vor Réti und Grünfeld. Nach zweijähriger Spielpause war Lasker wieder „da".

Sein Gegner in dieser Partie, der polnisch-russische Meister und Schriftsteller, später in Wien und Paris lebend, schrieb 1924 in seiner „Hypermodernen Schachpartie" über Lasker: „Wenn der erste historisch verbürgte Weltmeister *Greco* die Phantasie, *Philidor* die Kraft, *Staunton* die Solidität, *Anderssen* die Wucht, *Morphy* den Glanz, *Steinitz* die Tiefe, *Tarrasch* die Methode, *Capablanca* die Klarheit im Schach vertritt, so hat andererseits Lasker zweifellos am meisten von allen das philosophische Element im Schach zum Ausdruck gebracht. Ob Sport oder Kunst, ob Spiel oder Wissenschaft – weist das Schach in jedem Falle das integrale Moment des Kampfes auf, und zwar eines Zweikampfes, welcher Umstand ihm oft die Schönheit des Strebens nach absoluter Wahrheit wegnimmt, dafür aber eine andere Schönheit, nämlich die vitale Schönheit des Sieges verleiht…

Dr. Lasker, eine Gelehrten- und Künstlernatur zugleich, ist (wenn man nach einer prägnanten Definierung seines epochalen Wirkens strebt) Träger des Schachindividualismus. Seine Siege waren stets die eines schöpferischen Geistes über die rohe Materie, ob letztere nun vom Dogmatiker Steinitz (New York 1874), vom Methodiker Tarrasch (München 1908) oder von anderen Rivalen verkörpert wurde. Dort, wo andere große Meister ein „Non possumus!" ausriefen, ließ Lasker oft das mächtige Postulat „Ich will!" erdröhnen, ersann (er, der Mathematiker!) Züge von geheimnisvoller Energetik, erfand Pläne von ungeheurer Konzentrationstiefe, und wieder einmal stand dann die erstaunte Schachwelt dem entschleierten Bilde der ewigen Schachwahrheit gegenüber! Im zweiten Durchgang des legendären Petersburger Turniers von April bis Mai 1914 mußte die direkte Begegnung zwischen den führenden Spielern Lasker und Capablanca die Entschei-

dung bringen. Tatsächlich entschied erst die danach erfolgte erneute Niederlage des jungen Capablanca gegen Tarrasch endgültig zugunsten von Weltmeister Dr. Lasker.

Bis zum heutigen Tage aber hängt der Abtauschvariante der Spanischen Partie ein Trauma an, denn mit ihr rang Lasker seinen gefürchteten Rivalen nieder. Alle Welt bewunderte Laskers Strategie mit dem Zug 12. f4-f5!?, die Kommentatoren sahen zu Unrecht darin die Ursache des Sieges. Capablanca aber, der damals der Persönlichkeit Laskers erlag, meinte später, er würde gerne wieder diese Variante gegen Lasker spielen. Lasker gewann nie mehr gegen den kommenden Mann und späteren Weltmeister. Diese Partie zeigt, daß alle großen Kunstwerke einmalig und unnachahmlich sind.

Spanisch
Lasker – Capablanca
Petersburg 1914

(Anmerkungen nach R. Réti aus seinem Buch „Die Meister des Schachbretts".)

1. e4 e5 2. Sf3 Sc6 3. Lb5 a6 4. Lxc6 dxc6 5. d4 exd4 6. Dxd4 Dxd4 7. Sxd4 Ld6

Hier steht der Läufer sehr gut. Wenn Weiß nämlich dazu gelangt, ihn hier abzutauschen, um den Nachziehenden der Waffe der beiden Läufer zu berauben, so wird nach …cxd6 auch die schwarze Bauernstellung wieder verbessert.

8. Sc3 Se7 9. 0-0 0-0-0 10. f4 Te8

Energischer war hier 10. …Lc5, was Lasker durch seinen folgenden vortrefflichen Zug nun verhindert. (Am besten aber war 10. …f5!, um dem Läuferpaar Raum zu schaffen (11. e5 Lc5 12. Le3 Le6). Ein solcher Zug, der dem Gegner einen gedeckten Freibauern einräumt, ist nicht jedermanns Sache. T. Sch.)

11. Sb3 f6

Ein völlig unnötiger Defensivzug; denn 12. e5 wäre nur für Schwarz angenehm, da er mit seinen Figuren die Felder d5 und f5 besetzen könnte. In dem merkwürdig ängstlichen Spiel Capablancas in dieser Partie erkennt man deutlich das durch seinen günstigen Turnierstand veranlaßte Bestreben, nur auf Remis zu spielen, was nirgendwo so wenig am Platze ist wie im Nachzug in der Spanischen Abtauschvariante. (So Réti, unter dem gewaltigen Eindruck des Laskerschen Sieges stehend. Aber Capablanca stellt sachlich richtig

fest, daß es der richtige Vorbereitungszug sei für
…b7-b6, nebst …Lb7 und …Sg6.)

12. f5!?

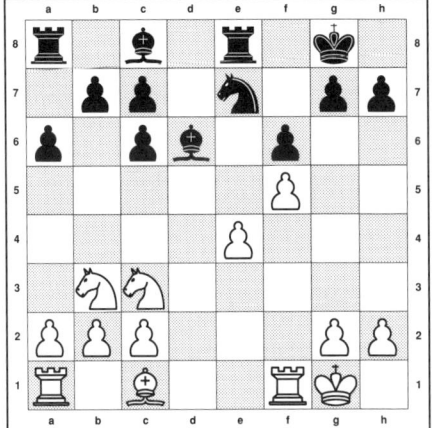

Ein überraschender Zug; denn auf den ersten
Blick fällt auf, daß dadurch der Bauer e4 rückstän-
dig und das Feld e5 schwach wird. Wenn man
aber näher hinsieht, erkennt man, daß diesen au-
genfälligen Nachteilen weniger augenfällige, aber
in Wahrheit größere Vorteile gegenüberstehen.
Zunächst erhält der weiße Läufer mehr Spielraum.
(Die festgelegten weißen Bauern e4 und f5 stehen
auf einer anderen Felderfarbe als der Läufer.) Der
schwarze Damenläufer und der schwarze Springer werden in ihrer Beweglichkeit stark eingeschränkt. Dazu kommt, daß das Feld e6 nun
dauernd von Weiß beherrscht wird, was eine Kompensation für die Schwäche von e5 schaffen kann.

12. …b6

Dadurch, daß Capablanca auf die unglückliche
Idee verfällt, den Lc8 von der Deckung des Feldes
e6 zu entfernen, wird e6 ein viel schwächerer
Punkt, als es e5 für Weiß ist. Am einfachsten war
wohl die Entwicklung durch …Ld7 nebst …Tad8.
Falls Weiß darauf, wie in der Partie, mit 13. Lf4
fortsetzt, kann Schwarz die Läufer tauschen
13. …Lxf4 und den Springer über c8 nach d6
führen. Sehr in Betracht kam auch 12. …g5, um
13. Lf4 zu verhindern und die starke Stellung des
Ld6 zu sichern. Falls darauf 13. fxg6 Sxg6 14. Txf6
geschieht, so gewinnt Schwarz mit 14. …Le5
nebst …Lxc3 16. bxc3 Txe4 den Bauern zurück
und führt gleichzeitig ungleichfarbige Läufer
herbei.

13. Lf4 Lb7

Hier mußte Schwarz unbedingt selbst die Läufer
tauschen. Nun wird der schwarze Doppelbauer
aufgelöst, aber dafür bleibt d6 dauernd schwach.
Nach 13. …Lxf4 14. Txf4 c5 15. Td1 Lb7 16. Tf2
Tad8 17. Txd8 Txd8 18. Td2 Txd2 19. Sxd2 Sc6
20. Sd5 Sd4! wäre das Endspiel für Schwarz recht
freundlich.

**14. Lxd6 cxd6 15. Sd4 Tad8 16. Se6 Td7
17. Tad1 Sc8 18. Tf2 b5 19. Tfd2 Tde7**

Selten spielte Capablanca so passiv wie in dieser
Begegnung. Es sollte 19. …b4! geschehen mit
der Folge 20. Se2 Tde7 nebst …c6-c5.

20. b4

Verhindert die Befreiungsmöglichkeit c6-c5.

20. …Kf7 21. a3 La8 22. Kf2 Ta7 23. g4

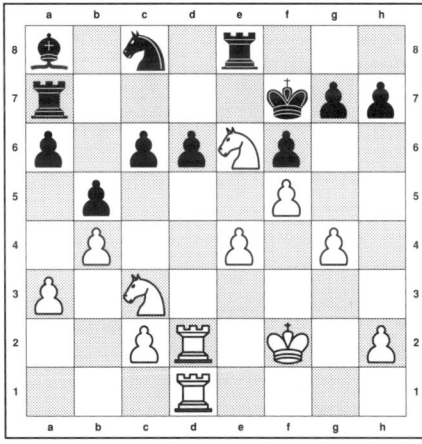

Wir erkennen das Motiv der Ausnutzung eines
Raumvorteils. Das Zentrum ist abgeschlossen,
und Weiß, der über mehr Raum verfügt, bereitet
den Bauerndurchbruch am Königsflügel vor.
Schwarz versucht demnächst einen Gegen-
durchbruch am Damenflügel, der aber völlig er-
folglos bleibt.

**23. …h6 24. Td3 a5 25. h4 axb4 26. axb4 Tae7
27. Kf3 Tg8 28. Kf4 g6 29. Tg3 g5+**

Danach gelangt Weiß zu entscheidender Öffnung
der h-Linie. Besser war es, mit 29. …gxf5 die g-
Linie zu öffnen. Nimmt Weiß darauf mit dem Königsbauern wieder, so verbessert Schwarz seine
Stellung mit …d6-d5. Nimmt er aber mit dem
g-Bauern zurück, so tauscht Schwarz die Türme
und besetzt rasch die g-Linie mit dem anderen
Turm. Nach dem Textzug ist gegen das feine

Schlußspiel Laskers keine Rettung mehr zu entdecken.

30. Kf3! Sb6 31. hxg5 hxg5 32. Th3

Weiß spielt folgerichtig auf das Eindringen am Königsflügel. Nach 32. Txd6 erlangt Schwarz mit 32. …Th8 nebst …Sc4 eine sehr feste Stellung.

32. …Td7

Naheliegend, aber weniger gut war 32. …Sc4. Infolge der Öffnung der a-Linie ist nämlich der Springer auf b6 zur Verteidigung nötig, wie die folgende Wendung zeigt: 33. Th7+ Ke8 34. Ta1 Lb7 35. Sc7+ Kd7 36. Txe7+ Kxe7 37. Ta7 und Schwarz kommt in materiellen Nachteil, da 37. …Tb8 an 38. Sa6 scheitert.

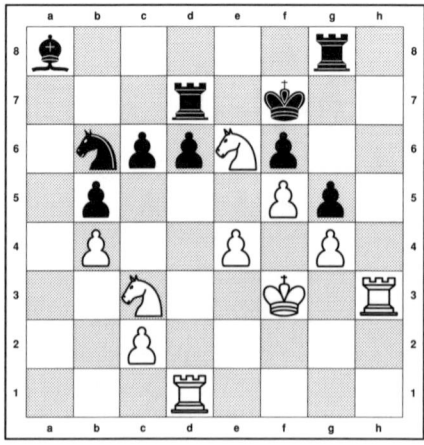

33. Kg3!

Ein feiner Vorbereitungszug für die Schlußkombination. Nach dem geplanten e5 soll der König nicht einem Läuferschach durch …c5 ausgesetzt sein.

33. …Ke8 34. Tdh1 Lb7 35. e5! dxe5 36. Se4 Sd5 37. S6c5 Lc8

Schwarz muß die Qualität hergeben, da nach zum Beispiel 37. …Tdg7 38. Sxb7 Txb7 39. Sd6+ ein ganzer Turm verlorenginge. Der materielle Nachteil in Verbindung mit dem positionellen führt nun naturgemäß zum raschen Zusammenbruch.

38. Sxd7 Lxd7 39. Th7 Tf8 40. Ta1 Kd8 41. Ta8+ Lc8 42. Sc5   1:0

Eine Standardpartie der Schachliteratur – denn nicht allein die Züge sprechen zum Leser, sondern auch das Schicksal zweier Schachkünstler in einer denkwürdigen Begegnung.

3. Weltmeister
1921 bis 1927 José R.Capablanca

Geboren am 19. November 1888 in Havanna, gestorben am 8. März 1942 in New York

11 Jahre dauerte die Pause bis zur nächsten Weltmeisterschaft. Ein Grund dafür war der Ausbruch des ersten Weltkrieges 1914, ein weiterer Grund war, daß Lasker dem jungen Herausforderer Capablanca mehr oder weniger aus dem Wege ging. 1921 war es dann endlich soweit.

Lasker – Capablanca   5:9

Gespielt vom 15. März bis 28. April 1921 in Havanna.

Der Kubaner J. R. Capablanca war eine Ausnahmeerscheinung in der Schachwelt. Nicht nur, daß der elegante und schöne Mann auf dem Höhepunkt seiner Macht als unfehlbar galt, Reisen und Vorstellungen in der ganzen Welt seit dem Jahre 1911 unternahm und auf Gegner und Zuschauer am Schachbrett einen faszinierenden Eindruck machte – Capablancas Schachkunst bleibt auf alle Zeiten einmalig! Sein Erzfeind Dr. Alexander Aljechin, der ihm 1927 in einem zweieinhalb Monate dauernden Ringen in Buenos Aires den Titel abnehmen konnte, ihm dann nie mehr eine Revanche gab – dieser Aljechin sagte beim Tode Capablancas im März 1942 in New York: „Wahrscheinlich wird die Schachwelt nie mehr einen Spieler wie Capablanca sehen!"

Damengambit (Tarrasch-Verteidigung)
Marshall – Capablanca

New York (Wettkampf) 1909

1. d4 d5 2. c4 e6 3. Sc3 c5 4. cxd5 exd5 5. Sf3 Sc6 6. g3 Le6 7. Lg2 Le7 8. 0-0 Sf6 9. Lg5 Se4! 10. Lxe7 Dxe7 11. Se5

Mit diesem Zug wollte der amerikanische Vorkämpfer Marshall seinen bis dato international unbekannten Gegner aufs Glatteis führen. Man sehe: 11. …Sxc3 12. bxc3 Sxe5 13. dxe5 0-0 (13. …Td8 14. Da4+ nebst Dxa7) 14. Lxd5 Tad8 15. e4 Lxd5 16. exd5 Dxe5 17. c4 und Weiß verfügt über einen gedeckten Freibauern.

11. …Sxd4 12. Sxe4 dxe4 13. e3

Übereilt wäre 13. Lxe4?? wegen 13. ...Lh3 und gewinnt.

13. ...Sf3+ 14. Sxf3?

Weiß muß bereits um Ausgleich kämpfen. Angebracht war 14. Lxf3! exf3 15. Da4+ Ld7 16. Sxd7 Dxd7 17. De4+ De7 18. Dxf3 und so weiter.

14. ...exf3 15. Dxf3 0-0

Schwarz verfügt über die Bauernmajorität auf dem Damenflügel: er spielt dort mit drei Bauern gegen zwei gegnerische. Mit der Bauernmehrheit am Damenflügel sind schon viele Partien gewonnen oder beinahe gewonnen worden. Aber noch besitzt Weiß Gegenchancen.

16. Tfc1?

Verfehlt wäre 16. Dxb7? wegen 16. ...Dxb7 17. Lxb7 Tab8 gefolgt von ...Txb2 mit Vorteil für Schwarz. Laut Capablanca war 16. e4 vorzuziehen, mit der Idee De3 und eventuell f2.

16. ...Tab8 17. De4 Dc7 18. Tc3 b5

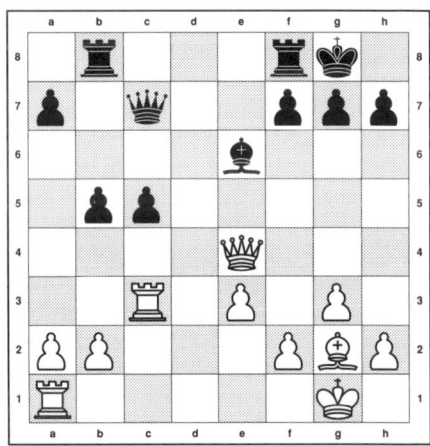

Die Bauernmajorität am Damenflügel

Die Bauernmehrheit setzt sich schon in Bewegung.

19. a3 c4 20. Lf3

Laut Weltmeister Lasker war 20. Td1 Tfd8 21. Tcc1 das Beste für Weiß.

20. ...Tfd8 21. Td1 Txd1+ 22. Lxd1 Td8 23. Lf3 g6

Droht Figurengewinn durch ...Ld5 25. Dg4 h5.

24. Dc6 De5 25. De4 Dxe4 26. Lxe4 Td1+! 27. Kg2 a5 28. Tc2 b4 29. axb4 axb4 30. Lf3 Tb1 31. Le2 b3 32. Td2

Im Falle von 32. Tc3 Txb2 33. Lxc4 gewinnt

Schwarz mit 33. ...Tc2! eine Figur. Das Bauernpaar b3/c4 gewinnt jetzt in jeder Variante, weil Schwarz auch noch mit der Drohung ...Tc2! arbeiten kann. Wir sehen die klassische Ausnutzung des Vorteils der Bauernmehrheit am Damenflügel.

32. ...Tc1

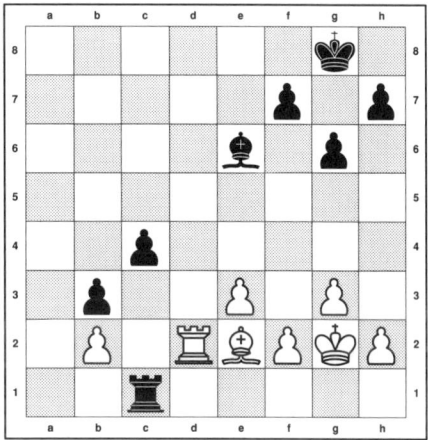

33. Ld1 c3! 34. bxc3 b2

Weiß hat keine andere Wahl als den Läufer aufzugeben.

35. Txb2 Txd1 36. Tc2 Lf5 37. Tb2 Tc1

Weiß könnte schon hier kapitulieren, doch es war die letzte Partie des auf acht Gewinnpartien gehenden Wettkampfes; da zögert der Unterliegende das Eingeständnis der Niederlage eben hinaus.

38. Tb3 Le4+ 39. Kh3 Tc2 40. f4 h5

Schwarz beabsichtigt ...Lf5+, also ist der nächste Zug erzwungen.

41. g4 hxg4+ 42. Kxg4 Txh2 43. Tb4 f5+ 44. Kg3 Te2 45. Tc4 Txe3+ 46. Kh4 Kg7 47. Tc7+ Kf6 48. Td7 Lg2 49. Td6+ Kg7 0:1

Dieser Wettkampf gegen Marshall und der Sieg des 20jährigen Capablanca mit 8:1 bei 14 Remisen war die damalige Sensation. Nicht der Student Capablanca, sondern der US-Champion erhielt eine Schachlektion.

Das Turnier von Nottingham 1936 war der Schwanengesang des großen Capablanca; zusammen mit Botwinnik teilte er den 1. Preis vor Weltmeister Dr. Euwe, Fine, Reshevsky, Aljechin, Flohr und Dr. Lasker. Das Endspiel Springer gegen

Läufer bei je sechs Bauern auf beiden Flügeln, das der Endspielkünstler Capablanca gewann, gehört zu den Gipfeln der Endspielkunst.

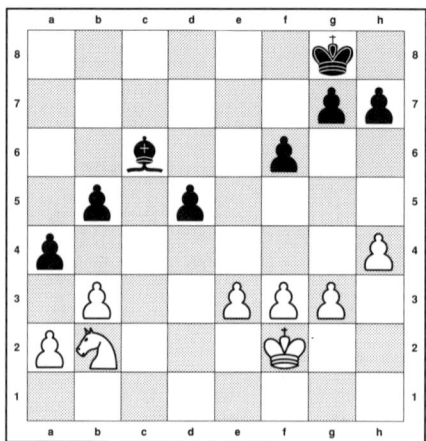

Weiß am Zug

Capablanca – Reshevsky
Nottingham 1936
1. Sd3 g5 2. hxg5 fxg5 3. Sb4 axb3 4. axb3 Lb7 5. g4 Kg7 6. Ke2 Kg6 7. Kd3 h5 8. gxh5+ Kxh5 9. Kd4 Kh4 10. Sxd5 Kg3 11. f4 g4
Oder zuerst 11. ...Lxd5 12. Kxd5 und erst dann ...g4 13. f5 Kh3 14. f6 und Weiß gewinnt nach Damentausch (...g3 15. f7 g2 16. f8D g1D 17. Dh8+ Kg3 18. Dg7+ Kf2 19. Dxg1+ Kxg1 20. e4 und so weiter).
12. f5 Lc8 13. Ke5 Ld7 14. e4 Le8 15. Kd4 Kf3 16. e5 g3 17. Se3 Kf4
Aljechin gibt noch an: 17. ...Ld7 18. e6 Lc8 19. e7 Ld7 20. f6 Le8 21. Sf5 g2 22. Sh4+ nebst 23. Sxg2 und gewinnt.
18. e6 g2 19. Sxg2+ Kxf5 20. Kd5 Kg4 21. Se3+ Kf4 22. Kd4   1:0
Der amerikanische Weltmeisterkandidat jener Tage, Großmeister Reuben Fine, hat in einer 20zügigen Analyse nachgewiesen, wie Capablanca das Endspiel auch bei einer anderen Fortsetzung von Reshevsky gewonnen haben würde:
1. Sd3 Kf7 2. Sb4 Lb7 3. Sc2 Lc6 4. Sd4 Ld7 5. Ke2 Ke7 6. Kd3 axb3 7. axb3 Kd6 8. Kc3 Kc5 9. b4+ Kd6 10. Se2 Ke5 11. Sc1 Lc6 12. Sd3+ Kd6 13. Kd4 Le8 Wenn die Bauern auf beiden Flügeln festgelegt, blockiert sind, dann ist in der Regel der Springer dem Läufer überlegen. 14. Sf4

Lf7 15. Se2 Le8 16. Sc3 Lc6 17. g4 g5 18. h5 h6 19. f4 gxf4 20. exf4 Ld7 21. Sxd5 Lxg4 22. Sxf6 Lf5 23. Sg8 Lg4 24. Sxh6 Lxh5 25. Sf5+ Kd7 26. Kc5 und Weiß erobert auch noch den Bauern b5, wonach der Gewinn gesichert ist.

4. Weltmeister
1927 bis 1935 Dr. Alexander Aljechin

Geboren am 31. Oktober 1892 in Moskau, gestorben am 24. März 1946 in Estoril

Capablanca – Aljechin   15,5:18,5
Gespielt vom 15. September bis 29. Dezember 1927 in Buenos Aires

Sechs Jahre nach dem Weltmeisterschaftskampf zwischen Lasker und Capablanca, den der Kubaner für sich entschieden hatte, trafen in Buenos Aires die früheren Freunde und späteren Feinde Capablanca und Aljechin aufeinander. Die Schachwelt erlebte den „Wettkampf des Jahrhunderts". Capablanca hatte kurz zuvor das Großmeisterturnier in New York überlegen vor Aljechin gewonnen, und bis dato hatte Aljechin keine Partie gegen den damaligen Weltmeister gewinnen können. Der Kubaner aber war mit 39 Jahren des Schachs überdrüssig. Er spielte in Buenos Aires in spielfreien Stunden mit Freunden Bridge. Obwohl Capablanca sensationell gleich die 1. Partie verlor, gelang es ihm bis zur 10. Runde mit 2:1 in Führung zu gehen. (Wer zuerst 6 Partien gewann, sollte Weltmeister sein; Remis zählten nicht.) Dann setzte sich der ungestüme Siegeswille des zu allem entschlossenen Aljechin durch. Nach 34 Partien und 10 Wochen hatte Aljechin mit +6, −3, =25 Capablanca den Titel entrissen.

Vergeblich wartete Capablanca auf Revanche. Aljechin zeigte sich jedoch unerbittlich, als der Exweltmeister nicht rechtzeitig die Börse von 10 000 Dollar aufbringen konnte. Bis zum Tode Capablancas 1942 dauerte ihre Feindschaft an.
Aljechin wandte sich seinem Landsmann Efim Bogoljubow zu, ein Emigrant wie er selbst. „Bogol" war mehrfach in die Sowjetunion, wo er 1924 und 1925 die Landesmeisterschaft gewann, zurückgekehrt, bevor er sich 1929 in Deutschland einbürgern ließ. Gegen den zu optimistisch auf-

spielenden Bogoljubow hatte Aljechin beide Male leichtes Spiel.

Aljechin – Bogoljubow 15,5:9,5
Gespielt vom 6. September bis 12. November 1929 in Deutschland und Holland

Aljechin – Bogoljubow 15,5:10,5
Gespielt vom 1. April bis 14. Juni 1934 in Deutschland

Aljechin, 1892 als Sohn reicher Eltern in Moskau geboren, wurde als 21jähriger im Petersburger Turnier 1914 Dritter (hinter Weltmeister Dr. Lasker und Capablanca). 1921 durfte Aljechin mit Erlaubnis der Sowjets in den Westen emigrieren, „um vielleicht unsterblichen Schachruhm zu erwerben" – so Volkskommissar Radek. 1924 promovierte er an der Sorbonne zum Dr. jur. Aljechin war der schöpferischste und kämpferischste Weltmeister, den die Schachgeschichte bisher hervorgebracht hat.
Sein Bewunderer und Mitstreiter Dr. S. Tartakower, selbst Großmeister, schreibt über Aljechin, wo dessen große Überlegenheit und Leistungen begründet waren:
1. in der großen Liebe zum Schach, das für Aljechin eine Wissenschaft war
2. in seiner umfassenden Allgemeinbildung
3. in der Unversiegbarkeit seiner Ideen
4. in der ständigen Weiterarbeit schachlicher Gedanken, Pläne und Kombinationen
5. in dem Bestreben, seinem Gegner mit jedem Zug ein Problem zu stellen
6. in Sieg und Niederlage gleich fest zu bleiben

Aljechin spielte 5 Wettkämpfe und nahm an 87 Schachturnieren teil, von denen er 49 gewann. Sein Heimatland veranstaltet für den niemals ganz verlorenen Sohn jedes Jahr in Moskau ein Gedenkturnier. Nach dem Krieg hatten die Sowjets aber über ihn den Stab gebrochen, wurde er doch der Kollaboration mit Nazideutschland beschuldigt. Aljechin lebte in erster Linie der Schachkunst, egal unter welchen Verhältnissen und an welchem Ort. Als er 1946 im Exil in Portugal starb (laut offiziellem Autopsiebefund hatte er sich an einem Stück Fleisch verschluckt und war erstickt), erst 54 Jahre alt, hatte die Welt einen Schachgenius verloren.

Spanisch
Aljechin – Steiner
Pasadena 1932
1. e4 e5 2. Sf3 Sc6 3. Lb5 a6 4. La4 Sf6
5. 0-0 Lc5 6. c3 Sxe4 7. d4 La7 8. De2 f5
9. dxe5 0-0 10. Lb3+ Kh8 11. Sbd2 De8
12. Sxe4 fxe4 13. Dxe4 d5
Ein doppeltes Bauernopfer, das Schwarz ein flottes Spiel einbringt.
14. Lxd5 Lf5 15. Dh4 Sxe5 16. Lxb7

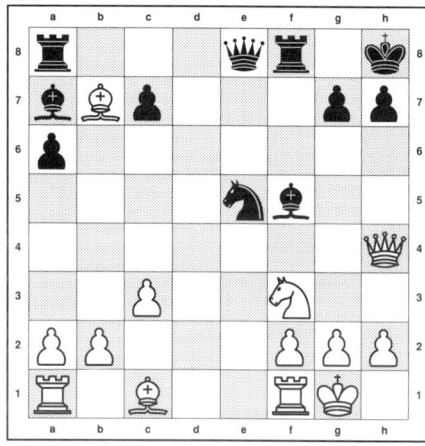

Folgende, für ihn ungünstige Variante gibt Aljechin an: 16. Sxe5 Dxe5 17. Lxb7 Ld3 18. Lxa8 Lxf2+ 19. Kh1 (Nicht 19. Txf2?? wegen 19. ...De1+ 20. Tf1 Dxf1 matt.) 19. ...De8!, Weiß sieht sich einem Königsangriff ausgesetzt.
16. ...Tb8 17. Sxe5 Txb7 18. Te1 Tb5 19. Sf3 Dc8 20. c4
Mit Tempogewinn (durch den Angriff auf den Tb5) öffnet Weiß die Diagonale b2-h8 für den Läufer.
20. ...Tb7 21. b3 Lg4 22. La3! c5
Aber nicht 22. ...Tf6? wegen 23. Dxg4! Dxg4 24. Te8+ nebst matt.
23. Se5 Lf5
Durch vorsichtiges und genaues Spiel wurde Schwarz zurückgedrängt und konnte nicht zur Offensive gelangen. Der La7 ist ausgesperrt, Weiß hat seine Streitkräfte gut entwickelt und kann die Partie als gewonnen betrachten.
24. g4! g5
Der Gegenstoß ist erzwungen, weil sich der Lf5 nicht von der Diagonale b1-h7 entfernen darf wegen Sg6+ mit Qualitätsverlust (24. ...Lc2 25. Tac1).

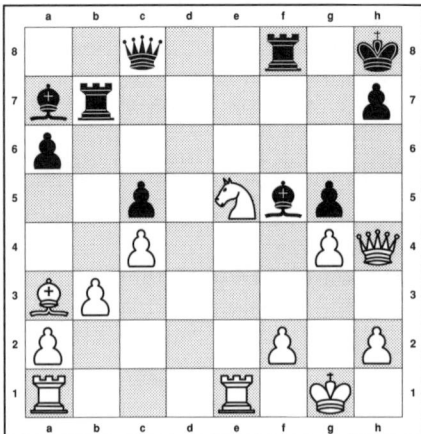

Springer und Läufer, die ideale Mischung

25. Lb2!
Eine solche Gelegenheit läßt Aljechin nicht aus. Wird die Dame geschlagen, 25. ...gxh4, so setzt das Doppelschach 26. Sf7+ Kg8 27. Sh6 matt.

25. ...Kg8 26. Dh5
Bei 26. Dxg5+ Tg7 würde Schwarz nur Gegenchancen erhalten.

26. ...Le6 27. Sd7!   1:0
Der elegante Schlußzug räumt die Diagonale a1-h8, jetzt mit der tödlichen Drohung 28. Dxg5+ und so weiter. Der Schluß könnte lauten: 28. ...Kf7 29. Df6+ Kg8 30. Dh8+ Kf7 31. Dxh7+ Ke8 32. Dg6+ (Auch 32. Txe6+ Dxe6 33. Dxb7 Dxg4+ 34. Dg2 würde mit 3 Mehrbauern zum Gewinn reichen.) 32. ...Ke7 33. Tad1 Dc6 34. Dg5+ Kf7 35. Df6+ Kg8 36. Dg6+ nebst Matt, oder 35. ...Ke8 36. Txe6+, wonach Schwarz zunächst die Dame geben müßte.

Keiner beherrschte so virtuos wie Aljechin das Zusammenspiel der Figuren im Angriff, hier zum Beispiel die ideale Angriffsmischung von Springer und Läufer.

Damengambit (mit Zugumstellung)
Grünfeld – Aljechin
Karlsbad 1923

1. d4 Sf6 2. Sf3 e6 3. c4 d5 4. Sc3 Le7 5. Lg5 Sbd6 6. e3 0-0 7. Tc1 c6
Der Wiener Großmeister Grünfeld galt in den zwanziger Jahren und darüberhinaus als der überragende Experte der Schacheröffnungen. Vor Journallisten im großen Turnier in Karlsbad

1929, also sechs Jahre später, wo Nimzowitsch vor Capablanca und Spielmann siegte, antwortete Grünfeld auf die Frage, weshalb er immer 1. d4 und nie anders eröffne: „Weil ich niemals in der Eröffnung einen Fehler begehe!" Eine stolze Antwort, aber gegen Capablanca eröffnete er dann doch mit 1. e4 (die Partie endete remis).

8. Dc2 a6 9. a3 h6 10. Lh4 Te8 11. Ld3 dxc4 12. Lxc4 b5 13. La2 c5 14. Td1 cxd4 15. Sxd4 Db6 16. Lb1 Lb7 17. 0-0 Tac8 18. Dd2 Se5 19. Lxf6 Lxf6 20. Dc2 g6 21. De2 Sc4 22. Le4 Lg7 23. Lxb7 Dxb7 24. Tc1 e5 25. Sb3 e4
Schon seit dem 16. Zug hat Schwarz das Spiel ausgeglichen und übernimmt jetzt allmählich die Initiative.

26. Sd4 Ted8 27. Tfd1 Se5 28. Sa2 Sd3 29. Txc8 Dxc8 30. f3?
Dieser Fehler ist eine Folge der leicht passiven Stellung von Weiß. Der kombinationsgewaltige Aljechin läßt sich die Gelgenheit zu einem glänzenden Coup nicht entgehen. Richtig hätte Weiß 30. Sc3 f5 und er dann 31. f3 gespielt.

30. ...Txd4!
Das Qualitätsopfer basiert auf der folgenden Variante: 31. exd4 Lxd4+ 32. Kf1 (oder 32. Kh1? Sf2+ 33. Kg1 Sxd1+) 32. ...Lb6 33. fxe4 Dc5 34. Df3 Se5 35. Df4 Dg1+ 36. Ke2 Dxg2+ 38. Ke1 Sf3+ Damenverlust oder matt.

31. fxe4 Sf4!

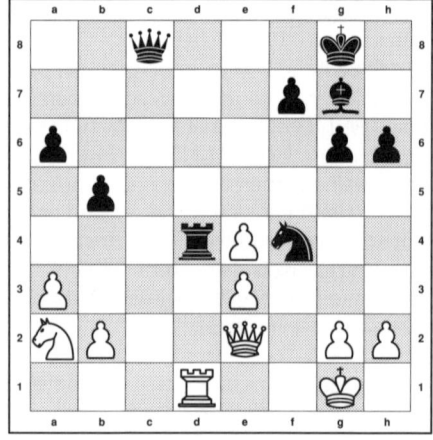

Dieser und der nächste Zug Aljechins würden nur von sehr wenigen Spielern im voraus erkannt werden. Der Grund, weshalb solche Meister ihren Gegnern im Durchschnitt überlegen sind.

32. exf4

Weiß hat keine Wahl. Aber nun kommt ein Motiv zur Anwendung, das der Lernende sich genau anschauen sollte.

32. ...Dc4!

Danach ist die Partie praktisch beendet. Der Witz an der Geschichte ist, daß auf den Rückzug der Dame, 33. De1, Schwarz den auf a2 im Abseits stehenden Springer nehmen kann. Oder...

33. Dxc4 Txd1+

Das ist die eigentliche Pointe des oben erwähnten Motivs: Statt sogleich die Dame auf c4 zurückzunehmen, erfolgt ein Zwischenschach:

34. Df1 Ld4+   **0:1**

5. Weltmeister
1935 bis 1937 Dr. Machgielies Euwe

Geboren am 20. Mai 1901 in Amsterdam, gestorben im November 1981 in Amsterdam

Dr. Max Euwe war zwar nur zwei Jahre lang Weltmeister, aber seine Bedeutung für die Schachwelt beruhte vor allem auf seiner schachpädagogischen Wirkung, seiner Tätigkeit als Schachtheoretiker, Publizist eröffnungstheoretischer Werke und nicht zuletzt als Präsident des Weltschachbundes von 1970 bis 1979. In den Niederlanden als Lehrer und später als EDV-Wissenschaftler tätig, genoß Euwe eine ungeheure Popularität.

1933 schlug ihm Aljechin einen Wettkampf über zehn Partien vor, bei dem er sogar bereit war seinen WM-Titel aufs Spiel zu setzen. Euwe erklärte sich mit einem WM-Duell einverstanden, erbat aber eine Vorbereitungsphase von fast zwei Jahren, in denen er sich entsprechend schachlich, aber – und das war damals noch ungewöhnlich – auch physisch intensiv vorbereitete.

Man einigte sich schließlich auf einen WM-Kampf im Herbst 1935 in Holland.

Aljechin – Euwe   **14,5:15,5**

Gespielt vom 3. Oktober bis 15. Dezember 1935 in Holland

Der wissenschaftlich spielende Holländer „erwischte" Aljechin in seiner schwachen Periode. Der lebenslustige Aljechin war starker Trinker und

Kettenraucher. Als Euwe in der 30. Partie in Gewinnstellung remis anbot, akzeptierte der geschlagene Weltmeister und beglückwünschte den neuen Weltmeister mit einem Hochruf.

1937 bis 1946 Dr. Alexander Aljechin

In den zwei Jahren nach seiner überraschenden Niederlage gegen Euwe bis zur Revanche entsagte Aljechin dem Alkohol und dem Nikotin strikt. Das war die Voraussetzung zur Rückeroberung des Titels im Jahre 1937.

Euwe – Aljechin   **9,5:15,5**

Gespielt vom 5. Oktober bis 16. Dezember 1937 in Holland

Die folgende Partie stammt aus dem ersten WM-Kampf der beiden Kontrahenten und firmiert unter dem Namen „Die Perle von Zandvoort" in der Schachliteratur.

Holländisch

Euwe – Aljechin

Zandvoort (WM) 1935

1. d4 e6 2. c4 f5 3. g3 Lb4+ 4. Ld2 Le7 5. Lg2 Sf6 6. Sc3 0-0 7. Sf3 Se4 8. 0-0 b6 9. Dc2 Lb7 10. Se5 Sxc3! 11. Lxc3

Zu unklarem Spiel führt 11. Lxb7 Sxe2+ 12. Kg2 Sxd4.

11. ...Lxg2 12. Kxg2 Dc8 13. d5 d6 14. Sd3 e5 15. Kh1 c6 16. Db3 Kh8 17. f4 e4 18. Sb4 c5 19. Sc2 Sd7 20. Se3 Lf6 21. Sxf5!

Nach diesem Figurenopfer werden die weißen Zentrumsbauern beweglich.

21. ...Lxc3 22. Sxd6 Db8 23. Sxe4 Lf6 24. Sd2 g5 25. e4 gxf4 26. gxf4 Ld4 27. e5

Bessere Chancen bot, laut Unzicker 27. Dh3 Lxb2 28. Tab1 Ld4 29. Sf3! Txf4 30. Sxd4 Txf1+ 31. Txf1 cxd4 32. Tf7.

27. ...De8 28. e6 Tg8 29. Sf3

Falls 29. exd7, so 29. ...De2.

29. ...Dg6 30. Tg1 Lxg1 31. Txg1 Df6?

Die Dame gehört eher nach f5, 31. ...Df5, um nach dem Abtausch auf d7 den Bauern mit der Dame zurückschlagen zu können.

32. Sg5 Tg7 33. exd7 Txd7 34. De3 Te7 35. Se6 Tf8 36. De5 Dxe5 37. fxe5 Tf5 38. Te1 h6

38. ...Txe6 39. dxe6 Kg7 bot einige Remis-
chancen.
39. Sd8! Tf2 40. e6 Td2 41. Sc6 Te8 42. e7 b5
43. Sd8 Kg7 44. Sb7 Kf6 45. Te6+ Kg5
46. Sd6 Txe7 47. Se4+ ! 1:0

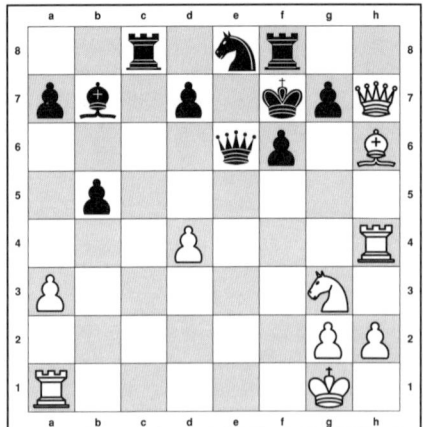

Geller – Euwe
Zürich, Kandidatenturnier 1953

1. ...Th8!!
Schwarz opfert einen ganzen Turm, nur um die
weiße Dame in die Ecke zu lenken! Dieses positionelle Turmopfer führt dazu, Disharmonie in die
Stellung der weißen Figuren zu bringen; sie finden
sich weder zu rascher Angriffsaktion, noch zu
einer wirksamen Verteidigung zusammen.
2. Dxh8 Tc2 3. Tc1
Auf 3. Dh7 würde 3. ...Txg2+ 4. Kf1 Dc4+ 5. Ke1
Dc3+ mit Gewinn folgen.
3. ...Txg2+ 4. Kf1 Db3 5. Ke1
und Weiß gab gleichzeitig auf. Die Drohung ...Df3
nebst ...Df2+ ist tödlich.

6. Weltmeister
1948 bis 1957 Dr. Michael Botwinnik

Geboren am 17. August 1911 in Petersburg

Der für 1940 vorgesehene nächste WM-Kampf
Aljechins gegen Keres oder Botwinnik kam aufgrund des Ausbruchs des zweiten Weltkriegs
nicht zustande. Nach Kriegsende führte Aljechin

mit beiden Titelanwärtern Vorgespräche über
einen möglichen Titelkampf. Der plötzliche Tod
Aljechins stellte die Schachwelt vor eine neue Situation. Erstmalig seit Bestehen von WM-
Kämpfen war der Schachthron verwaist.
Eine Fülle von Weltmeisterschaftsanwärtern war
plötzlich im Gespräch. Die FIDE, die nun die Or-
ganisation und Ausführung der Weltmeister-
schaften reglementierte, um die in der Vergangenheit vorgekommenen Ungerechtigkeiten für
die Zukunft auszuschließen, ließ 1948 fünf Kandi-
daten in einem fünfrundigen Turnier den Titel ausspielen.

Fünferwettkampf, gespielt vom 2. April bis
16. Mai in Den Haag und Moskau

1. Botwinnik	....	14,0
2. Smyslow	....	11,0
3. Keres	....	10,5
4. Reshevsky	....	10,5
5. Euwe	....	4,0

Nimzowitsch-Indisch
Botwinnik – Capablanca
AVRO 1938
(Anmerkungen nach dem Buch „AVRO-Welttur-
nier 1938", von Erich Carl, Schachverlag Arno
Nickel, Berlin)
1. d4 Sf6 2. c4 e6 3. Sc3 Lb4 4. e3 d5
„Ein Großmeister mit besseren Kenntnissen hätte
hier zunächst 4. ...c5, 4. ...b6 oder 4. ...0-0 gespielt" (Botwinnik).
5. a3 Lxc3+ 6. bxc3 c5 7. cxd5 exd5
Auf 7. ...Sxd5 8. c4! kann Weiß seinen Lc1 nach
b2 fianchettieren und auf der langen Diagonalen
einigen Druck ausüben. Nach dem Textzug
kommt der chancenreiche Aufmarschplan mit
Ld3, Se2 und gelegentlich f3 nebst e4 zum
Tragen, um die Zentralstellung auszubauen und
einen Königsangriff vorzubereiten.
8. Ld3 0-0 9. Se2 b6 10. 0-0 La6!
Mit dem Abtausch der weißfeldrigen Läufer beseitigt Capablanca eine der gefährlichsten An-
griffswaffen seines Gegners.
11. Lxa6 Sxa6 12. Lb2
Genauer war 12. Dd3, um nach eventuellem ...c4
(besser 12. ...Dc8) 13. Dc2 Te8 14. a4 Sb8 den
Lc1 ohne Zeitverlust nach a3 zu entwickeln.
12. ...Dd7 13. a4

Bereitet das thematische Dd3 vor, das sich wegen 13. ...Da4! im Augenblick noch nicht ausgezahlt hätte.

13. ...Tfe8

Zu schablonenhaft. Mit 13. ...cxd4 14. cxd4 Tfc8 hätte Schwarz in der c-Linie ein kräftiges Gegenspiel aufziehen können.

14. Dd3

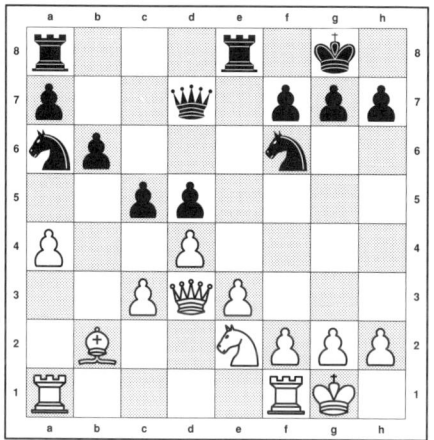

14. ...c4?

Der Auftakt zu einem weitreichenden, in letzter Konsequenz aber fehlerhaften Plan. Schwarz möchte seine unverkennbare Überlegenheit am Damenflügel mit dem Springermanöver Sb8-c6-a5-b3 weiter ausbauen, verkennt dabei jedoch, daß er damit dem Weißen im Zentrum und auf dem Königsflügel freie Hand läßt. Geboten war 14. ...Db7!, wonach Schwarz immer noch in die oben skizzierte Alternative (Öffnung der c-Linie) hätte einlenken können.

15. Dc2 Sb8 16. Tae1

Natürlich verschwendet Weiß keinen Augenblick an einen etwaigen Rettungsversuch seines früher oder später ins Kreuzfeuer geratenden Bauern a4, sondern folgt konsequent seinem einmal gefaßten Plan.

16. ...Sc6?

Bessere Aussichten bot 16. ...Sh5!, obwohl Weiß laut Botwinnik mit 17. h3 f5 18. Lc1 Sc6 19. f3 Sa5 20. g4 fxg4 21. hxg4 die Initiative behauptet hätte.

17. Sg3 Sa5

Es ist in der Tat zu spät, den Weißen von seiner Marschroute abzubringen. Auf 17. ...Se4 wäre zum Beispiel 18. Sh1! nebst f3 usw. gefolgt.

18. f3 Sb3 19. e4 Dxa4

Damit haben beide Spieler ihr Ziel erreicht. Schon jetzt ist abzusehen, daß Capablancas Vorposten auf b3 nichts Entscheidendes auszurichten vermag.

20. e5 Sd7

Aber nicht 20. ...Sc5? 21. Te2! mit Figurenverlust. Jetzt aber droht ...Sbc5, zum Beispiel 21. f4? Sbc5! nebst ...Sd3, wonach plötzlich Schwarz am Drücker wäre.

21. Df2 g6 22. f4 f5 23. exf6 Sxf6 24. f5! Txe1 25. Txe1 Te8 26. Te6!

Und nicht etwa 26. fxg6? hxg6, wonach der Sf6 indirekt gedeckt wäre.

26. ...Txe6

Versucht Schwarz 26. ...Kf7, so gewinnt 27. Txf6+! Kxf6 28. fxg6+ Kxg6 29. Df5+ Kg7 30. Sh5+ Kh6 31. h4 Tg8 32. g4 Dc6 33. La3 nebst Lf8+

27. fxe6 Kg7 28. Df4

Droht bereits 29. Sf5+! gxf5 30. Dg5+ bzw. 29. ...Kg8 30. Dh6! gxf5 31. Dg5+ usw. Die Dame a4 muß also zurück an den heimischen Herd.

28. ...De8 29. De5 De7

Damit scheint das drohende Eingreifen des Läufers b2 verhindert, und es sieht ganz danach aus, als könne Weiß seine Stellung nicht weiter verstärken. Ein Blitz aus heiterem Himmel reißt den Schwarzen aber aus allen Träumen.

30. La3!!

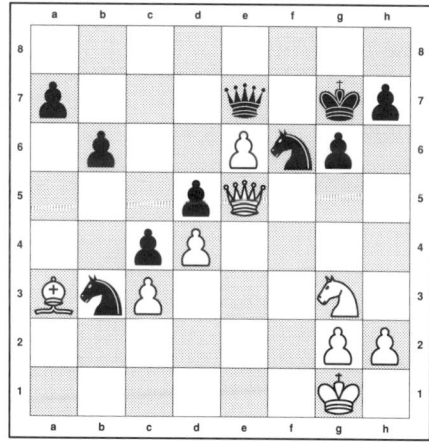

30. ...Dxa3

Capablanca hatte keine Wahl, denn 30. ...De8

31. Dc7+ Kg8 32. Le7 Sg4 33. Dd7! Da8 34. Ld6 verlöre sofort.

31. Sh5+ !!

Der zweite Paukenschlag. Schwarz muß auch dieses Opfer annehmen, da 31. ...Kh6 an 32. Sxf6 Dc1+ 33. Kf2 Dd2+ 34. Kg3 Dxc3+ 35. Kh4 Dxd4+ 36. Sg4+ scheitert.

31. ...gxh5 32. Dg5+ Kf8 33. Dxf6+ Kg8 34. e7! 34. ...Dc1+ 35. Kf2 Dc2+ 36. Kg3 Dd3+ 37. Kh4 De4+ 38. Kxh5 De2+ 39. Kh4 De4+ 40. g4 De1+ 41. Kh5   1:0

Eine der berühmtesten Partien der gesamten Schachgeschichte.

Der neue, unter der Regie der FIDE stattfindende WM-Zyklus betrug drei Jahre. Bis 1963 war dem Weltmeister das Recht eingeräumt worden, bei Titelverlust ein Rückkampfrecht binnen Jahresfrist zu beanspruchen. So verlor Botwinnik zweimal den Titel und holte ihn nach einem Jahr wieder zurück (gegen Smyslow 1958 und gegen Tal 1961).

Als Herausforderer des Weltmeisters hatte sich 1951 David Bronstein qualifiziert; gemäß dem FIDE-Reglement reichte dem Weltmeister ein 12:12 Unentschieden zur erfolgreichen Titelverteidigung.

Botwinnik – Bronstein   12:12
Gespielt vom 15. März bis 11. Mai in Moskau

Im Kandidatenturnier Zürich 1953 konnte sich Wassili Smyslow durchsetzen und Botwinnik zum WM-Kampf herausfordern. Doch auch für ihn reichte es „nur" zum 12:12 Unentschieden. Alles war umsonst gewesen, mit Hilfe der Schachbürokratie und der FIDE saß Botwinnik fest im Sattel.

Botwinnik – Smyslow   12:12
Gespielt vom 16. März bis 13. Mai in Moskau

Das Kandidatenturnier 1956 in Amsterdam sah wieder W. Smyslow als Sieger und im zweiten Anlauf gelang es dem Herausforderer den Weltmeister zu besiegen.

7. Weltmeister
1957 bis 1958 Wassili Smyslow

Geboren am 24. März 1921 in Moskau

Botwinnik – Smyslow   9,5:12,5
Gespielt vom 5. März bis 27. April 1957 in Moskau

Nach diesen Anstrengungen waren die Energien Smyslows erschöpft. Im Revanchematch des nächsten Jahres verlor der Weltmeister gleich die ersten drei Partien und konnte den verlorenen Boden nicht mehr wettmachen.

Revanchewettkampf
Smyslow – Botwinnik   10,5:12,5
Gespielt vom 4. März bis 9. Mai 1958 in Moskau

Botwinnik war also wieder im Besitz seines Titels.

Grünfeld-Indisch
Smyslow – Florian
Budapest – Moskau Mannschaftsmeisterschaft 1949

1. d4 Sf6 2. c4 g6 3. Sc3 d5 4. Sf3 Lg7 5. Db3 dxc4 6. Dxc4 0-0 7. e4 Sa6 8. Le2 c5 9. d5 e6 10. 0-0 exd5 11. exd5 Da5 12. a3 Lf5 13. Dh4 Tfe8 14. Lh6 Se4 15. Lxg7 Kxg7 16. Sg5 Sxc3?

Schwarz greift zu und freut sich auf die Beute auf e2. Sein König bleibt jedoch ungeschützt.

17. Dxh7+ Kf6 18. bxc3 Kxg5 19. Dg7 Te4

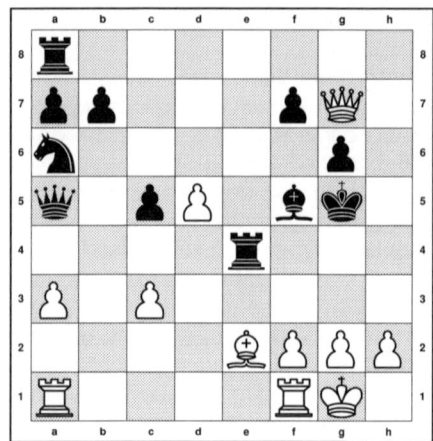

Wenn Schwarz noch den Läufer nimmt, wird er umgehend mattgesetzt: **19. ...Txe2 20. f4+ Kg4** (oder 20. ...Kh5 21. Dh7+ Kg4 22. Dh3 matt) 21. h3+ Kg3 (wahlweise 21. ...Kh4 22. Dh6+ Kg3 23. Dg5 matt) 22. Tf3+ Kh4 23. Dh6+ matt. **20. f4+ ! Txf4 21. Txf4 Kxf4 22. Tf1+ Ke3 23. De5+ Kd2 24. Lc4**
Es droht primär 25. De1+ Kc2 26. Tf2 matt.
24. ...Dxc3 25. Tf2+   1:0
mit Damengewinn auf c3.

8. Weltmeister
1960 bis 1961 Michail Tal

Geboren am 9. November 1936 in Riga

Der Feuerkopf Michail Tal aus Riga erregte 1958 bei der Schacholympiade in München einiges Aufsehen. In einem Siegeszug ohnegleichen gewann Tal das Interzonenturnier in Portoroz 1958 (der 15jährige Robert Fischer wurde Fünfter unter 21 Teilnehmern!) und auch das Kandidatenturnier 1959 in Jugoslawien überlegen vor Keres, Petrosjan, Smyslow und Fischer (8 Teilnehmer).
Kein Wunder also, daß der Stürmer und Dränger Botwinnik stürzen wollte.

Botwinnik – Tal   8,5:12,5
Gespielt vom 15. März bis 7. Mai 1960 in Moskau

Caro-Kann
Tal – Smyslow
Kandidatenturnier 1959
1. e4 c6 2. d3
Das von Tal gewählte geschlossene System verheißt einen langwierigen Positionskampf. Üblich sind 2. d4 oder 2. Sc3.
2. ...d5 3. Sd2 e5 4. Sgf3 Sd7
Der natürlichste Zug der Welt, und doch wird Smyslow ihn an dieser Stelle nie wieder spielen! Der ganz unerwartete nächste Zug von Tal widerlegt den schwarzen Aufbau gründlich.
5. d4!
Nur ein Spieler vom Format Tals wird sich zu diesem temposchluckenden Nachstoß des Bauern entschließen. Trotz Tempoverlust wird die Stellung geöffnet.
5. ...dxe4 6. Sxe4 exd4 7. Dxd4

Fast unglaublich: Weiß hat im 2. und 5. Zug den d-Bauern um je einen Schritt gezogen, hat dabei aber nicht ein Tempo verloren, sondern zwei gewonnen! Nach der Zählmethode von Tarrasch besitzt Weiß fünf Entwicklungstempi (3 Figuren entwickelt und freie Bahn für die beiden Läufer), Schwarz aber nur drei (Springer entwickelt, Lf8 frei und am Zug).
7. ...Sgf6 8. Lg5! Le7
Sofort verloren wäre Schwarz nach etwa 8. ...De7?? und zwar nicht wegen 9. Ld3? Db4+!, sondern wegen der Antwort 9. 0-0-0 und Schwarz kann aufgeben (9. ...Dxe4? 10. Te1!).
9. 0-0-0 0-0 10. Sd6 Da5 11. Lc4 b5
Riskant, aber konsequent! Entweder muß Weiß den Läufer stehen lassen oder den Ba2 aufgeben, weil Schwarz auf den Rückzug Lb3 mit ...c5 eine Figur erobern würde.
Möglich war auch 11. ...Lxd6 12. Dxd6 Se4 13. Df4! mit gefährlichem Angriff. Schwarz dürfte nun nicht auf Qualitätsgewinn mit ...Sxf2? spielen wegen 14. The1! Sxd1 15. Te8! (droht Dxf7+ und matt) 15. ...Sf6 (einzige Parade, denn 15. ...Db4? erlaubt Matt in drei Zügen durch 16. Dxf7+ Kh8 17. Dg8+ Txg8 18. Txg8#; falls 15. ...Txe8, so 16. Dxf7+ Kh8 17. Dxe8+) 16. Txf8+ Kxf8 17. Dd6+ Ke8 18. Se5 Le6 19. Lxe6 fxe6 20. Dxe6+ Kd8 21. Dd7#!
12. Ld2!
Die Feinheit dieses Zuges wird erst später klar: Ablenkung vom Feld d8.
12. ...Da6 13. Sf5 Ld8 14. Dh4! bxc4 15. Dg5 Sh5
Um auf 16. Dxh5 den Angriff mit 16. ...Sf6 17. Dg5 Lxf5 18. Dxf5 Dxa2 abzuschlagen. Tal aber hält eine Bombenüberraschung bereit.
Auch die folgenden Alternativen helfen Schwarz nicht:
A) 15. ...g6 16. Lc3 Dxa2 17. Sh6+ Kg7 18. Sg4 h5 19. Dh6+ Kg8 20. Sg5 hxg4 21. Txd7! La5 22. Se6 Da1+ 23. Kd2 Se4+ 24. Ke2 Sxc3+ 25. bxc3 und gewinnt.
B) 15. ...Se8 16. Dxd8 Sef6 17. Da5 mit Vorteil für Weiß.
16. Sh6+ Kh8 17. Dxh5 Dxa2
Oder 17. ...gxh6 18. Lc3+ Lf6 19. Lxf6+ Sxf6 20. Dxh6 und gewinnt.
18. Lc3 Sf6 19. Dxf7
Wenn niemand daran denkt, schlägt der „Zauberer aus Riga" mit solchen Wendungen zu. Wenn

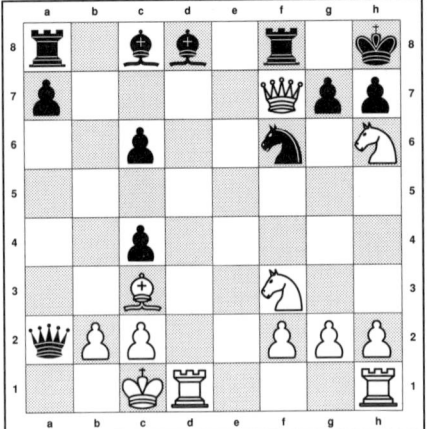

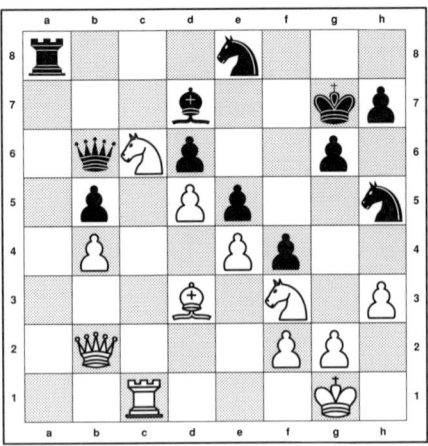

jetzt 19. ...Te8, dann folgt das erstickte Matt durch Damenopfer 20. Dg8+ Txg8 (Sxg8) 21. Sf7#.

19. ...Da1+ 20. Kd2 Txf7

Auch das Zwischenschach 20. ...Se4+ 21. Ke3 mußte Weiß zuvor genau abwägen.

21. Sxf7+ Kg8 22. Txa1 Kxf7

Was übrigbleibt, ist ein aussichtsloses Endspiel mit einer Qualität weniger für Smyslow.

23. Se5+ Ke6 24. Sxc6 Se4+ 25. Ke3 Lb6+ 26. Ld4   **1:0**

Tal zählt wie kein Zweiter zu den beliebtesten Spielern sowohl unter seinen Großmeisterkollegen als auch unter den Zuschauern, was eindrucksvoll während der Schlußzeremonie der Schacholympiade in Luzern 1982, bei der Tal einen Einzelpreis in Empfang nahm, durch minutenlangen Beifall demonstriert wurde.

Spanisch
Tal – Hjartarson
Reykjavik 1988

1. e4 e5 2. Sf3 Sc6 3. Lb5 a6 4. La4 Sf6 5. 0-0 Le7 6. Te1 b5 7. Lb3 0-0 8. c3 d6 9. h3 Sa5 10. Lc2 c5 11. d4 Dc7 12. Sbd2 Ld7 13. Sf1 cxd4 14. cxd4 Tac8 15. Se3 Sc6 16. d5 Sb4 17. Lb1 a5 18. a3 Sa6 19. b4 g6 20. Ld2 axb4 21. axb4 Db7 22. Ld3 Sc7 23. Sc2 Sh5 24. Le3 Ta8 25. Dd2 Txa1 26. Sxa1 f5 27. Lh6 Sg7 28. Sb3 f4 29. Sa5 Db6 30. Tc1 Ta8 31. Dc2 Sce8 32. Db3 Lf6 33. Sc6 Sh5 34. Db2 Lg7 35. Lxg7 Kxg7

36. Tc5!! Da6

36. ...dxc5 gewinnt den Turm, verliert jedoch die Partie nach 37. Sfxe5 und Sxd7+ entscheidet.

37. Txb5 Sc7 38. Tb8!!

Beginn einer schönen Opferserie, in der Weiß drei Figuren ins Geschäft steckt.

38. ...Dxd3 39. Scxe5! Dd1+ 40. Kh2

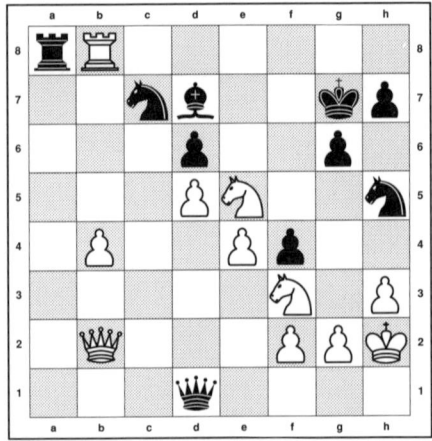

40. ...Ta1

40. ...dxe5 endet zwingend mit einem Gewinn für Weiß: 41. Dxe5+ Kh6 (41. ...Kf7 42. Sg5 matt) 42. Dg5+ Kg7 43. De7+ Kh6 44. Df8+ Sg7 45. Dxf4+ Kh5 46. Dg5 matt!

41. Sg4+ Kf7 42. Sh6+ Ke7 43. Sg8+   **1:0**

und 43. ...Kf7 44. Sg5 matt ließ sich der Isländer nicht mehr zeigen.

Botwinnik machte von seinem Recht auf einen Revanchekampf Gebrauch und konnte seinen Titel zurückerobern.

Revanchewettkampf
Tal – Botwinnik 8:13
Gespielt vom 15. März bis 12. Mai 1961 in Moskau

Die FIDE machte nun Schluß mit dem Rückkampfrecht. Botwinnik mußte gegen Petrosjan 1963 von der Bühne abtreten. Er hatte den Weltmeistertitel von 1948 bis 1963 – mit zwei Unterbrechungen für jeweils ein Jahr – gehalten.

9. Weltmeister
1963 bis 1969 Tigran Petrosjan

Geboren am 17. Juni 1929 in Tiflis, gestorben 13. August 1984 in Moskau

Botwinnik – Petrosjan 9,5:12,5
Gespielt vom 23. März bis 20. Mai 1963 in Moskau

Englisch
Petrosjan – Kortschnoi
Curaçao, Kandidatenturnier 1962
1. c4 c5 2. Sf3 Sf6 3. d4 cxd4 4. Sxd4 g6
5. Sc3 d5 6. Lg5 dxc4 7. e3 Da5 8. Lxf6 exf6
9. Lxc4 Lb4 10. Tc1 a6 11. 0-0 Sd7 12. a3 Le7
13. b4 De5 14. f4 Db8

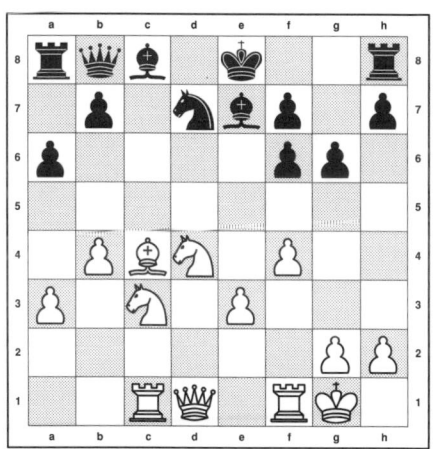

15. Lxf7+ !! Kxf7 16. Db3+ Ke8 17. Sd5 Ld6
18. Se6 b5

Vor der Gabel Sc7+ wegzulaufen hat keinen Sinn; nach etwa 18. …Kf7 folgt 19. Sdc7, wonach noch der Abzug des Se6 droht.
19. Sdc7+ Ke7 20. Sd4
Droht mit Damengewinn durch Sc6+.
20. …Kf8 21. Sxa8 1:0
Schwarz gab auf. Nicht zu früh: 21. …Dxa8 22. De6 und der Nachziehende kann seine Schäfchen nicht zusammenhalten, zum Beispiel 22. …Le7 (22. …Db8 23. Tc6 Le7 24. Tfc1 ändert nichts) 23. Sc6 und der Läufer e7 geht verloren.

Eine weitere Reform wurde in der FIDE durchgesetzt, vor allem auf Drängen des amerikanischen Weltmeisterschaftskandidaten Robert James Fischer. Der 19jährige hatte das Interzonenturnier 1962 in Stockholm mit 2,5 Punkten Vorsprung vor Petrosjan und Geller (beide UdSSR) gewonnen. Im Kandidatenturnier in Curaçao 1962 aber zeigten sich ihm die sowjetischen Teilnehmer Petrosjan, Geller, Kortschnoi und Tal überlegen. Fischer wurde bloß Vierter – „weil die Russen untereinander Remis spielten und sich gegenseitig berieten" – so Fischer in seinen Anklagen. So gibt es seit 1965 nur noch Zweierwettkämpfe in Viertel-, Halb- und Finalwettkämpfen, um den Herausforderer auszuspielen.

Der 29jährige Boris Spasski aus Leningrad wurde Sieger und Herausforderer. Er scheiterte zunächst am „besten Torwart des Schachspiels", wie der Meister der Prophylaxe, Petrosjan, auch genannt wurde.

Petrosjan – Spasski 12,5:11,5
Gespielt vom 9. April bis 9. Juni in Moskau

Im nächsten Zyklus ging wieder Spasski erneut als Sieger hervor. Auf der Strecke blieben Larsen, Portisch, Geller, Tal, Gligoric, Kortschnoi und Reshevsky. Im zweiten Anlauf kam Spasski ans Ziel.

10. Weltmeister
1969 bis 1972 Boris Spasski

Geboren am 30. Januar 1937 in Leningrad

Petrosjan – Spasski 10,5:12,5
Gespielt vom 14. April bis 17. Juni 1969 in Moskau

Sizilianisch
Spasski – Petrosjan
Moskau 1969 (19. Partie der WM)
(Mit Anmerkungen von M. Tal aus „Umkämpfte Krone", Sportverlag Berlin)
1. e4 c5 2. Sf3 d6 3. d4 cxd4 4. Sxd4 Sf6
5. Sc3 a6 6. Lg5 Sbd7 7. Lc4 Da5 8. Dd2 h6
9. Lxf6
Wie merkwürdig es auch ist, dieser Zug war früher nicht bekannt. Die Zeit ist für Weiß teurer als das Läuferpaar.
9. ...Sxf6 10. 0-0-0 e6 11. The1
Es tauchen schon gefährliche Drohungen auf, da sich der schwarze König noch auf seinem Ausgangsfeld befindet, zum Beispiel 11. ...b5 12. Lb3 b4 13. Sd5 exd5 14. Sc6 mit durchschlagendem Angriff.
11. ...Le7 12. f4 0-0 13. Lb3 Te8
Schwarz überdeckt den Punkt e6.
14. Kb1 Lf8 15. g4! Sxg4 16. Dg2 Sf6 17. Tg1 Ld7
Ein besserer Zug ist nicht zu sehen. Bei Spasski tauchen eigenartige Schwierigkeiten auf, nämlich massenhaft verlockende Fortsetzungen. Er entscheidet sich richtig, alle Figuren zum Angriff einzusetzen.
18. f5! Kh8 19. Tdf1 Dd8
Hier durfte schon nicht 19. ...e5 20. Sde2 mit Angriff auf den Bauern f7 gespielt werden.
20. fxe6 fxe6
Vielleicht war 20. ...Lxe6 vorzuziehen, um wenigstens eine Figur zu tauschen. Nun läuft alles forciert ab.
21. e5!
Ein schon lange kalkulierter Zug, der es Spasski ermöglicht, den Springer c3, die letzte nicht am Angriff beteiligte Figur, zur entscheidenden Aktion heranzuführen.
21. ...dxe5 22. Se4! Sh5
Die einzige Antwort, die noch den Punkt g7 verteidigt.
23. Dg6!
Als Spasski diesen Zug ausführte, hatte er sowohl das Finale der Partie vorausgesehen als auch die Folgen der Replik 23. ...Sf4. Doch auch danach hätte Weiß entscheidendes Übergewicht erreicht: 24. Txf4 exf4 25. Sf3 Db6 – angesichts der Drohung 26. Sg5 erzwungen – 26. Tg2 oder 26. Se5 (nur nicht 26. Sf6? Dxg1+!) und Schwarz ist hilflos. Effektvoll wäre auch 25. ...Da5

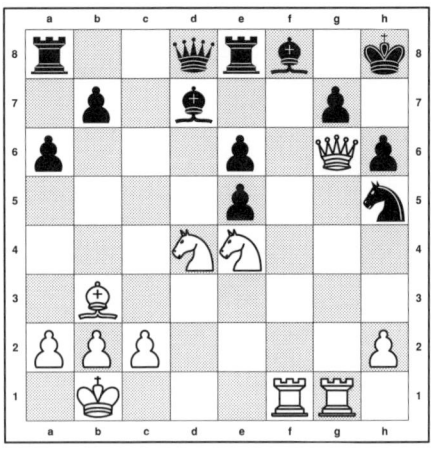

gewesen: 26. Sf6 Df5 27. Dxh6+! gxh6 28. Tg8 matt.
23. ...exd4 24. Sg5!   **1:0**
Angesichts des unvermeidlichen Matts gab Schwarz auf: 24. ...hxg5 25. Dxh5+ Kg8 26. Df7+ Kh8 27. Tf3 g4 28. Txg4 nebst matt.

Amerikas „enfant terrible" Bobby Fischer, den man für den heimlichen Weltmeister hielt, war beim Weltmeisterschaftszyklus 1966 bis 1969 im Interzonenturnier in Sousse wegen eines Streites mit der Turnierleitung zurückgetreten. Aber 1970 trat ein neuer Fischer auf den Plan. Er startete beim Interzonenturnier 1970 auf Mallorca und rannte alles über den Haufen, was sich ihm bis zum Finale gegen Weltmeister Spasski in den Weg stellte. In der ganzen Welt verfolgten die Schachanhänger mit wachsender Spannung, wie Fischer alle Konkurrenten mit sensationellen Ergebnissen abfertigte. Die „Fischer-Krankheit" war im Umlauf: Wer gegen ihn anzutreten hatte, erkrankte im Laufe des Wettkampfes. „Es ist, als wenn man auf dem elektrischen Stuhl säße", so bezeichneten Meister das Gefühl, die Fischer, dem dämonischen Schachspieler, auf Turnieren begegneten. Betrachten wir die Ergebnisse auf seinem Weg bis zum WM-Kampf in Reykjavik 1972:
Interzonenturnier 1970 in Mallorca: Fischer 18,5; Geller, Hübner und Larsen je 15; Taimanow und Uhlmann je 14 Punkte. Mit den zwei Vorberechtigten Petrosjan und Kortschnoi spielten diese acht Meister die Kandidatenwettkämpfe 1971; vier Russen und zwei Deutsche dabei! Es schie-

den Uhlmann gegen Larsen, Geller gegen Kortschnoi und Hübner gegen Petrosjan aus. In den folgenden Finalkämpfen spielte Fischer Schach total:

Viertelfinale
Fischer – Taimanow   6:0
Gespielt vom 16. Mai bis 2. Juni in Vancouver

Im heißen Klima von Denver im Hochsommer 1971 traf Fischer auf Larsen, der sich selbst Chancen auf die Weltmeisterschaft ausrechnete. Die Russen hofften, daß der Däne ihnen den Brocken aus dem Weg räumen würde:

Halbfinale
Fischer – Larsen   6:0
Gespielt vom 6. bis 25. Juli in Denver

Französisch
Fischer – Larsen
Kandidatenmatch Denver 1970 (1. Partie)
1. e4 e6 2. d4 d5 3. Sc3 Lb4 4. e5 Se7 5. a3 Lxc3+ 6. bxc3 c5 7. a4 Sbc6 8. Sf3 Ld7 9. Ld3 Dc7
In Betracht kommen außerdem 9. ...c4 oder 9. ...Da5.
10. 0-0 c4 11. Le2 f6 12. Te1 Sg6 13. La3! fxe5 14. dxe5 Scxe5 15. Sxe5 Sxe5
Nicht 15. ...Dxe5 wegen 16. Lxc4.
16. Dd4!
Stärker als 16. Lh5+ Sg6 17. Dxd5 0-0-0!. Jetzt aber würde auf 16. ...0-0-0 17. Dxa7 folgen.
16. ...Sg6 17. Lh5 Kf7 18. f4! The8 19. f5 exf5 20. Dxd5+ Kf6
Zu Matt führt 20. ...Le6 21. Txe6 Txe6 22. Dxf5+ Tf6 23. Dd5+ Te6 24. Tf1+ und so weiter.
21. Lf3 Se5 22. Dd4 Kg6 23. Txe5 Dxe5 24. Dxd7
Larsen hat zwei Figuren für den Turm gegeben, weil er dafür gefährliches Gegenspiel gegen den weißen König erhält. Doch Fischer hat alles akkurat vorausgesehen.
24. ...Tad8 25. Dxb7 De3+
Oder 25. ...Dxc3 26. Db1 Td2 27. Lb4 Dd4+ 28. Kh1 c3 mit ähnlichen Verwicklungen wie in der Partie.
26. Kf1 Td2 27. Dc6+ Te6
Außer der Mattdrohung Df2 droht auch – wenn diese mit 28. Dc5 gedeckt wird – 28. ...Tf2+

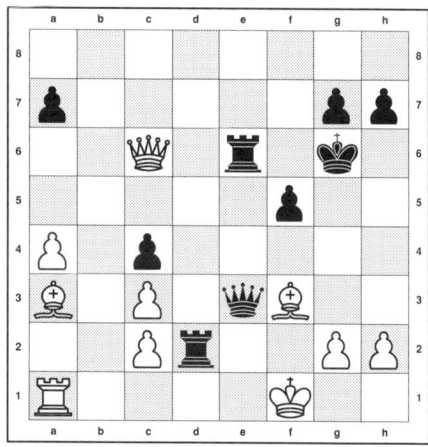

Stellung nach 27. Te6

29. Kg1 Txf3+ 30. Dxe3 Tfxe3 mit Qualitätsgewinn für Schwarz bei siegreicher Stellung.
28. Lc5!!
Dieser versteckt liegende Zug – im voraus um so schwerer zu erkennen! – klärt die Gefahrenlage auf allen Bereichen. Zum Beispiel: 28. ...Txc6 29. Lxe3 und beide Türme sind von den Läufern angegriffen. Oder 28. ...Tf2+ 29. Kg1 Txf3+ 30. Lxe3 Txc6 31. gxf3 mit Figurenplus für Weiß.
28. ...Tf2+ 29. Kg1 Txg2+ 30. Kxg2 Dd2+ 31. Kh1 Txc6 32. Lxc6 Dxc3?
Führt zu schnellem Verlust. Verteidigung war eher möglich mit 32. ...a5! 33. Tg1+ (33. Ld4 Kh6, Larsen) 33. ...Kf7 34. Ld4 g5 35. Ld5+ Kg6 36. Lxc4 Dxc2. Aber Fischer verhexte kaltblütige Gegner wie den dänischen WM-Anwärter ebenso wie viele andere Gegner zuvor.
33. Tg1+ Kf6 34. Lxa7 g5 35. Lb6 Dxc2 36. a5 Db2 37. Ld8+ Ke6 38. a6 Da3 39. Lb7 Dc5
Oder 39. ...c3 40. Lb6 c2 41. a7 c1D 42. Txc1 Dxc1+ 43. Lg1 und gewinnt.
40. Tb1 c3 41. Lb6   1:0

Die Schachwelt stand Kopf – zwei Kandidatenkämpfe mit 6:0 zu gewinnen, das hatte es noch nicht gegeben. So wie Taimanow mußte auch Larsen eine Kranheitspause einschieben; die Schocks der Niederlagen, eine wahre Deklassierung, waren für Fischers Gegner schwer zu verkraften. Aber noch hatten die Russen ein heißes Eisen im Feuer. Exweltmeister Petrosjan, der „Eiserne Tigran", seit Capablanca der Welt bester

Sicherheitsspieler, traf jetzt auf Fischer. Gebannt blickte die Schachwelt nach Buenos Aires:

Finale der Kandidatenkämpfe
Fischer – Petrosjan   6,5:2,5

Nach fünf Partien stand es 2,5:2,5. Hatte Fischer seinen Meister gefunden? Der Amerikaner hatte jedoch nur mit einer Erkältung zu kämpfen gehabt. Ab der fünften Partie trat etwas ein, das es noch nie gegeben hatte: Petrosjan, der sich nur ganz selten auf einem Turnier in einer Partie geschlagen geben mußte, verlor nicht ein oder zwei Partien, nein, er mußte vier Niederlagen in Folge hinnehmen, so daß Fischer unerwartet überlegen gewonnen hatte.

Die Aufregung in sowjetischen Schachkreisen war groß. Zu Recht sah man den Weltmeistertitel, eine Domäne der Sowjets seit 1948, in Gefahr. Aber Spasski reiste 1972 furchtlos nach Reykjavik. Es ist hier unmöglich, das Weltspektakel wiederzugeben, daß sich allein bis zum Beginn der ersten Partie abspielte. Als es endlich soweit war und Fischer wegen eines dummen Fehlers die erste Partie verloren hatte, stellte er den Veranstaltern allerlei Forderungen bezüglich der Zuschauer, des Spielsaals, der Figuren sowie der zu niedrigen Börse. Da trat der englische Mäzen J. Slater auf den Plan und erhöhte die Börse auf eine halbe Million Dollar! Die Leistungen Fischers waren es wert. Obwohl ihm die zweite Partie wegen Nichtantretens genullt wurde und Fischer jetzt 0:2 im Rückstand lag, nahm er den Kampf gegen den Weltmeister aufs Neue auf. Er egalisierte den Rückstand und siegte im Endergebnis ebenso sensationell wie in den vorherigen Kämpfen auf dem Weg zur Welmeisterschaft.

11. Weltmeister
1972 bis 1975 Robert James Fischer

Geboren am 9. März 1943 in Chicago

Spasski – Fischer   8,5:12,5
Gespielt vom 11. Juli bis 3. September 1972 in Reykjavik

Damengambit
Fischer – Spasski
Reykjavik, WM 1972 (6. Partie)
1. c4
Der Weltmeister saß meist pünktlich zum vorgesehenen Zeitpunkt am Brett. Fischer aber kam regelmäßig später, hier um neun Minuten. Das geht zwar an der Bedenkzeit ab, bedeutet aber an den Gegner eine psychologische Spitze: „Ich leiste mir das gegen dich!" Manche nennes es Unhöflichkeit. Viele große Meister, auch der Vergangenheit (wie Lasker in New York 1924), wurden wegen ähnlicher „Varianten" getadelt. Den Zug 1. c4 spielte Fischer erst ein einziges Mal in seiner Laufbahn. Überraschung Nr. 2 für Spasski in der 6. Partie.
1. ...e6 2. Sf3 d5 3. d4 Sf6 4. Sc3 Le7 5. Lg5 0-0 6. e3 h6 7. Lh4 b6
Die Tartakower-Variante kennen beide Spieler gut. Meister wie Spasski und Fischer kennen alle Varianten und Systeme gut, einerlei, ob sie von ihnen oft, selten oder noch gar nicht angewandt wurden!
8. cxd5 Sxd5 9. Lxe7 Dxe7 10. Sxd5 exd5 11. Tc1 Le6 12. Da4 c5 13. Da3 Tc8 14. Lb5!

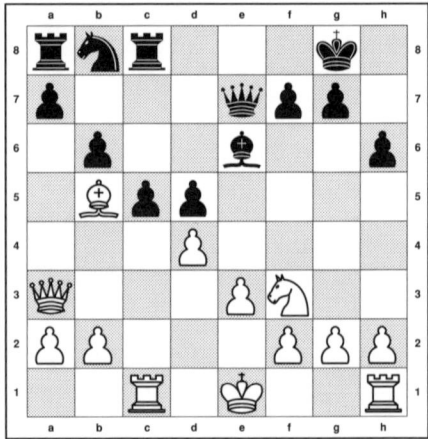

Ein damals neuer Zug. Bis dahin wurde 14. Le2 Kf8 15. dxc5 bxc5 16. 0-0 Sd7 17. Tfd1 Tcb8 mit Ausgleich gespielt.
14. ...a6 15. dxc5 bxc5 16. 0-0 Ta7?
Gut war 16. ...Da7.
17. Le2 Sd7 18. Sd4 Df8
Vorzuziehen war 18. ...Sf6 19. Sb3 Sd7 20. Tc3 oder 19. ...c4 20. Dxe7 Txe7 21. Sd4, auch mit

geringfügigem Vorteil für Weiß. Aber mehr erreicht Weiß auch in der Partiefortsetzung nicht.

19. Sxe6 fxe6 20. e4! d4?

Ein allgemein getadelter Zug des Weltmeisters. Fischers Züge 14. Lb5, 18. Sd4 und besonders 20. e4 sind von großer Feinheit. Der Punkt d5 wird aus den Angeln gehoben. Auf 20. ...c4 ist 21. Lg4 lästig. Bei 20. ...dxe4 war wohl 21. Tc4 geplant.

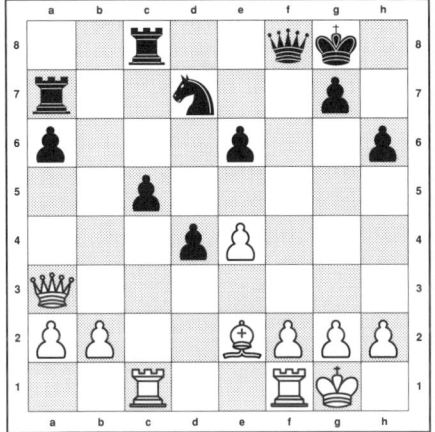

21. f4 De7 22. e5! Tb8 23. Lc4 Kh8

Oder 23. ...Sb6 24. Db3.

24. Dh3 Sf8

Möglich für Schwarz war auch 24. ...Txb2 25. Lxe6 d3 26. Lf5 d2 27. Tc2 Txc2 28. Lxc2 ebenfalls mit Endspielvorteil für Weiß.

25. b3 a5 26. f5 exf5 27. Txf5 Sh7

Die schöne Angriffsstellung hat Fischer in einer Stunde aufgebaut. Spasski ist schon seit vielen Zügen ein geschlagener Mann. Fallen wie 28. Tf7?? Sg5! kommen nicht an.

28. Tcf1 Dd8 29. Dg3 Te7 30. h4 Tbb7 31. e6 Tbc7 32. De5 De8 33. a4 Dd8 34. T1f2 De8 35. T2f3 Dd8

Die Schachmaschine Fischer arbeitet jetzt unfehlbar. Weiß hat Zeit, die günstigste Position zum entscheidenden letzten Schlag ausreifen zu lassen. Die Antwort ...Sf6 würde immer mit dem Qualitätsopfer auf f6 abgefertigt.

36. Ld3! De8 37. De4

Droht zweimal Tf8+ nebst Dh7#, so muß Schwarz zu ...Sf6 greifen (37. ...Txe6?? 38. Tf8+ Sxf8 39. Txf8+ Dxf8 40. Dh7#).

37. ...Sf6 38. Txf6 gxf6 39. Txf6 Kg8 40. Lc4 Kh8 41. Df4   **1:0**

Spasski hatte 40 Minuten nachgedacht, bevor er aufgab. Es könnte folgen 41. ...Kg8 42. Txh6 Txe6. Auch 41. De5 oder 41. Tf7 hätten gewonnen.

Der aufregende Zweikampf von 1972 in Reykjavik, der bis zuletzt zu scheitern drohte wegen immer neuer Forderungen Fischers, bleibt in den Schachannalen unvergessen. Die ganze Welt verfolgte das dramatische Geschehen in Island. Das traurige Ende für den sportlichen Russen Spasski, der den Kampf hätte abbrechen können wegen der klaren Regelverstöße Fischers vor und zu Beginn des Duells (Nichtantreten zum Termin der FIDE und Weigerung zum Weiterspiel nach dem 0:2 Rückstand) lautete 12,5:8,5 für den Weltmeister Robert Fischer.

Doch als Fischer sein von Jugend an erklärtes Lebensziel erreicht hatte, Weltmeister zu werden und die verhaßten sowjetischen Rivalen vom Thron zu stoßen, trat eine unerklärliche Wende in Fischers Verhalten ein. Erst hatte man Verständnis für eine Turnierpause, aber als sich Fischers Rückzug vom Schach immer länger ausdehnte, traten offen geäußerte Befürchtungen auf, er könne das Schicksal seines Vorgängers Paul Morphy erleiden. Fischer trat einer christlichen Sekte in Pasadena bei und zog sich vom öffentlichen Leben zurück. Er bestritt seither weder ein Turnier noch spielte er irgendeine freie Partie.

Für die Weltmeisterschaft 1975 hatte der Weltschachbund einen neuen Modus ausgearbeitet. Aber Fischer weigerte sich, die Bestimmungen anzuerkennen; er wollte bei 10 Gewinnpartien, die der neue Weltmeister gewinnen mußte, schon beim Stande von 9:8 Weltmeister bleiben. Die FIDE aber blieb unnachgiebig, und so verzichtete Fischer kurzerhand auf seinen Weltmeistertitel, den er gerade drei Jahre gehalten hatte.

Am 4. April 1975 proklamierte Dr. Euwe, der Fischer 1972 goldene Brücken gebaut hatte, den sowjetischen Herausforderer Anatoli Karpow zum neuen Weltmeister.

12. Weltmeister
1975 bis 1985 Anatoli Karpow

Geboren am 23. Mai 1951 in Zlatoust (Ural)

Am 4. April 1975 vom Präsidenten der FIDE, Dr. Euwe, in Amsterdam kampflos zum neuen Weltmeister proklamiert.
Karpow, der seinen Titel am grünen Tisch erhalten hatte, erwies sich in der Folge als würdiger Nachfolger Fischers. Er war immer ein spielender Weltmeister, der keinem Kampf ausweicht und nur ganz selten ein friedliches Remis im Turnier anstrebt. Sein Spielstil wird, wie auch der von Fischer und Petrosjan, als eine Anlehnung an Capablancas Spielweise bezeichnet.

Es gibt viele Bücher über Karpow, auch in deutscher Sprache, so daß hier zu seiner Charakterisierung ein Auszug aus der „Stuttgarter Zeitung" vom April 1977 genügen möge:
Als überlegener Sieger der Internationalen Deutschen Schachmeisterschaft 1977 (100 Jahre Deutscher Schachbund) hat der blonde Mann mit dem schmächtigen Aussehen seinen ausgeprägten Killerinstinkt auf den 64 Feldern bewiesen. Der bescheidene Tolja, wie ihn seine Freunde nennen, wurde 1951 in einer Kleinstadt im Ural geboren. Er ist äußerlich und im Auftreten das Gegenteil des abgetretenen Weltmeisters und exaltierten Schachgenies Bobby Fischer. Am Schachbrett haben es alle bisherigen Rivalen erfahren müssen, daß in der schmächtigen Gestalt eine unerhörte Willenskraft steckt. Sogar Viktor Kortschnoi, der als dämonischer Schachspieler mit allen Raffinessen gilt, sagte nach einer Niederlage 1974 von Karpow: „Karpow ist als Schachspieler einmalig. Ich habe noch nie bei jemand eine so gewaltige Willenskraft und ein solches Konzentrationsvermögen erlebt. Dieser Mensch ist fähig, alles was er kann und weiß, im Spiel zu investieren; ein Mensch, der seine Gegner beeinflussen kann."

Sizilianisch
Karpow – Dorfman
44. UdSSR-Meisterschaft 1976
1. e4 c5 2. Sf3 d6 3. d4 cxd4 4. Sxd4 Sf6
5. Sc3 e6 6. g4

Dieser Angriff mit g4 wurde von Paul Keres bevorzugt und in die Turnierpraxis eingeführt.
6. …Le7 7. g5 Sfd7 8. h4 Sc6 9. Le3 a6
10. De2 Dc7 11. 0-0-0 b5 12. Sxc6 Dxc6
13. Ld4 b4 14. Sd5!

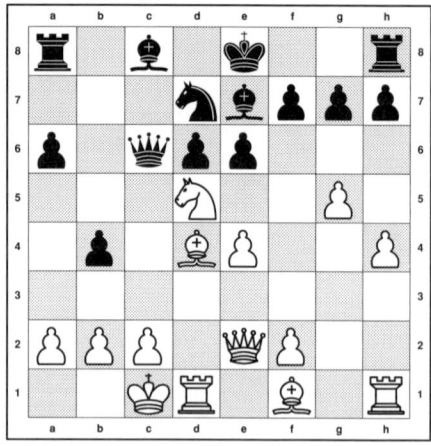

Nicht dieses Routineopfer, das schon hundertmal in Meisterpartien in den verschiedensten Variationen auftauchte, bestimmt die Linie der Partie. Der Angriff des Weltmeisters auf den etwas unsicheren König, der im Zentrum steckengeblieben ist, und am Königsflügel gibt der Spielführung des Weltmeisters die Note.
14. …exd5 15. Lxg7 Tg8 16. exd5 Dc7 17. Lf6 Se5 18. Lxe5 dxe5 19. f4 Lf5
Wegen 20. d6 kann Schwarz nicht auf f4 nehmen.
20. Lh3 Lxh3 21. Txh3 Tc8 22. fxe5 Dc4
23. Tdd3 Df4+ 24. Kb1 Tc4! 25. d6 Te4
26. The3 Txe3 27. Txe3 Dxh4 28. Df3!
Um …Dh1+ abzudecken und selbst die Drohungen Dc6 und Da8 aufzustellen.
28. Dxg5
Oder 28. …Lxg5 29. e6! fxe6 30. Txe6+ Kd8 31. Dc6 und gewinnt.
29. Te1 Dg2 30. Df5 Tg6
Aber nicht 30. …De2? wegen 31. Dc8+ Ld8 32. d7+ Ke7 33. Dc5+ nebst 34. Txe2; die Dame deckt das Feld g1.
31. Tf1 Dd5 32. dxe7
Erst jetzt holt sich Weiß die Figur und stellt materiellen Gleichstand her.
32. …Kxe7 33. Df4 a5
Die Bauernschwächen im Verein mit der leicht unsicheren Königsstellung bestimmen die enorme

Schwierigkeiten von Schwarz. Gegen einen entschlossen und perfekten Spieler wie Karpow ist eine solche Stellung nicht zu halten.

34. Dh4+ Ke8 35. Dxh7 Df3 36. Dh8+ Ke7

Oder 36. ...Kd7 37. e6+ Txe6 38. Dd4+ Ke7 39. Td1 mit Mattdrohungen.

37. Dh4+ Ke8 38. Dc4 Db7 39. b3

Das dringend benötigte Luftloch – aber Weiß hatte wegen des dramatischen Tempos bisher keine Zeit dafür.

39. ...Te6 40. Tg1

Stärker war 40. Dc5!.

40. ...Txe5 41. Tg8+ Ke7 42. Dh4+ Kd7 43. Df6 Te7 44. Df5+ Kd6

Nicht der Fall dieses oder jenes Bauern bedrängt Schwarz, sondern die immer ansteigende Gefahr des Mattangriffs.

45. Dxa5 Te5 46. Dd8+ Ke6

Sonst fällt der Bb4: 46. ...Dd7 47. Db6+ nebst Dxb4 und so weiter.

47. Kb2 f6

Eine Atempause für beide Seiten, kleine Sicherungszüge zu machen – vor dem Ende.

48. Tf8 Dg7 49. Dc8+ Kd5 50. Dc4   1:0

Damengambit
Grigorjan – Karpow
44. UdSSR-Meisterschaft 1976

1. d4 d5 2. c4 e6 3. Sc3 Sf6 4. Sf3 Le7 5. e3 0-0 6. b3 b6 7. Lb2 Lb7 8. Ld3 c5 9. 0-0 cxd4 10. exd4 Sc6 11. De2 Sb4 12. Lb1 dxc4 13. bxc4 Lxf3 14. gxf3 Dxd4

Für den Gewinn eines Zentrumsbauern nehmen die Meister Gefahren auf sich. Auch hier gerät der Weltmeister bald in Kalamitäten, doch er ist ein kaltblütiger Verteidiger. Die Nerven und das Stehvermögen entscheiden zu 50 Prozent im Schachkampf!

15. Se4

Auch mit 15. Sd5 Dc5 erreicht Weiß nichts.

15. ...Dd8 16. Td1 Dc7 17. Sxf6+ Lxf6 18. Lxf6 gxf6 19. Lxh7+

Eine unliebsame Überraschung, oder hat der Weltmeister das vorausgesehen? Der Läufer kann nicht geschlagen werden: 19. ...Kxh7? 20. De4+ f5 21. Dh4+ und nach ...Kg7 22. Kh1 kann Schwarz aufgeben (22. ...Tg8 23. Tg1+ Kf8 24. Txg8+ Kxg8 25. Dh6 nebst Tg1).

19. ...Kg7 20. Td4 Th8 21. Tg4+ Kf8

Was passiert, wenn Schwarz den Läufer schlägt? Auf 21. ...Kxh7 würde 22. Df1! folgen.

22. Db2 Txh7 23. Dxb4+ Dc5

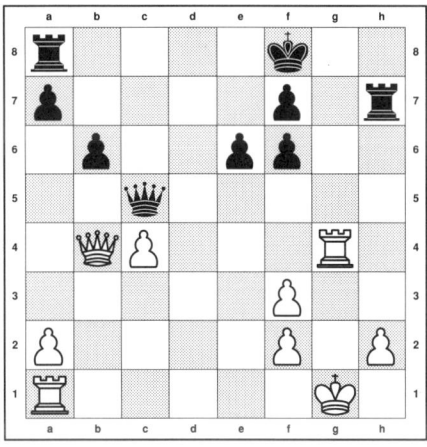

Ein Wendepunkt des Kampfes für Weiß. Soll er sich auf ds Endspiel einlassen nach 24. Dxc5+ bxc5? Wir untersuchen:

A) 25. Tb1? f5! 26. Tg3 (26. Tf4?? Th5) 26. ...Th4! mit entscheidendem Positionsvorteil.

B) 25. Te4 Tb8 26. Td1! Ke7 27. Td3 mit gleichen Chancen.

Weiß jedoch zog es vor, im Sinne eines Remisspiels die Dame auf dem Brett zu behalten.

24. Dd2 Tc8 25. Td1 De7 26. Td4 Th5

Hier ist der schwarze Turm beherrschend postiert. So kann sich Weiß nicht auf den Tausch auf d8 einlassen, denn am Schluß würde Schwarz den Zug Td8- a8 mit ...Th5-a5 parieren.

27. h4(?)

Weiß zieht den Bauern vor, um den König frei zu haben, um Kf1 spielen zu können.

27. f5 28. Kg2

Die Wendung 28. Td7? Dxh4 29. Txf7+ Kxf7 30. Dd7+ Kf6 31. Dxc8 scheitert an Dh1#.

28. ...Txh4 29. Txh4 Dxh4 30. Th1 Df6 31. Dd6+ Kg7 32. Dh2 Td8!

Kaltblütig gespielt, aber auch ein notwendiger Turmzug. Die schwarzen Steine müssen Kontakt zueinander halten. So drohte Dh7+ nebst Dh8+ und Verlust des Tc8 (nach Damentausch).

33. Tg1 Kf8 34. Dc7 Td4

Der junge Weltmeister hat die Partie aus dem Feuer gerissen. Erinnerungen an Weltmeister Lasker werden wach!

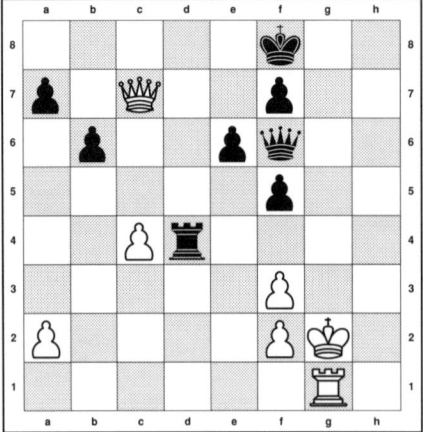

35. Db8+ Dd8 36. Dg3 f4

Nicht gut wäre 36. …Txc4 37. Th1 Df6 und jetzt 38. Db8+ Ke7 39. Dxa7+ und Schwarz befindet sich in Verlustgefahr.

37. Dh2 Df6

Dem Weißen bleibt nun die Diagonale h2-b8 für Schachgebote verschlossen.

38. Tc1

Das Eingeständnis der Niederlage.

38. …Td2 39. Kg1 Txa2 40. Dh5   **0:1**

Für die nächste Weltmeisterschaft 1978 in Baguio hatte sich Viktor Kortschnoi qualifiziert. Kortschnoi hatte seiner Heimat 1976, nach einem Turnier in Amsterdam, den Rücken gekehrt und in Holland um politisches Asyl gebeten.

Karpow – Kortschnoi   **6:5**

21 Partien endeten remis.
Gespielt vom 18. Juli bis 17. Oktober 1978 in Baguio (Philippinen)

Nach einem Ringen auf Tod oder Leben sicherte sich Titelverteidiger Anatol Karpow den Weltmeistertitel gegen Viktor Kortschnoi für weitere drei Jahre. Nach langweiligem Beginn kam es bald zu dramatischen Szenen.
In der 5. Partie versäumte Kortschnoi ein Matt in 5 Zügen und erlitt dann in der 13. und 14. Partie zwei Niederlagen trotz aussichtsreicher Stellungen. In der 17. Partie zog der Titelverteidiger auf 4:1 Gewinnpartien davon. (Der Kampf sollte über 6 Gewinnpartien gehen.) Kortschnois Chancen standen schlecht, vor allem, weil er sich durch die

Machenschaften der sowjetischen Delegation und durch den Arzt und angeblichen Hypnotiseur Dr. Suchar belästigt fühlte. Nur mit Mühe konnte ein Abbruch des Zweikampfes verhindert werden. In der 27. Begegnung lag Kortschnoi anscheinend hoffnungslos mit 2:5 zurück. Da trat eine Wende ein, die Auseinandersetzung zwischen dem Lieblingskind der sowjetischen Nation und dem als Renegaten verhaßten Herausforderer spitzte sich zu. Kortschnoi gewann drei Partien und holte zum Gleichstand 5:5 in der 31. Partie am 13. Oktober auf. Nach einer Pause von vier Tagen setzten sich die inzwischen total verfeindeten Kontrahenten wieder ans Brett – es wurde die letzte Partie dieses Wettkampfes. Kortschnoi spielte eine gewagte Eröffnung mit Schwarz, sicher von seinen Sekundanten schlecht beraten, und stand bei Abbruch der Partie nach dem 40. Zug auf Verlust. Wohl unterschrieb Kortschnoi nicht das Partieformular, doch der Schiedsrichter Dr. Filip erklärte Karpow zum Sieger der Partie und des Wettkampfes.

In den Ausscheidungskämpfen zur nächsten Weltmeisterschaft 1981 setzte sich wieder Viktor Kortschnoi als Herausforderer durch. Im Finale der Kandidatenkämpfe gab Dr. Hübner beim Stand von 3,5:4,5 das Match auf.

Karpow – Kortschnoi   **6:2**

10 Partien endeten remis.
Gespielt vom 1. Oktober bis 19. November 1981 in Meran

Wieder trafen die gleichen Konkurrenten wie schon drei Jahre zuvor im WM-Match aufeinander. Doch diesmal bereitete der 30 Jahre alte Weltmeister seinem Widersacher eine vernichtende Niederlage. Nach nur 18 Partien in Meran siegte Titelverteidiger Anatoli Karpow mit 6:2 Gewinnpartien.
Weltmeister Karpow spielte ohne Emotionen in dem mit persönlichem und vor allem politischem Zündstoff verzerrten Match. Wieder zeigte die sogenannte „psychologische" Kriegsführung neben den 64 Feldern ihre häßliche Fratze.
Es gab wieder vor und während des acht Wochen dauernden Wettkampfes Wirbel um die in der UdSSR festgehaltene Familie von Kortschnoi. Karpow wurde nach seinem Sieg zu Hause mit

dem Leninorden ausgezeichnet. Wie bereits 1978 wurde er auch diesmal zum „Sportler des Jahres" in der Sowjetunion gewählt.

Mittlerweile war ein neuer Stern am Schachhimmel aufgetaucht, Garry Kasparow. „Mit sechs Jahren erlernte Garry das Schachspiel, und bereits mit 13 Jahren wurde er UdSSR-Jugendmeister mit dem phänomenalen Ergebnis von 8,5 Punkten aus 9 Partien. Zwei Jahre später nahm er als jüngster Spieler der Geschichte der Sowjetunion an der Landesmeisterschaft der Senioren teil und belegte dort vor neun Großmeistern einen Mittelplatz. Der ganz große Durchbruch kam im Sommer 1979, als der 16jährige Kasparow das erlesene Feld des Großmeisterturniers in Banja Luka (Jugoslawien) mit zwei Punkten Vorsprung deklassieren konnte. Nach einem weiteren Sieg bei einem Turnier in Baku 1980 wird er dann zum Großmeister ernannt, mit 17 Jahren nach Bobby Fischer der zweitjüngste Großmeister der Schachgeschichte! 1981 kam es zu der ersten Partie gegen Karpow, zwei weitere folgten kurz danach, und alle endeten remis, wobei in einer Begegnung Kasparow kurz vor dem Sieg stand. Dennoch konnte der Weltmeister seinen jungen Rivalen noch klar distanzieren und ein Turnier mit 1,5 Punkten Vorsprung vor Kasparow klar gewinnen. Doch dieser Abstand verringerte sich ständig. Nach einer weiteren Serie von Turniererfolgen sowie einem Siegeszug durch die Kandidatenwettkämpfe (6:3 gegen Beljawski, 7:4 gegen Kortschnoi und 8,5:4,5 gegen Smyslow) übernahm Kasparow sogar für ein halbes Jahr die Führung der Weltrangliste, die, wenn man den inaktiven Fischer nicht berücksichtigt, neun Jahre lang ununterbrochen von Karpow angeführt wurde." (Aus: „Schach-WM '85"; Pfleger, Borik, Kipp-Thomas, FALKEN-Verlag 1985)

13. Weltmeister
Seit 1985 Garry Kasparow

Geboren am 13. April 1963 in Baku

Karpow – Kasparow   **5:3**
Gespielt vom 10. September 1984 bis 15. Februar 1985

Dieser WM-Kampf, der auf 6 Gewinnpartien angelegt war, wurde nach 48 Partien beim Stand von 5:3 für Karpow durch den FIDE-Präsidenten Campomanes abgebrochen.

Am 10. September begann in Moskau der Titelkampf zwischen dem Weltmeister Karpow und seinem Herausforderer Kasparow. Der Wettkampf, bei dem Karpow gegen den zehn Jahre jüngeren Rivalen nach 9 Partien mit 4:0 führte, nahm einen unerwarteten Verlauf. Kasparow blockte den Gegner mit 17 Remispartien in Folge zunächst ab, verlor dann aber die 27. Partie, so daß es 5:0 für den Weltmeister stand, der nur noch einen einzigen Gewinnpunkt zur erfolgreichen Titelverteidigung benötigte. Vier unentschiedene Partien folgten, bevor Kasparow seinen ersten Sieg gegen Karpow verbuchen konnte. Nach weiteren 14 Remispartien gewann der Herausforderer gleich zwei Punkte in Folge. Der Stand: 5:3 für Karpow. FIDE-Präsident Campomanes, Duzfreund von WM Karpow, flog eilends nach Moskau, um gegen den Willen der Spieler – so der Eindruck auf einer auch in den Westen übertragenen TV-Pressekonferenz – den Wettkampf nach 48 Partien und einer Spieldauer von annähernd sechs Monaten am 15. Februar zu annullieren. Ein Proteststurm erhob sich, vor allem von Kasparow, gegen diese selbstherrliche Maßnahme des FIDE-Präsidenten. Dieser wollte die Gesundheit der Spieler schützen, so die offizielle Äußerung; aber zu offensichtlich war, daß Campomanes seinen Freund Karpow vor dem Absturz bewahren wollte. Karpow war seit drei Monaten nicht mehr imstande gewesen, eine Partie zu gewinnen.
Der FIDE-Kongreß 1985 hieß die Maßnahme von Campomanes gut. Ein neuer Wettkampf mit neuem Modus, sechs Siege in höchstens 24 Partien, wurde festgesetzt. Dem Herausforderer

blieb nichts anderes übrig, als sich dem Diktat der UdSSR-Schachföderation und der FIDE zu beugen. Am 3. September begann in Moskau der zweite Wettkampf Karpow – Kasparow.

Karpow – Kasparow   11:13
Gespielt vom 3. September bis 9. November 1985 in Moskau

Kasparow gewann zwar die 1. Partie, doch Karpow führte nach der 8. Partie mit 4,5:3,5 Punkten. (Der Sieger benötigte 6 Siege oder 12,5 Punkte; dem Titelverteidiger genügte ein 12:12.) In der 11. Partie glich Kasparow aus und stürmte zum ersehnten Ziel.

In der 24. und letzten Partie, beim Stande von 12:11 für Kasparow, konnte Titelverteidiger Karpow trotz verzweifelter Anstrengungen den Gegner nicht mehr gefährden. Im Gegenteil: Kasparow siegte glänzend im 42. Zug und wurde mit 13:11 Punkten, 22jährig, der jüngste Schachweltmeister aller Zeiten. Aber nach der 1985 ausgehandelten Regelung durfte der entthronte Weltmeister nach sechs Monaten einen „Revanchekampf" fordern. (Diese – auch als „Lex Karpow" bezeichnete – Regelung, die sich schon früher nicht bewährt hatte (Botwinnik!), galt nur für diesen Kampf.)

Folgen wir der Beschreibung der 24. Partie aus dem Buch: „Schach-WM '85", Pfleger, Borik, Kipp-Thomas, FALKEN-Verlag 1985:

„Altmeister Alfred Hitchcock hätte die Regie nicht besser führen können. Die letzte Begegnung wird alles entscheiden. Siegt Karpow, so bleibt er für weitere zwei Jahre Weltmeister. Kasparow genügt ein Unentschieden, um der neue Schachweltmeister zu werden. Der ausgleichenden Gerechtigkeit wegen spielt Karpow in dieser Alles-oder-nichts-Partie mit Weiß.

Die Eintrittskarten für die letzte Runde waren schon lange ausverkauft, der Schwarzmarkt blühte. Bis zu drei Tageslöhnen, so wird berichtet, waren die Moskauer Enthusiasten bereit zu zahlen, um dem Schachkrimi „live" beiwohnen zu können.

Sizilianisch
Karpow – Kasparow
Moskau 1985 (24. Partie der WM)
1. e4
Ein Raunen geht durch den Saal. Das Moskauer Publikum ist sachkundig und gut informiert. Jedermann weiß, daß Karpow in diesem Wettkampf keine einzige Partie, die er mit 1. e4 eröffnete, gewinnen konnte. Seine Bilanz aus sechs Partien: eine Niederlage bei fünf Remisen. Mit 1. d4 ist er wesentlich besser gefahren; zwei Siege und drei Remisen. Und ausgerechnet jetzt, wo es um alles geht…
1. …c5
Es wird ein heißes Duell geben, kein langweiliges „Geschiebe". Die Sizilianische Verteidigung hat nicht von ungefähr den Ruf einer Kampferöffnung. Wer dachte, Kasparow werde auf Sicherheit spielen und etwa die ruhige Russische Verteidigung oder das „feuerfeste" Caro-Kann wählen, der irrte sich gewaltig.
2. Sf3 d6 3. d4 cxd4 4. Sxd4 Sf6 5. Sc3 a6 6. Le2 e6 7. 0-0 Le7 8. f4 0-0 9. Kh1 Dc7 10. a4 Sc6 11. Le3 Te8 12. Lf3 Tb8 13. Dd2 Ld7 14. Sb3 b6 15. g4
Ein Trompetenstoß zum Angriff auf die schwarze Königsburg! Heute ist keine Zeit zu langwierigen Manövern, heute gleicht ein Remis der Niederlage; vorwärts!
15. …Lc8
Der schwarze Springer f6 zieht sich nach d7 zurück und nimmt die berühmte „sizilianische Auffangstellung" ein. Dem schwarzen Damenläufer winkt das Feld b7.
16. g5 Sd7 17. Df2 Lf8 18. Lg2 Lb7 19. Tad1 g6 20. Lc1 Tbc8 21. Td3 Sb4 22. Th3 Lg7
23. Dh4 wird mit …Sf8 leicht abgewehrt. Der Vormarsch f4-f5 bringt Weiß nichts ein: 23. f5 exf5 24. exf5 Lxg2+ 25. Dxg2 gxf5 und Schwarz kommt mit …Dc6 und …De5 zu gutem Spiel. 26. Txf5 Te1+ 27. Tf1 Txf1+ 28. Dxf1 Dc6+ nebst …Sxc2 ist sogar schlecht für Weiß.
23. Le3 Te7 24. Kg1
Auf der Diagonale g1-a7 fühlt sich der weiße König sicher.
24. …Tce8 25. Td1 f5
Allgemein hatte man hier mit 26. exf5 gerechnet, wonach 26. …Lxg2 27. Dxg2 exf5 zu einem Spiel mit verteilten Chancen führt. Für die Schwäche des Bauern d6 hat Schwarz einen ausreichenden

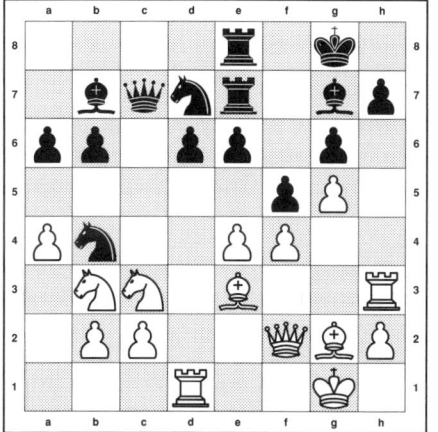

Ersatz in dem Druck auf der e-Linie und der Bedrohung des Bauern c2. Eine mögliche Variante
lautet 28. Sd5 Sxd5 29. Dxd5+ Kh8 30. Dxd6
Dxc2 31. Lf2 (31. Lxb6? Te1+) 31. ...Sf8 nebst
...Te2.

26. gxf6 Sxf6?!
Nichts sprach gegen 26. ...Lxf6, doch Kasparow
strebt Verwicklungen an.

27. Tg3 Tf7 28. Lxb6 Db8
Der Angriff von Schwarz richtet sich gegen den
Punkt f4 (Idee ...Sh5). Weiß konnte dies mit 29. Lf3
verhindern. Ob das Bauernopfer auch dann völlig
korrekt gewesen wäre, darüber werden sich die
Gelehrten noch lange streiten. Hier nur eine An-
regung: 29. ...e5 (Mit der Absicht nach 30. fxe5
Sxe4 31. Sxe4 Lxe4 die Läufer f3 und b6 unter
Beschuß zu nehmen.) 30. f5 (30. Le3 d5! drohend
...exf4 und ...Sxe4) 30. ...gxf5 31. exf5 d5 mit völ-
ligem Chaos auf dem Brett. In solchen Stellungen
ist schon nicht mehr wichtig, wer objektiv gesehen
etwas besser steht, sondern wem eine solche
Spielweise liegt. Es ist kein Geheimnis, daß Kasparow Verwicklungen liebt und sie wie kein
anderer meistert. Karpows Entscheidung

29. Le3
kann als objektiv richtig bezeichnet werden, unter
dem Aspekt der Wettkampftaktik jedoch gleicht
sie einem groben Fehler, denn nach

29. ...Sh5 30. Tg4 Sf6
wird klar, daß Schwarz entweder Remis durch
Zugwiederholung erzwingen oder vorteilhafte
Verwicklungen herbeiführen kann, zum Beispiel
31. Tg3 Sh5 32. Tf3 Lxc3 33. bxc3 Sa2 mit der
Doppeldrohung ...Sxc3 und ...Lxe4.

31. Th4
Karpow geht der Zugwiederholung aus dem Weg.
Er muß ja unbedingt gewinnen…

31. ...g5!
Eine solche Wendung läßt Kasparow nie aus!

32. fxg5 Sg4 33. Dd2 Sxe3 34. Dxe3 Sxc2 35. Db6?
In Zeitnot verliert Karpow den Faden. 35. Dd3
Da7+ 36. Kh1 Se3 37. Td2 Sxg2 nebst ...Tef8
und/oder ...Le5 gibt Schwarz ausgezeichnetes
Spiel, doch nach dem Textzug wird die Lage des
Anziehenden noch schlimmer.

35. ...La8! 36. Txd6
Nach 36. Dxb8 Txb8 37. Sc1 Txb2 steht Schwarz
klar besser. Mit dem Textzug hofft Karpow auf
taktische Tricks – oder auf ein Wunder…

36. ...Tb7 37. Dxa6 Txb3 38. Txe6 Txb2 39. Dc4
Die durchsichtige Mattdrohung .Te8++ wird
leicht pariert.

39. ...Kh8 40. e5?
Zieht das Ende mit Schrecken dem Schrecken
ohne Ende vor.

40. ...Da7+ 41. Kh1 Lxg2+ 42. Kxg2
Hier gewann unter anderem auch 42. ...Se3+,
doch Kasparow holt sich lieber den Turm auf e6.

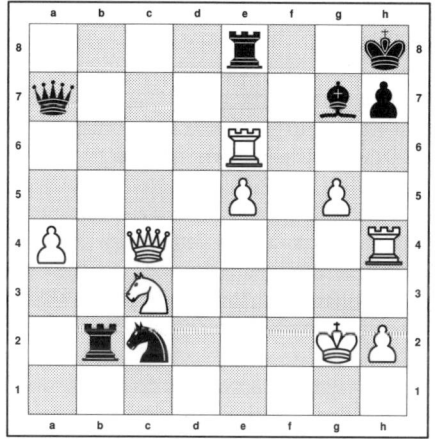

42. ...Sd4+   **0:1**

Revanchewettkampf
Kasparow – Karpow   **12,5:11,5**
Gespielt vom 28. Juli bis 8. Oktober in London
und Leningrad

Nach nur acht Monaten Ruhepause, eine Zeit, die geprägt wurde durch die immer schärfer werdende Auseinandersetzung zwischen dem neuen Weltmeister Kasparow und dem FIDE-Präsidenten Campomanes, was die Schachwelt fast in zwei Lager spaltete, traten die Kontrahenten zunächst in London gegeneinander an. Am 27. August, nachdem die 12. Partie gespielt worden war, führte der Weltmeister mit 6,5:5,5, und nach einer Verschnaufpause, in der die beiden Lager ihre Zelte in Leningrad für die zweite Hälfte des Wettkampfes aufbauten, konnte Kasparow seinen Vorsprung bis zur 17. Partie auf 9,5:6,5 ausbauen. Dann geschah das Unerklärliche: Kasparow verlor drei Partien in Folge! Wie konnte so etwas nur geschehen? Der Grund war, laut Kasparow, daß einer seiner Sekundanten für Karpow spioniert habe! Solch ein Vorwurf (der übrigens noch ein gerichtliches Nachspiel haben sollte) war bis dahin noch bei keiner Weltmeisterschaft erhoben worden. Was auch immer geschehen sein mag, Karpow hatte den Kampf ausgeglichen und beim Stand von 9,5:9,5 bei noch fünf ausstehenden Partien war wieder alles offen. In der Schlußphase erreichte Kasparow dann einen Sieg bei 4 Remisen und hatte somit seinen Titel verteidigt.

Der WM-Zyklus war etwas aus den Fugen geraten. Während die beiden großen "Ks" (wie Kasparow und Karpow auch genannt werden) um den WM-Titel stritten, spielten andere in den Zonen- und Interzonenturnieren sowie in den anschließenden Kandidatenwettkämpfen schon wieder den nächsten Finalisten aus (der Verlierer des Wettkampfes um die Weltmeisterschaft sollte der zweite Finalist der Kandidatenkämpfe sein). Programmgemäß sollte die nächste WM 1987 ausgetragen werden. Während sich Karpow auf das Finale gegen Sokolow vorbereitete, das er schließlich auch gewann und somit ein weiterer WM-Kampf Kasparow – Karpow ins Haus stand, vertiefte sich der Graben zwischen dem Weltmeister und dem Präsidenten des Weltschachbundes, Campomanes. Ein Versuch, Campomanes beim FIDE-Kongreß während der Schacholympiade in Dubai zu stürzen, schlug fehl. In Dubai wurde auch auf Initiative Kasparows die GMA (Grandmaster Association) gegründet, deren

Zielsetzung unter anderem ist, lukrative Turniere und Wettkämpfe in eigener Regie durchzuführen und auch die Ausrichtung und Vergabe der Weltmeisterschaft in die eigenen Hände zu nehmen. Zwischen beiden Organisationen, FIDE und GMA, entbrannte ein heftiger Machtkampf, der bis heute trotz verschiedener Schlichtungsversuche nicht beigelegt ist. Obwohl schon um den WM-Kampf 1987 diverse Kontroversen ausgetragen wurden, konnte dieses Match noch halbwegs reibungslos über die Bühne gebracht werden.

Kasparow – Karpow   12:12
Gespielt vom 12. Oktober bis 19. Dezember 1987 in Sevilla

Fast im Gleichschritt marschierten beide Spieler bis zur 22. Partie (16 Partien endeten remis, 3 gewann Karpow und 3 gewann Kasparow). Die 23. Partie konnte Karpow für sich entscheiden, so daß der Weltmeister, beim Stand von 11:12, die letzte Partie unbedingt gewinnen mußte, wollte er den Titel verteidigen. Nach 64 Zügen, nach dem Abbruch und Weiterspiel am nächsten Tag, gab sich Karpow schließlich geschlagen und Kasparow hatte den 12:12-Ausgleich erreicht. Auf der anschließenden Pressekonferenz agierte Kasparow ähnlich wie ein Politiker nach einer verlorenen Wahl: „Das 12:12-Ergebnis sehe er als seinen Sieg an, denn er hätte damit die Legende von Karpows starkem Nervenkostüm zerstört. Karpow hätte in der 24. Partie eben Nerven gezeigt, er, Kasparow, wäre nach der 23. Partie zwar nicht gerade in bester Verfassung gewesen, aber in der 24. Partie hätte er sich voll mobilisieren können. Nur in dieser Partie hätte man den „richtigen" Kasparow gesehen, die übrigen Partien hätte er nicht mit gewohnter Kraft gespielt." (Nach „Schach-WM 87", Pfleger, Borik, Kipp-Thomas; FALKEN-Verlag 1987)

Mit den 24 Partien dieses dritten Zweikampfes der beiden „ewigen" Rivalen hatten sie sage und schreibe 120 Partien innerhalb von drei Jahren miteinander ausgetragen, mit einem Gesamtscore von 60,5:59,5 für den Weltmeister. Niemals zuvor waren zwei Spieler so oft aufeinandergetroffen.

Sizilianisch

Keres-Angriff

Der Este Paul Keres (1916-1975) gehört zu den größten Persönlichkeiten der Schachgeschichte. Seit Nottingham 1938, einem Turnier, an dem die gesamte Elite der Schachwelt teilnahm und das von Keres zusammen mit dem Amerikaner Reuben Fine gewonnen wurde, bis zu seinem Tode zählte Keres zu den besten Spielern der Welt.

Paul Keres hat nicht nur gewaltige sportliche Erfolge erreicht, er bereicherte auch die Eröffnungstheorie um viele bemerkenswerte Ideen. Eine davon ist der Angriff 6. g4 gegen das Scheveninger-System, ein Zug, der den Anhängern des Scheveningers jahrzehntelang Kopfzerbrechen bereitete.

L. Ljubojevic – G. Kasparow

Weltcupturnier Belfort 1988

1. e4 c5 2. Sf3 d6

Kasparow variiert die Reihenfolge der für das Scheveninger-System typischen Züge ...e6 und ...d6, in der Mehrheit seiner Partien sehen wir jedoch 2. ...e6.

3. d4 cxd4 4. Sxd4 Sf6 5. Sc3 e6 6. g4

Der Keres-Angriff. Weiß will mit g4-g5 fortsetzen und damit am Königsflügel Raum gewinnen. Falls Schwarz kurz rochiert, soll der Vorstoß des g-Bauern der Vorbote für den heftigen Bauernsturm h4-h5 und g5-g6 sein.

Schwarz kann das Vorrücken des g-Bauern mit ...h6 vorläufig verhindern, doch der Bauernrandzug schwächt den Königsflügel, so daß die kurze Rochade für den Nachziehenden erst recht bedenklich wird. Außerdem kann Weiß nach Tg1 und h4 doch noch zu g4-g5 kommen.

6. ...Sc6

In seinem 1983 verlegten Buch „Sicilian with ...e6/...d6" bezeichnete Kasparow diesen Zug als den besten.

7. g5 Sd7 8. Tg1

In vielen Partien kam die Zugumstellung 8. Le3 Le7 9. Tg1 vor.

8. ...Le7 9. Le3 0-0 10. Dd2

Weiß will schnell rochieren und dann seine Königsflügelbauern gegen den gegnerischen König losschicken.

10. ...a6 11. 0-0-0 Sxd4 12. Lxd4 b5 13. f4

Das vorsorgliche 13. a3 wird mit ...Tb8 14. Tg3 Te8! 15. f4 Lf8 16. f5 Da5 beantwortet, und die

Möglichkeit ...b4 verschafft Schwarz gute Chancen (Kasparow).

13. ...b4

Wohin mit dem Springer? Kasparow gibt in seinem erwähnten Buch 14. Sa4 Da5 15. b3 Lb7 16. Lg2 e5 17. Le3 exf4 18. Lxf4 Se5 nebst ...Tc8 mit gutem Spiel für Schwarz an.

14. Se2 Da5 15. Kb1 e5 16. Lf2

Das Standardmanöver ...exf4 (Absicht ...Se5) ist hier nicht gut, da Weiß auf f4 mit seinem Springer nimmt und Sd5 folgen läßt.

16. ...Sc5 17. De3 Le6 18. Sc1

18. b3 Db6 nebst ...a5-a4 gefiel Ljubojevic nicht.

18. ...exf4 19. Dxf4 Tac8 20. Ld4 Tfe8 21. Sb3 Da4 22. Lf6 Lf8

Natürlich nicht 22. ...gxf6?? 23. gxf6+.

23. Tg3 Dc6

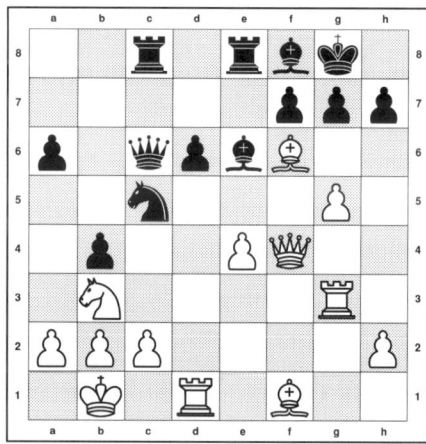

Spätestens hier ist die Eröffnungsphase abgeschlossen. Schwarz hat eine gute Stellung erreicht. Sein Spiel richtet sich zunächst gegen den Bauern e4. Wegen der Anfälligkeit des Punktes c2 darf Weiß nun nicht 24. Lg2?? spielen (...Sxb3 und ...Dc2+).

24. Sxc5dxc5 25. Le5 c4 26. Ld6 b3! 27. c3?

Nicht 27. axb3 cxb3 28. c3 (28. cxb3?? Dc2+) 28. ...Da4 und ...Da2+. Aber nach 27. Tc3 wäre der Kampfausgang offen gewesen. Wer kann allerdings ahnen, daß 27. c3? die Diagonale b1-h7 schwächt?!

27. ...Tcd8!

Da der Td1 ungedeckt ist, ist die Antwort erzwungen.

28. e5 Lxd6 29. exd6

Auch nach 29. Txd6 Txd6 30. exd6 Td8 geht ein Bauer verloren.

29. ...Txd6!!

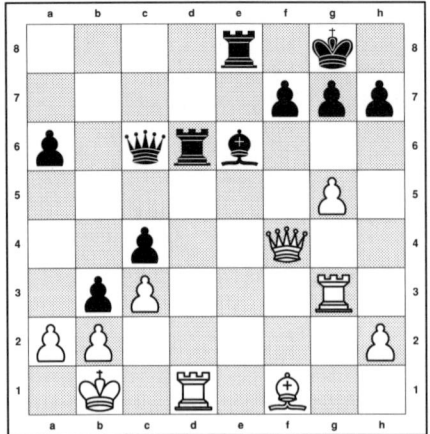

Ein Blitz aus heiterem Himmel! Das Turmopfer darf nicht angenommen werden:

A) 30. Txd6 Lf5+ 31. Kc1 (31. Dxf5 Te1+ 32. Td1 Txd1+ matt) 30. ...bxa2!! 32. Txc1 a1D+ 33. Kd2 De1 matt!

B) 30. Dxd6 Lf5+ 31. Kc1 (31. Ka1 Dxd6 mit Damengewinn, da 32. Txd6 das Grundreihenmatt Te1+ zur Folge hat; 31. Ld3 oder 31. Tgd3 verlieren die Dame.) 31. ...bxa2!! 32. Da3 (32. Dxc6 a1-D+ 33. Kd2 Dxb2 matt) 32. ...De4 33. Ld3 (sonst ...Dc2 matt; 33. Td2 Db1 matt) 33. ...Df4+ 34. Td2 (34. Kc2 Te2+! nebst matt) 34. ...cxd3 35. Tgxd3 (35. Dxa2 Te1 matt) 35. ...Lxd3, und der Vorhang fällt.

Das war übrigens die schönste Kombination des Weltcup-Turniers im französischen Belfort, das von Kasparow mit einem Punkt Vorsprung vor Karpow gewonnen wurde.

Der riesige Zug 29. ...Txd6!! führt praktisch die Entscheidung herbei.

30. Tc1 Dc5 31. Ka1 Ted8 32. Te3 Td1 33. Te1 Txe1 34. Txe1 Da5 35. a3 Dd5 36. Le2 g6 37. h4 Dd2 38. Df1 Lh3 39. Dg1 Te8

Wegen 40. Df2 Lg4 mit Materialgewinn   **0:1**

(Aus: „Kasparows Schacheröffnungen", Otto Borik, FALKEN-Verlag 1989)

In den beiden folgenden Jahren erklärte Weltmeister Kasparow immer wieder, daß er nicht bereit sei, unter der Ägide der FIDE – speziell unter der Präsidentschaft Campomanes – einen weiteren WM-Kampf zu spielen. Während die Ausscheidungskämpfe zur Ermittlung des Herausforderers 1990 planmäßig ausgetragen wurden (es siegte schließlich wieder Anatoli Karpow, der im April 1990 in Kuala Lumpur den Holländer Jan Timman überzeugend mit 6,5:2,5 geradezu deklassierte), führten die Gespräche zwischen der FIDE und der GMA zunächst zu keiner Einigung. Am Ende siegte dann doch die Vernunft, freilich mit kräftiger Hilfe des Mammons. Nach der Aufstockung des WM-Preisfonds auf unglaubliche 4,1 Millionen Schweizer Franken – die höchste Schach-WM-Börse der Geschichte –, wurde endlich Übereinkunft über den Modus, den Zeitplan und weitere Einzelheiten erzielt. Die GMA gab die für die FIDE nicht akzeptable Forderung, die WM solle unter Regie der GMA stattfinden, endlich auf, dafür wird die GMA in dem fünfköpfigen Gremium „World Championship Commitee" einen Sitz und somit ein Mitspracherecht haben.

Die WM wird am 7. Oktober 1990 in New York beginnen, wo die erste Hälfte des Matches gespielt wird. Danach folgt eine Woche Pause, in der die Spieler nach Lyon umziehen, wo die zweite Matchhälfte ausgetragen wird. Gespielt wird nach dem mehrfach angewandten Modus: 24 Partien, bei 12:12 behält der Weltmeister seinen Titel; drei Partien pro Woche, jeder Spieler kann im gesamten Verlauf des Matches maximal drei Auszeiten nehmen. Somit kann das Match maximal 10 Wochen dauern. Über den Ausgang des Kampfes läßt sich nur spekulieren; aller Wahrscheinlichkeit nach wird aber Kasparow wohl die erfolgreiche Titelverteidigung glücken. Wie schon in den Vorjahren wird auch über dieses Match ein WM-Buch im FALKEN-Verlag erscheinen.

Anhang

Kleines Schachlexikon

Abgabezug nennt man den Zug, den der Turnierspieler beim Abbruch einer Partie (s. a. *Hängepartie*) nach der vorgeschriebenen Spielzeit (4 oder 6 Stunden) geheim in ein Kuvert gibt. Beim Weiterspiel zu einer vorher vereinbarten Zeit öffnet der Turnierleiter das verschlossene Kuvert, führt den Zug am Brett aus und setzt die Uhr des nun am Zug befindlichen Spielers in Gang. Ist dem Spieler bei Niederschrift des Zuges ein Schreibfehler unterlaufen, hat er einen ungültigen Zug notiert, so erklärt der Schiedsrichter die Partie für ihn als verloren.

Anziehender: Der Spieler, der die weißen Steine führt.

Bedenkzeit: Auf Turnieren beträgt die B. 2 Stunden für 40 Züge pro Spieler, anschließend 1 Stunde für 20 Züge. Nach der Gesamtspielzeit von 6 Stunden wird die Partie abgebrochen (s. *Abgabezug*). Die Einteilung der B. steht jedem Spieler frei, er muß nur die erforderliche Anzahl von Zügen vor der *Zeitkontrolle* absolviert haben. Die B. für Blitzpartien beträgt in der Regel 5 Minuten pro Spieler; in dieser Zeit muß die Partie beendet sein. In letzter Zeit werden auch vermehrt Schnellschachturniere (rapid-chess-Turniere) durchgeführt: jeder Spieler hat für die gesamte Partie eine B. von 30 Minuten.

Berührt – geführt: Die international befolgte Regel besagt, daß ein berührter Stein gezogen werden muß. (s. *J'adoube*)

Blindenschach: Blinde Schachspieler spielen mit kleinen Brettern, bei denen die dunklen Felder höher gearbeitet sind. Die schwarzen Steine sind mit Metallknöpfen versehen und fühlen sich beim Abtasten kühler an. Die Figuren werden an kleinen Stiften in die Versenkungen der Felder gesteckt. Die Anschrift des Deutschen Blindenschachbundes: Günter Schöchlin, Bonhoefferstr. 10, 6900 Heidelberg 1.

Blindspiel: Das Spiel ohne Ansicht von Brett und Figuren. Bei einer Blindsimultanvorstellung spielt ein Meister gegen mehrere Gegner gleichzeitig. Die Züge der Gegner werden dem Blindspieler, der in einem separaten Raum sitzt, durch Zuruf eines Sekundanten übermittelt. Großmeister M. Najdorf spielte 1947 in Sao Paulo gegen 45 Gegner blindsimultan. Nach 23 Stunden lautete das Ergebnis +39, =4, –2.

Blitzschach: Jeder Spieler hat pro Partie 5 Minuten zur Verfügung (*Bedenkzeit*). Blitzturniere, auch als Mannschaftswettbewerbe, sind sehr beliebt, vor allem bei jungen Spielern. Bei der Blitzweltmeisterschaft im Januar 1988 in St. John (Kanada) setzte sich Michail Tal gegen Waganjan durch, Kasparow schied bereits im Viertelfinale aus.

Blockade: Wenn eine Figur so vor einen Bauern gesetzt wird, daß dieser nicht weiterziehen kann. Meist werden gegnerische Bauern „blockiert", vor allem, wenn sie keine Unterstützung haben durch eigene Bauern, wenn sie „isoliert" sind. Es können aber auch ganze Bauernketten oder ganze Stellungen blockiert sein. Es handelt sich dann meist um geschlossene Positionen. In solchen Stellungen ist meist der Springer dem Läufer überlegen.

Caissa: Die Muse des Schachspiels.

Dauerschach: auch „Ewiges Schach", wenn eine Seite in der Lage ist, fortwährend Schach zu bieten. (s. a. im Textteil *50-Züge-Regel*). Nach dreimaligem Vorkommen der gleichen Stellung kann Remis reklamiert werden.

Demonstrationsbrett: Ein Schaubrett, meist magnetisch, zum Vorführen von Partien bei Veranstaltungen.

Diagonale: Die Schrägen auf dem Schachbrett, die langen Diagonalen verlaufen von a1 bis h8 und h1 bis a8.

Doppelbauer: Hintereinanderstehende Bauern der gleichen Partei. Ein D. kann vorteilhaft sein, wenn durch ihn das Zentrum verstärkt oder die Königsstellung noch sicherer gemacht wird.

Doppelschach: Wenn durch ein Abzugsschach dem König gleich auf zwei Arten Schach geboten wird (das nur durch einen Königszug abgewehrt werden kann).

DSB: Deutscher Schachbund, hier sind alle Landesschachverbände zusammengeschlossen. Anschrift: DSB, Breitenbachplatz 17-18, 1000 Berlin 33, Telefon: 030/824 8979.

DSJ: Deutsche Schachjugend, eine dem *DSB* angeschlossene Jugendorganisation, Anschrift siehe unter DSB.

Einstellen: Wenn ein Spieler aus Versehen einen Stein ungeschützt stehen läßt, und der Gegner kann ihn schlagen, so sagt man, der Stein (Figur) „steht ein", oder der Spieler hat eine Figur (Stein) „eingestellt".

Elo-System: Wertungssystem des Weltschachbundes, mit dem die Spielstärke der Spieler anhand ihrer Turnierergebnisse berechnet wird. Nicht einmal ein Prozent aller Vereinsspieler hat überhaupt die erforderliche Spielstärke, um in die Elo-Liste (vom Weltschachbund halbjährlich herausgegeben) aufgenommen zu werden. Die niedrigste Elo-Zahl ist 2200 (bei den Frauen 2000). Jahrelang führte Fischer die Elo-Liste mit einer Zahl von 2785 an. Erst in der für das erste Halbjahr 1990 erschienen Liste hat es der Weltmeister Kasparow geschafft, ihn mit einer Zahl von 2800 zu übertrumpfen. An zweiter Position liegt Karpow mit 2730, gefolgt von Timman mit 2680. Der beste deutsche Spieler, Dr. Hübner belegt Rang 30 mit einer Zahl von 2595. Die stärkste Spielerin der Welt, die erst 13jährige Judit Polgar, würde mit ihrer Zahl von 2550 Platz 74 bis 81 bei den Männern einnehmen.

Endspielstudie: Eine künstliche Stellung, auch Studie genannt, als Aufgabe für den Löser. Im Gegensatz zum Schachproblem wird in der Studie nicht angegeben, wieviele Züge bis zur Lösung erforderlich sind; es genügt, wenn eine theoretisch anerkannte Gewinn- oder Remisstellung erzwungen worden ist. Die Studien sind in Gewinn- oder Remisstudien unterteilt.

En passant: Das Schlagen im Vorübergehen, abgekürzt als e. p. oder i. V. notiert.

Entfernter Freibauer: Ein F., der weiter entfernt als der gegnerische F. von der Mitte oder der restlichen Bauernkette steht.

Epaulettenmatt: Ein Mattbild (Mattstellung), bei dem der König, links und rechts von eigenen Figuren eingerahmt, behindert ist. Er trägt wie die Offiziere Schulterstücke, „Epauletten" genannt.

Ersticktes Matt: Wenn durch Damenopfer und nachfolgendes Springerschach der König matt wird. Dabei muß die Dame vom gegnerischen Turm oder Springer geschlagen werden, wodurch das letzte Fluchtfeld verstellt und der König „erstickt" worden ist. Dann gibt der Springer matt.

Familienschach: Damit ist der Doppelangriff (*Gabel*) des Springers auf König und Dame gemeint, wobei die gegnerische Dame erobert werden kann.

Fernschach: Die Züge werden durch Postkarten übermittelt. Bedenkzeit 30 Tage für 10 Züge. Jeder Schachspieler kann an Fernschachturnieren beim Bund deutscher Fernschachfreunde teilnehmen. Anschrift des BdF: Eugen Thüner, Postfach 200 514, 4690 Herne 2.

Fesselung: Ein gegnerischer Stein kann an den König gefesselt werden durch Dame, Turm oder Läufer; er schützt den König vor einem direkten Angriff. Fesselungen durch den Läufer gehören zur Technik der Schacheröffnungen. Ist ein Stein an den König gefesselt, handelt es sich um eine absolute Fesselung; eine Fesselung an die Dame ist nur eine bedingte und kann durch Wegziehen der gefesselten Figur (Stein) – auf Kosten von Damenverlust – gelöst werden.

Fianchetto: aus dem Italienischen; Bezeichnung für die Entwicklung der Läufer auf die *langen Diagonalen* (Lb2, Lg2, Lb7, Lg7).

FIDE: Weltschachbund = Fédération Internationale d'Échec.

Freibauer: Ein Bauer, dem auf dem Weg zur letzten Reihe kein gegnerischer Bauer mehr im Weg steht, weder vor ihm noch neben ihm. Am stärksten sind im Endspiel verbundene F., von denen je nach Lage einmal dieser, dann jener vorrückt.

Gabel: Doppelangriff. Meist ist damit die Bauerngabel gemeint, die durch einen Zug zwei gegnerische Figuren angreift oder „aufspießt". Bekannt ist auch die Springergabel (s. *Familienschach*), mit der zwei oder mehr Steine gleichzeitig angegriffen werden können.

Gambit: Bauernopfer in der Eröffnung. Stammt aus dem Italienischen (dare il gambetto = jemandem ein Bein stellen).

Geschlossene Spiele: Wenn anders als 1. e2-e4 eröffnet wird. Es kommt bei den geschlossenen Spielanfängen nicht so früh wie bei den *Offenen Spielen* zur Öffnung der Zentrallinien und damit des Spiels.

Großmeister: Der Titel „Internationaler Großmeister" wird offiziell durch die FIDE zuerkannt. Es sind dafür genaue Normen festgelegt, die der betreffende Spieler innerhalb von 3 bis 5 Jahren zu erfüllen hat sowie eine Elo-Zahl (s. *Elo-System*) von mindestens 2500.

Grundreihenmatt: Wenn der gegnerische König auf seiner Grundreihe durch eine schwere Figur (Turm oder Dame) mattgesetzt wird. Meist fehlt dem König ein *Luftloch*.

Halboffene Spiele: Eröffnungen, in denen Weiß 1. e2-e4 zieht, Schwarz aber anders als …e7-e5 antwortet.

Hängepartie: Eine Partie, die nach der vorgeschriebenen Spielzeit nicht beendet werden konnte, wird abgebrochen (*Abgabezug*) und zu einem vorher vereinbarten Zeitpunkt weitergespielt, sie „hängt".

Hineinziehungsopfer: Durch ein Figurenopfer wird der gegnerische König in ein Mattnetz gezogen.

J'adoube: Ankündigung des Spielers, der seine Steine zurechtrücken will (s. *Berührt-geführt*). Es ist auch erlaubt: „Ich rücke zurecht" zu sagen.

Kiebitz: Zuschauer beim Schach.

Kombination: Eine vorausberechnete Zugfolge.

Kombinationsspiel: Ein Ausdruck, der für lebhafte Partien mit kombinatorischen Wendungen gebraucht wird. Ein K. kann erst erfolgreich sein, wenn die positionellen Erfordernisse dazu geschaffen worden sind. Trotzdem spricht man von einem Positionsspieler oder Kombinationsspieler, je nach Temperament oder Stilart.

Luftloch: Ein Bauernzug an der *Rochade*stellung wie h2-h3 oder h7-h6, der für den König ein Fluchtfeld bei Schachgeboten auf der Grundreihe freimacht. Wer kein L. hat, wird oft von einem *Grundreihenmatt* überrascht.

Mansube: Arabische Schachkomposition und Vorgänger des späteren Schachproblems. Es gibt M. aus dem Jahre 1000 nach den alten Spielregeln. Das moderne Schachproblem taucht erst im 19. Jahrhundert auf.

Nachziehender: Spieler, der die schwarzen Steine führt (s. *Anziehender*).

Narrenmatt: 1. g4 e5 (e6) 2. f3 Dh4# (illustriert im Textteil).

Offene Spiele: Wenn 1. e2-e4 mit …e7-e5 erwidert wird.

Offiziere: Leichtfiguren (Läufer und Springer).

Open: Bezeichnung für ein offenes Turnier, offen für jedermann. Jeder kann nach Entrichtung des Startgeldes teilnehmen. (s. *Schweizer System*)

Opfer: Hergabe eines Steines entweder gratis oder gegen einen von geringerem Wert (*Qualitätsopfer*). Damit wird ein positioneller oder materieller Vorteil bezweckt. Es werden Bauern oder

Figuren geopfert. Am effekvollsten sind die Damenopfer, zum Beispiel beim *Erstickten Matt*. (*Scheinopfer*)

Opposition: Gegenüberstellung der Könige im Bauernendspiel auf einer Reihe oder einer Linie. Bei der Nahopposition sind die Könige durch ein Feld, bei der Fernopposition durch drei oder fünf Felder getrennt. Hat die materiell schwächere Partei die O., so wird sie eher das Remis erreichen.

Patt: Wenn eine am Zug befindliche Partei nicht im Schach steht und keine seiner Figuren einschließlich des Königs ziehen, der Zugpflicht also nicht genügen kann. Ist eine Partei patt, so ist das Ergebnis der Partie remis.

Patzer: Ein Spieler, der ahnungslos auf alles hereinfällt. Der Ausdruck wird häufig auch für Fehlzüge benutzt: „Er hat gepatzt" (er hat einen schweren Fehler gemacht).

Problem: Schachaufgabe

Quadrat: Endspiel-Hilfsregel, die auf einen Blick die Aussage erlaubt, ob ein feindlicher *Freibauer* vom König noch vor der Umwandlung eingeholt werden kann.

Qualität: Der Wertunterschied zwischen einem Turm und einer leichten Figur. Q.-Gewinn – Eroberung eines Turmes für einen Läufer oder Springer – genügt bei sonst gleicher Stellung im allgemeinen zum Partiegewinn. Q.-*Opfer* – Opfer eines Turmes für einen L oder S, meist um positionelle Vorteile zu erlangen (positionelles Q.-Opfer häufig in Sizilianisch …Tc8xSc3).

Remis: Unentschieden

Rochade: Doppelzug von König und Turm; lange R. wird notiert als 0-0-0, kurze R.: 0-0.

Rundenturnier: Ein Turnier mit begrenzter Teilnehmerzahl, bei dem jeder Spieler gegen jeden Spieler antreten muß.

Salonremis: Ein Kurzremis (remis nach wenigen Zügen; das kürzeste Remis bei einer Turnierpar-

tie war z. B. 1. c4 – remis, Hübner – Rogoff, Studentenolympiade 1968 Graz), von den Spielern meistens vor einer Turnierpartie vereinbart. Eine als unsportlich verpönte Unsitte, vom Veranstalter und vom Publikum aus gesehen; eine Sicherheitsmaßnahme vom Blickpunkt der Spieler aus gesehen.

Schachautomat: Von dem ungarischen Baron v. Kempelen 1769 im Auftrag der Kaiserin Maria Theresia gebaut. Der Automat stellte auf dem Kasten einen Türken dar, der gegen jedermann Schach spielte. Das technische Wunderwerk, mehrmals nachgebaut, war die Sensation der damaligen Zeit. Vor dem Spiel durften die Zuschauer das glitzernde Räderwerk in den Fächern des 110x75x66 cm großen Apparates besichtigen, damit jeder Verdacht beseitigt war, es könne ein Mensch im Innern die Züge lenken. Auch Napoleon verlangte 1809 bei seinem Einzug in Wien im Schloß Schönbrunn gegen den Automaten zu spielen; der Kaiser verlor. Jeder Zug wurde vom Automaten durch ein Glockensignal angekündigt; ein Angriff auf die Dame wurde durch zweimaliges Kopfnicken des Türken, Schach durch dreimaliges Nicken angezeigt. Als das Geheimnis nach über 50 jahren gelüftet werden konnte – im Innern war doch ein Schachspieler untergebracht! –, erlosch das Interesse der Öffentlichkeit. Über die Geschichte des Schachautomaten existieren zahlreiche Schriften.

Schachuhr: Doppeluhr, mit der bei einer Turnierpartie der Zeitverbrauch der Spieler gemessen und festgehalten wird. Eingeführt etwa ab 1870.

Schäfermatt: 1. e4 e5 2. Lc4 d6 3. Df3 (Dh5) Sc6 4. Dxf7# (siehe Textteil).

Scheinopfer: Ein Figurenopfer (häufig in der Eröffnung), bei dem der Rückgewinn der geopferten Figur gesichert ist. Ein Beispiel: 1. e4 e5 2. Sc3 Sf6 3. Lc4 Sxe4! (4. Sxe4 d5 *Gabel*)

Schweizer System: Wenn auf offenen Turnieren (*Open*) mit erhöhter Teilnehmerzahl (etwa ab 24 Spielern) oder aus Zeitmangel kein *Rundenturnier* durchgeführt werden kann, wird das S. S. angewandt. In der 1. Runde werden die Begegnungen meist ausgelost (oder nach Ranglistenplätzen

vergeben, wobei zwei Gruppen gebildet werden und der stärkste Spieler der oberen Hälfte gegen den stärksten der unteren Hälfte gepaart wird usw.). In den folgenden Runden werden die Spieler, die den gleichen Turnierstand aufweisen (gleiche erreichte Punktzahl), in eine Gruppe zusammengefaßt und innerhalb der jeweiligen Gruppen die Paarungen der nächsten Runde ausgelost. Dabei gilt die Grundregel, daß ein Spieler nicht zweimal gegen den gleichen Partner antreten darf. So spielen immer solche Gegner miteinander, die gleichen oder annähernd gleichen Turnierstand aufweisen. Es können bei diesem System nur die ersten Ränge gerecht ausgespielt werden.

Sekundant: Beim Schach, vor allem auf nationalen oder internationalen Meisterschaften, offiziell zugelassen zur Beratung vor und nach – keinesfalls aber während – der Partien. Der S. soll seinen Schützling in allen schachlichen und persönlichen Belangen betreuen; er analysiert die abgebrochenen Partien (*Hängepartie*), damit der Spieler nicht zu sehr belastet wird, und berät ihn bei der Eröffnungswahl (beobachtet, was dessen Gegner in der Eröffnung bevorzugt).

Simultanvorstellung: Ein Meister tritt gleichzeitig gegen mehrere Spieler an, in der Regel 20 bis 40 Gegner.

Ströbeck: Schachdorf bei Halberstadt in der DDR. Es wird dort auch noch nach alten Regeln gespielt, wobei die Grundstellung nach 1. d4 d5 2. a4 a5 3. h4 h5 4. Dd3 Dd6 beginnt. Es gibt weder die Rochade, nach dem Doppelschritt des Bauern oder das En-passant-Schlagen. Es wird aber auch nach den neuen Regeln gespielt. Die Kinder gehen in S. praktisch mit dem Schachbrett zur Schule. Die Tradition des weltberühmten Schachdorfes geht bis auf das Jahr 1011 zurück, als ein gefangener Fürst des Kaisers Heinrich II. das Schachspiel mitbrachte. Der alte Turm, in dem der Gefangene hauste, ist heute ein Museum. S. ist Besuchsziel von Schachdelegationen aus der ganzen Welt.

Textzug: Der gerade gespielte Zug. So bezeichnet zum Unterschied von Variantenzügen bei einer Partieglossierung.

Trippelbauer: Drei hintereinanderstehende Bauern derselben Partei. Kommt öfters in Problemen, selten in der Partie vor.

Umwandlung: Ein Bauer, der die letzte Reihe erreicht, kann in eine beliebige Figur (außer König) derselben Farbe umgewandelt werden. Es spielt dabei keine Rolle, ob diese Figuren noch auf dem Brett vorhanden sind oder nicht. Es sind also so viele Damen oder andere Figuren denkbar, wie ein Spieler Bauern auf die letzte Reihe bringen kann. Theoretisch also 9 Damen: 1 aus der Grundstellung, 8 durch Umwandlung.

Unterverwandlung: Umwandlung eines Bauern auf der letzten Reihe in eine Figur unter dem Wert der Dame. Geschieht aus zweckmäßigen Gründen, entweder um Patt zu vermeiden oder um durch eine Springer*gabel* Vorteil zu erzielen.

Variante: Mögliche Abweichung von der Partiefortsetzung, wenn die Partie kommentiert oder von den Spielern nachträglich analysiert wird. Die Eröffnungen weisen zahlreiche „Varianten" auf, von denen der Meister die wichtigsten kennen muß.

Vorgabe: In früheren Jahrhunderten, heute selten, wurde schwächeren Gegnern Materialvorgabe von Zug und 1 bis 2 Bauern, aber auch von Springer, Turm oder gar Dame gewährt. Heute sind Vorgaben nur noch bei Blitzpartien üblich: Ein sehr guter Blitzspieler gibt dem Gegner Zeit vor, indem er mit 1 oder 2 Minuten Bedenkzeit gegen 5 Minuten des Gegners spielt.

Zeitnot: Nähert sich das Ende der *Bedenkzeit* und hat ein Spieler bis zur erforderlichen Zugzahl noch viele Züge zu machen, so befindet er sich in Zeitnot. Er muß dann zum Ende der Spielzeit bis zur Zeitkontrolle blitzartig ziehen. Schafft er es nicht, die erforderliche Zugzahl zu absolvieren, verliert er die Partie durch Zeitüberschreitung.

Zugzwang: Ein wichtiges Motiv in Endspielen. Ein Spieler muß, um der Zugpflicht zu genügen, einen Zug ausführen, obwohl er, um Nachteil zu vermeiden, lieber nicht ziehen würde. Der Begriff ist wortgetreu in die internationale Schachsprache übernommen.

Stichwortverzeichnis

A
Ablenkung 159
Abtausch 15
Abzugsschach 34, 45, 53, 54

B
Bauerndurchbruch 86
Bauerngabel 39, 90
Bauerngewinn 40, 41
Bauernkette 40, 89
Bauernmehrheit 60
Bauernstruktur 88
Bedenkzeit 56
Besetzung 41
Blindspiel 124
Brückenbau 71

D
Damenflügel 26
Dauerschach 27, 48
Diagonale, lange 52
Doppelangriff 39
Doppelschach 34, 42, 45, 46, 53
Dreiecksnutzung 82

E
Einsperrung 83
Endspiel 60
Entwicklungsrückstand 45

F
Falscher Läufer 84
Fesselung 41
Fesselung, absolute 40, 52
Fesselung, relative 40
Freibauer 60, 72
Freibauer, entfernter 79

G
Gambit 38
Gegengambit 57
Geschlossene Eröffnung 40
Geschlossene Spiele 41
Göttinger Handschrift 42, 126

H
Halboffene Spiele 42
Hineinziehungsopfer 125

I
Interzonenturnier 159
Italienische Schule 40

K
Kandidatenturnier 159
Kombinationsspiel 87
Kompensation 41, 47
Königsflügel 26
Kontrolle 41

L
Linie, halboffene 57, 105
Luftloch 31, 55

M
Mansuben 124
Matt, ersticktes 30, 58
Mehrbauer 39, 60
Minusbauer 39
Mittelspiel 60

N
Nahopposition 76

O
Offene Spiele 40, 41
Opposition 75, 76

P
Patt 28, 49, 50, 61, 77
Positionelle Überlegenheit 36
Positionsspiel 67, 87

Q
Quadrat, Regel vom 79
Qualität 43, 47
Qualitätsopfer 57 '

R
Randbauer 39
Raumvorteil 88
Remisschaukel 48

Rochade 26, 50
Rochade, künstliche 50, 91

S
Schacholympiaden 128
Schachproblem 125
Scheinopfer 90
Schlagabtausch 42
Simultanvorstellung 59
Springergabel 44, 86
Stellung,Beurteilung der 36

T
Tempoverlust 45
Tempozug 63

U
Überlastung 51
Umgehung 73
Umgruppierung 73, 78
Unterverwandlung 29

V
Vorgabe 37

W
Weltrangliste 169
Weltschachbund 144

Z
Zeitkontrolle 56, 81, 137
Zeitnot 56, 137
Zeitüberschreitung 137
Zeitverlust 46
Zentralpunkt 40, 41
Zentrumsbauer 37
Zentrumsfelder 40
Zentrumskontrolle 41
Zentrumspunkt 40
Zentrumsvorstoß 45
Zugumstellung 37
Zugwiederholung 81
Zugzwang 30
Zwischenschach 155
Zwischenzüge 42, 65

50-Züge-Regel 61

Namensverzeichnis

A
Al-Adli 125
Alfons X. 125
Aljechin 108, 114, 144, 146, 150, 151, 156
Saint Amant 132
Anderssen 126, 130, 132, 133, 144, 148

B
Bansa 124
Beljawski 169
Bilguer 126, 133
Billah 124
Bird 122
Blackburne 135
Bledow 132, 133
Blümich 144
Bogoljubow 117, 146
di Bona 127
Botwinnik 7, 9, 146, 151, 156
Brodie 133
Bronstein 103, 158

C
Campomanes 169
Capablanca 9, 52, 114, 144, 146, 148, 154
Carl 156
Carls 120
Caro 107
Cessolis 125
Chosroes 124
Cochrane 130
Cunningham 129

D
Damiani 125
Damiano 38, 44, 126, 127
Deschapelles 130
Diderot 129
Dufresne 133

E
Eisinger 94
Euler 129

Euwe 144, 146, 151, 165
Evans 94

F
Falkbeer 132
Fine 151, 152, 173
Firdausi 124
Fischer 7, 9, 103, 159, 161, 162, 176
Flesch 112
Flohr 9, 111, 146, 151
Földeak 49
Froumund 125

G
Geller 161, 162
Gligoric 161
Greco 93, 128, 148
Grünfeld 118, 148

H
Harrwitz 132
von Heidebrand und von der Lasa 124, 125, 132
Horowitz 58
Horwitz 132
Hübner 162, 176

J
Jänisch 102, 132
Janowski 146
Janssen 129

K
Kann 107
Karpow 95, 176
Kasparow 175, 176
von Kempelen 178
Keres 156, 159, 166, 173
Kieseritzky 132, 133
Kortschnoi 161, 162, 169

L
Labourdonnais 113, 130, 131
Lange 84
Larsen 112, 161, 162
Lasker 9, 144, 151, 164, 167
Lasker,Ed 146
de Legal 129
Lewis 130

Ljubojevic 95, 173
Lolli 129, 144
Löwenthal 133
Lucena 70, 126, 127

M
Macdonnel 113, 131
Maroczy 46, 146, 147
Marshall 54, 146
Mayet 133
Mieses 95
Monseur 129
Moravec 74
Morphy 9, 56, 94, 130, 132, 133, 136, 144, 148
Murray 124

N
Najdorf 175
Napoleon 17, 84, 178
Neumann 135
Neymeyer 7
Nimzowitsch 41, 89, 116, 117, 154

P
Paulsen 118
Petrosjan 9, 159, 161, 162
Petrow 132
Philidor 36, 89, 129, 144, 148
Philipp II. 127
Pirc 109
Polerio 127
Polgar,J 176
Ponziani 95, 129, 144
Portisch 161
Puschkin 9

R
Reshevsky 151, 161
Reti 46, 116, 120, 146, 148
Richter 116
del Rio 129, 144
Robespierre 129
Rosces 127
Rousseau 129
Ruy Lopez 126

S
Schulten 133

Selenius 128
Smyslow 118, 158, 159, 169
Spasski 7, 103, 161
Spielmann 154
Sriharscha 124
Stamma 129
Staunton 120, 126, 130, 133, 144, 148
Steinitz 44, 67, 84, 89, 130, 135, 144, 148
Suchar 168
Szen 132, 133

T
Taimanow 162
Tal 158, 161, 162, 175
Tarrasch 7, 72, 73, 89, 123, 148, 159
Tartakower 46, 59, 123, 146, 153
Timman 176
Tschigorin 44, 118, 144
Turgenjew 135

U
Uhlmann 162
Unzicker 155

V
van der Linde 124
Voltaire 129

W
Waganjan 175
von Waldeck 129
Weyer 7

Y
Yates 146

Z
Zukertort 144

Partienverzeichnis

A
Adorjan-Kaplan 108
Adorjan-Webb 94
Aljechin-Steiner 153
Anderssen-Kieseritzky 134
Anderssen-Schallop 135
Anderssen-Wyvill 133

B
Bagirow-Matschulski 55
Barczay-Sawon 121
Barle-Matanovic 104
Bellin-Penrose 113
Bellon-Christiansen 48, 107
Bhend-Tukmakow 93
Botwinnik-Capablanca 156
Brockelbank-Sowerby 86
Bukic-Dworetzki 117
Bundrock-Schubert 55

C
Cafferty-van Geet 94
Capablanca-Reshevsky 152
Chalifman-Lau 119
Cochrane-Deschapelles 131

D
Diesen-Browne 118
Donner-Gipslis 80
Donner-Portisch 116

E
Euwe-Aljechin 155

F
Farago-Donner 119
Fink-Aljechin 95
Fischer-Larsen 163
Fischer-Spasski 164

G
Geller-Euwe 156
Geller-Timman 110
Grefe-Najdorf 93
Grigorjan-Karpow 167
Grinberg-Parma 103
Grindberg-Diesen 86

Grünfeld-Aljechin 154
Grünfeld-Ljubojevic 109

H
Hamann-Szabo 117
Hansen-Nunn 105
Hartoch-Tatai 123
Harun Al-Raschid 124
Heemsoth-Kostantinopolski 102
Hollis-Baumbach 115
Hort-Keene 110
Hort-Kortschnoi 117
Hort-Spasski 120
Hübner-Hess 143
Hübner-Tal 103
Hug-Kortschnoi 103

I
Iskov-Bartrina 59
Ivarsson-Bilek 111
Ivkov-Marovic 115

J
Jansa-Estevez 121

K
Karpow-Adorjan 111
Karpow-Dorfman 166
Karpow-Kasparow 170
Karpow-Parma 102
Karpow-Petrosjan 101
Karpow-Portisch 114
Karpow-Spasski 116, 117
Keidel-Weller 58
Klanski-Rodriguez 74
Kortschnoi-Karpow 112
Kretschmar-Walitza 55
Krnic-Hartoch 109
Kuraijca-Ligterink 110

L
Langeweg-Velimirovic 121
Larsen-Andersson 122
Larsen-Balinas 122
Larsen-Csom 113
Larsen-Darga 141
Larsen-Dückstein 120
Larsen-Eley 122

Larsen-Sanguinetti 112
Lasker-Capablanca 148
Lasker-Tartakower 146
Leycester-Philidor 129
Ligterink-Nikolac 107
Ljubojevic-Olafsson 97
Ljubojevic-Parma 98
Ljubojevic-Ree 98
Lombard-Csom 116

M
Macdonnel-de Labourdonnais 131
Mageramow-Bagirow 114
Marjanovic-Parma 103
Marshall-Capablanca 150
Mednis-Vadasz 110
Meek-Morphy 56
Miles-Böhm 109
Morphy-Blaucher 138
Morphy-Herzog von Braunschweig 138

N
Neckermann-Schuster 97

O
Ovenden-Downham 51

P
Palme-Schuster 115
Parma-Tatai 102
Petrosjan-Andersson 112
Petrosjan-Bartsch 59
Petrosjan-Fischer 114
Petrosjan-Furman 121
Petrosjan-Kortschnoi 161
Petrosjan-Portisch 121
Petrosjan-Tal 121
Planinc-Ghitescu 104
Planinc-Wasjukow 104
Polgar,J-Donchev 105
Polugajewski-Mecking 120
Polugajewski-Panno 114
Polugajewski-Pfleger 142
Pomar-Browne 122
Popov-Krnic 120
Portisch-Rogoff 116
Portisch-Velimirovic 119

R
Radulov-Planinc 99
Ree-Smejkal 104
Romanischin-Tukmakow 118
Romanischin-Sydor 116
Rosanes-Anderssen 135
Ruy Lopez-Leonardo de Cutri 127

S
Schiffers-Tschigorin 44
Schmid-Petrosjan 141
Schmidt-Smejkal 121
Schulten-Morphy 57
Schuster-Hodakowski 58
Selesniew-Antoschin 85
Sigurjonsson-Uhlmann 106
Sir de Legal-Chev. de St. Brie 37

Smejkal- Böhm 117
Smyslow-Florian 156
Sosonko-Kavalek 118
Sosonko-Nikolac 118
Spasski-Fischer 108
Spasski-Beljawski 118
Spasski-Ornstein 103
Spasski-Petrosjan 162
Stein-Petrosjan 93
Steinitz-Gunsberg 145
Sweschnikow-Barle 97
Szabo-Reshevsky 56

T
Tal-Hjartarson 160
Tal-Ivkov 101
Tal-Karpow 98
Tal-Smyslow 159
Tarrasch-Marco 101

Timman-Böhm 102
Timman-Kovacevic 109
Timman-Sigurjonsson 109

U
Ulbrig-Ewald 75
Unzicker-Botwinnik 140

V
Vukic-Popow 120

W
Westmann-Havanski 44